经合组织-粮农组织
2021—2030年农业展望

经济合作与发展组织（OECD） 联合国粮食及农业组织（FAO） 著

许世卫 等 译著

中国农业科学技术出版社

图书在版编目（CIP）数据

经合组织-粮农组织2021—2030年农业展望/经济合作与发展组织（OECD），联合国粮食及农业组织（FAO）著；许世卫等译著．－－北京：中国农业科学技术出版社，2021.12

ISBN 978-7-5116-5406-9

Ⅰ．①经⋯ Ⅱ．①经⋯ ②联⋯ ③许⋯ Ⅲ．①农业经济－经济发展趋势－分析－世界－2021-2030 Ⅳ．① F313

中国版本图书馆CIP数据核字（2021）第240242号

组织编译单位： 中国农业科学院农业信息研究所

责任编辑　张志花
责任校对　马广洋
责任印制　姜义伟　王思文

出 版 者	中国农业科学技术出版社
	北京市中关村南大街12号　邮编：100081
电　　话	（010）82106636（编辑室）（010）82109702（发行部）
	（010）82109709（读者服务部）
传　　真	（010）82106631
网　　址	http://www.castp.cn
经 销 者	各地新华书店
印 刷 者	北京捷迅佳彩印刷有限公司
开　　本	210 mm × 280 mm　1/16
印　　张	15.5
字　　数	365千字
版　　次	2021年12月第1版　2021年12月第1次印刷
定　　价	198.00元

——版权所有·侵权必究——

《经合组织 – 粮农组织 2021—2030 年农业展望》由经济合作与发展组织（经合组织）秘书长和联合国粮食及农业组织（粮农组织）总干事负责出版发行。本报告中涉及的观点和结论并不一定与经合组织成员国政府或粮农组织成员国政府相一致。

本书中使用的国家和领土名称沿用粮农组织的用法。

本书中使用的名称和介绍的材料，并不意味着联合国粮食及农业组织对任何国家、领地、城市、地区或其当局的法律或发展状态、或对其国界或边界的划分表示任何意见。

联合国关于耶路撒冷问题的立场载于大会 1947 年 11 月 29 日第 181（II）号决议，以及大会和安全理事会随后关于这个问题的各项决议。

引用格式要求：
经合组织 / 粮农组织，2021. 经合组织 – 粮农组织 2021—2030 年农业展望. 经合组织出版，巴黎.
https://doi.org/10.1787/19428846-en.

经合组织 ISBN 978-92-64-56406-0（PDF）
粮农组织 ISBN 978-92-5-135496-4（印刷版和 PDF）

图片来源： 封面 © 由经合组织在 Juan Luis Salazar 的原版封面概念设计的基础上改编。

经合组织出版物的勘误表可以在线获得：www.oecd.org/about/publishing/corrigenda.htm.

© 经合组织 / 粮农组织，2021 年

本产品的使用，无论是电子版还是印刷版，均要遵循以下网站上的条款和条件：http://www.oecd.org/termsandconditions。

译 著 者

许世卫	王盛威	李干琼	张永恩
邸佳颖	陈　威	罗婷婷	刘佳佳
熊　露	赵龙华	翁凌云	王　禹

前　言

今年出版的《经合组织－粮农组织2021—2030年农业展望》正值关键时刻。2019冠状病毒病（COVID-19）疫情（全书简称疫情）给农业部门带来了前所未有的压力，亟须采取行动确保农业部门在当前及长期内保持韧性、效率和可持续性。2021年在纽约举行的联合国粮食体系峰会将是国际社会规划农业粮食系统未来愿景的绝佳机会，包括实现可持续发展目标。距离实现联合国2030年可持续发展目标最后期限只有不到10年时间，政策制定者亟须关注对农业粮食体系产生影响的各项决定因素。在此背景下，2021年版《经合组织－粮农组织2021—2030年农业展望》确定并分析了2021—2030年影响农业粮食市场表现的驱动因素。

每年的《经合组织－粮农组织农业展望》都为政策制定者提供了关于农业和粮食未来发展趋势以及影响全球需求、供给、贸易和价格驱动因素的可靠信息，为国家、区域和全球层面农产品、渔产品和生物燃料市场的预期发展提供了全面的中期基线情景。这一基线情景代表了来自各国政府和国际大宗商品机构的全球专家经过深思熟虑的观点。

本《展望》表明，可持续发展目标有望取得一定的进展，但前提是全球可以从2019冠状病毒病疫情中快速恢复，同时天气条件和政策环境能够保持稳定。然而，过去一年来，疫情造成巨大破坏，世界与实现可持续发展目标渐行渐远。如果不加倍努力，零饥饿目标就无法实现，农业温室气体排放将进一步增加。

未来10年，预计低收入国家的膳食仍将主要以主食为基础，确保不断增加的人口的粮食安全仍然是重要挑战。中等收入和高收入国家的消费者将在其膳食中消费更高比例的脂肪和动物产品，这突出表明需要依循世界卫生组织和粮农组织的建议以及粮农组织"手拉手"行动计划，进一步努力促进向更健康膳食的转变。在今年的联合国粮食体系峰会上，我们必须共同努力改变全球生产、消费和粮食观念。实现农业粮食体系转型刻不容缓。

农业生产率的提高将成为农产品产量增长的主要因素，而农业生产增长是可持续地养活不断增长的全球人口所必需的。然而，如果不持续对基础设施和研发做出投资，不加快在数字化、技术、更好的数据和人力资源方面的创新，这些改进就不会发生。

上述投资对于减轻农业对环境的影响、实现可持续的产量增长、以生产力增长而非农业用地扩张来推动产量增长，也至关重要。虽然农业生产的碳强度预计在未来10年将进一步下降，但农业部门还需要做出更大努力实现《巴黎协定》的全球温室气体减排目标。这再次突出了投资、全球参与和创新解决方案对提高农业部门环境可持续性的重要性。

开展这些投资将充满挑战，因为在到2030年的中期内，预计的生产率提高和需求增长放缓可能导致主要农产品的基线实际价格保持不变。中期价格预测具有不确定性，且并没有消除短期价格飙升和波动的现实——当前全球粮食商品价格飙升就是明证。农业市场信息系统（AMIS）和粮农组织的《粮食展望》都为当前的市场发展提供了及时的见解，也构成了中期展望的基础。

最后，贸易将继续对粮食安全、营养、农业收入和农村脱贫产生关键作用。当前疫情突显出公平、公正、开放、透明和基于规则的国际贸易体系对于出口国和进口国人民的粮食安全和福祉至关重要。疫情肆虐期间，运输和物流中断，突显了农产品区域内贸易的重要性，特别是在非洲。疫情再次表明，设置贸易限制会适得其反，会破坏对全球市场的信心，并最终威胁到全球粮食安全。

政策制定者专注于克服与疫性相关的直接挑战是可以理解的，但是现在制定的决策将决定未来农业产业的发展。因此，这一关键节点提供了"重建更美好未来"的难得机遇，并使农业产业走上可持续、高效、韧性发展的道路。《经合组织－粮农组织农业展望》为各国农业产业的发展提供了见解和依据，使其在未来10年可以更好地应对风险并把握新机遇，从而为实现可持续发展目标做出贡献。

经济合作与发展组织	联合国粮食及农业组织
秘书长	总干事
马蒂亚斯·科曼	屈冬玉

致　　谢

《经合组织－粮农组织2021—2030年农业展望》是经济合作与发展组织（以下简称经合组织）与联合国粮食及农业组织（以下简称粮农组织）的一项合作成果。《展望》汇集了两组织在商品、政策和国别方面的专长以及合作成员国的意见，对未来10年国家、区域和全球农业商品市场前景进行年度评估。

《展望》由经合组织和粮农组织秘书处共同编写。

经合组织，基线预测和《展望》报告由贸易及农业司成员编写：Marcel Adenäuer、Annelies Deuss、Armelle Elasri（出版协调员）、Clara Frezal、Hubertus Gay（《展望》协调员）、Gaëlle Gouarin、Lee Ann Jackson（司长）、Tatsuji Koizumi、Gaëlle Gouarin、Claude Nenert、Daniela Rodriguez Niño和Grégoire Tallard（农业食品贸易及市场司）、Claire Delpeuch（渔业和海产品）以及Will Symes（农业资源政策司）。经合组织秘书处感谢访问专家Tamara Persaud（加拿大农业及农业食品部）做出的贡献。部分随机建模是基于欧盟委员会联合研究中心农业经济部门开展的工作。会议组织和出版物筹备工作由Helia Mossavar-Rahmani和Michéle Patterson完成。Eric Espinasse、Karine Lepron、Samuel Pinto Ribeiro和Marc Regnier为《展望》数据库筹备提供了技术帮助。经合组织秘书处和成员国代表团许多其他同事对报告初稿提供了有益的意见。

粮农组织，基线预测和《展望》报告是在Boubaker Ben-Belhassen（贸易及市场司司长）和Josef Schmidhuber（贸易及市场司副司长）领导下，由贸易及市场司成员编制的，Máximo Torero（粮农组织首席经济学家）以及经济和社会发展部管理团队提供了总体指导。核心预测团队包括：Sergio René Araujo Enciso、Ilaria Capponi、Merritt Cluff、Ousmane Diabre、Aikaterini Kavallari、Holger Matthey（组长）、Svetlana Mladenovic和Irmak Yaka。对于鱼类，该小组由来自粮农组织渔业及水产养殖部的Adrienne Egger和Stefania Vannuccini组成，由Pierre Charlebois提供技术支持。鱼粉和鱼油问题相关意见由来自海洋原料组织的Enrico Bachis提供。棉花章节受益于来自国际棉花咨询委员会的Lorena Ruiz提供的数据和技术咨询。香蕉和其他主要热带水果章节由Sabine Altendorf、Giuseppe Bonavita和Pascal Liu做出贡献。对于粮农组织统计数据库的建议和支持由Tomasz Filipczuk和Salar Tayyib

提供。Francesco Tubiello 针对温室气体排放提出建议。商品专业知识由 Abdolreza Abbassian、ElMamoun Amrouk、Erin Collier、Shirley Mustafa、Fabio Palmeri、Peter Thoenes、G.A. Upali Wickramasinghe 和 Di Yang 提供。《非洲农业生产力增长潜力》插文由 Valentina Pernechele、Francisco Fontes、Renata Baborska、Jules Cabrel Nkuingoua、Xueyao Pan 和 Carine Tuyishime 贡献,《贸易与可持续发展目标》插文作者为 Georgios Mermigkas 和 Ishrat Gadhok。《超越传统展望:评估农业粮食体系转型》插文的素材是由 Jose Valls Bedeau 和 Jamie Morrison(粮食系统与粮食安全司)提供。David Bedford、Harout Dekermendjian、Annamaria Giusti、Grace Maria Karumathy、Yanyun Li、Lavinia Lucarelli、Emanuele Marocco 和 Marco Milo 提供了研究协助和数据库准备。本书还受益于来自粮农组织和成员国机构的多位同事的评述。Araceli Cardenas、Yongdong Fu、Jonathan Hallo、Jessica Mathewson、Kimberly Sullivan 和 Ettore Vecchione 在出版和宣传方面提供了宝贵帮助。

粮食及农业政策局的 Tracy Davids 牵头区域简报的起草工作。粮农组织区域办事处和国别合作者提供了大力支持。特别感谢 Cheng Fang (REU)、Jean Senahoun (RAF)、JeanMarc Faures、Tamara Nanitashvili (RNE)、David Dawe (RAP) 和 Bhaskar Goswami (FAOBD) 和 Rubén Flores Agreda (RLC)。

最后,感谢国际棉花咨询委员会、国际乳品联合会、国际肥料协会、国际谷物理事会、国际糖业组织、海洋原料组织及世界甜菜和甘蔗种植者协会提供的资料与反馈。

包括历史数据和预测数据及信息完整的展望数据库的完整《展望》,可通过经合组织－粮农组织联合网站获取:www.agri-outlook.org。

《经合组织－粮农组织 2020—2029 年农业展望》出版物藏于经合组织的信息图书馆(iLibrary)。

国家分组一览表

区域	分组	国家
北美洲	发达国家	加拿大、美国
拉丁美洲	发展中国家	安提瓜和巴布达、阿根廷、巴哈马、巴巴多斯、伯利兹、玻利维亚（多民族国）、巴西、智利、哥伦比亚、哥斯达黎加、古巴、多米尼克、多米尼加共和国、厄瓜多尔、萨尔瓦多、格林纳达、危地马拉、圭亚那、海地、洪都拉斯、牙买加、墨西哥、尼加拉瓜、巴拿马、巴拉圭、秘鲁、波多黎各、圣基茨和尼维斯、圣卢西亚、圣文森特和格林纳丁斯、苏里南、特立尼达和多巴哥、乌拉圭、委内瑞拉（玻利瓦尔共和国）
欧洲	发达国家	阿尔巴尼亚、安道尔、白俄罗斯、波斯尼亚和黑塞哥维那、欧盟①、法罗群岛、冰岛、摩纳哥、黑山、挪威、摩尔多瓦共和国、俄罗斯联邦、圣马力诺、塞尔维亚、瑞士、北马其顿共和国、乌克兰、英国
非洲	发达国家	南非
	发展中国家	阿尔及利亚、安哥拉、贝宁、博茨瓦纳、布基纳法索、布隆迪、佛得角、喀麦隆、中非共和国、乍得、科摩罗、刚果、科特迪瓦、刚果民主共和国、吉布提、埃及、赤道几内亚、厄立特里亚、埃斯瓦蒂尼、埃塞俄比亚、加蓬、冈比亚、加纳、几内亚、几内亚比绍、肯尼亚、莱索托、利比里亚、利比亚、马达加斯加、马拉维、马里、毛里塔尼亚、毛里求斯、摩洛哥、莫桑比克、纳米比亚、尼日尔、尼日利亚、卢旺达、圣多美和普林西比、塞内加尔、塞舌尔、塞拉利昂、索马里、南苏丹、苏丹、多哥、突尼斯、乌干达、坦桑尼亚联合共和国、西撒哈拉、赞比亚、津巴布韦
亚洲	发达国家	亚美尼亚、阿塞拜疆、格鲁吉亚、以色列、日本、哈萨克斯坦、吉尔吉斯斯坦、塔吉克斯坦、土库曼斯坦、乌兹别克斯坦
	发展中国家	阿富汗、巴林、孟加拉国、不丹、文莱达鲁萨兰国、柬埔寨、中华人民共和国、朝鲜民主主义人民共和国、印度、印度尼西亚、伊朗（伊斯兰共和国）、伊拉克、约旦、科威特、老挝人民民主共和国、黎巴嫩、马来西亚、马尔代夫、蒙古、缅甸、尼泊尔、被占领的巴勒斯坦领土、阿曼、巴基斯坦、菲律宾、卡塔尔、韩国、沙特阿拉伯、新加坡、斯里兰卡、阿拉伯叙利亚共和国、泰国、东帝汶、土耳其、阿拉伯联合酋长国、越南、也门
大洋洲	发达国家	澳大利亚、新西兰
	发展中国家	美属萨摩亚、库克群岛、斐济、法属波利尼西亚、关岛、基里巴斯、马绍尔群岛、密克罗尼西亚（联邦）、瑙鲁、新喀里多尼亚、纽埃、帕劳、巴布亚新几内亚、萨摩亚、所罗门群岛、托克劳、汤加、图瓦卢、瓦努阿图、瓦利斯和富图纳群岛
	最不发达国家②	阿富汗、安哥拉、孟加拉国、贝宁、不丹、布基纳法索、布隆迪、柬埔寨、中非共和国、乍得、科摩罗、刚果民主共和国、吉布提、厄立特里亚、冈比亚、几内亚、几内亚比绍、老挝人民民主共和国、莱索托、利比里亚、马达加斯加、马拉维、马里、毛里塔尼亚、莫桑比克、缅甸、尼泊尔、尼日尔、卢旺达、圣多美和普林西比、塞内加尔、塞拉利昂、索马里、南苏丹、苏丹、东帝汶、多哥、乌干达、坦桑尼亚联合共和国、赞比亚
金砖国家		巴西、中华人民共和国、印度、俄罗斯联邦、南非

注：① 指除英国以外的所有当前欧盟成员国。② 最不发达国家是发展中国家的一个子组。

资料来源：粮农组织，http://www.fao.org/faostat/en/#definitions。

区域、国家分组一览表

区域	次区域	国家
拉丁美洲及加勒比		阿根廷、巴西、智利、哥伦比亚、墨西哥、巴拉圭、秘鲁
	南美和中美洲与加勒比海	安提瓜和巴布达、巴哈马、巴巴多斯、伯利兹、玻利维亚（多民族国）、哥斯达黎加、古巴、多米尼克、多米尼加共和国、厄瓜多尔、萨尔瓦多格林纳达、危地马拉、圭亚那、海地、洪都拉斯、牙买加、尼加拉瓜、巴拿马、波多黎各、圣基茨和尼维斯、圣卢西亚、圣文森特和格林纳丁斯、苏里南、特立尼达和多巴哥、乌拉圭、委内瑞拉（玻利瓦尔共和国）
北美		加拿大、美国
撒哈拉以南非洲		埃塞俄比亚、尼日利亚、南非
	非洲最不发达国家	安哥拉、贝宁、布基纳法索、布隆迪、中非共和国、乍得、科摩罗、刚果民主共和国、吉布提、厄立特里亚、冈比亚、几内亚、几内亚比绍、莱索托、利比里亚、马达加斯加、马拉维、马里、莫桑比克、尼日尔、卢旺达、圣多美和普林西比、塞内加尔、塞拉利昂、索马里、南苏丹、多哥、乌干达、坦桑尼亚联合共和国、赞比亚
	其他撒哈拉以南非洲	博茨瓦纳、佛得角、喀麦隆、刚果、科特迪瓦、赤道几内亚、埃斯瓦蒂尼、加蓬、加纳、肯尼亚、毛里求斯、纳米比亚、塞舌尔、西撒哈拉、津巴布韦
欧洲和中亚	西欧	欧盟（奥地利、比利时、保加利亚、克罗地亚、塞浦路斯、捷克共和国、丹麦、爱沙尼亚、芬兰、法国、德国、希腊、匈牙利、爱尔兰、意大利、拉脱维亚、立陶宛、卢森堡、马耳他、荷兰、波兰、葡萄牙、罗马尼亚、斯洛伐克、斯洛文尼亚、西班牙、瑞典）、挪威、瑞士、英国
	东欧	阿尔巴尼亚、安道尔、白俄罗斯、波斯尼亚和黑塞哥维那、法罗群岛、冰岛、以色列、摩纳哥、黑山、摩尔多瓦共和国、圣马力诺、塞尔维亚、北马其顿共和国、俄罗斯联邦、土耳其、乌克兰
	中亚	亚美尼亚、阿塞拜疆、格鲁吉亚、哈萨克斯坦、吉尔吉斯斯坦、塔吉克斯坦、土库曼斯坦、乌兹别克斯坦
近东和北非		埃及、沙特阿拉伯
	北非最不发达国家	毛里塔尼亚、苏丹、南苏丹
	其他北非国家	阿尔及利亚、利比亚、摩洛哥、突尼斯
	其他西亚国家	巴林、伊拉克、约旦、科威特、黎巴嫩、被占领的巴勒斯坦领土、阿曼、卡塔尔、阿拉伯叙利亚共和国、阿拉伯联合酋长国、也门
亚太		澳大利亚、中华人民共和国、印度、印度尼西亚、伊朗伊斯兰共和国、日本、新西兰、马来西亚、巴基斯坦、菲律宾、韩国、泰国、越南
	亚洲最不发达国家	阿富汗、孟加拉国、不丹、缅甸、柬埔寨、老挝人民民主共和国、尼泊尔、东帝汶
	其他发展中国家	文莱达鲁萨兰国、朝鲜民主主义人民共和国、马尔代夫、蒙古、新加坡、斯里兰卡
	大洋洲	美属萨摩亚、库克群岛、斐济、法属波利尼西亚、关岛、基里巴斯、马绍尔群岛、密克罗尼西亚、瑙鲁、新喀里多尼亚、纽埃、帕劳、巴布亚新几内亚、萨摩亚、所罗门群岛、托克劳、汤加、图瓦卢、瓦努阿图、瓦利斯和富图纳群岛

目 录

内容提要 ··· 17

1 农业与粮食市场：趋势与前景 ·· 21
    1.1 引言 ··· 22
    1.2 宏观经济与政策假设 ··· 24
    1.3 消费 ··· 29
    1.4 生产 ··· 41
    1.5 贸易 ··· 52
    1.6 价格 ··· 62

2 各区域情况简述 ·· 73
    2.1 引言 ··· 74
    2.2 区域性展望：亚太区域 ··· 74
    2.3 区域性展望：撒哈拉以南非洲 ··· 82
    2.4 区域性展望：近东与北非 ··· 90
    2.5 区域性展望：欧洲与中亚 ··· 98
    2.6 区域性展望：北美 ··· 105
    2.7 区域性展望：拉丁美洲及加勒比区域 ····································· 113

3 谷 物 ·· 121
    3.1 预测要点 ··· 122
    3.2 近期市场形势 ··· 123
    3.3 价格 ··· 124
    3.4 生产 ··· 125
    3.5 消费 ··· 128
    3.6 贸易 ··· 130
    3.7 主要问题和不确定性 ··· 133

4 油籽和油籽产品 ·· 137
    4.1 预测要点 ··· 138

4.2	近期市场形势	139
4.3	价格	140
4.4	油籽产量	141
4.5	油籽压榨及植物油和蛋白粉生产	142
4.6	植物油消费	143
4.7	蛋白粉消费量	145
4.8	贸易	146
4.9	主要问题和不确定性	147

5 糖 类 · 149

5.1	预测	150
5.2	近期市场形势	151
5.3	价格	152
5.4	生产	152
5.5	消费	155
5.6	贸易	157
5.7	主要问题和不确定性	159

6 肉 类 · 161

6.1	预测要点	162
6.2	近期市场形势	164
6.3	价格	164
6.4	生产	166
6.5	消费	168
6.6	贸易	171
6.7	主要问题和不确定性	172

7 奶和乳制品 · 175

7.1	预测要点	176
7.2	近期市场形势	178
7.3	价格	178
7.4	生产	180
7.5	消费	182
7.6	贸易	182
7.7	主要问题和不确定性	184

8 鱼 类 · 187

8.1	近期市场形势	188
8.2	预测要点	188

8.3	价格	190
8.4	产量	191
8.5	消费	194
8.6	贸易	195
8.7	主要问题及不确定性	197

9　生物燃料　199

9.1	预测要点	200
9.2	近期市场形势	201
9.3	价格	202
9.4	生产与消费	202
9.5	贸易	208
9.6	主要问题与不确定性	208

10　棉　花　211

10.1	预测要点	212
10.2	近期市场形势	213
10.3	价格	213
10.4	生产	214
10.5	消费	216
10.6	贸易	218
10.7	主要问题和不确定性	219

11　其他产品　221

11.1	块根和块茎	222
11.2	豆类	224
11.3	香蕉和其他主要热带水果	226

术语表　235

方　法　243

内容提要

《经合组织－粮农组织2021—2030年农业展望》对国家、区域和全球层面大宗农产品和鱼类市场的10年前景做出共识评估并为前瞻性政策分析和规划提供参考。本《展望》是经合组织和粮农组织的合作成果，同时吸收了成员国政府和国际大宗商品组织的意见建议。本《展望》重点强调推动全球农业粮食部门发展的基本经济和社会趋势，并假设天气条件或政策不会发生重大变化。由于今年的展望期至2030年结束，因此本《展望》的预测还提出为实现可持续发展目标需要重点关注的领域。

本《展望》编写时，农业粮食部门与其他经济部门相比在2019冠状病毒病疫情面前表现出更强的韧性，但收入损失和消费食品价格上涨的复合效应使许多人更难以获得健康膳食。在疫情早期，经济活动受到冲击出现收缩，本《展望》的预测认为，经济将从2021年开始普遍复苏。然而，预计2030年全球GDP水平仍将低于疫情前对2030年的预测，因为疫情期间损失的GDP预计不会完全恢复。本《展望》预测，如"一切照旧"，则到2030年尤其难以实现关于零饥饿的第2项可持续发展目标。

各国在消除饥饿方面面临的挑战各不相同。根据本《展望》，全球人均粮食供应量预计将在未来10年增加4%，到2030年将达到每天3 025 kcal[①]。然而，这一全球平均水平掩盖了区域差异。中等收入国家的消费者预计将大幅增加食物摄入量，而低收入国家人口的膳食将基本保持不变。在撒哈拉以南非洲，2017—2019年有2.243亿人食不果腹，预计未来10年每天人均卡路里供应量仅增加2.5%，到2030年达到2 500 kcal。

预计未来10年膳食将发生一定变化。在高收入国家，动物蛋白人均消费量预计将趋于平稳。由于人们对健康和环境日益关切，人均肉类消费量预计不会增加，消费者将越来越多地用禽肉和乳制品代替红肉。在中等收入国家，对畜产品和鱼类的偏好预计将保持强劲，动物蛋白人均供应量预计将增加11%，到2030年，与高收入国家的消费差距将缩小4%，人均达到30 g/d。

---

① 1cal ≈ 4.186J——译者。

膳食组成也会影响全球健康状况。在全球范围内，脂肪和主食预计将在未来10年占新增热量的60%，到2030年将提供63%的总热量，而水果和蔬菜将继续仅提供7%的总热量。要达到世界卫生组织建议的每人每天400g水果和蔬菜的净摄入量，还需要付出更多努力。包括努力减少粮食损失和浪费，易腐产品的损失和浪费情况尤为严重。

本《展望》强调，饲料效率和疾病暴发可对动物生产和农产品市场未来趋势产生重要影响。与过去10年相比，高收入国家和某些新兴经济体畜牧生产增速放缓，且饲养效率提高；受其影响，饲料需求量增速也将放缓。相比之下，未来10年，随着若干中等偏下收入国家畜牧业扩张和集约化发展，其饲料需求量将强劲增长。中华人民共和国（以下简称中国）是世界最大的饲料消费国，其畜牧业发展将成为全球饲料市场发展的核心。继非洲猪瘟暴发后，中国自2020年起开始实施猪群重建和重组，本《展望》认为，这将对单位畜产品的平均饲料使用量产生有限的净影响。

本《展望》显示，生物燃料行业的扩张速度将比过去20年慢得多。生物燃料生产中使用的主要原料大宗商品（不含甘蔗）所占比重将逐渐减少。在欧盟和美国，政策越来越支持向电动汽车转型，并支持将废弃产品和残渣用作生产生物燃料的原料。然而，甘蔗和植物油主产国（如巴西、印度、印度尼西亚）受运输燃料使用量增加、环境目标和国内农业部门发展壮大影响，其生物燃料生产将继续扩大。

本《展望》强调，公共和私营投资在提高生产力方面发挥着重要作用。未来10年，全球农业产量预计将每年增长1.4%，新增产量将主要来自新兴经济体和低收入国家。本《展望》认为，更广泛地获取投入品以及为提高生产力在技术、基础设施和农业培训方面大力投资，是农业发展的关键驱动力。公共和私营投资优先考虑农业且目标明确，对于提高农业生产率尤其重要，对公共资源有限、经济高度依赖农业部门的国家尤其如此。

对提高单产和改进农场管理大力投资，将推动全球作物产量增长。假设未来10年继续向更集约的生产系统转型，预计全球作物产量增长的87%将得益于单产提高，7%得益于种植密度增加，只有6%得益于耕地面积扩大。未来10年，预计区域单产差距将会缩小，因为预计印度和撒哈拉以南非洲主要作物单产将通过改良种子和改善作物管理而增加。

与作物生产趋势相似，预计14%的牲畜和鱼类产量增长中，很大一部分将得益于生产率提升。然而，畜群规模扩大预计也将大大促进新兴经济体和低收入国家畜牧产量的增长。畜牧业生产率的提高将主要通过更集约的饲养方法、遗传改良和更完善的畜群管理实现。水产养殖产量预计将在2027年超过捕捞渔业产量，到2030年，将占所有鱼类产量的52%。

本《展望》强调了农业对气候变化产生的重要影响。由于农业温室气体直接排放量增速预计将低于农业产量增速，预计未来10年农业生产的碳强度将会下降。尽管如此，全球农业温室气体排放量预计将在未来10年增加4%，其中畜牧业占新增排放量的80%以上。因此，农业部门需要做出额外政策努力，以便根据《巴黎协定》规定，为全球温室气体减排做出有效贡献，其中包括大规模实施气候智能型生产流程，减少温室气体排放，畜牧业尤其如此。

贸易对资源匮乏的国家仍然尤其重要，因为这些国家高度依赖基本和高价值食品商品进口。从全球来看，进口卡路里在总消费量中的比重预计将稳定在20%左右，但区域间存在差异。例如，在近东和北非区域，该比例预计将高达64%。出口在许多国家和区域的农业生产发展中发挥着重要作用。到2030年，拉丁美洲及加勒比区域34%的农业产量预计将用于出口。由于区域不平衡日益加剧，实施贸易限制政策（如进出口限制）可能对全球粮食安全和营养以及农场生计产生不利影响。

本《展望》价格预测根据预期市场条件汇总了全球大宗农产品消费和生产动态。由于中国饲料需求强劲，且全球产量增长受到制约，2020年下半年，多数大宗商品的国际价格上涨。因此，本《展望》认为，在预测期前几年，价格将有所调整。此后，由于生产率提高和需求增长放缓，市场基本面预计将使实际价格略有下降。实际价格下降将给农民收入带来压力，尤其是无法通过提高生产率充分降低成本的小农户和农民将承受收入压力。未来10年，受天气多变、动植物病虫害、投入品价格波动、宏观经济发展态势和其他不确定性因素的影响，价格将围绕预期价格波动。

本《展望》在假定世界从当前疫情中迅速恢复，且天气条件或政策环境没有出现重大变化的前提下，提出未来10年农业粮食市场的主要趋势。尽管预计多方面将取得进展，但为实现《2030年议程》并到2030年实现可持续发展目标，各方面需要通力合作，不断进取，当然农业部门也需再接再厉。

1

农业与粮食市场：趋势与前景

> 本章介绍了本次预测的宏观经济和政策假设，并展示了本《展望》的主要结论，主要预测了2021—2030年25种农产品的消费、生产、贸易和价格情况。预计未来10年内，农产品需求增长将减缓，其增长的主要动力为人口增加。各国因不同的收入水平、不同的收入增长预测以及在膳食和营养方面的不同文化偏好，将继续形成不同的消费模式。农产品需求增长放缓的同时，农作物和畜禽生产效率将会提升，从而使农产品实际价格相对稳定。国际贸易对于粮食进口国的粮食安全和粮食出口国的农村农民生计仍然至关重要。在未来10年内，天气变化、动植物疾病、投入价格变化、宏观经济发展以及其他不确定因素，都可能导致预测结果发生变化。

1.1 引言

本《经合组织－粮农组织 2021—2030 年农业展望》由经济合作与发展组织和联合国粮食及农业组织合作编写。本《展望》为 2021—2030 年国家、区域和全球层面的农渔产品市场演变确定了一致的基线情景。该基线情景包含了两个组织及其成员国与国际商品机构在商品、政策和国家方面的专业知识。

基线预测是根据经合组织－粮农组织 Aglink-Cosimo 模型制定的。该模型确定了本《展望》涵盖的各部门与国家之间的联系，以确保所有市场的一致性和全球均衡性。本《展望》所作预测既受当前市场条件（图 1.1）的影响，也受有关宏观经济、人口、政策发展的具体假设的影响，详情参见第 1.2 节内容。

本《展望》可用作制定前瞻性政策计划的参考，并且可使用 Aglink-Cosimo 模型进行模拟分析，包括对市场不确定性的评估。关于预测所依据的方法以及 Aglink-Cosimo 模型的文献详见 www.agri-outlook.org。

《经合组织－粮农组织 2021—2030 年农业展望》主要分为 4 个部分。

- 第 1 部分为农业与粮食市场：趋势与前景。本章首先介绍了本次预测的宏观经济和政策假设（详见第 1.2 节），并展示了本《展望》的主要结论。强调了重要的预测结果，并深入讲述了未来 10 年农业与粮食系统将取得的主要成就和面临的主要挑战。本章列出了消费（第 1.3 节）、生产（第 1.4 节）、贸易（第 1.5 节）、价格（第 1.6 节）的趋势和前景。第 1.6 节通过随机分析，评估了预测价格路径的不确定性。

- 第 2 部分为区域简报。本章讲述了粮农组织六大区域农业部门的主要趋势和新问题，分别包括亚太区域（第 2.2 节）、撒哈拉以南非洲（第 2.3 节）、近东与北非（第 2.4 节）、欧洲与中亚（第 2.5 节）、北美（第 2.6 节）、拉丁美洲及加勒比区域（第 2.7 节）。本章内容着重展示了各区域生产、消费、贸易方面的预测，并提供了主要区域性问题的背景信息。

- 第 3 部分为商品相关章节。这些章节介绍了最新市场发展情况，并对本《展望》中涵盖商品的价格、生产、消费、贸易做出了中期预测。每一章的最后还讨论了未来 10 年对市场产生影响的主要问题和不确定因素。本部分主要分为 9 章内容：谷物（第 3 章）、油籽和油籽产品（第 4 章）、糖类（第 5 章）、肉类（第 6 章）、奶和乳制品（第 7 章）、鱼类（第 8 章）、生物燃料（第 9 章）、棉花（第 10 章）、其他产品（第 11 章）。

- 第 4 部分为统计附表。本统计附表展示了对不同农产品、鱼类、生物燃料的生产、消费、贸易、价格方面的预测，以及宏观经济和政策假设。本部分通过展望期最后一年（即 2030 年）与 3 年基期（2018—2020 年）年增长率和数据对比，描述了展望期内市场的变化。本统计附表未收录于《经合组织－粮农组织农业展望》印刷版，但可网上查询。

1 农业与粮食市场：趋势与前景

当前市场条件

谷物：从全球来看，2019冠状病毒病疫情对谷物市场的供需影响相对温和。受流通受阻和临时出口限制加之进口需求大幅上升的影响，国际粮价快速上涨。价格飙升导致许多国家的食品通胀加剧，特别是受疫情不利影响造成经济困难的国家，粮食可获取量进一步减少。

油籽：虽然疫情在2020年初导致部分市场中断，但到目前为止，其对全球油料市场总体影响有限。自2020年年中以来，油籽、油、油粕价格大幅上涨的主要原因包括需求反弹，特别是中国为恢复生猪存栏进口的大豆，以及全球供给特别是主要植物油供给增长有限。价格上涨导致许多国家食品价格通胀，加剧了由疫情造成的收入损失引起的粮食可获取问题。

食糖：在疫情导致全国性封锁和/或餐馆关闭数月引起的全球消费量下降后，几乎所有国家需求都出现恢复。受部分主产国连续三季不利天气条件影响，当前2020/2021榨季的价格出现反弹。

肉类：受疫情影响，2020年国际肉类价格下滑。部分主要消费和进口国肉类需求暂时下降，主要是由于流通受阻、食品服务减少以及收入减少导致的家庭支出缩减。由于疫情造成的市场干扰降低了肉类净进口国及低收入国家的收入，显著削弱了家庭购买力，迫使消费者用更便宜的替代品代替肉类和肉制品的摄入量。如果不是中国肉类进口的大幅增加，由于非洲猪瘟继续限制当地生产，国际肉类价格的下跌幅度会更大。

奶类：疫情对乳品业的初期影响因地区而异，其负面影响从集装箱短缺到处理剩余产品。总体来说，奶业部门适应迅速，并减轻了疫情前几个月出现的诸多初期剧烈影响。相比而言，黄油价格在2020年降幅最大，全脂奶粉价格降幅较小，但脱脂奶粉和奶酪价格上涨。

鱼类：2020年，鱼类生产、消费和贸易均有缩减。疫情对渔业部门的影响尤为明显，因为鱼类通常为在外消费。家庭外食品服务需求减少导致价格下降，特别是高价值品种的价格下降剧烈。根据粮农组织鱼类价格指数，与2019年相比，2020年国际鱼类价格平均下降7%。

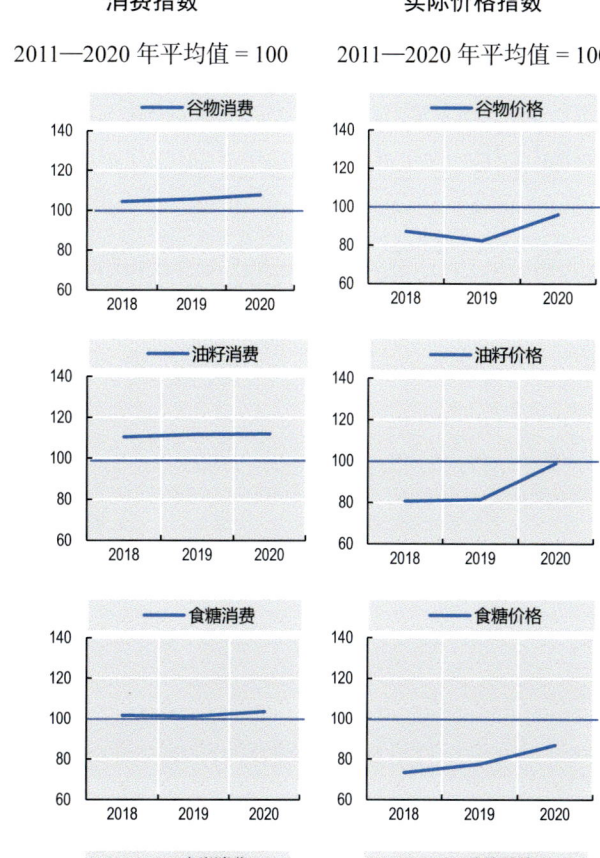

图1.1 主要商品的市场情况

生物燃料：由于疫情减少了全球运输业油用量，2020 年世界生物燃料消费量下降。与乙醇相比，生物柴油全球消费受到的影响较小。所有地区的生物燃料产量均有所下降。美国和巴西乙醇需求减少导致生物燃料价格下降。

棉花：2020 年，棉花消费和贸易从 2019 年的低点回升，疫情暴发初期迫使消费者不再逛店。然而，由于美洲产量低于预期，全球产量降至 2016 年以来的最低水平。棉花价格因而上涨，同时也导致涤纶价格上涨。

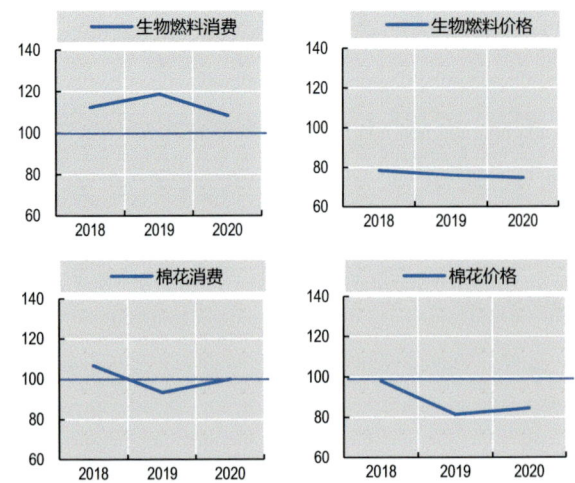

图 1.1 主要商品的市场情况（续）

注：所有图片均以指数表示，其中过去 10 年（2011—2020）的平均值设为 100。消费量指全球消费。价格指数以过去 10 年全球产量加权平均对应的实际国际价格衡量。有关商品市场情况和变化的更多信息，请参见附件中的商品简况和线上商品章节。
资料来源：经合组织 / 粮农组织（2021 年），《经合组织 – 粮农组织农业展望》，经合组织农业统计数据库，http://dx.doi.org/10.1787/agr-outl-data-en。

数据库链接 2：https://stat.link/mf52h6。

1.2 宏观经济与政策假设

1.2.1 基线预测的主要假设

本《展望》在一系列宏观经济、政策、人口假设的基础上，为农渔商品市场的中期变化确定了一致的基线情景。本节内容重点介绍本次预测的主要假设。详细数据参见统计附表。

1.2.2 人口增长

本《展望》使用《联合国人口展望（2019 年修订版）》数据库中的联合国中位变差估计数据。

展望期内，世界人口预计将从 2018—2020 年的 77 亿人增加到 2030 年的 85 亿人。与此同时，年增长率为 0.9%，与过去 10 年的每年 1.1% 相比有所放缓。人口增长集中在发展中区域，尤其是撒哈拉以南非洲，预计该区域人口增长率最高，为每年 2.5%（图 1.2）。到 2030 年，印度将新增 1.37 亿人，届时印度将超过中国成为世界上人口最多的国家。

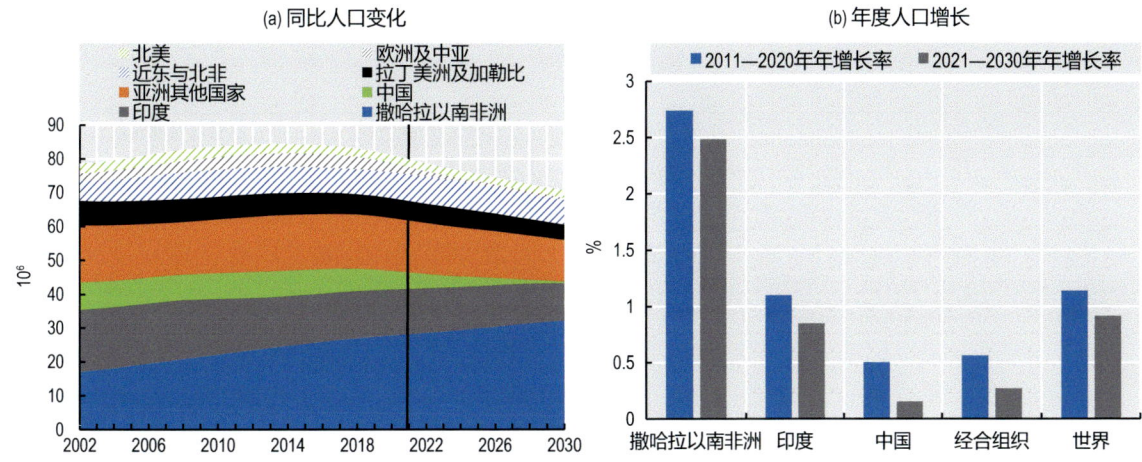

图 1.2 世界人口增长

注：亚洲其他国家不包括中国和印度。
资料来源：经合组织／粮农组织（2021 年），《经合组织－粮农组织农业展望》，经合组织农业统计数据库。

数据库链接 2：https://stat.link/2t1g0w。

1.2.3 GDP 增长与人均收入增长

国内生产总值（GDP）增长与人均收入增长预测来自《经合组织经济展望》第 108 期（2020 年 12 月）和《国际货币基金组织世界经济展望》（2020 年 10 月）[①]。人均收入以 2010 年不变美元计。

2019 冠状病毒病疫情为《经合组织－粮农组织农业展望》中预测的宏观经济假设增添了不确定因素。虽然假定 2021 年起会出现大范围的经济复苏，但实际复苏速度主要由各国疫情控制政策是否成功（如疫苗接种）以及政策是否支持企业和消费者需求的恢复决定。

全球 GDP 于 2020 年下滑 4.7%，预计将于 2021—2022 年出现反弹，并在之后 10 年内保持 2.9% 的平均增长速度。全球经济预计在 2022 年恢复至疫情暴发前的水平。然而，预计不同国家和地区的经济复苏情况会各有不同。亚洲的恢复速度是最快的。中国是少数在 2020 年实现 GDP 正增长的国家之一。东南亚和印度预计分别于 2021 年和 2022 年实现经济复苏。经合组织成员国和撒哈拉以南非洲的 GDP 预计将于 2022 年恢复至 2019 年水平（即疫情暴发前的水平）。预计近东、北非、拉丁美洲及加勒比区域的恢复速度会较为缓慢，至 2023 年才可恢复疫情前水平。

本《展望》中，全国人均收入水平和增长率采用人均 GDP 做近似计算。该值用于表示家庭可支配收入，而家庭可支配收入正是农产品需求的主要决定因素之一。然而，正如世界银行《2018 年贫困与共享繁荣》报告所示，各国经济增长不均衡。尤其是，在若干撒哈拉以南非洲国家，最贫困的 40% 人口的收入落后于平均收入增

---

① 经合组织和国际货币基金组织最近将其对 2021 年全球 GDP 的预测从 12 月和 10 月的预测上调了 1 个百分点以上（经合组织，2021[35]）（国际货币基金组织，2021[34]）。

长。为此，本《展望》中各国平均农业需求预测可能会偏离基于平均收入增长的预期。另外，疫情对最贫困家庭的收入影响很大。

全球人均收入2020年下滑6%，预计将于2021年和2022年恢复原有水平。在未来10年内，预计实际年均增长率为1.9%。亚洲有望呈现强劲的增长势头，印度人均收入每年增长5.8%，中国人均收入每年增长5.3%（图1.3）。未来10年越南人均收入也将大幅度提升，每年实现增长5.5%，而菲律宾、印度尼西亚、泰国分别为4.7%、3.8%、3.6%。

在撒哈拉以南非洲，人均收入预计将以每年1.2%的速度增长（图1.3）。值得注意的是，埃塞俄比亚增长迅速，预计将达到每年7.4%，而尼日利亚人均收入预计无增长。在拉丁美洲及加勒比区域，人均收入增长预计为每年1.5%，但各国之间存在巨大差异。例如，未来10年巴西和墨西哥的增长速度较慢（低于每年2%），秘鲁和巴拉圭等国人均收入增长达到约每年2.8%，哥伦比亚为每年3.1%。在近东和北非，预计人均收入增长为每年1.1%，其中增长最快的是埃及和以色列，分别为每年3.4%和2.5%，而伊朗和其他近东国家的人均收入增长速度预计在每年1%以下。

中期来看，预计欧洲及大洋洲的人均收入增长分别为每年1.7%和1.4%（图1.3），与未来10年经合组织成员国的人均收入增长速度（每年1.5%）相近。在经合组织成员国中，预计增长速度最快的为哥伦比亚，紧随其后的是土耳其和韩国，每年增长分别为2.8%和2.6%；人均收入增长最缓慢的是加拿大，每年预计增长1%。

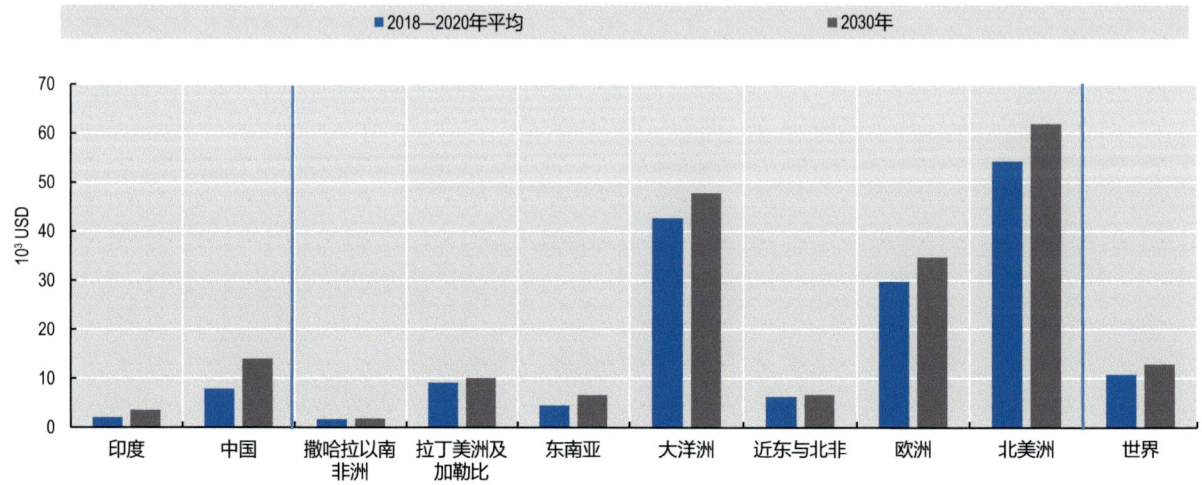

图1.3　人均收入

注：该图展示了以2010年美元不变价格计量的人均GDP。
资料来源：经合组织／粮农组织（2021年），《经合组织－粮农组织农业展望》，经合组织农业统计数据库。

数据库链接2：https://stat.link/um9ap3。

图 1.4 将 GDP 增长的假设具体分解为重要区域和部分国家的人均 GDP 及人口增长。在全球范围内，经济增长的主要动力为人均收入的增长，尤其是在经合组织与中国。与此相对，撒哈拉以南非洲人口快速增长，这意味着虽然其经济高速增长（约为每年 3.8%），但该区域的人均收入增长较慢，约为每年 1.2%。近东与北非区域情况类似，只是程度较轻些。同时，欧洲的经济增长平稳，为每年 1.6%，但其人口在未来 10 年将出现下跌，据此可算其未来 10 年内人均收入增长为每年 1.7%。

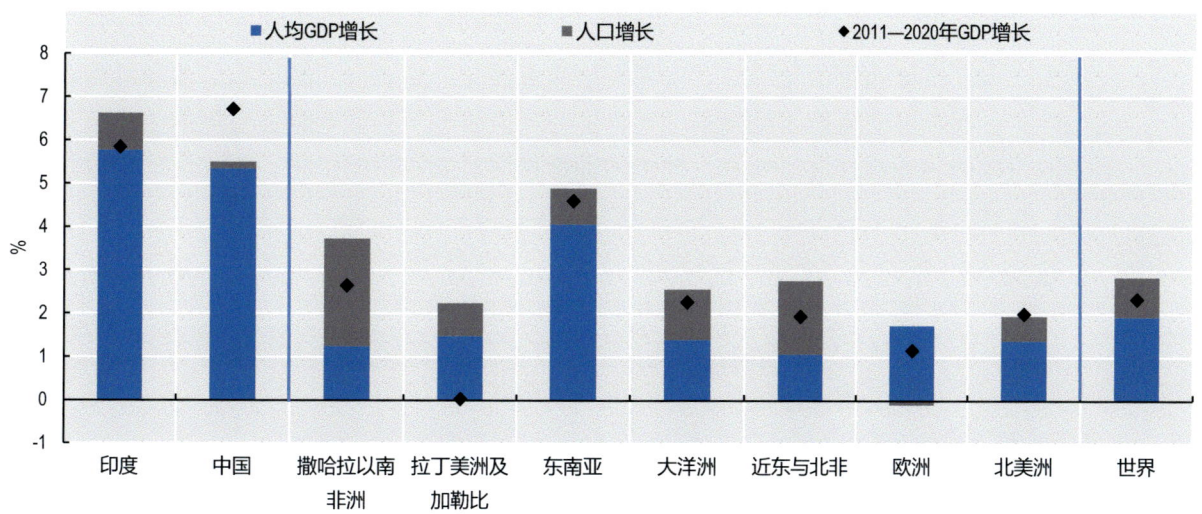

图 1.4　2021—2030 年 GDP 年增长率

资料来源：经合组织 / 粮农组织（2021 年），《经合组织－粮农组织农业展望》，经合组织农业统计数据库。

数据库链接 2：https://stat.link/9wjkbq。

1.2.4　汇率和通货膨胀

汇率假设基于经合组织《经济展望》第 108 期（2020 年 12 月）和国际货币基金组织《世界经济展望》（2020 年 10 月）。假设 2021—2030 年实际汇率保持大致稳定，因此，相对于美元的名义汇率主要体现相对于美国的通胀变化。一些货币（实际价值）预计将相对于美元升值；尤其是阿根廷和土耳其，新西兰、日本、中国、智利、墨西哥也是如此，但程度较轻。相比之下，挪威、俄罗斯联邦（以下简称"俄罗斯"）、巴西、哥伦比亚、澳大利亚预计将出现实际贬值。很多非经合组织国家，很多国家会出现实际升值，其中最明显的是尼日利亚、乌克兰、哈萨克斯坦；预计埃塞俄比亚、印度、以色列和秘鲁的实际贬值最高。

通货膨胀预测基于经合组织《经济展望》第 108 期（2020 年 12 月）和国际货币基金组织《世界经济展望》（2020 年 10 月）的个人消费支出平减指数。经合组织国家的通胀率预计将高于过去 10 年的通胀率，达到每年 2.9%，其中美国为每年 2.2%，加拿大为每年 1.9%，欧元区为每年 1.7%。在新兴经济体中，土耳其和阿根廷的消费价格通胀依然分别高达每年 9.7% 和 11.5%，尽管相较过去 10 年已经大幅下降。俄罗斯的通胀率从过去 10 年的每年 6.7% 下降至未来 10 年的 3.9%，印度从每年的 5.3% 下跌至每年的 3.8%，巴西则从 6.2% 回落至 3.2%。而中国的消费价格通胀相较过去 10 年略有增加，达到每年 2.6%。若干国家（如埃塞俄比亚、巴基斯坦、沙特阿拉伯、尼日利亚）的通胀率在 2020 年显著增加，并在 2021 年保持高位，但有望在之后出现回落。

1.2.5　投入品成本

本《展望》中的产量以综合成本指数的演变为指导，该指数涵盖种子、能源、化肥以及其他各种可交易和不可交易投入品的成本。指数以每个国家和商品的历史成本份额为基础（份额在展望期内保持不变）。能源成本以国内货币表示的国际原油价格为代表。机械和化学品等可交易投入品成本的演变是通过实际汇率的演变进行近似计算，而不可交易投入品成本（主要是劳动力成本）的演变是通过国内生产总值平减指数的演变进行近似计算。种子的价格采用对应作物的价格，而化肥的总价格通过包含作物和原油价格因素的公式进行近似计算。

截至 2019 年的世界石油价格历史数据是从经合组织《经济展望》第 108 期（2020 年 12 月）短期更新中获得的布伦特原油价格。针对 2020 年，使用了 2020 年日均现货价格。而剩余展望期内，预测使用的参考石油价格假定遵循世界银行平均油价的增长率，也就是假设油价从 2020 年的 43 美元/桶上升到 2030 年的 74 美元/桶（名义价格）和 62 美元/桶（实际价格）。

1.2.6　政策考虑

政策在农业、生物燃料和渔业市场中发挥重要作用，政策改革往往会改变市场结构。本《展望》假设现行政策将在整个展望期内保持不变，并将其作为未来政策评估和分析的基础。

英国于 2020 年 1 月 31 日正式退出欧盟。2020 年 12 月，英国与欧盟缔结了《欧盟–英国贸易与合作协定》，并从 2021 年 1 月 1 日起施行。该协定规定了双方货物和服务贸易方面的优惠安排。因此，在本《展望》中，英国数据与欧盟数据分开介绍，但技术上假设英国与欧盟保持稳定的免税/免配额贸易关系。

《非洲大陆自由贸易协定》于 2019 年 5 月正式生效，协定下的贸易自 2021 年 1 月 1 日开始。该协定有效地将 55 个国家整合成一个单一市场。截至 2021 年 1 月，这些国家总人口逾 13 亿，GDP 达到 3.4 万亿美元。该协定预计将在未来 5~10 年时间内，逐步废除 90% 的税目，非最不发达国家在 5 年内完成，最不发达国家在 10 年内完成。不过具体的关税减让计划还未最终确定。因此，本《展望》不考虑该协定签署国之间的关税减免情况。尽管非关税壁垒与薄弱的交通运输环节可能会限制潜在市场的整合，本《展望》仍预测非洲区域的市场效率会得到提升。

《区域全面经济伙伴关系协定》是东盟十国与亚太五国（中国、日本、韩国、澳大利亚、新西兰）于 2020 年 11 月签署的自由贸易协定。截至 2020 年，15 个成员国占全球人口的 30%（22 亿人）以及全球 GDP 的 30%（26.2 万亿美元）。本协定旨在降低贸易壁垒，确保改善商品和服务的市场准入。由于本协定仍未获得正式批准，在此次预测中不计入考虑。

欧盟与南方共同市场国家（即阿根廷、巴西、巴拉圭、乌拉圭）签署的贸易协定的批准尚未通过，因此本次预测也暂不考虑该协定的潜在影响。

针对当前持续的贸易紧张局势的潜在影响，如中美贸易局势等，不做具体的假设。

本《展望》假设控制疫情的各项限制性措施为非永久性措施，假设在2021年经济复苏时这些措施会解除。

1.3 消费

本《展望》对用作食品、动物饲料、生物燃料原料和其他工业用途的主要作物商品（谷物、油籽、块根和块茎、豆类、甘蔗和甜菜、棕榈油和棉花）与畜产品（肉、奶、蛋、鱼）使用的未来趋势进行预测。

未来粮食需求受人口数量和人口特征变动、收入增长和收入分配、粮食价格的直接影响。本《展望》假设粮食需求另外还受社会文化和生活方式带来的消费模式变化的影响，如城市化水平的不断提高、女性劳动参与率上升、消费者对健康和可持续性问题的日益关注等。这些因素决定了消费者规模、消费者所需粮食的构成及其购买能力。同时，预测未来消费者需求时，还考虑了政策对农产品价格的影响（如财政措施和边境措施）以及对消费模式的影响（如食品标志、法规）。综合来看，这些因素将决定未来10年粮食需求的水平和结构。

农产品的非食品用途需求也受诸多因素的影响。饲料的需求主要有两大驱动力。首先是对畜产品的总体需求，这决定了畜牧业和水产养殖业的生产水平。其次是生产系统的结构和效率，这决定了生产特定量畜产品和养殖水产品所需的饲料数量。

农产品的工业用途（主要用于生物燃料生产以及化工投入品）受整体经济形势、监管政策、技术变革等因素的影响。例如，生物燃料的需求极易受政策变化与运输燃料需求的影响，而运输燃料需求又取决于原油价格。

在疫情带来经济收缩之后，本《展望》假设自2021年起会出现大范围的经济复苏。然而，预计2030年的人均收入仍低于疫情前对2030年的预测值。这可能会影响未来10年低收入家庭的需求、食品摄入量以及膳食结构。同时，因疫情原因，相较餐饮服务，人们更倾向于自己下厨。预计随着经济复苏和管控措施的解除，人们将继续正常外出就餐。然而，疫情的发展为本次预测的宏观经济假设带来不确定性（第1.2节）。虽然本《展望》假定2021年起会出现大范围的经济复苏，但实际复苏速度主要由各国疫情控制政策是否成功（如疫苗接种）以及政策是否有效支持企业和消费者需求的恢复决定。

1.3.1 农产品需求结构调整预测

农产品需求包括食品用和非食品用两种用途。对于绝大多数农产品而言，全球粮食需求是其总体需求的主要组成部分。而非食品用途，尤其是作为饲料和燃料，也是某些商品的重要用途，并且其需求量在过去 10 年的增长速度高于粮食需求。

未来 10 年，商品各种用途的比例预计不会发生重大变化，因为预计消费不会出现重大变化。食品仍旧是大米、小麦、豆类、块根和块茎、糖类以及所有畜产品的首要用途。饲料仍将是粗粮和油籽的主要用途（图 1.5）。

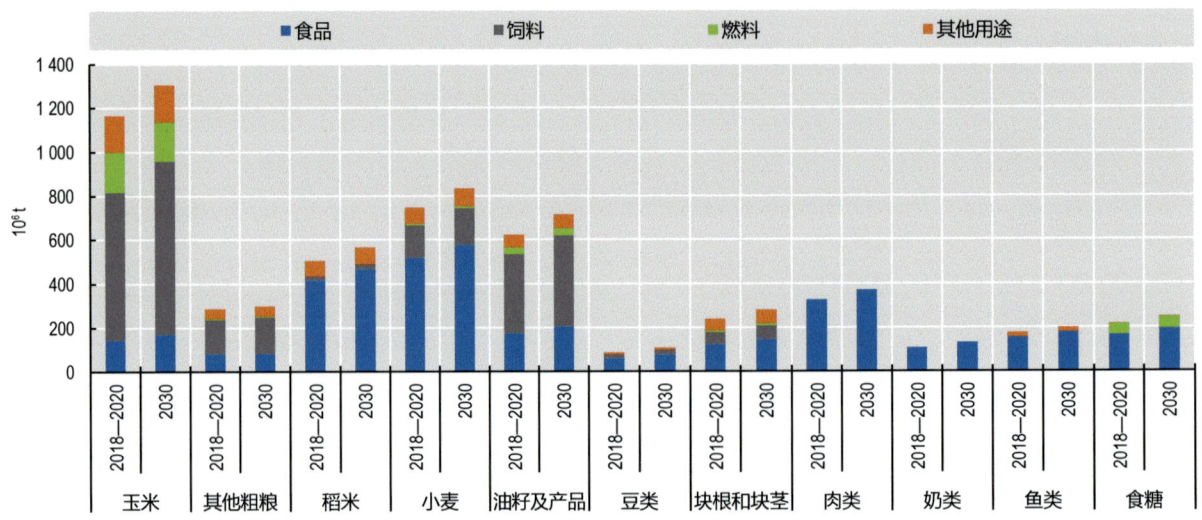

图 1.5　主要商品的全球消费

注：油籽压榨未作报告，因为"植物油"和"蛋白质餐"的使用量包含在总量中；乳制品是指以乳固体当量单位表示的所有乳制品；用于生产生物燃料的糖料是指甘蔗和甜菜，以糖当量计。

资料来源：经合组织／粮农组织（2021 年），《经合组织－粮农组织农业展望》，经合组织农业统计数据库，http://dx.doi.org/10.1787/agr-outl-data-en。

数据库链接 2：https://stat.link/qf6c1v。

谷物作为饲料使用的增长速度仍将超过其作为食品使用的增长。在未来 10 年，随着中等偏下收入国家畜牧业生产的发展，谷物在饲料方面的使用预计将每年增长 1.2%，而其在食品方面的使用预计将每年增长 1%。

与之相反，鉴于当前生物燃料政策的发展以及某些区域燃料使用的下降，使用农作物的生物燃料生产增长减缓。因此，未来 10 年里，谷物在生物燃料方面的使用预计将下跌（每年跌落 0.4%），而生物燃料的使用在谷物、油籽、糖类总使用量中的份额将持平或下滑（第 1.3.7 节）。

1.3.2　农业需求增长放缓且主要由人口增长推动

未来 10 年，全球农产品需求（包括非食品用途）预计每年增长 1.2%，相较过去 10 年的增长速度（每年 2.2%）大幅度下降。主要原因是中国以及其他新兴经济体需求增长的放缓（其中中国农产品的需求增长仅为每年 0.8%，过去 10 年为每年 2.7%），以及全球生物燃料需求的下降（图 1.6）。

预计谷物和鱼类的全球需求增长速度仅为过去10年的一半，植物油的需求增长速度仅为过去10年的1/3。在过去10年中，因为生物燃料政策的刺激，植物油是增长速度最快的商品。在未来10年，由于美国和欧盟两大主力市场生物柴油消费停滞或下降（第1.3.7节），植物油需求增长将受到限制。同时，植物油的粮食需求增长预计也会放慢，因为高收入国家和一些新兴经济体，如中国，逐渐接近饱和状态。

考虑到大部分商品的人均需求增长有限，未来10年里，人口增长将是整体需求增长的主要决定因素。大部分新增需求都将来源于人口增长较多的区域，如撒哈拉以南非洲、南亚、近东和北非。唯一的例外是乳制品，乳制品需求增长的主要驱动力是印度新鲜乳制品人均消费的增长。

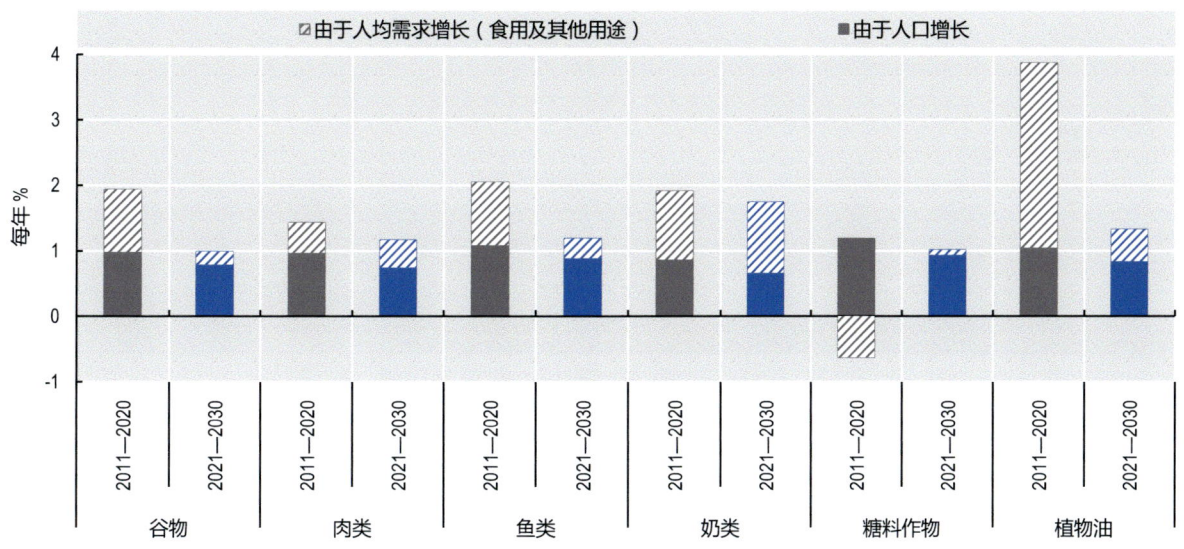

图1.6 主要商品需求的年增长率

注：人口增长部分的计算是假设人均需求保持在该10年之前一年的水平上不变。增长率涉及总需求（食品、饲料和其他用途）。
资料来源：经合组织／粮农组织（2021年），《经合组织－粮农组织农业展望》，经合组织农业统计数据库，http://dx.doi.org/10.1787/agr-outl-data-en。
数据库链接2：https://stat.link/p2v6mg。

1.3.3 中等偏下收入国家是大部分粮食需求增长的来源

未来10年，受人口和人均收入增长的推动，全球粮食需求预计将每年增长1.3%。大部分粮食新增需求来源于中等偏下收入国家。高收入国家人口增长缓慢，多种商品的粮食消费达到饱和水平，因此粮食需求增长会受到限制。

世界人口预计将从2018—2020年平均77亿人增长到2030年的85亿人。其中2/3的增长将出现在撒哈拉以南非洲、印度、近东和北非（第1.2节）。由于人口的显著增长，这些国家／区域的新增粮食需求将构成全球新增需求的一大部分，尤其是谷物（占新增需求的2/3）和其他主食（如块根和块茎、豆类等）。人口增长同时还会刺激撒哈拉以南非洲、近东和北非的糖类需求，预计构成未来10年新增需求的35%（图1.7）。

粮食需求还受到人均收入的影响。在本《展望》的宏观经济假设中，未来10

年中国的人均GDP增长为每年5.3%，印度为每年5.8%，东南亚为每年4.1%（第1.2节）。随着收入的持续增长和城市化水平的提高，中国依然是鱼类和肉类等若干商品需求增长的关键驱动力；未来10年，中国新增的鱼类和肉类需求分别占全球新增需求的43%和33%。印度的收入增长将拉动新鲜乳制品和植物油的需求增长（其新鲜乳制品需求占全球新增需求的50%）。在印度和东南亚，收入增长还会刺激糖类的需求；特别是城市里对含糖的甜食与软饮料的大量需求会带来糖类需求增长。

应该注意的是，本《展望》中所列的消费数字为粮食供应的估计数，而非实际

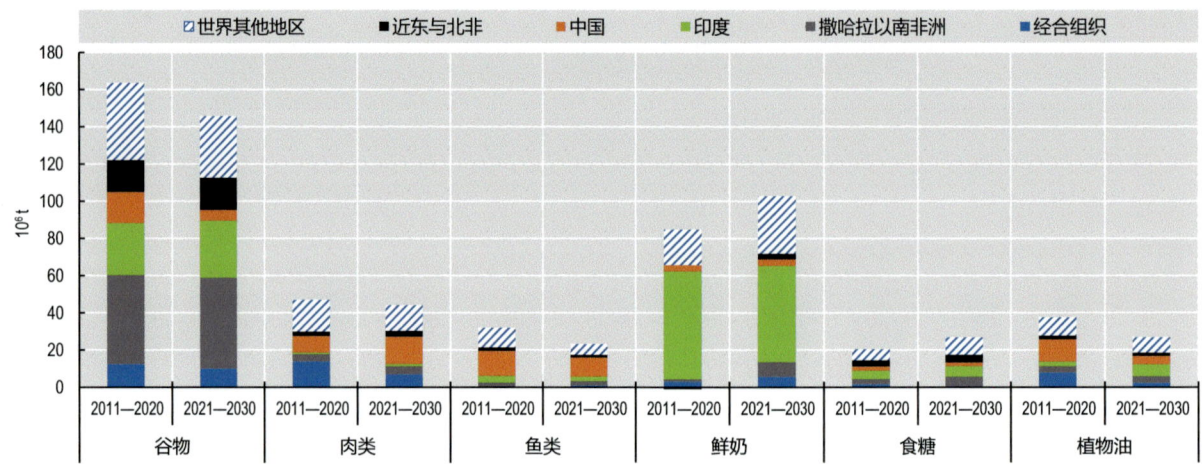

图1.7　各区域对食物需求增长的贡献，2011—2020年和2021—2030年

注：每一栏显示的都是以10年为周期全球食品食用需求的增长。
资料来源：经合组织/粮农组织（2021年），《经合组织-粮农组织农业展望》，经合组织农业统计数据库，http://dx.doi.org/10.1787/agr-outl-data-en。

数据库链接2：https://stat.link/9fgyvb。

消费。供人食用的粮食供应量比实际消费数量会更高，因为供应给消费者的粮食可能在供应链上丢失或被浪费，尤其是乳制品、水果、蔬菜等易腐食品。粮农组织预测全球约14%的粮食在进入零售环节之前就已经损失。同时，还有相当一部分粮食被浪费掉，2019年该数字为17%（粮农组织，2021[1]）①。作为联合国可持续发展目标第12.3项内容，减少粮食损失和浪费将改善粮食安全和营养状况，缓解环境压力。

1.3.4　未来10年膳食模式有限趋同

由于各国收入水平和收入增长预测不同，并且膳食和营养文化偏好各异，未来各国将继续形成不同的消费模式。到2030年，不同商品的人均供应量以及总热量和蛋白供应量仍将存在巨大差异。

---

① 粮农组织将食物损失和浪费定义为食物供应链中食物数量或质量的下降。

在全球范围内，整体粮食供应量在展望期内将增长 4%，到 2030 年人均达到 3 025 kcal/d；新增热量的 60% 来自脂肪和主食（图 1.8）。目前，预计未来 10 年增长速度最快的是脂肪，为 10%，这说明要推动向更加健康的膳食结构转变，还需更多努力（粮农组织、国际农业发展基金会、联合国儿童基金会、世界粮食计划署和世界卫生组织[2]）。脂肪消费的增加主要来源于加工食品和方便食品消费的增长，以及外出就餐趋势的加强。城市化水平的不断提高、女性劳动参与率上升以及疫情带来的收入锐减和粮食价格通胀，都造成了脂肪消费的增长。主食仍然是各种收入群体最主要的粮食商品。然而，考虑到全球膳食结构不断向脂肪、糖类、动物产品和其他粮食倾斜，主食在所有收入群体的"食物篮"中的份额都将下降。

在高收入国家，未来 10 年的人均粮食供应量不会大幅度增长（图 1.8）。在这些国家，各类粮食的人均供应量已经达到较高水平，而且人口老龄化以及久坐的生活方式限制了人们对热量的需求。收入水平的提升以及消费者偏好的改变，将进一步推动水果、蔬菜等高价值粮食、动物产品取代主食和甜味剂（插文 1.1）。预计甜味剂的人均消费会下跌，反映出越来越多消费者对糖类摄入过量有损健康感到担忧。过去 10 年，部分国家（如法国、英国、挪威）已采取措施，劝阻消费者食用高热量甜味剂，预计这些措施在展望期内会继续施行，并且能减少此类产品的需求。

到 2030 年，中等偏上收入国家的人均粮食供应量预计将增长 4.5%（图 1.8）。由于其中一些国家，包括中国，将出现高收入增长以及对肉类的强烈偏好，32% 的

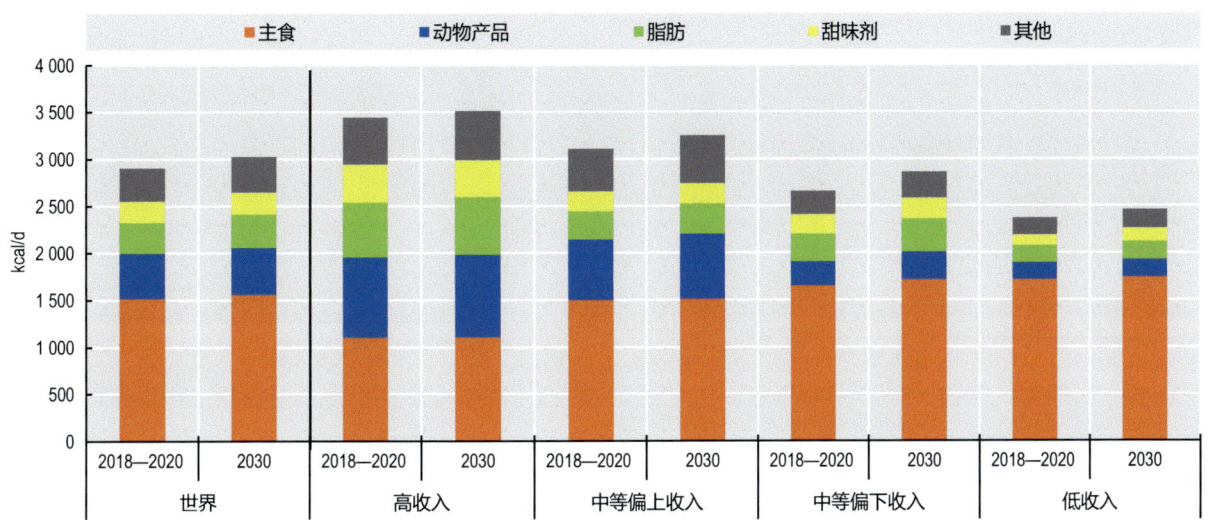

图 1.8 按国别收入组分类的主要食物人均供应量（卡路里当量）

注：以上预测数值在《联合国粮农组织统计数据库食物平衡表》数据中的历史时间序列的基础上综合本《展望》数据库计算得出，对于本《展望》未涵盖的产品则在该基础上根据其发展趋势进行预测。基线中的 38 个国家和 11 个区域总量根据 2018 年各自的人均收入分为 4 个收入组。采用的标准为低收入：＜1 550 美元；中等偏下收入：＜3 895 美元；中等偏上收入：＜13 000 美元；高收入：＞13 000 美元。主食包括谷物、块根和块茎、豆类。动物产品包括肉、乳制品（不包括黄油）、蛋和鱼。脂肪包括黄油和植物油。甜味剂包括糖类和高果糖浆。其他种类包括水果、蔬菜和其他农作物及动物产品。
资料来源：粮农组织（2021 年），粮农组织统计数据库（FAOSTAT）食物平衡表数据库，http://www.fao.org/faostat/en/#data/FBS；《经合组织－粮农组织农业展望》，经合组织农业统计数据库，http://dx.doi.org/10.1787/agr-outl-data-en。

数据库链接 2：https://stat.link/sf1tc7。

新增热量将由动物产品提供，19%来自脂肪。未来10年，中等偏下收入国家的人均粮食供应量预计将增长约8%（202 kcal/d），是所有收入群体中增长最快的。主食和脂肪将占增长的一半以上。由于印度人均乳制品消费的增加，预计动物产品的人均消费也将增高（第1.3.5节）。

在低收入国家，预计未来10年的人均粮食供应量将增加3.7%（89 kcal/d）；其中甜味剂和主食分别占据了新增热量的33%和31%（图1.8）。低收入国家日常膳食依然以主食为主，到2030年，主食将继续提供70%的每日热量。人均甜味剂消费将出现强力增长（26%）；但由于基础消费量较低，到2030年，低收入国家的甜味剂消费水平仍低于中高收入的国家。同时，因为疫情带来的收入限制，动物产品和其他高价值粮食（如水果和蔬菜）的消费依然有限。由于这些粮食的成本较高，中等偏下收入和低收入国家的消费者膳食结构的多样性仅有小幅度提升。

插文1.1 果蔬菜消费的决定因素

联合国宣布2021年为国际果蔬年，旨在提高人们对果蔬的营养价值和健康益处的认识，强调其对膳食多样性、膳食平衡和健康膳食的重要性，并推动实现可持续发展目标。

水果、蔬菜是健康膳食结构的重要组成部分。每天食用足量的果蔬能预防重大疾病。2017年，全球约有390万人死于未食用足量果蔬。胃肠道癌造成的死亡病例中预计有14%是因没有摄入足够果蔬引起的，缺血性心脏病死亡病例中约有11%，中风死亡病例中约有9%。

世界卫生组织建议每人每天至少食用400 g水果蔬菜（或5份），以充分获取其健康和营养价值。然而，据当前数据估计，全球果蔬摄入量仅为最低建议量的2/3。那么，为什么人们不吃足够的水果蔬菜呢？

影响果蔬消费的因素有很多，供应量就是其中之一[①]。水果和蔬菜的供应量是造成各区域间果蔬消费差距的关键因素。根据人均果蔬供应量的预测数据，对水果、蔬菜和本《展望》涉及的其他商品的重要性进行了对比。

《粮农组织食物平衡表》显示，2016—2018年全球人均果蔬供应量为580 g/d（193 kcal/d），果蔬在总热量供应中占6.6%（图1.9）。

近东与北非以及亚洲的果蔬供应量最高，人均分别为228 kcal/d和208 kcal/d。在亚洲区域，中国的人均果蔬供应量非常高（347 kcal/d），印度则较低（132 kcal/d），绝大部分热量由块根、块茎和豆类提供。北美和欧洲的人均果蔬供应量与世界平均水平相近，分别为192 kcal/d和187 kcal/d。然而，区域的平均数掩盖了各国间巨大差距的事实。例如，在欧洲，南欧国家的蔬菜，尤其水果的供应量更高，而中欧和东欧国家供应量更高的是谷物和马铃薯。拉丁美洲、大洋洲和撒哈拉以南非洲的人均水果，尤其蔬菜的供应量较低。其中，撒哈拉以南非洲的人均果蔬供应量特别低，2016—2018年仅为124 kcal/d；该区域大部分热量由谷物和豆类提供。这主要反映了当地生产方面的限制（如较低的生产力、未开展适当的病虫害防治等）以及储存和包装设施的缺乏。

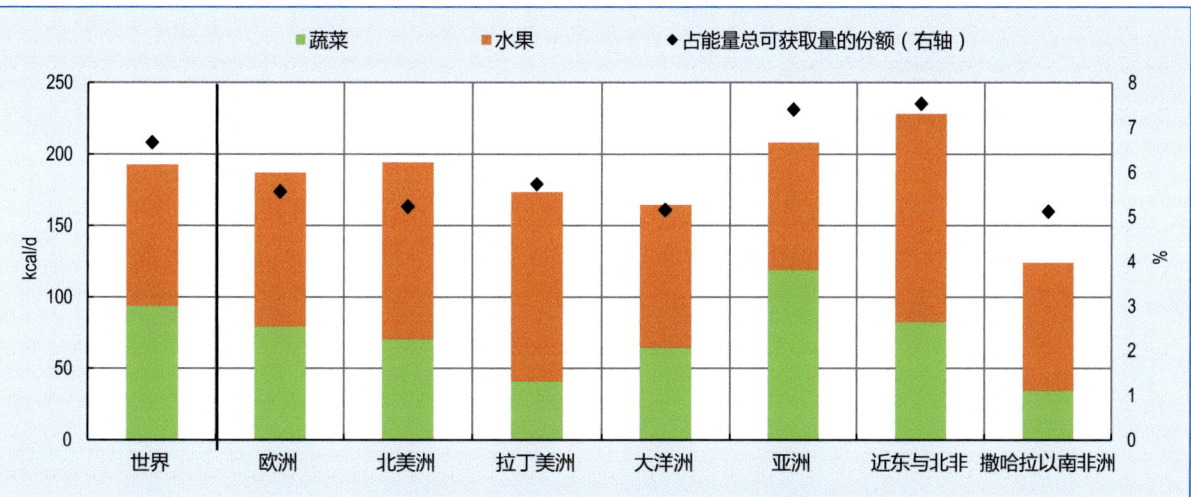

图 1.9　2016—2018 年部分区域人均果蔬供应量

注：蔬菜不包括根茎、块茎和豆类。NENA 代表近东和北非地区，定义见第 2 章。
资料来源：粮农组织（2021 年），《联合国粮农组织统计数据库食物平衡表》，http://www.fao.org/faostat/en/#data/FBS；经合组织／粮农组织（2021 年），《经合组织－粮农组织农业展望》，经合组织农业统计数据库，http://dx.doi.org/10.1787/agr-outl-data-en。

数据库链接 2：https://stat.link/c1mful。

除供应量以外，其他因素也会影响果蔬消费，造成各国间的消费差距。消费者偏好以及多种社会经济因素（如收入、教育水平、性别、家庭构成等）都对果蔬消费产生重要影响。更高的收入通常会提高果蔬的消费。在膳食结构中果蔬相对较贵，因此很多较为贫困的家庭会将钱花在更便宜的、高能量的碳水化合物主食上，这样每卡路里的成本会更低。针对经合组织成员国和欧盟成员国的研究显示，教育程度高的人群更有可能达到每天果蔬摄入建议量，与中等或低等教育背景的人群相比，他们的膳食结构也更为健康。同时，与男性相比，女性更有可能达到每天食用 5 份果蔬的标准。针对撒哈拉以南非洲 11 个国家的研究发现，由女性持家的家庭比由男性持家的家庭在果蔬产品上花费更多。然而，随着 20 世纪更多的女性加入劳动大军，女性处理家务的时间减少了。全职工作的母亲在为全家人买菜做饭上耗费的时间少了，水果蔬菜的消费也普遍减少。

鉴于果蔬对健康营养的重要性，若干国家已出台执行各种政策以推动果蔬的消费，包括学校政策或对小孩有影响的其他环境政策（如在学校食堂内加大果蔬供应）以及为低收入家庭降低健康相关成本的政策（如果蔬补贴）。另外，提升果蔬消费的另一关键点是，通过投资努力提高果蔬的产量和生产效率，减少供应链上的损失和浪费。

注：①一个国家生产的食品总量加上进口总量，并根据参考期开始以来可能发生的库存变化进行调整，即为该期间的可用供应量。
资料来源：（粮农组织，2020[3]），（Placzek，2021[4]），（经合组织，2019[5]）。

1.3.5　低收入国家与中等偏上收入国家间动物蛋白消费差距加大

高收入国家：接近饱和水平，人们对健康和可持续性的考虑限制了动物蛋白消费的增长

在高收入国家，动物蛋白（即肉类、鱼类、奶和蛋）的人均供应量未来 10 年预计将缓慢增长（+1.8 g/d 或 3%）。另外，重视健康和环境问题的消费者们会逐渐以禽肉和乳制品替代红肉。高收入国家的消费者们会日益关注生产过程，这意味着本地产品和有机认证产品消费会增加。

未来10年，高收入国家新增的禽肉供应量将占据新增动物蛋白供应量的一半以上。消费者将禽肉视为比牛肉和猪肉更为健康和环保的产品，因此禽肉需求会稳步增加。同时，由于禽肉价格比其他肉种便宜，中等偏下收入国家的禽肉需求也会增长。

相较而言，牛肉、猪肉、羊肉消费水平预计将保持稳定。多种因素导致高收入国家的牛肉需求降低，包括大家对养牛业带来的气候影响的担忧以及各国政府的膳食推荐，部分国家建议限制每周的红肉摄入量（经合组织，2021[6]）。绝大部分人均牛肉消费较高的国家和区域（如加拿大、澳大利亚、欧盟等）未来人均牛肉消费将下降。欧盟的人均猪肉消费以及澳大利亚的人均猪肉和羊肉消费预计也将跌落，因为消费者会转向更便宜、更健康的选择（主要是禽肉）（图1.10）。

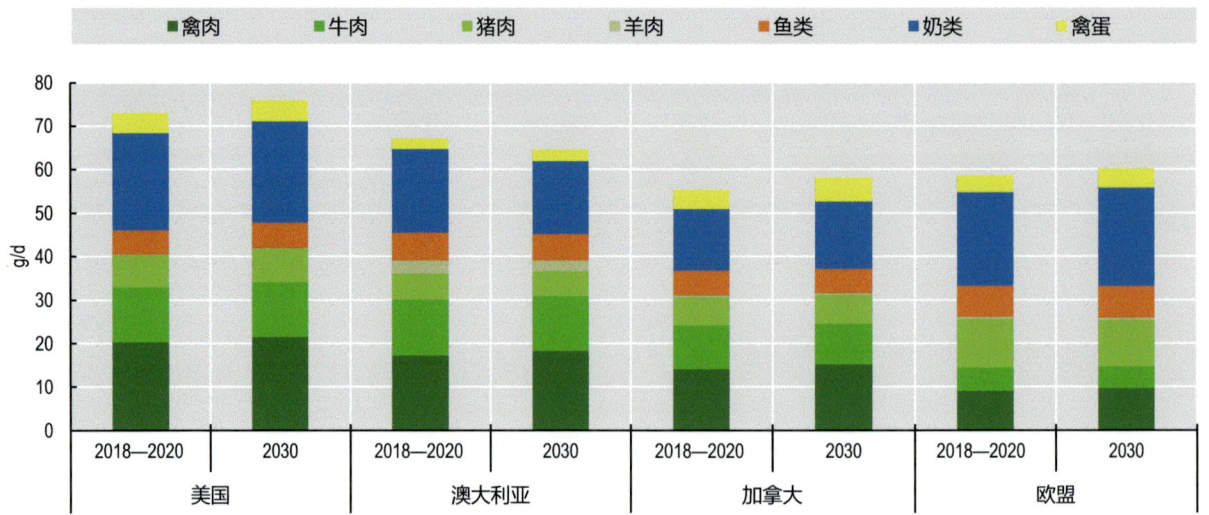

图1.10　部分高收入国家的人均动物蛋白质供应量

注：以上预测数值在《联合国粮农组织统计数据库食物平衡表》数据中的历史时间序列的基础上综合本《展望》数据库计算得出，对于本《展望》未涵盖的产品则在该基础上根据其发展趋势进行预测。

资料来源：粮农组织（2021年），《联合国粮农组织统计数据库食物平衡表》，http://www.fao.org/faostat/en/#data/FBS；经合组织/粮农组织（2021年）《经合组织－粮农组织农业展望》，经合组织农业统计数据库，http://dx.doi.org/10.1787/agr-outl-data-en。

数据库链接2：https://stat.link/c0s298。

未来10年，人均乳制品供应量将继续上升（+0.7 g/d）。在高收入国家，加工乳制品（包括奶酪）的消费，预计将占据新增乳蛋白供应量的约2/3。

由于对健康和环境问题的顾虑、对动物福祉的日益重视以及关于食用动物的伦理思考，高收入国家的素食主义者、绝对素食主义者和弹性素食者数量不断增多，尤其是在年轻消费者当中。当前素食主义者的比例仍比较低，如在美国有5%的人自称为素食主义者，在德国有6%（Hrynowski，2019[7]）（Heinrich-Böll-Stiftung，2021[8]）。然而，如果以上区域越来越多的人采用这种生活方式，则可能会对全球市场造成影响。从动物蛋白向其他蛋白的消费转变尤其将影响肉类和奶类市场。为应对这种新兴趋势，食品工业利用植物蛋白（如大豆、豌豆）、新动物资源（如昆虫）和生物科技创新（如人造肉或真菌蛋白），开发了一系列新产品和食品成分（McKinsey, 2019[9]）。然而，在全球范围内，这种趋势将被中等收入国家日益增长的动物蛋白需求所抵消。

中等收入国家：人均收入增长推动动物蛋白消费

在中等收入国家，未来10年的人均动物蛋白供应量预计将增长11%（+2.8 g/d），到2030年，动物蛋白供应量将在总蛋白供应量中占据更多的份额。不过，根据不同的膳食偏好，各国各区域的收入增长将带来不同动物产品的需求增长。

在中国和东南亚，未来10年新增人均动物蛋白供应量预计大部分来自肉类和鱼类（分别增长3.7 g/d和1.4 g/d）。在中国，肉类消费的增长主要由猪肉和禽肉拉动，而在东南亚，则完全由禽肉带动。东南亚的人均动物蛋白供应量增长高达10%，但其动物蛋白在整个蛋白供应量中的占比仍旧非常低，预计2030年为12%（图1.11）。

在印度，乳制品是膳食结构中非常重要的一部分，在未来10年，乳制品将占据新增动物蛋白供应量的88%（+3 g/d）。由于社会和文化因素影响，印度的收入增长不会带来更高的肉类消费，预计至少1/4的人口会是素食主义者。未来10年，动物蛋白在总蛋白供应量中的占比将从24%增长至26%（图1.11）。然而，到2030年，大部分蛋白依然来自农作物，尤其豆类。

拉丁美洲的人均动物蛋白消费已经处于较高水平，因此预计不会出现明显增长；该区域动物蛋白占到总蛋白供应量的50%左右（图1.11）。未来10年，人均乳制品、禽肉、猪肉消费预计将继续增加，而人均牛肉消费预计将下降，因为消费者越来越倾向于选购更便宜的替代产品（禽肉，其次是猪肉）。

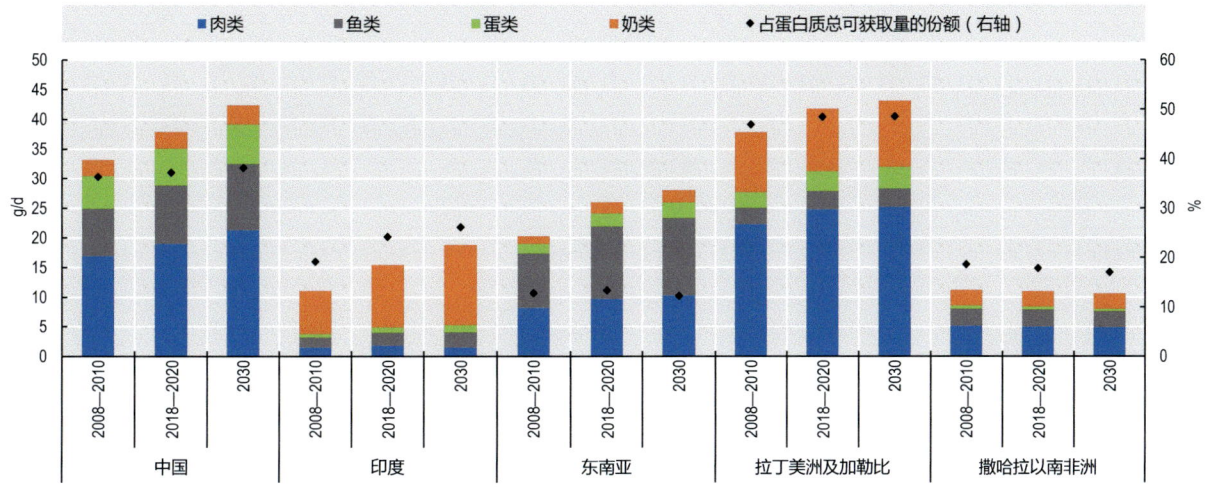

图1.11 部分中等偏下收入国家/区域的人均动物蛋白质供应量

注：以上预测数值在《联合国粮农组织统计数据库食物平衡表》数据中的历史时间序列的基础上综合本《展望》数据库计算得出，对于本《展望》未涵盖的产品则在该基础上根据其发展趋势进行预测。东南亚包括文莱、柬埔寨、印度尼西亚、老挝、马来西亚、缅甸、菲律宾、新加坡、泰国、东帝汶和越南。

资料来源：粮农组织（2021年），《粮农组织统计数据库食物平衡表》，http://www.fao.org/faostat/en/#data/FBS；经合组织/粮农组织（2021年），《经合组织－粮农组织农业展望》，经合组织农业统计数据库，http://dx.doi.org/10.1787/agr-outl-data-en。

数据库链接2：https://stat.link/le03h6。

低收入国家：缓慢的收入增长阻碍动物蛋白消费的增长

低收入国家的人均动物蛋白供应量较低，2018—2020 年平均为 13.8 g/d。在未来 10 年内，该数值也不会有显著增长（+0.2 g/d）。增长停滞的主要原因是疫情导致收入增长缓慢，部分区域还受到供应链问题（如缺少冷链基础设施）的限制，其他区域则受限于对非动物蛋白的膳食偏好。在撒哈拉以南非洲，未来 10 年人均动物蛋白供应量甚至还将轻微下跌，到 2030 年下落至 10.6 g/d（图 1.11）。最大跌幅出现在鱼类，因为人口增长的速度预计将超过鱼类供应的增长速度。

未来 10 年里，动物蛋白消费的这些发展趋势将进一步拉大低收入国家与中等偏上收入国家在动物蛋白消费方面的差距。低收入与高收入国家的差距预计将增加 3%，人均达到 48 g/d；而低收入与中等收入国家的差距将增加 17%，达到 18.5 g/d。相比之下，预计高收入与中等收入国家间的人均动物蛋白消费差距将跌落 4%，2030 年人均达到 30 g/d。

1.3.6 饲料用途：效率提升与使用集约化

当前全球膳食消费模式正在向动物产品倾斜，因此，越来越多作物和其他农产品用作饲料。2018—2020 年，约有 17 亿 t 谷物、蛋白质餐和各种加工副产品（如谷糠）用作动物饲料[①]。该数量预计在未来 10 年将增加 14%，于 2030 年达到 20 亿 t。

玉米和蛋白质餐依然是最常见的饲料商品，到 2030 年将在所有饲料中占 60% 以上（图 1.12）。未来 10 年，玉米和蛋白质餐的饲料需求预计每年将分别增长 1.4% 和 1.2%。与过去 10 年相比，蛋白质餐的需求增长速度将大幅减缓（2011—2020 年每年增长 3.8%），这主要因为包括中国、欧盟在内的蛋白质餐消费大国和区

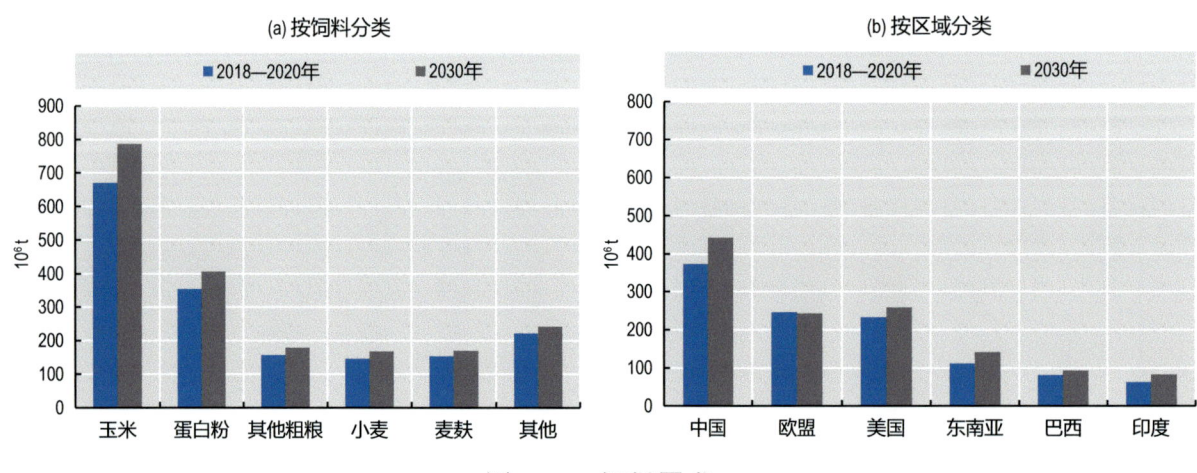

图 1.12 饲料需求

注：东南亚包括文莱、柬埔寨、印度尼西亚、老挝、马来西亚、缅甸、菲律宾、新加坡、泰国、东帝汶和越南。
资料来源：经合组织/粮农组织（2021 年），《经合组织 – 粮农组织农业展望》，经合组织农业统计数据库，http://dx.doi.org/10.1787/agr-outl-data-en。

数据库链接 2：https://stat.link/xugj6y。

---

① 饲料用途包括商业饲料用途和直接用于饲养的作物。

域在努力降低饲料中蛋白质餐的占比。中国从2016年起推行粮食市场自由化，导致饲料粮价格下跌，造成对玉米饲料的偏好（相比蛋白质餐而言）。

截至2030年，主要饲料消费者（即中国、美国和欧盟）仍然占据总饲料需求的半壁江山。不过，部分中等偏下收入国家的饲料需求在未来10年会随着畜牧业的扩张呈现强劲增长（图1.12）。

约30%的新增饲料需求将来源于中国，其需求预计在展望期内每年增长1%。由于中国畜牧业生产发展减缓，以及管理措施优化和动物遗传学进步带来饲喂效率的提升，中国的饲料需求增长较过去10年（增速每年3.8%）有所下滑。本《展望》假设：自2020年非洲猪瘟导致的猪群重建之后，畜产品每单位的平均饲料用量不会发生重大改变。庭院式生产逐步发展为大型现代化设施生产，可能增加复合饲料的使用；然而这些设施的饲喂效率比第一代饲料设施更高，因此每单位产出的饲料用量会降低。本《展望》假设这两种趋势会相互抵消。

由于牛肉和猪肉的饲喂效率提升，美国的饲料需求增长预计会缓慢（每年0.6%）。未来10年，欧盟的饲料需求预计会略微下降（2030年较2018—2020年下降300万t），主因是蛋白质餐需求的下降（每年下滑0.6%）。欧盟的这一数字反映了猪群和其他牲畜群的减少与饲喂效率的提升。不过，欧盟家禽产业的发展将在未来10年继续支撑其饲料需求。欧盟部分国家畜牧业生产系统规模不断扩大，模式也愈发多样化（如有机、草场、非转基因等系统），会造成蛋白质餐需求的下降，并刺激本地生产的和/或不含转基因饲料的需求，包括豆类和其他豆科植物（欧共体，2020[10]）。

巴西饲料需求预计会与畜牧业生产同步增长，未来10年每年增长率达到1.3%。东南亚的饲料需求增长较快，每年增长2.2%；未来10年该区域的新增饲料需求达到全世界新增需求的10%。需求增长的主要动力是越南和印度尼西亚的需求快速增长（分别为每年2.8%和2.4%），因为两国的家禽生产快速发展，并且猪肉生产预计将从非洲猪瘟的影响中恢复过来。得益于奶生产的强劲发展势头以及饲料的集约使用，印度预计未来10年饲料需求增长将达到每年2.4%。印度和东南亚逐渐向以复合饲料为基础的集约化畜牧生产转型，未来10年蛋白质餐需求预计每年将分别增长3%和2.5%。

1.3.7 亚洲中等收入国家推动生物燃料需求增长

自21世纪初以来，生物燃料需求量随政策实施显著增加，政策着眼于3项目标：① 支持各国落实减少二氧化碳排放的承诺；② 减少对进口化石燃料的依赖；③ 创造新需求以支持国内原料作物生产者。

尽管未来10年这些驱动因素将持续存在，但全球生物燃料需求预计增长迟缓。疫情后原油价格预计将逐渐恢复，在此背景下，未来10年生物燃料需求预计将每年增长0.5%，远低于过去10年的增长速度（每年4%）。绝大部分新增需求来源于中等收入国家，主要动力是混合率的提升；而在高收入国家，运输燃料需求下降和政策激励减少限制了需求的增长。因此，未来10年全球原料作物需求的增长预计将放缓。

燃料乙醇消费在未来 10 年预计将增加 5%；其中印度在新增消费中占比超过 60%（图 1.13）。到 2030 年，随着印度国内以甘蔗为原料的燃料乙醇生产快速发展，其燃料乙醇混合率预计将达到 8%。然而，本《展望》预测由于原料（主要是糖蜜）供应的限制，2030 年其混合率依然低于政府规定的 E20 目标。巴西的燃料乙醇消费会继续增长（但增长速度低于过去 10 年），主要原因为高混合率和燃料消费的增长。巴西出台了"国家生物燃料政策"（RenovaBio），旨在 2028 年之前减少 10% 的燃料排放，因此未来 10 年巴西的燃料乙醇消费预计将增长 5%。由于燃料乙醇消费的增加，生物燃料生产中蔗糖的使用也会增加（+9%）；未来 10 年，总蔗糖使用中生物燃料用途的占比维持在 22% 左右。同时，在印度和其他亚洲国家，未来 10 年燃料乙醇主要原料糖蜜在生物燃料中的使用预计也将增加（+23%）；到 2030 年，糖蜜在生物燃料领域的使用量在总消费量中将达到 50%（图 1.14）。

中国和美国的燃料乙醇消费增长将受限（图 1.13）。在中国，乙醇消费将随着燃料消费的增多而增加；然而增长速度与过去 10 年相比显著下降。预计中国政府不会按照其 2017 年的提案在全国范围执行 E10 规定，因为该计划需要玉米库存的支持，而中国的玉米库存自 2017 年开始持续减少。因此，本《展望》假设在展望期间，中国的混合率将比计划值低 2%。在美国，汽油使用的减少以及 10% 的燃料乙醇混合墙将导致未来 10 年燃料乙醇消费缩水 3%（160 万 L）。然而，美国推动混合率的提升会带来燃料乙醇用量的增加。玉米在中国和美国都是燃料乙醇生产的主要原料，而玉米的生物燃料用途预计将在未来 10 年下跌（-3%），生物燃料用途在玉米总使用中所占比例将从 2018—2020 年的 15.8% 降至 2030 年的 13.7%（图 1.14）。

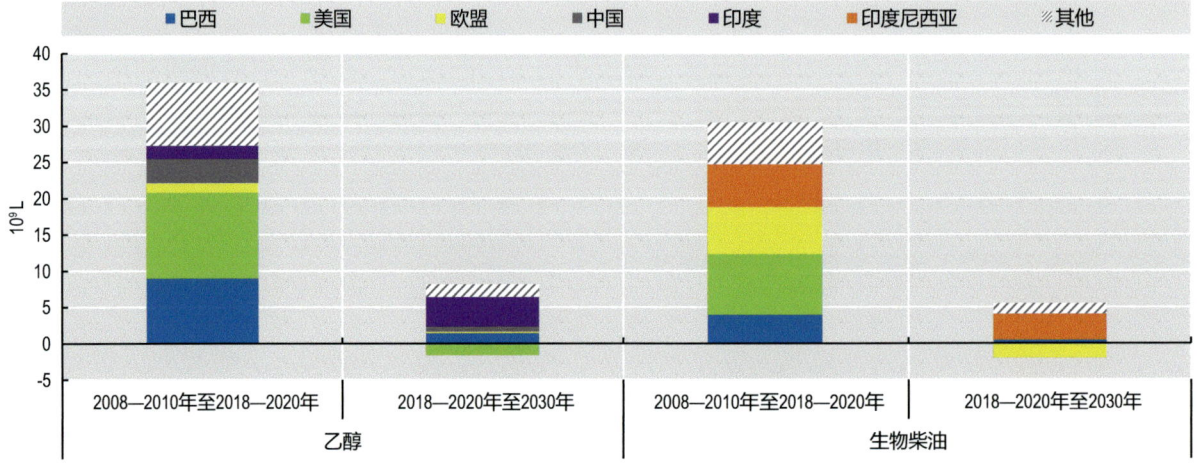

图 1.13　主要区域生物燃料消费的变化

资料来源：经合组织 / 粮农组织（2021 年），《经合组织－粮农组织农业展望》，经合组织农业统计数据库，http://dx.doi.org/10.1787/agr-outl-data-en。

数据库链接 2：https://stat.link/3cr4ow。

未来10年，生物柴油消费预计将增长7%；新增消费中印度尼西亚独占2/3（图1.13）。本《展望》假设印度尼西亚政府将于2020年成功施行其B30计划。假设混合率在展望期内固定在30%，这样生物柴油需求将随着运输燃料消费增长而增长。然而，在美国和欧盟，未来10年柴油使用量的下降将限制生物柴油消费的增长。在欧盟，生物柴油消费还将受到《可再生能源指令》的影响。《可再生能源指令》限制了碳捕获生态系统中（如森林、湿地、泥炭地）生物燃料原料（主要是棕榈油）的使用。因此，未来10年，预计欧盟的生物柴油消费将下降约200万L。基于生物柴油消费的预测发展，未来10年植物油在生物燃料中的使用预计将增长5%；然而，其在植物油总用途中的比例将从2018—2020年的15%下降至2030年的13.5%（图1.14）。

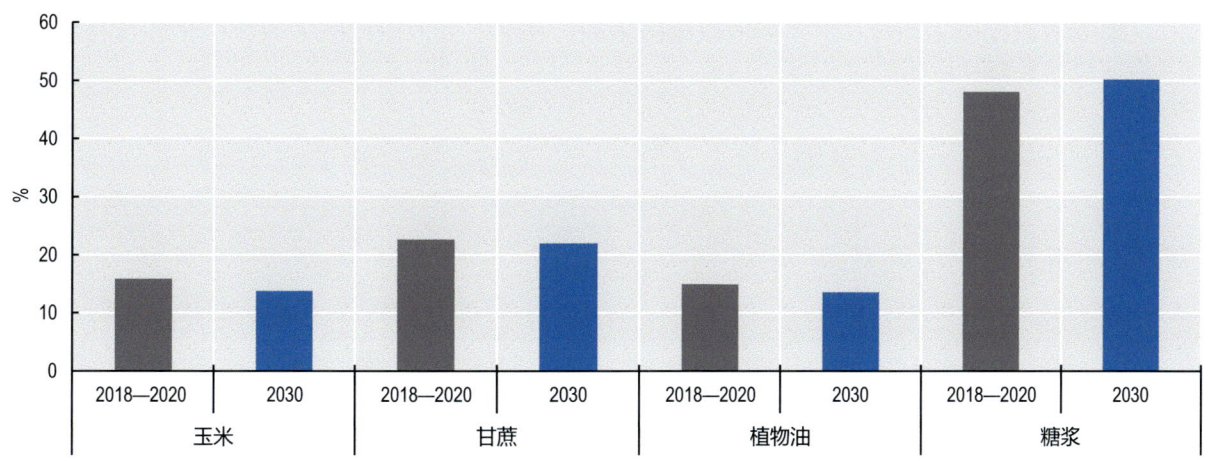

图1.14　生物燃料用途在总使用量中的比例

资料来源：经合组织／粮农组织（2021年），《经合组织－粮农组织农业展望》，经合组织农业统计数据库，http://dx.doi.org/10.1787/agr-outl-data-en。

数据库链接2：https://stat.link/3xnpfr。

未来10年，电动汽车技术的发展以及相关的支持政策将进一步限制生物燃料消费的增长。尤其在美国和欧盟等高收入经济体与中国，环保技术正在迅速发展，国家政策也鼎力支持电动汽车和充电基础设施的发展（国际能源署，2020[11]）。

1.4　生产

1.4.1　中等偏下收入国家带动全球生产增长

本《展望》对主要畜产品［肉类（牛肉、猪肉、羊肉、禽肉）、奶类（黄油、奶酪、新鲜乳制品、脱脂与全脂奶粉）、鱼类（捕捞渔业和水产养殖）和作物商品（谷物、油籽、块根和块茎、豆类、甘蔗和甜菜、棕榈油和棉花）生产的未来趋势进行预测。本《展望》预测将不同部门和不同区域的农业产量增长按其主要决定因素进行分类，即作物单产增长、复种指数增加（集约化）、耕地面积扩大、单位牲畜产量增加、畜群扩大等。

1 农业与粮食市场：趋势与前景

未来10年，全球农业产量[①]预计每年增长1.4%，增速低于过去10年的产量增长（每年1.7%）。

此次预测的基础假设是：到2021年，为防止2019冠状病毒病疫情蔓延而采取的限制社交距离措施大都得以解除。假设从此之后各国不再限制人们的出行。这种限制措施阻碍了农业劳动力的供应，增加了部分国家的生产成本（国际劳工组织，2020[12]），假设各国不再执行严格防疫措施，此类措施对所有劳动密集型农业活动造成强烈的负面影响。

预测农业产量的增长主要发生在新兴经济体和低收入国家中。这些区域为提高生产率进行农业基础设施投资以及研发，获得更多的农业投入品，提升管理能力，从而推动产量的增长。增长的另外一个驱动因素为调动生产资源（土地、灌溉水资源等）的投资。同时，由于环境政策的限制，北美、欧洲的西欧区域、中亚区域的产量增长预计较为缓慢（图1.15）。

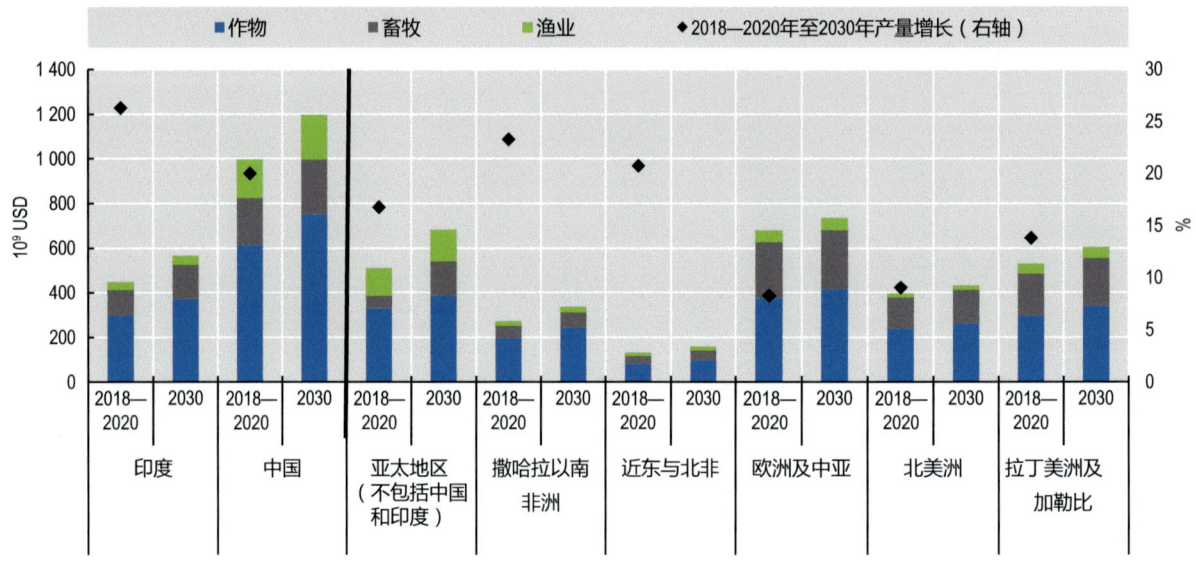

图1.15 全球农业生产变化

注：以上预测数值在《联合国粮农组织统计数据库食物平衡表》数据中的历史时间序列的基础上综合本《展望》数据库计算得出，其他产品则根据发展趋势进行预测。净产值使用内部种子和饲料用量的预测值，按2014—2016年美元不变价格计量。
资料来源：粮农组织（2021年），粮农组织统计数据库（FAOSTAT）农业生产总值数据库，http://www.fao.org/faostat/en/#data/QV；经合组织/粮农组织（2021年），《经合组织－粮农组织农业展望》，经合组织农业统计数据库，http://dx.doi.org/10.1787/agr-outl-data-en。

数据库链接2：https://stat.link/o1zqn5。

1.4.2 生产率提升推动作物增产

未来10年，全球农作物产量预计总增长18%[②]。新增产量主要来源于亚太区域（61%），主要因为中国与印度的发展（分别为30%和16%）。拉丁美洲占据新增产

---

① 以下农业产量是指农作物、畜产品和鱼类产品产量。
② 该数字是指《展望》中涵盖的农作物产品净值的增长，其中净值以10亿美元表示，以2014—2016年不变价格计。

量的10%，而欧洲和中亚总共占9%。近东和北非以及撒哈拉以南非洲区域的占比均为5%左右。图1.16展示了各区域的预计产量增长、种植密度以及本《展望》中各种农作物的总耕地面积。

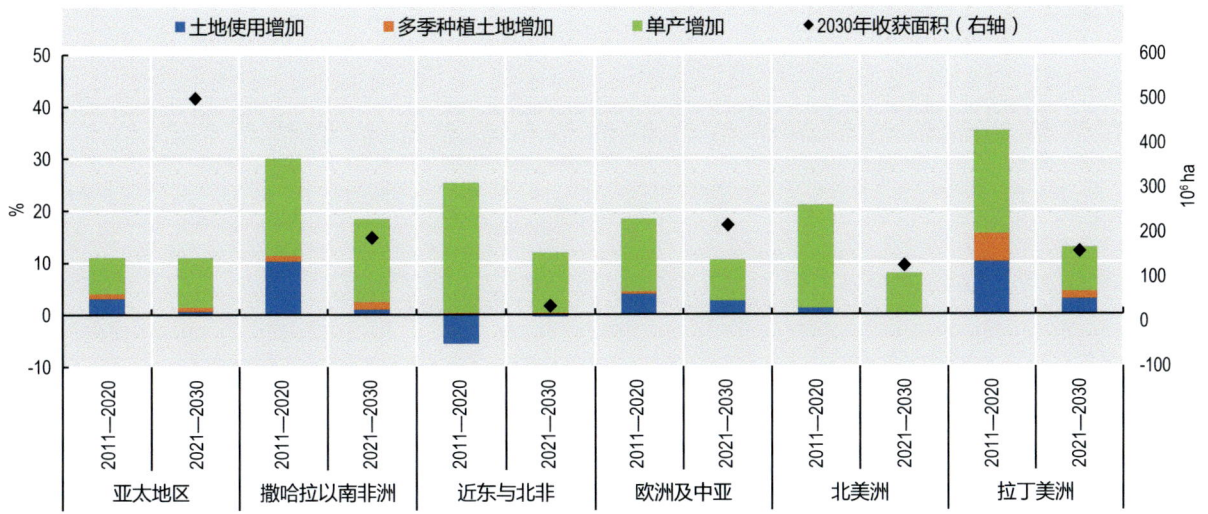

图1.16 农作物产量增长的区域分布

注：图中显示将总产量增长（2011—2020年和2021—2030年）分解为由扩大用地面积、种植多季作物实现集约化、增加单产带来的增长。涵盖的农作物包括棉花、玉米、其他粗粮、其他油籽、豆类、水稻、块根和块茎、大豆、甜菜、甘蔗、小麦和棕榈油。

资料来源：经合组织／粮农组织（2021年），《经合组织－粮农组织农业展望》，经合组织农业统计数据库，http://dx.doi.org/10.1787/agr-outl-data-en。

数据库链接2：https://stat.link/klq5s2。

单产

到2030年，全球作物产量增长的88%将得益于单产增加。由于各国农业气候条件和生产技术不同，预测各国农产品增长率也各不相同。总体上，假设因生产技术的发展，单产差距在不停变小。印度和撒哈拉以南非洲的国家使用更适应本地条件的种子，并优化农作物管理，预计其重要作物的单产将增加。

本《展望》假设，在高收入国家和新兴经济体，单产增长的主要动力是栽培品种的改良以及精细农业技术的应用，精细农业技术可优化水、肥料和农用化学品的使用（粮农组织，2020[13]）（图1.17）。然而，预计高收入国家的单产增长速度较慢，因为这些国家的单产水平已经很高，且产量增长受到环境和食品安全政策的限制。气候变化也会影响未来10年单产增长的情况，会阻碍某些区域的单产增长，同时推动其他区域的增长。

撒哈拉以南非洲的单产增长预计主要得益于改良种子以及化肥和农药更广泛的使用、机械化水平的提升以及农民培训等推广服务（图1.17）。该区域的预期单产增长主要取决于是否会继续和扩大为农民提供服务的政府支持计划，以及是否继续对储存和运输基础设施进行公共和私人投资，以最大限度地减少农场损失。

1 农业与粮食市场：趋势与前景

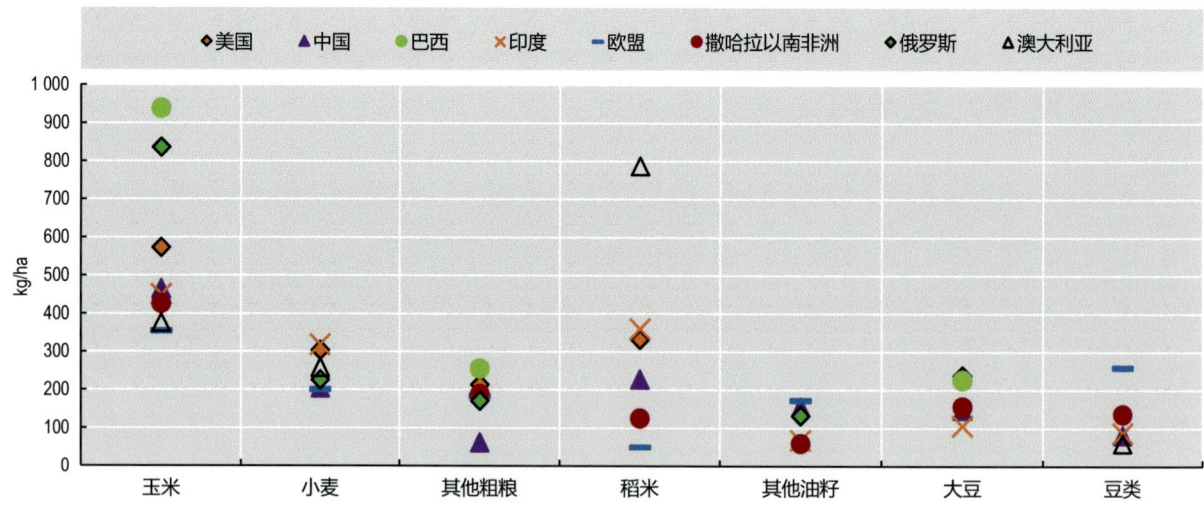

图 1.17　2021—2030 年部分农作物及国家预测单产增长情况

资料来源：经合组织 / 粮农组织（2021 年），《经合组织－粮农组织农业展望》，经合组织农业统计数据库，http://dx.doi.org/10.1787/agr-outl-data-en。

数据库链接 2：https://stat.link/d41q3x。

作为撒哈拉以南非洲产量预测的基础，假设该区域会出现支持该产量增长的公共开支和私人投资。任何干扰上述假设的情况，如疫情继续蔓延而相关投资进入农业以外的其他领域（如卫生基础设施），本币贬值造成非洲国家财政空间恶化、借贷成本增加和税收减少等（联合国非洲经济委员会，2020[14]），都可能会对农业的公共开支造成负面影响，从而影响预测产量。插文 1.2 中讨论了非洲农业生产力增长的潜力。

插文 1.2　公共开支与非洲农业生产力增长潜力

农业方面的公共开支是农业转型、扶贫、食品安全的重要支持。公共资源有限并且在经济上非常依赖农业部门的国家，必须增加农业方面的公共支出以提升农业生产率。非洲联盟的成员国都充分认识到增加农业公共开支的重要性，在《2003 马普托宣言》中一致同意至少将公共开支（即国家预算和私人资金）的 10% 拨给农业部门，并且在 2014 年的《马拉博宣言》中表示将延续这一承诺。

然而，粮农组织非洲农业政策监测和分析（MAFAP）项目对部分撒哈拉以南非洲国家与《非洲农业发展综合方案》（CAADP）相关的开支趋势进行了调研，发现 2004—2018 年，所研究国家在农业方面的公共开支平均仅占 6% 左右，远低于 10% 的目标[①]。只有马拉维在所有年份都遵守了马普托和马拉博宣言设定的目标，马里也在部分年份达成此目标（图 1.18）。另外，研究中的大部分国家近些年对农业的公共开支还在下跌。这一趋势出现的原因主要是各国财政空间收紧无法维持日益增长的农业开支，需要顾虑其他优先发展的事项，且较低的预算执行率让实际的农业开支比预算预期开支更低（2004—2018 年，约 1/5 的总农业预算没有使用）。

撒哈拉以南非洲的农业资金严重依赖捐助者捐款。2004—2018 年，上述研究国家平均 36% 的农业开支来源于捐款，但平均仅有 60% 的捐助资金得以利用。捐助者资助项目通常为大型的资本投资，且需要得到法律批准、制定采购和管理的规则与计划，如此种种导致项目变现更为复杂。

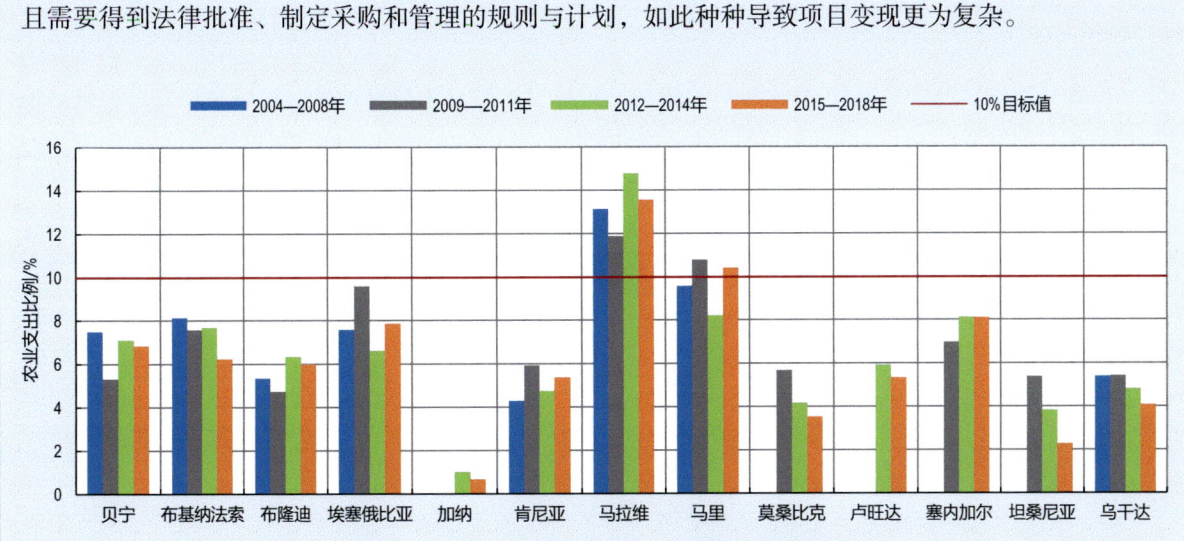

图1.18 实际农业公共支出占预算总额的比例

注：此处农业支出总和是最接近非洲农业发展综合计划（CAADP）的定义，对应非洲农业政策监测和分析（MAFAP）跟踪的农业特定支出，不包括向食品消费者的转移（如现金转移和食品援助）。

资料来源：Pernechele, V., Fontes, F., Baborska, R., Nkuingoua, J., Pan, X. & Tuyishime, C. (2021). 粮食与农业的公共开支：撒哈拉以南非洲的趋势与挑战。

数据库链接2：https://stat.link/bcu28x。

在上述研究国家，农业的公共开支主要包括向农业生产者的转移支付（即可变投入品补贴、资本补贴和其他农业服务）以及向消费者的转移支付（即粮食援助、现金发放、学校餐计划）（图1.19）。在2004—2018年，这两种类型的开支平均占这些国家粮食和农业总开支的30%以上。研究与知识传播（包括知识扩充、技术协助、技术培训等）方面的开支居第二位，平均占粮食和农业总开支的

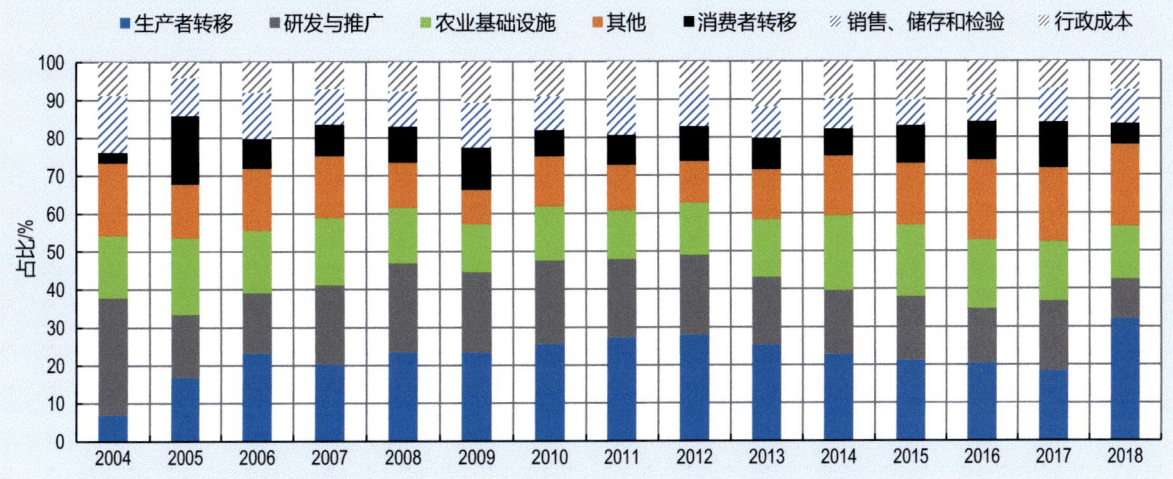

图1.19 各国食品和农业支出占总支出比重的变化趋势，按年均变化计算

资料来源：Pernechele, V., Fontes, F., Baborska, R., Nkuingoua, J., Pan, X. & Tuyishime, C. (2021). 粮食与农业的公共开支：撒哈拉以南非洲的趋势与挑战。

数据库链接2：https://stat.link/plng8e。

18%。农业基础设施投资主要包括支线道路和农田灌溉，2004—2018年在东非和南非国家占总开支的16%，并且一直在增长。针对粮食和农业系统中其他参与者（如加工者、贸易者或投入品供应商）的开支仍然有限。2004—2018年，约25%的捐助者捐款投入了农业基础设施，如道路和农田灌溉。相较国家支出，捐助者资助项目支出的较低执行率和较高不稳定性造成了此类项目的执行问题。

通过分解这些开支，发现对最能提升土地生产率的因素（如研究、知识传播和以灌溉为首的农业基础设施）的投资较为滞后。其原因在于基础设施和研究项目需要长期的支持，然而几乎每4年一次的政权更替导致没有足够时间进行长期计划。而近期知识推广和研发开支的收缩更是令人担忧，因为这是对农业增长和扶贫最为重要的因素。

撒哈拉以南非洲区域面临的关键挑战在于日益增高的公共农业开支与在农业生产力方面进行高回报投资的巨大花费。主要制约因素包括公共债务高筑，疫情影响全球经济和非洲国家财政空间，捐助资金面临缩水，以及更多资源需要投入到医疗卫生和社会保障网之中。就捐款资金而言，较低的执行率以及缓慢的官僚程序导致了捐款资金的不稳定性，也是捐款项目执行的重要瓶颈。

这些挑战会阻碍撒哈拉以南非洲农业生产、生产力、商业化的发展前景。考虑到开发新农业用地所需的农业基础设施（如支线道路、农村道路、农田灌溉等）可能缺少足够的公共或私人投资，本《展望》预测未来10年撒哈拉以南非洲的耕地扩张会受到限制。同时，本《展望》预测未来单产增长也会受限，因为单产增长依赖于新品种开发、农民培训和农业推广服务方面的充足投资。

注：①非洲农业政策监测和分析项目并非监测各国是否达到《非洲农业发展综合方案》设定的农业公共开支目标的官方工具。在本分析中，非洲农业政策监测和分析项目排除了某些开支类别，以与《非洲农业发展综合方案》中的开支定义进行对比。然而，非洲农业政策监测和分析项目与《非洲农业发展综合方案》的最后总数仍有细微差别，这主要因为各国不同的统计方法以及向《非洲农业发展综合方案》报告其开支的方式各有不同。

资料来源：Pernechele, V., Fontes, F., Baborska, R., Nkuingoua, J., Pan, X. & Tuyishime, C. (2021), 粮食与农业的公共开支：撒哈拉以南非洲的趋势与挑战，罗马：粮农组织出版物。

复种指数

到2030年，全球作物产量增长的7%将得益于复种指数的增加。复种指数对提升土地生产率起着重要作用（Ray和Foley，2013[15]）①。

如图1.6所示，复种指数的提升主要源自多熟作物和新作物品种的应用以及通过技术改进（如确保可在旱季进行耕种的灌溉系统）延长生长季节方面的投入。尤其是在巴西和阿根廷，大豆玉米双季种植和大豆小麦的双季种植能将土地生产率最大化。在亚洲国家，复种指数的提升主要靠水稻与谷物、豆类、蔬菜等第二作物的双季种植实现。由于其农业生态条件的限制，北美和欧洲复种指数的提升依然有限。

耕地面积

未来10年全球作物产量增长的6%将得益于耕地面积扩大。随着生产系统的集约化，相较单产和复种指数，未来10年耕地面积扩大的重要性不断降低。

未来10年，全球耕地面积增加主要出现在拉丁美洲，该区域耕地预计将扩大570

---

① 复种指数是指一年平均收获的次数，以收获面积与耕地的比值计算。

万 ha（图 1.20），主要因为该区域大型商业农场继续保持盈利，吸引了大量的新土地开垦投资。在中国，耕地面积预计将增长 150 万 ha，大部分是由牧场转化而来。

相比之下，近东和北非等区域新耕地开垦依然受到自然条件的限制。由于缺乏灌溉或灌溉成本过高，该区域的耕地面积预计不会增长。

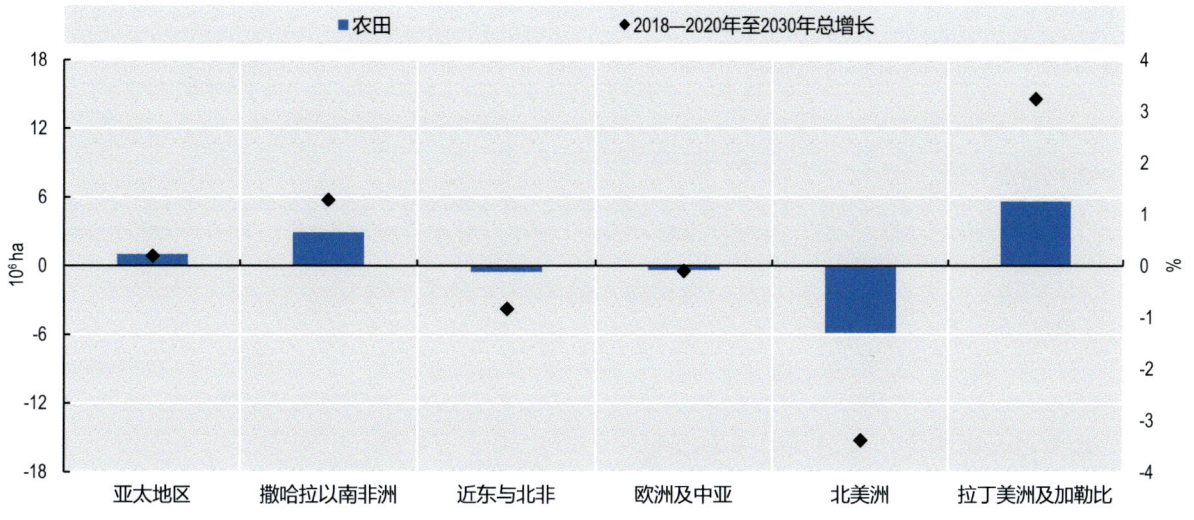

图 1.20　2018—2020 年至 2030 年农田变化

资料来源：经合组织 / 粮农组织（2021 年），《经合组织－粮农组织农业展望》，经合组织农业统计数据库，http://dx.doi.org/10.1787/agr-outl-data-en。

数据库链接 2：https://stat.link/ex8wlc。

1.4.3　畜牧生产和鱼类生产集中在部分国家

在展望期内，全球畜牧生产和鱼类生产预计将增长 14%。与农作物产量增长相似，其绝大部分增长（82%）来源于中等偏下收入国家。然而，部分国家 / 区域仍将继续主导全球畜牧和鱼类生产，即中国、印度、巴西、美国和欧盟。

2021 年非洲猪瘟补贴发放之后，亚洲国家的畜牧生产预计将得以恢复，而得益于肉类的供应缺口，渔业和水产养殖业持续发展。总体说来，未来 10 年畜牧和鱼类总产量预计将增长 17%。亚太区域新增动物产品约一半来自中国。随着巴西出口导向型畜牧业的发展，拉丁美洲的畜牧和鱼类产量预计将增长 15%，占全球产量增长的 38%。撒哈拉以南非洲与近东和北非区域的畜牧和鱼类产量增长预计均达到 22%，但因其基数较低，在总产量中的比例保持在 10% 左右。

未来 10 年，预计奶类和禽肉产量的增长速度最快，分别达到 22% 和 17%（图 1.21）。在大部分国家，肉类和奶的产量得以增长得益于动物数量的增加以及每头动物每年产量的提升，其中每头动物每年产量提升主要通过更集约化的饲养方式、遗传改良和畜群管理优化来实现。以下章节将分别列出对畜牧业各个部门的预测。

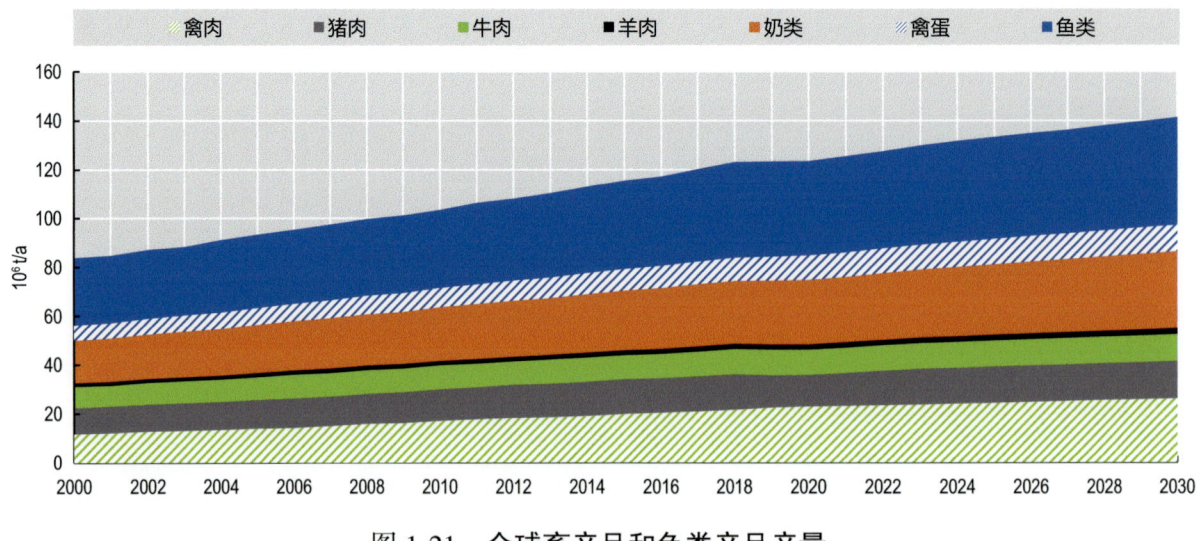

图 1.21　全球畜产品和鱼类产品产量

资料来源：经合组织／粮农组织（2021年），《经合组织－粮农组织农业展望》，经合组织农业统计数据库，http://dx.doi.org/10.1787/agr-outl-data-en。

数据库链接 2：https://stat.link/ma4q2w。

1.4.4　禽肉占全球肉类产量增长的一半以上

未来 10 年，由于动物数量的增加和每头动物的产量增加，全球肉类产量预计增长 13%（4 400 万 t）[①]。

禽肉产量预计在全球肉类产量增长中占 52%。利用有利的市场条件，禽肉产量将增长 17%（2 300 万 t）。其中中国占禽肉产量总增长的 13%，巴西占 10%，美国占 12%。在欧洲，未来 10 年的产量预计将保持稳定，因为其家禽数量与每只家禽的产量预计不会再增长。

假设未来不会发生人畜共患病，预计未来 10 年世界各国，尤其是亚洲各国，将从非洲猪瘟中恢复过来，猪肉产量会增长。全球猪肉产量预计将增加约 1 400 万 t，在肉类产量增长中占 33%，而截至 2023 年，猪肉增量的 66% 以上将来自亚洲国家，尤其是中国和越南。在其他主要产区，主要是美洲，猪肉产量预计将增长 8% 左右，驱动因素是家畜育种的改善和生产系统的集约化。

未来 10 年的全球牛肉产量预计仅增长 6%（400 万 t），占肉类产量总增长的 9%。增长放缓主要是因为需求增长较弱，因而发展潜力有限，预计美洲区域的相应投资也将减少。因为较高的生产成本，欧洲和澳大利亚的乳牛供应量减少，导致其牛肉产量分别减少 7%（−50 万 t）和 14%（+30 万 t）。未来 10 年，世界最大牛肉产区北美和拉丁美洲将继续保持自己的市场份额（分别占全球牛肉产量的 20% 和 32% 左右）。撒哈拉以南非洲的牧场牛肉产量预计在之后 10 年提高 15%，虽然基数较低。

最后，绵羊和山羊肉产量预计将增长 16%，即增加 300 万 t，在未来 10 年总肉

---

① 包括更高的屠宰重量、更短的屠宰时间和更高的繁殖率。

类产量增长中占6%。中国产量预计增加70万t。在当地需求拉动下，撒哈拉以南非洲的产量显著增长（70万t），在全球增量中占26%。该区域产量增长的主要动力为牧群的增多，其生产仍广泛采用半游牧体系。新西兰是世界最大的绵羊肉出口国，正在进行牧群重建；澳大利亚则因恶劣的天气条件影响，2017—2020年出现绵羊群减少，导致羊肉供应持续紧张。这两个国家的产量预计将与2018—2020年产量持平。

肉类与奶行业的发展决定了牧场的发展。为适应撒哈拉以南非洲日益增长的反刍动物产量（主要是绵羊和山羊），该区域牧场预计将扩大120万ha。北美的畜牧产量增长也将带来牧场的扩张（+322万ha），而新牧场主要通过边际农田转化而来（图1.22）。

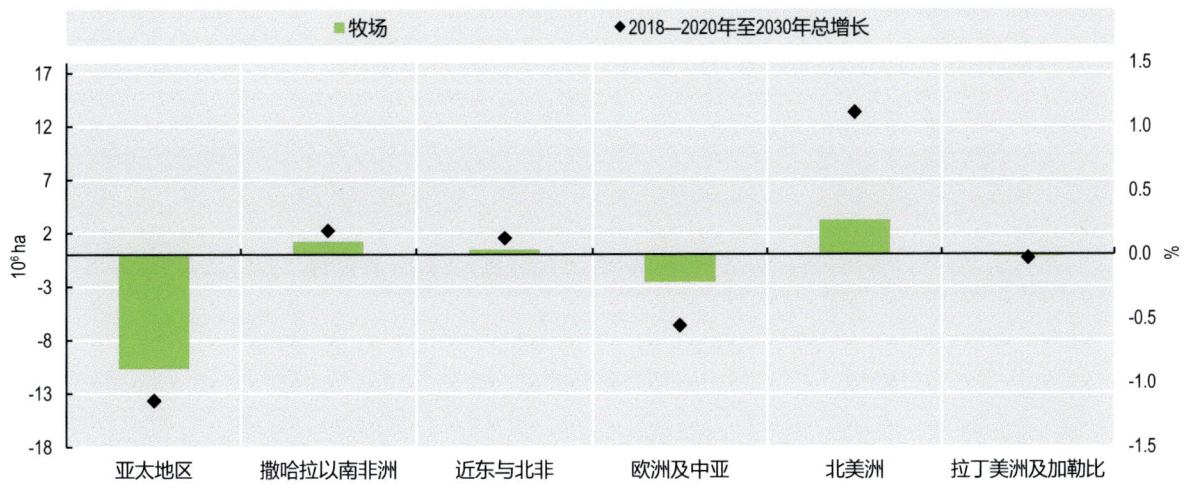

图1.22 2018—2020年至2030年牧场变化

资料来源：经合组织/粮农组织（2021年），《经合组织－粮农组织农业展望》，经合组织农业统计数据库，http://dx.doi.org/10.1787/agr-outl-data-en。

数据库链接2：https://stat.link/oud3ns。

在亚太区域，因反刍动物生产向以猪肉（从非洲猪瘟恢复之后）和禽肉为主的非反刍动物生产转化，以及反刍动物生产逐渐采用饲料密集型生产系统，牧场面积预计将缩小1 007万ha。

1.4.5 奶类将成为畜牧业增长最快的版块

未来10年，奶类将成为畜牧业增长最快的版块，全球奶产量预计将增长22%。奶产量增长的主要驱动力为奶生产系统优化、动物健康改善、基因改良和饲喂效率提升带来的单产增长，以及产奶动物数量的增加。同时，亚洲国家对新鲜乳制品的消费需求也将极大地支持产量的增长。到2030年，印度和巴基斯坦的奶产量预计将占全球奶产量的30%以上。在这两个国家，奶类产品主要由小农场主们通过牧场系统进行生产；因此产量增长将主要依靠产奶牧群的增加（图1.23）。然而，两国也将加强牧场的集约化利用，因此牧场面积的扩张将会受限。

主要奶出口商（如欧盟、美国、新西兰）的奶产量增长将受到更严格的环境法规限制。欧盟和新西兰的牧群将减少，而美国的牧群将保持稳定，但奶的单产将随着饲喂和草地管理效率的提升而增加。拉丁美洲的奶产量将受到强劲的内部需求的刺激，其产量增长主要依靠单产的强劲增长（未来10年增长超过每年1%）以及产奶牧群的扩张（图1.23）。

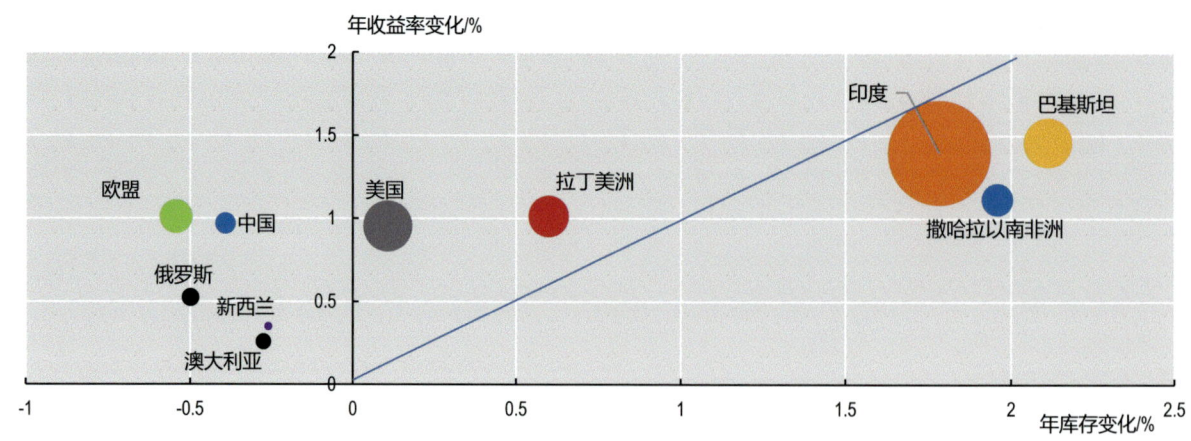

图1.23　2021—2030年产奶牧群和单产的变化

注：圆圈的尺寸代表2018—2020至2030年奶产量的绝对增长。
资料来源：经合组织/粮农组织（2021年），《经合组织-粮农组织农业展望》，经合组织农业统计数据库，http://dx.doi.org/10.1787/agr-outl-data-en。

数据库链接2：https://stat.link/ys3dzh。

在撒哈拉以南非洲，奶产量依赖于小反刍动物，这也意味着奶单产较低。因此，即使撒哈拉以南非洲会出现产量增长（33%），但其总产量与其他区域相比整体水平低很多。这是因为该区域产奶动物中小反刍动物（如山羊）占有重要地位，而小反刍动物的奶单产比牛低。撒哈拉以南非洲的产量增长主要依靠牧群扩张（图1.23）。

预计约60%的鲜奶将以轻度加工乳制品的形式提供给消费者，如新鲜巴氏杀菌奶或酸奶。剩下的40%将被进一步加工成黄油、奶酪、脱脂奶粉或全脂奶粉。黄油的产量增长预计将与生奶的增长速度一样高，而其他所有加工乳制品的产量会以较低的速度增长。较低的奶酪产量增长主要是欧洲和北美较慢的粮食需求增长引起的，而全脂奶粉产量较低的原因是亚洲国家需求的降低。

1.4.6　水产养殖的缓慢增长限制全球鱼类产量

至2030年，全球鱼类产量预计将每年增长1.2%，最终将达到2.01亿t，与上一个10年每年2.1%的增速相比有所放缓。鱼类产量增长的主要推动力是水产养殖持续却又缓慢的发展，而这主要是因为水产养殖初始水平较高，以及中国采取减少水产养殖对环境影响的政策。2030年水产养殖产量预计将增长至1.03亿t（每年增长2%），捕捞渔业产量预计将增长至9 700万t（每年增长0.4%）。然而，中国政策变化导致的政府对渔业支持的变化以及世界贸易组织的协商可能会对捕捞产量增长造成影响（经合组织，2020[16]）。水产养殖产量预计将在2027年超越捕捞产量，到

2030年将占所有鱼类产量的52%。

预计世界各洲的鱼类产量都将增长，而大部分增长集中在亚洲区域。该区域预计将迎来2021—2030年鱼类产量最强劲的增长，每年增长速度达到1.4%。亚洲将巩固其主产区的地位，2030年预计在全球水产养殖产量中占88%，全球鱼类产量中占71%。在展望期内增速第二的预计是非洲，每年增长1.2%。非洲的捕捞渔业产量将继续保持主导地位，而水产养殖产量也将强力增长。2030年之前，美洲、欧洲和大洋洲的增长速度预计每年在1%以下。较慢的增长速度显示这些国家和区域的捕捞渔业产量增长平稳，且其水产养殖在整体鱼类产量中的比例会降低。

1.4.7 农业生产的碳排放强度在逐步下降

农业直接排放约占全球温室气体排放的12%。如果考虑到农业对土地使用变更的间接影响，农业在全球温室气体排放中的占比从12%增加至21%（联合国政府间气候变化专门委员会，2019[17]）。农业在整体排放中所占比例较重且有继续增加的趋势，而当前已有具备成本效益的缓解方案可供选择，因此与其他领域一样，农业也能够为达成《巴黎协定》气候稳定目标做出重要贡献（Henderson等，2021[18]）。

假设当前政策和技术进步趋势不发生任何改变，2018—2020到2030年农业直接温室气体排放预计将增长4%（图1.24）①。其中畜牧业造成的直接排放占80%以

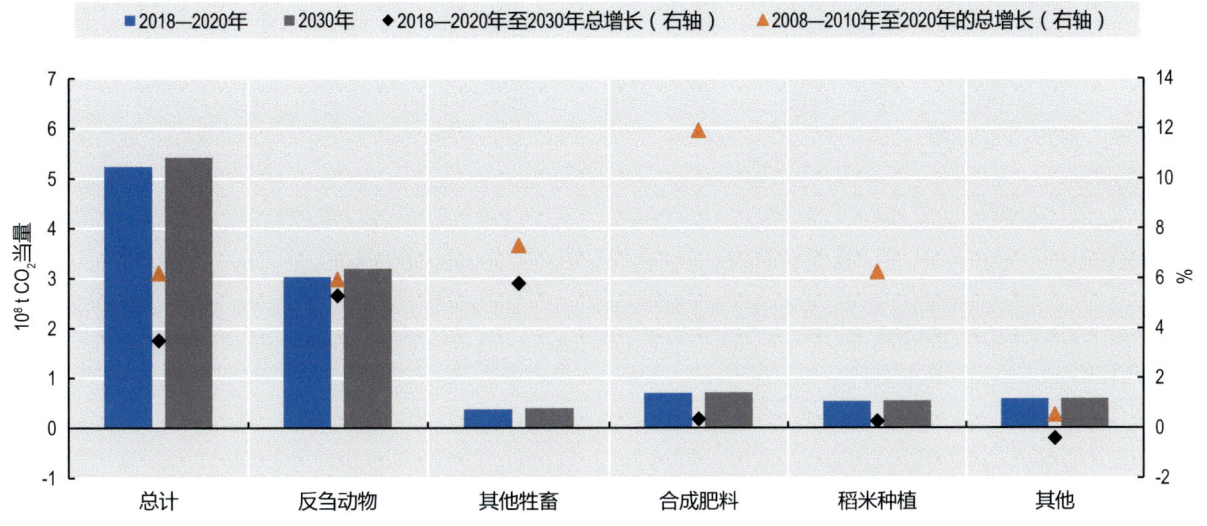

图 1.24 按活动分类的种植业和畜牧业生产直接温室气体排放量

注：以上预测数值是《联合国粮农组织统计数据库农业排放数据库》中的历史时间序列的基础上综合本《展望》数据库计算得出。与本《展望》变量（有机土壤耕作和燃烧热带稀树草原）无关的排放类型保持其最近的有效值不变。"其他"类别包括燃烧作物残留物、燃烧热带稀树草原、作物残留物和有机土壤耕作产生的直接温室气体排放。

资料来源：粮农组织（2021年），粮农组织统计数据库（FAOSTAT）农业排放数据库，http://www.fao.org/faostat/en/#data/GT；经合组织/粮农组织（2021年），《经合组织-粮农组织农业展望》，经合组织农业统计数据库，http://dx.doi.org/10.1787/agr-outl-data-en。

数据库链接2：https://stat.link/9mzg6n。

---

① 排放量计算是指来自畜牧业生产、合成肥料的使用、水稻种植、作物残留物和热带草原的燃烧、作物残留物的使用和有机土壤种植的排放。但是土地转换是最大的排放源。

上。本《展望》不对全球土地使用变更造成的排放进行预测。

预计大部分新增直接排放出现在中等偏下收入区域，因为这些区域采用排放密集型的生产系统且产量增长更高。未来10年，撒哈拉以南非洲的直接温室气体排放预计将增长16%，占农业直接温室气体排放全部增量的62%。

未来10年，预计全球农业排放量将增加，但是农业生产的碳排放强度会降低（图1.25）。所有区域农业产量的增长都将超过农业直接温室气体排放量的增长。这主要是因为单产的提升以及反刍动物产量在全部农业产量中比例的下降。在欧洲和中亚，未来10年农业直接温室气体排放量预计将下跌1%，而农业产量将增长8%。在大部分中等偏下收入国家，反刍动物产量增长较少是排放强度降低的主要原因。同时，减排政策、技术、措施的广泛应用将进一步降低农业生产的碳排放强度。

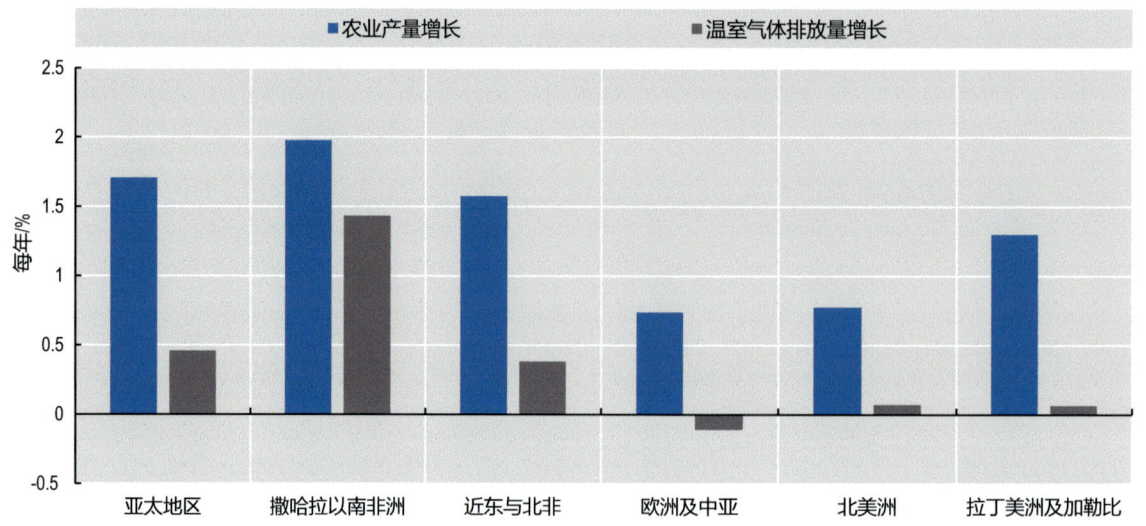

图 1.25　2021—2030 年农业生产和直接温室气体排放的年度变化

注：该图显示了农业直接温室气体排放量的预计年增长率，以及本《展望》中涵盖的农作物和畜产品估计净产值的年增长率（按2014—2016年美元不变价格计量）。估计值来自粮农组织统计数据库（FAOSTAT）中农业排放数据库的历史时间序列外推的展望数据库。与任何展望变量（有机土壤耕作和热带稀树草原燃烧）均无关的排放类型保持在其最新可用值不变。"其他"包括燃烧作物残留物、燃烧稀树草原、作物残留物和有机土壤种植产生的直接温室气体排放。生产净值为内部种子和饲料使用的估计值。

资料来源：粮农组织（2021年），粮农组织统计数据库（FAOSTAT）中农业排放数据库和农业生产总值数据库，http://www.fao.org/faostat/en/#data；《经合组织－粮农组织农业展望》，经合组织农业统计数据库，http://dx.doi.org/10.1787/agr-outl-data-en。

数据库链接 2：https://stat.link/ehq63i。

本《展望》假设当前减少农业温室气体排放的政策继续施行。然而，最近有些国家设置了农业温室气体排放的目标，将农业减排作为国家减排计划的一部分，以实现其在《巴黎协定》的承诺（Henderson，Frezal 和 Flynn，2020[19]）。这些新制定的目标以及相应政策可能会影响温室气体排放的预测。

1.5　贸易

自21世纪初以来，农产品关税的降低、支持扭曲贸易生产者的改革政策与多个贸易协定的签订，都促进了农业贸易的增长。另外，新兴国家（尤其是中国）经济增长强劲，各国为减少二氧化碳排放和对化石燃料的依赖对生物燃料的需求不断增加，也支持了农产品贸易的增长。贸易增长有助于各国和各区域更有效地分配农业生产。

未来10年，贸易将日益体现贸易伙伴之间的供需差异。一些区域预计将经历大幅度的由人口或收入驱动的粮食需求增长，但不一定具备相应增加农业产量的资源。此外，社会文化和生活方式带来的消费模式变化正在改变多数区域的需求结构。农业贸易将生产者与世界各地不同消费者需求联系起来，未来10年将在确保全球粮食安全和营养方面发挥越来越大的作用。

另外，生产率增长差异、气候变化对生产的影响以及动植物疾病的发展都会影响农业供应。贸易将有助于缓和粮食供应波动，平衡各国的生产风险，在发生内部或外部冲击时起缓和作用。

在这种情况下，运作良好、透明、可预测的国际贸易体系将有效缓解新出现的区域失衡，支持全球可持续发展，尤其是支持实现可持续发展目标。贸易是实现可持续发展目标第2项的重要手段，该项目标为"消除饥饿，实现粮食安全、改善营养状况和促进可持续农业发展"（Gadhok等，2020[20]）。

1.5.1 农渔产品贸易增长趋缓

未来10年，大部分农产品的贸易量将继续增长，但由于中国和其他新兴经济体需求增长放缓以及全球生物燃料需求减少，农业贸易增速较之前10年下降。展望期内，本《展望》涵盖商品的平均贸易量预计将每年增长1.3%，而过去10年的年增长率为3%。这些预测表明绝大部分商品的贸易增长将明显放缓（图1.26）。

未来10年生物燃料和猪肉贸易预计将下跌。生物柴油贸易下滑（每年下跌

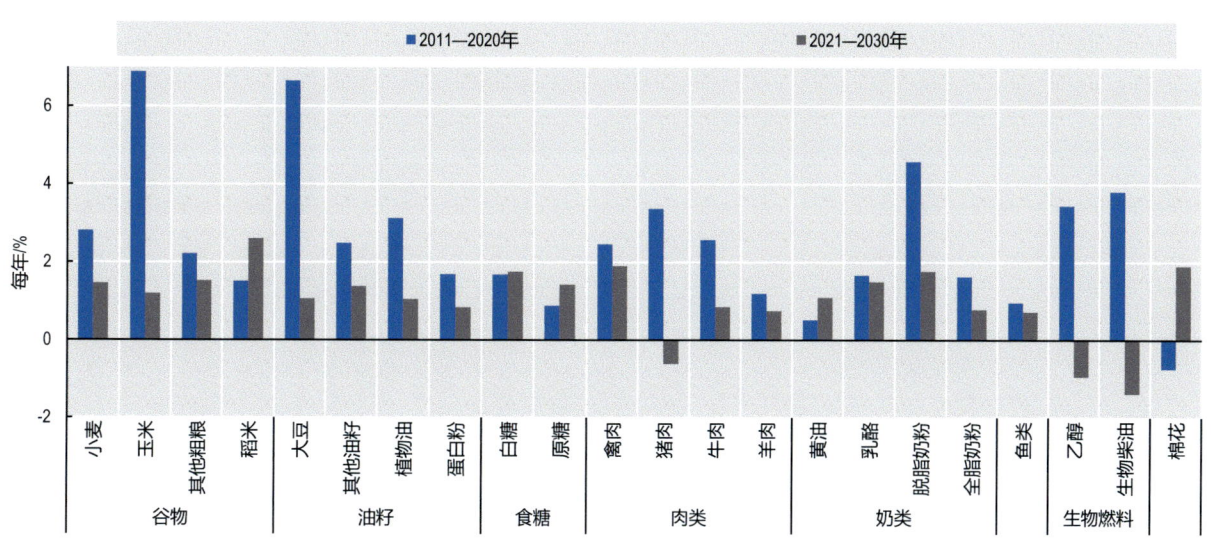

图 1.26　按商品分类的贸易量增长

注：按2014—2016年参考价格计算的贸易量年增长率。
资料来源：经合组织/粮农组织（2021年），《经合组织－粮农组织农业展望》，经合组织农业统计数据库，http://dx.doi.org/10.1787/agr-outl-data-en。
数据库链接2：https://stat.link/af7vhr。

1.4%）主要原因是欧盟棕榈油生物柴油进口需求的下降，以及印度尼西亚因实施B30计划带来的强劲的国内需求。燃料乙醇贸易预计也将下跌，不过跌速较低（每年下跌1%），这主要反映了美国因为燃料乙醇产量减少出现的出口量下降。

猪肉贸易在2020年达到峰值1 200万t，未来10年预计将略微下降（每年下跌0.6%）。中国和亚洲其他一些国家（如越南）暴发非洲猪瘟，导致2019—2020年猪肉进口需求大幅上涨，主要依赖欧盟、美国、加拿大、巴西的出口增长。随着中国猪肉产量逐渐恢复，猪肉贸易增长将放缓（Frezal，Gay 和 Nenert，2021[21]）。

虽然农业贸易整体上增长放缓，但大米和棉花是例外。未来10年大米贸易预计每年增长2.6%，而过去10年年增长率为1.5%。印度的大米产量增长速度大于其国内需求增长，这带动了全球大米贸易的增加。印度大米主要出口至撒哈拉以南非洲，该区域未来10年的大米进口量预计将增长90%。棉花贸易的增长速度预计也将超过过去10年（每年增长1.9%），这反映了纺织工业原棉需求量的增加，尤其在生产潜力有限的国家（如孟加拉国和越南）。对原棉的高进口需求大部分由主要出口国或地区出口量增加来满足，即美国、巴西、撒哈拉以南非洲。

1.5.2　贸易量占总产量的比重趋稳

本《展望》所涵盖商品的贸易量在总产量中所占比重一直在逐步增长，从2000年的年均15%增加到2018—2020年的23%，这反映出农产品贸易增速高于农业总产量增速。假设此前推动全球农产品贸易的贸易自由化的影响逐渐减弱，且政策未发生重大变化，贸易量在总产量中的比例在未来10年会继续保持稳定，因为贸易增长与产量增长更趋于同步。

然而，这一平均数掩盖了各种商品在贸易中的明显差异（图1.27）。许多农产品

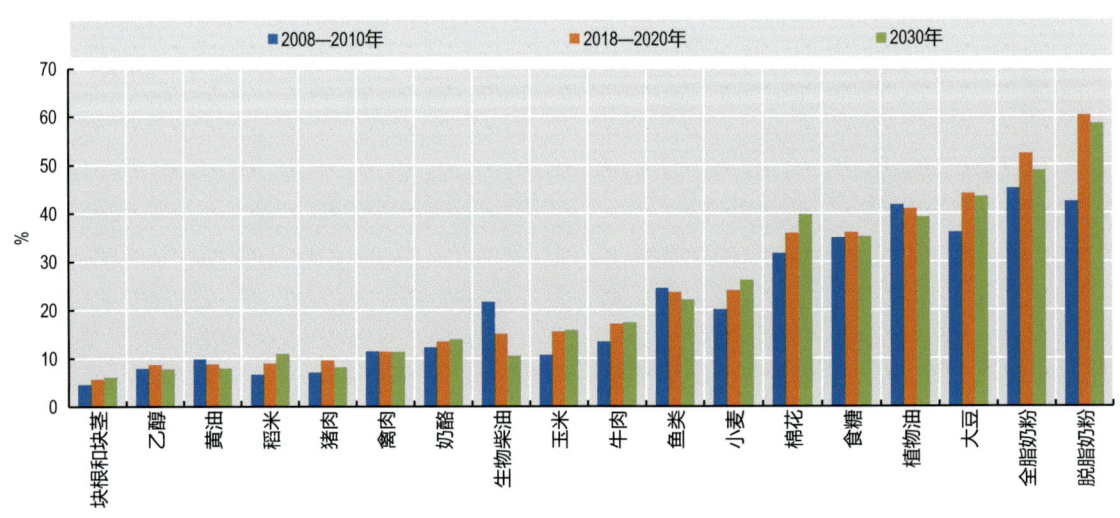

图1.27　按商品分类的贸易量占产量的比例

注：此比例按出口量除以产量计算（以数量计）。

资料来源：经合组织／粮农组织（2021年），《经合组织－粮农组织农业展望》，经合组织农业统计数据库，http://dx.doi.org/10.1787/agr-outl-data-en。

数据库链接2：https://stat.link/6joz9a。

的贸易量在产量中占比实际上很低。只有部分商品的贸易量占其全球产量的 1/3 以上，如棉花、糖、大豆、植物油和奶粉，因为这些商品需要进一步加工。过去 10 年里，有些商品的贸易量在产量中的占比快速提高。就奶粉而言，其占比的提升主要反映了中国对全脂奶粉的进口需求增加，以及欧盟和美国脱脂奶粉的生产过剩（主要出口至发展中国家）。另外，中国对饲料的高需求带来了对大豆进口需求的增长，而新增需求主要由美国和巴西的出口增长满足。这也造成过去 10 年大豆贸易量在产量中的比重增加。

未来 10 年，由于贸易模式预计不会发生大的转变，本《展望》涵盖商品的贸易量占产量的比例也不会出现重大变化。展望期内，一些商品的出口率会略微下降，主要是因为进口需求疲软或国内需求增加，或二者兼有（如生物柴油）。

1.5.3　净出口区域与净进口区域日益分化

各区域不同的气候和地理条件，包括不同的可用生产性农业用地，决定了各区域不同农产品生产的比较优势。而比较优势、不同的人口密度和人口增长以及政策因素决定了各区域间的贸易往来情况。人口增长缓慢、人口密度较低、自然资源丰富的国家更可能成为农产品的出口国，而人口增长迅速、人口密度较高、自然禀赋较弱的国家则更可能成为进口国。未来 10 年，净出口和净进口区域差异预计将进一步加剧。当前农产品净出口区域的贸易顺差预计将进一步增加，而人口增长较快或受到土地等其他自然资源限制的区域贸易赤字会进一步扩大（图 1.28）。

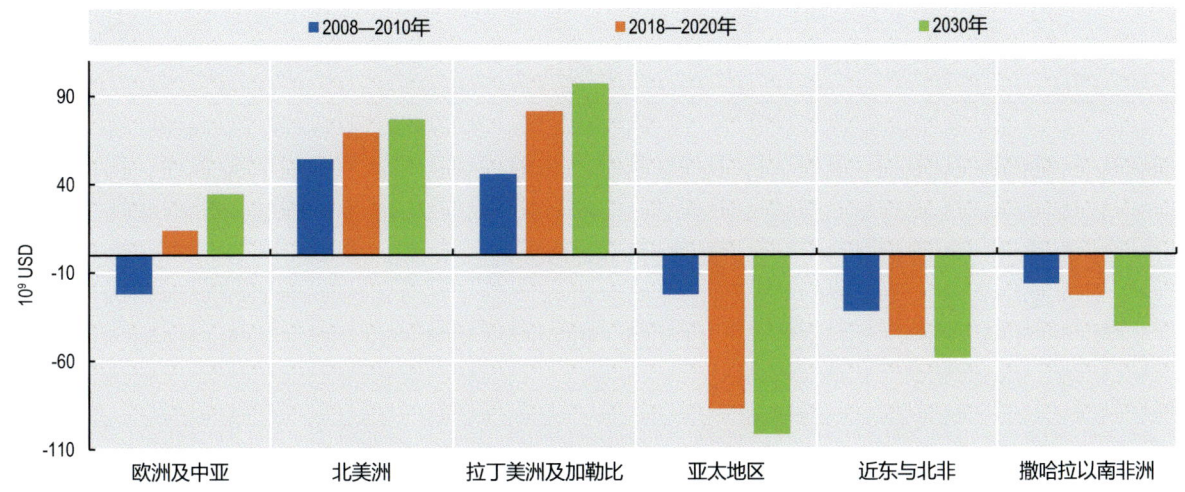

图 1.28　各区域净贸易额（以不变价格计）

注：本《展望》中所涉商品的净贸易额（出口减进口），按 2014—2016 年美元不变价格计量。
资料来源：经合组织/粮农组织（2021 年），《经合组织－粮农组织农业展望》，经合组织农业统计数据库，http://dx.doi.org/10.1787/agr-outl-data-en。

数据库链接 2：https://stat.link/eq0l7f。

传统供应商贸易顺差扩大

预计拉丁美洲及加勒比区域世界农产品第一大供应区域的地位将继续加强，净出口量在 2018—2020 至 2030 年将增加 19%。其出口量的增加主要为玉米、大豆、牛肉、禽肉和糖类产量的增加。北美是世界农产品市场的第二大供应区域；由于该区域产量增长放缓，其净出口增长速度也将减慢（2018—2020 至 2030 年将增加 11%）。尤其是玉米和大豆的出口，从过去 10 年每年 5.8% 的增速降低至未来 10 年每年低于 1% 的增速。

欧洲与中亚于 2014 年从农产品净进口区域转变为净出口区域。其中一部分原因是该区域人口和人均消费停滞不前，导致内部需求有限。产量增长也将改善出口业绩，尤其是在乌克兰和俄罗斯，两国在生产率强劲提升的基础上，在几年时间内分别成为极具竞争力的玉米和小麦出口国。在未来 10 年，欧洲与中亚区域的净出口预计将增加 1 倍以上，主要原因就是俄罗斯和乌克兰的出口增长。

人口快速增长和/或自然资源受限的国家贸易逆差进一步扩大

截至 2030 年，最大净进口区域亚洲及太平洋区域的净进口相较 2018—2020 年将增长 17%，主要是由于中国的净进口增加（11%）。过去 20 年间，中国农业贸易逆差稳步增长，从 2000 年的 26 亿美元增加至 2019 年的 660 亿美元；2020 年，非洲猪瘟暴发造成中国进口需求上涨，其贸易逆差达到峰值 860 亿美元（按 2014—2016 年美元不变价格计算）。未来 10 年，由于中国人口增长放缓，部分商品在食品消费领域达到饱和以及生产效率的提高，中国净进口增长速度预计将低于之前 10 年。

然而，亚太区域巨大的贸易逆差掩盖了各国和各区域之间的明显差别。例如，大洋洲和东南亚是农产品的传统净出口区域，不过其贸易顺差在未来 10 年会缩小。而印度，并不是主要的出口国或进口国。未来 10 年，印度国内产量增长预计与其人口和人均收入增长同步，因此其整体贸易地位几乎不会改变。印度乳制品消费和产量的强劲增长也不会对全球贸易产生重大影响。

撒哈拉以南非洲及近东与北非也是农产品的重要进口区域，尤其是谷物，用以直接保障该区域的粮食安全，并用作动物饲料。截至 2030 年，撒哈拉以南非洲的净进口量预计将增加 75%，主要进口商品为小麦、大米、玉米、大豆。农业生产率的提升会增强该区域的自给性，并减少贸易逆差（插文 1.2）。撒哈拉以南非洲是本《展望》所涉商品的重要净进口区域，但同时也是其他农产品的净出口区域，如可可、咖啡、茶、水果、蔬菜等。到 2030 年，近东与北非的净进口量预计将增加 28% 以上，该区域对国际市场的依赖性进一步加强。按人均计算，近东与北非仍将是最大的基本食品进口区域。

考虑到日益严重的区域失衡，贸易限制性政策（如出口限制）可能会对全球粮食安全产生不利影响。在疫情期间，国际合作与市场透明性防止了贸易限制政策的普遍实施（经合组织，未注明出版时间[22]）。需要牢记之前的教训，以防止未来出现生产、运输或供应链中断等问题。贸易限制不仅仅带来短期负面影响，还会破坏供应能力从而导致长期消极影响（插文 1.3）。

1.5.4 贸易在保障粮食安全与营养中日益重要

约有20%的热量来自进口商品

贸易可以让不同粮食更容易获得且价格合理，并为消费者提供更多的选择（粮农组织，2018[23]）。贸易对于资源有限的国家尤其重要，这些国家高度依赖基本食品和高价值食品的进口。有利的贸易环境可以让这些国家获得更多粮食，并缓解消费价格的压力。贸易还有助于稳定粮食供应，在国内出现生产问题时起缓冲作用。在因天气等原因导致产量下降的国家，贸易可以保障粮食安全。

图1.29显示不同区域进口产品在总热量供应量中的占比。在全球范围内，该占比从2008—2010年的17%上涨至2018—2020年的20%，预计在未来10年保持大致稳定。然而，不同区域和国家进口热量占比有着显著差异。该占比在北美等主要产区相对较低，进口热量仅占总热量供应量的6%。而即使是主要净出口区域也需要进口部分热量。例如，拉丁美洲及加勒比区域的进口热量占总热量供应量的20%左右，该估值包括了在该区域占重要地位的区域内贸易。

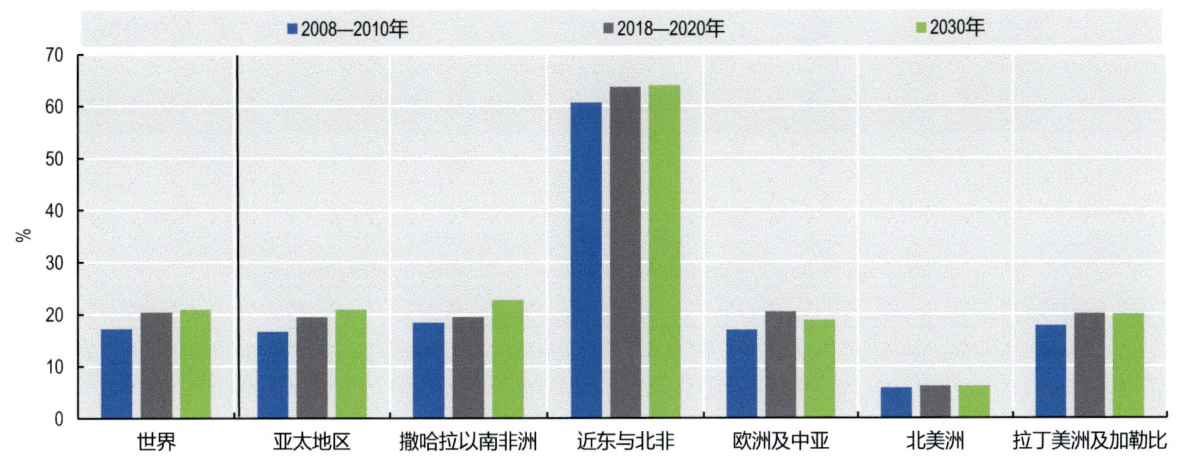

图1.29 部分区域进口产品占热量总供应量的份额

注：使用本《展望》所涵盖商品的平均热量含量进行计算。请注意，进口产品包括饲料，总热量供应量包括可能再出口的商品的加工。进口包括区域内贸易，但不包括欧盟内部贸易。
资料来源：经合组织/粮农组织（2021年），《经合组织－粮农组织农业展望》，经合组织农业统计数据库，http://dx.doi.org/10.1787/agr-outl-data-en。

数据库链接2：https://stat.link/bkiu1l。

在近东与北非，人口增长迅速，相应的生产发展受水资源限制。因此，进口是国内粮食生产的重要补充。在该区域，2018—2020年进口产品在总热量供应量中的占比为63%，且预计在未来10年略微增加。相比之下，在撒哈拉以南非洲，2018—2020年进口产品在总热量供应量中的占比较低，为19%，但预计该占比将在2030年达到23%，因为其国内产量增长的速度无法与人口的迅速增长保持同步。

多样化膳食依赖于贸易

贸易不仅能在促进全球粮食安全方面发挥重要作用，而且对于确保营养安全和支持多样化膳食也非常重要（粮农组织，2018[23]）。未来10年，中等偏下收入国家日益增长的畜产品需求一部分将通过从发达国家进口满足。近东与北非、撒哈拉以南非洲和东南亚的部分国家日益增长的动物产品需求也需要靠进口满足，尤其是本国无法生产或产量不足的商品。中等偏上由于收入增长和消费者喜好的变化，中等偏上收入国家预计将从低收入国家进口香蕉和其他热带水果。具体内容参见第11章。

图1.30展示了近东与北非、撒哈拉以南非洲和东南亚部分国家净进口产品在总动物蛋白供应量中的占比。在这些国家，通过进口满足动物蛋白需求占总动物蛋白供应量的比例较高和/或不断增长。

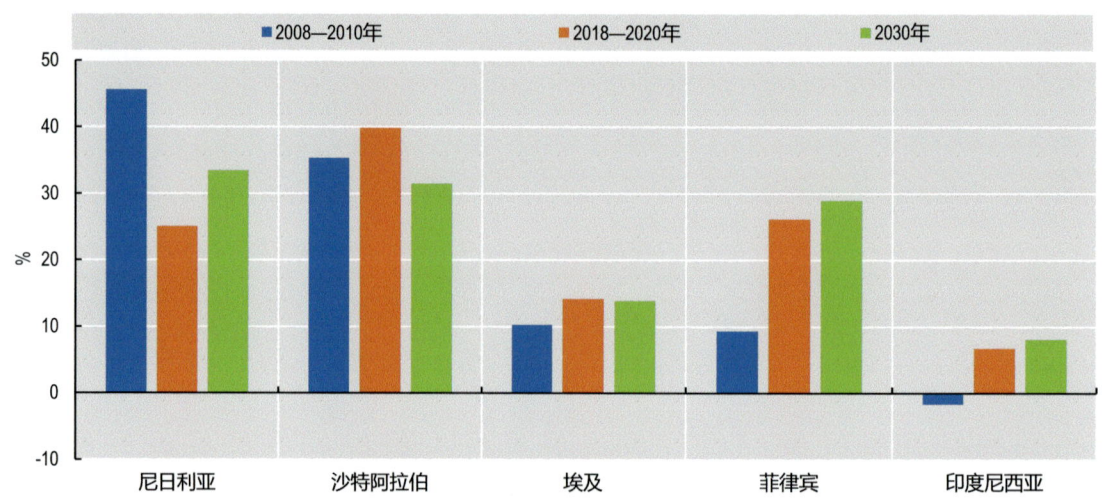

图1.30　部分国家净进口占动物蛋白质总供应量的比重

注：该比重通过动物蛋白净进口量（单位：10^3 t/a）除以动物蛋白总供应量（单位：10^3 t/a）计算得来。
资料来源：经合组织／粮农组织（2021年），《经合组织－粮农组织农业展望》，经合组织农业统计数据库，http://dx.doi.org/10.1787/agr-outl-data-en。

数据库链接2：https://stat.link/u80agh。

尼日利亚是动物产品的主要净进口国，尤其是乳制品，其次是鱼类和肉类。净进口量在总动物蛋白供应量中的占比取决于国内产量和需求的平衡。动物蛋白需求主要由人口增长驱动，准确而言是由收入增长驱动，在石油出口国则和石油收益紧密相关。2007—2012年的高油价增加了动物蛋白的进口需求。之后下降的油价则降低了动物蛋白的进口需求，从而降低了净进口产品在总动物蛋白供应量中的比例。在未来10年，考虑到疫情后油价逐步恢复，且国内产量的增长与人口和人均收入的增长不同步，该比例预计将再度提高。沙特阿拉伯也高度依赖动物产品（尤其乳制品）的进口；2018—2020年其净进口量占总动物蛋白供应量的40%左右。然而，沙特阿拉伯过去20年加大了对国内畜牧业的投资以减少对进口的依赖，因此预计未来10年该比例会下降。

东南亚国家非常依赖乳制品和牛肉进口，主要贸易对象是大洋洲和美国。菲律宾几乎所有乳制品均靠进口；在印度尼西亚，净进口乳制品和牛肉分别占乳蛋白供应量和牛肉蛋白供应量的60%和50%。在这两个国家，未来10年收入增长和城市化带来的需求增长预计将超过国内产量的增长，因此，其净进口产品在总动物蛋白供应量中的占比预计将继续增加。同时，这些国家也在投资扩大国内动物产量，主要是禽肉产量，这同时对进口饲料提出了需求。

1.5.5 出口对许多国家的生计至关重要

对许多国家来说，贸易在相关行业的发展中发挥核心作用。某些农产品的出口量占国内产量的很大一部分，因此是重要的收入来源，也是进入新兴市场而又不影响当地市场的机会。然而，对出口的依赖性会导致一个国家更易受到国际市场波动和冲击以及贸易政策变化的影响，这对这些国家的农村或沿海地区会造成不利影响。例如，关税或国际层面的其他进口限制会影响这些国家的收入前景（插文1.3）。

按照本《展望》中所列商品的出口净值与国内生产净值的比率来衡量，8个国家在未来10年将继续高度依赖国际市场（图1.31）。其中一些国家（如加拿大和巴西）出口多种商品（谷物、油籽、动物产品），而另一些国家（如新西兰、巴拉圭和挪威）仅依赖少数几种商品（分别是乳制品、油籽产品和鱼）出口。部分低收入国家对一些热带商品（如咖啡、可可、香蕉和其他热带水果）有着较强的出口依赖（第11章）。因此，这些国家的出口表现与相应商品收入的趋势和波动紧密相关。世界商品价格（第1.6节）的波动和整体下降趋势会造成依赖特定商品的经济体的出口收益不稳定。

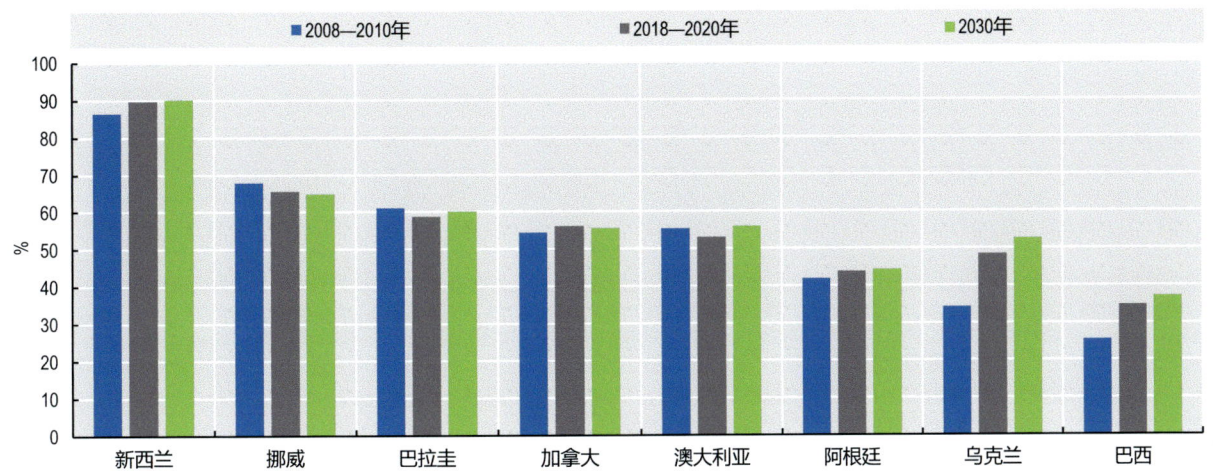

图1.31 对国外市场依存度超过25%的出口国

注：该比重按现行价格通过出口额除以总产值计算。

资料来源：经合组织/粮农组织（2021年），《经合组织-粮农组织农业展望》，经合组织农业统计数据库，http://dx.doi.org/10.1787/agr-outl-data-en。

数据库链接2：https://stat.link/2y8dfp。

1.5.6 政策变更可能会影响贸易预测

贸易一直是全球农业和食品行业转型的引擎。贸易政策变化通过减少限制货物和服务流动的关税及非关税壁垒，对促进农业和食品行业转型发挥重要作用。减少贸易壁垒后，市场效率提升，从而提高消费者和生产者福利。

1 农业与粮食市场：趋势与前景

插文 1.3 贸易与可持续发展目标

距离 2030 年仅剩下不到 10 年的时间了。2019 年 9 月举行的可持续发展目标峰会呼吁将未来 10 年设为可持续发展行动和实现的 10 年，要意识到可持续发展的脆弱性以及根深蒂固的贫穷问题。虽然许多地方已取得一定的进展，但《2030 年可持续发展议程》的实现并未以要求的速度和规模推进，包括可持续发展目标第 2 项的实现（消除饥饿，实现粮食安全，改善营养状况和促进可持续农业发展）。

最新预测[①]显示约 6.9 亿人，即世界人口的 8.9%，处于营养不良的状态。自 2015 年起，面临严重粮食安全问题的人数持续增加。世界 1/10 的人口每日生活费用在 1.9 美元以下[②]，粮食系统面临一系列环境挑战，包括土壤健康问题、温室气体排放、生物多样性丧失、水资源管理不善与污染问题等，而 2019 冠状病毒病疫情预计将进一步加剧这种恶劣形势。

影响农产品贸易和市场的措施（包括边境措施和境内支持措施）可能对不同的可持续发展目标产生截然不同的影响，这取决于采取措施的国家是净出口国还是净进口国，是生产小国还是大国，或是消费小国还是大国，及其设计和实施政策的方式。另外，影响也分为短期或中长期影响。所以，必须认识到有些领域中可能需要在相互竞争的政策目标之间进行权衡，并且需要找到解决这些问题的方法。

相互竞争的优先事项

部分措施对实现可持续发展目标第 2 项中关于生产力和粮食安全的目标具有积极影响，如对基础设施、储藏设施或农村道路的投资，与政府对研究和推广服务的支持。但边境措施也存在相互竞争的优先事项（如出口限制），尤其是国内市场短期目标和长期目标之间的竞争，和两个贸易伙伴政策目标之间的权衡。国内粮食价格上扬时，政府有时会禁止出口或征收出口税，以遏制价格上涨。然而，这种措施会在短期内损害粮食进口国贫困消费者的利益；长期来讲，这些措施还会抑制国内农业方面的投资。降低食品关税有助于保证营养食品的多样化供应，并为贫困消费者降低价格，但廉价的进口食品同样有损生产者的生计。投入和产出补贴与市场价格支持能降低生产成本，但会损害其他国家农民的利益，造成资源配置效率低下，加剧环境压力。

与多边贸易体制的关系

通常不涉及向个体生产者提供价格支持的措施都属于世界贸易组织绿箱类措施，不受任何限制。这种措施通常对可持续发展目标第 2 项目标的实现有着积极影响。其他可能会扭曲生产和贸易的措施则需要受到多边贸易体制的限制。可持续发展目标第 2.b 项呼吁各国"根据多哈发展回合授权，纠正和防止世界农业市场上的贸易限制和扭曲，包括同时取消一切形式的农业出口补贴和具有相同作用的所有出口措施。"虽然世贸组织《内罗毕部长宣言》取得了一定进展，但实现可持续发展第 2 项目标和解决权衡问题需要各国政府高瞻远瞩，取消出口补贴。这样能确保贸易政策有利于《2030 年议程》在粮食和农业部门方面取得快速进展。其中最为关键的一点在于促进不同政策之间的协调一致，这样各国才能通过贸易支持从疫情中恢复过来。

注：① 粮农组织，国际农业发展基金会，联合国儿童基金会，世界粮食计划署，世界卫生组织，2020. 2020 年世界粮食安全和营养状况：实现粮食体系转型，保障经济型健康膳食. 罗马：粮农组织，https://doi.org/10.4060/ca9692en.

② 世界银行，2020. 2020 年贫困与共享繁荣：命运逆转. 世界银行，华盛顿，编号：10.1596/978-1-4648-1602-4，许可证：创作共用许可证 CC BY 3.0 IGO

资料来源：Gadhok, I. et al. (2020), *Trade and Sustainable Development Goal 2-Policy options and their trade-offs*, Rome, FAO, https://doi.org/10.4060/cb0580en.

未来10年，要谈判和实施的贸易政策及其他政策的发展动向可能会对农业贸易造成重要影响。本《展望》仅包括当前实施的政策，并假设其在中期内保持不变。这蕴含了不确定性，因为未来10年政策可能出现变更，影响预测结果。

例如，新的贸易协定可能会增加未来10年区域内和区域间贸易。基线仅纳入了已实施或已核准的双边贸易协定，如2021年1月生效的《非洲大陆自由贸易协定》。该协定有效地将55个非洲国家整合成一个单一市场。该协定预计将在未来5~10年时间内，逐步废除90%的税目，非最不发达国家在5年内完成，最不发达国家在10年内完成。不过具体的关税减让计划还未最终确定。目前非洲内部贸易很少，该贸易协定是扩大贸易的机会。当前，非洲国家粮食进口仅有约20%来自其他非洲国家，而仅南非一个国家就占据了非洲内部粮食贸易的1/3以上（Fox和S. Jayne，2020[24]）。为了充分发挥《非洲大陆自由贸易协定》的潜力，非洲国家需要提高农业生产力，与低成本进口的国际市场竞争。该协定成功的关键在于减少贸易的非关税壁垒，简化海关手续，改善区域内的运输系统。本《展望》不考虑展望期内该协定签署国之间的关税减免情况，但预测非洲区域内部的市场效率会得到提升。

《区域全面经济伙伴关系协定》是东盟十国与亚太五国（中国、日本、韩国、澳大利亚、新西兰）于2020年11月签署的自由贸易协定。该协定为降低贸易壁垒，确保提高商品和服务的市场准入提供框架。但由于该协定并未获得正式批准，在此次预测中不予以考虑。这项贸易协定会进一步加强签署国之间业已牢固的现有贸易关系。

欧盟与南方共同市场成员国（即阿根廷、巴西、巴拉圭、乌拉圭）签署的贸易协定的批准同样尚未通过，因此本次预测暂不考虑该协定的潜在影响。欧盟与南方共同市场贸易协定将开放农产品的市场准入。未来10年，南方共同市场93%税目将逐步实现关税减免，并计划对某些敏感产品实行长达15年的自由化。同时，欧盟将开放82%的农业进口。南方共同市场成员国将享受更低的欧盟关税，并出口更多的肉类产品、水果、橙汁、糖和燃料乙醇。而欧盟可以出口更多的乳制品、猪肉、葡萄酒与烈酒。然而，一些欧盟敏感性产品如牛肉、大米、禽肉和糖将面临南方共同市场强有力的竞争以及价格下行压力。考虑到该贸易协定可能带来的负面环境影响，欧盟和南方共同市场成员国承诺有效执行《巴黎协定》，并同意在双方贸易的气候问题方面进行合作，包括解决森林砍伐问题。

虽然未来10年多项自由贸易协定的签署将推动农产品贸易，但重大贸易壁垒仍将存在，因为减少农业贸易保护和扭曲性国内支持政策的进展基本停滞。近些年农产品面临的平均关税为15%左右（联合国贸易与发展会议，2019[25]）。另外，部分国家仍旧采取了严重扭曲农场经营决定的措施来为农民提供收入支持，也因此扭曲了全球农业生产和贸易。2018—2020年，54个经合组织和非经合组织国家的农民每年获得约5 400亿美元的公共支持，而其中的2/3是通过消费者支付的更高价格和生产相关支付实现的，包括可变投入补贴（经合组织，2021[26]）。插文1.3探究了为实现可持续发展目标第2项实施的边境政策和其他政策的预期和非预期影响。

环境与气候政策也会对未来10年的农产品贸易产生影响。特别是碳定价政策（如排放税、排放交易计划和边境碳调整）可能给生产者造成额外成本，影响农产品贸易，可能破坏粮食安全和人们的生计。因此，需要认真设计这些政策，以在温室气体减排、保障粮食安全、保障农场生计等目标之间取得平衡（经合组织，2021[6]）。

1.6 价格

本《展望》使用主要市场的价格作为国际参考价格，以描述每种商品的市场情况。除市场基本要素以外，当前价格还受到众多因素的影响（如2019冠状病毒病疫情等疾病、天气、自然灾害、政策变更等），预计在接下来几年有所调整。而在展望期后几年，价格预测仅考虑基本供需因素。本节最后的部分随机模拟分析中探讨了预计基准价格的可变性。

1.6.1 历史价格趋势

未来10年，本《展望》涵盖的大部分农产品的实际价格（即经通货膨胀调整）预计将下跌（图1.32）。自20世纪60年代起，农产品的价格整体上一直下滑。这主要是因为农业和相关行业生产力提高，造成主要粮食商品边际生产成本降低。20世纪60年代的绿色革命以及20世纪90年代新技术的不断涌现极大地提升了主产国的农产品单产。虽然全球人口和收入增长带来粮食需求的增长，但大幅度降低的边际生产成本依然让农产品价格不断走低。在这种整体趋势下，虽然在20世纪70年代石油危机时期和2007—2014年曾出现过价格猛涨，但这种价格上涨只是暂时的，

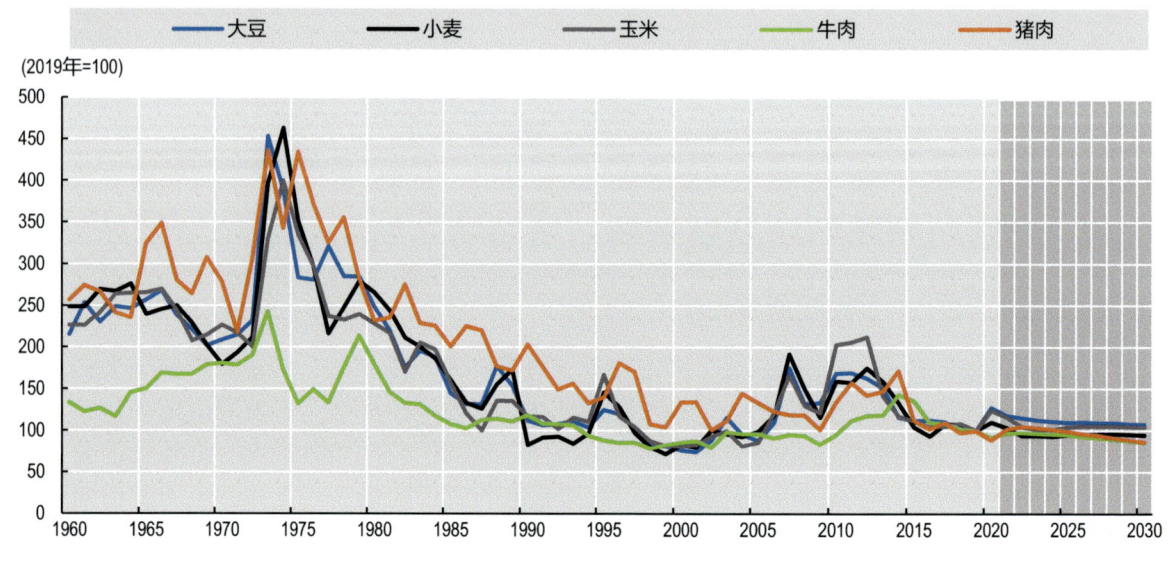

图1.32 商品实际价格的长期变化

注：大豆、玉米和牛肉的历史数据（1960—1989年）来自世界银行的"世界商品价格数据"。猪肉历史数据（1960—1989年）来自美国农业部QuickStats数据库。

资料来源：经合组织/粮农组织（2021年），《经合组织-粮农组织农业展望》，经合组织农业统计数据库，http://dx.doi.org/10.1787/agr-outl-data-en。

数据库链接2：https://stat.link/iqh6yr。

并未改变价格长期下滑的趋势。

1.6.2 中期价格趋势的主要驱动因素

粮农组织食品价格指数（FPI）用一个指数总结了主要贸易粮食商品的国际参考价格走势（图1.33）[①]。

图1.33　粮农组织食品价格指数

注：历史数据来自粮农组织粮食价格指数，该指数收集农产品名义价格信息，并利用经合组织－粮农组织的农业展望基线对这些指标进行了预测。实际价格是粮农组织食品价格指数按美国GDP平减指数调减后得来的（2014—2016年=1）。

资料来源：经合组织/粮农组织（2021年），《经合组织－粮农组织农业展望》，经合组织农业统计数据库，http://dx.doi.org/10.1787/agr-outl-data-en。

数据库链接2：https://stat.link/c1i4a2。

食品价格指数的基线预测与未来10年基本的供需情况保持一致。该预测在需求方面考虑了收入和人口的增长以及普遍的消费者偏好，在供应方面考虑了生产力的不断提升。从中期来看，该指数假设在实际价格下降时仍可调动全球自然资源，且生产能力的扩大升级不会永久性地受到预期需求的限制。在供需方面，该指数假设了一个在展望中期保持有效的可持续的全球贸易系统。如若情况偏离了基线假设，将借助随机模拟分析来探讨其影响。

本《展望》使用的谷物价格预计将在展望期内保持或恢复至当前数值（图1.35）。偏离假设的情况皆为暂时情况，在任何冲击（如大米主产国不利的气候条件）平息后将恢复至基础关系。在实际国际参考价下降的情况下，全球玉米产量的预期增长与库存释放能满足全球日益增长的粮食、饲料、生物燃料需求。预计由于黑海地区的充足供应量以及全球粮食需求的缓慢增长，小麦参考价格将出现下跌。

[①] 有关该指数及其构成的说明，请参阅粮农组织（粮农组织，2013[37]）和粮农组织（粮农组织，2020[36]）中食品价格指数（FFPI）的特征。本《展望》用美国GDP平减指数（2014—2016年=1）来获取实际数值。因此，《展望》中实际食品价格指数与粮农组织（粮农组织，2020[36]）发布的不同。

由于一些大米出口国出现了不利天气影响以及暂时的出口限制和物流瓶颈，大米出口的实际起始价格明显高于预测趋势。假设这些国家逐渐恢复至正常的种植和物流情况，并受到全球供应充足和出口国间激烈竞争的影响，大米价格预计将于2023年降低至预测趋势水平。其他粗粮（黑麦、燕麦、大麦、高粱）的实际价格预计将略微上涨，这主要是因为持续的进口需求，主要是中国的进口需求。在中国，粗粮进口主要是对关税配额制度限制的玉米进口起补充作用。中期内，主产区生产率增长并不能完全满足这一需求，因此会造成价格上涨。

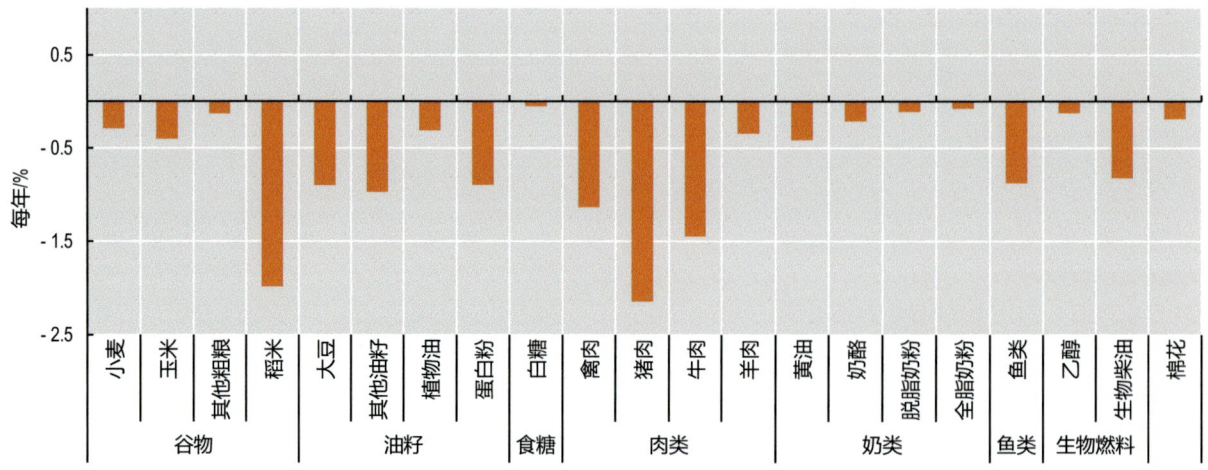

图 1.34　2021—2020年农产品实际价格年均变化

资料来源：经合组织 / 粮农组织（2021年），《经合组织 - 粮农组织农业展望》，经合组织农业统计数据库，http://dx.doi.org/10.1787/agr-outl-data-en。

数据库链接 2：https://stat.link/o6s70y。

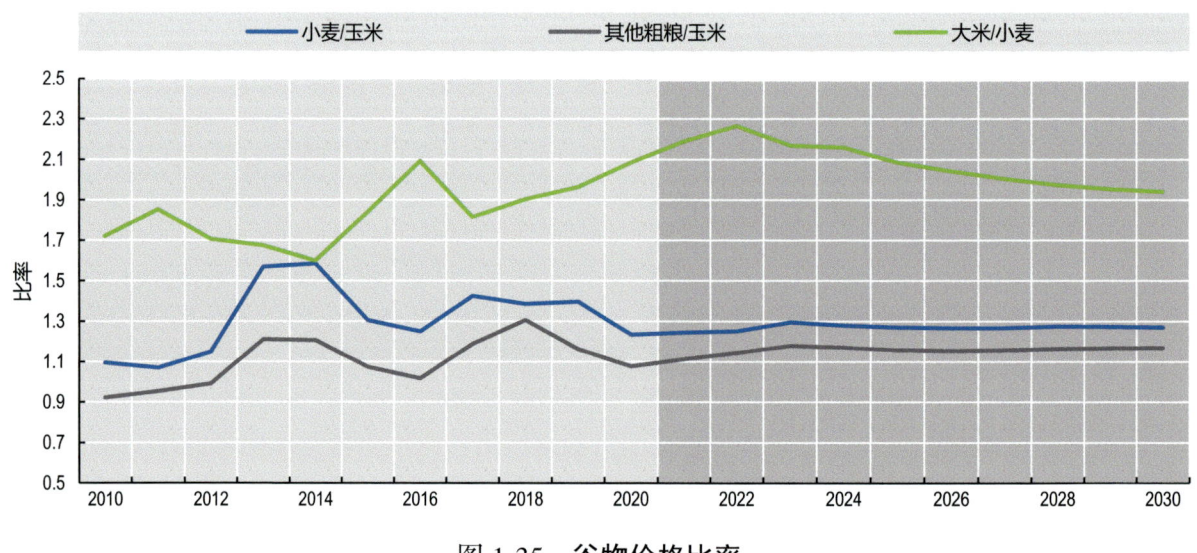

图 1.35　谷物价格比率

资料来源：经合组织 / 粮农组织（2021年），《经合组织 - 粮农组织农业展望》，经合组织农业统计数据库，http://dx.doi.org/10.1787/agr-outl-data-en。

数据库链接 2：https://stat.link/w2914f。

1.6.3 商品价格趋势

2020 年下半年,油籽和油籽产品的实际价格比预期趋势更高,部分原因是中国因猪群重建对大豆的高进口需求。预计在展望前期,产品价格将恢复至预期趋势水平,反映全球供应量增加,基于主产国的平均产量预测以及 2019 冠状病毒病疫情造成的物流限制的逐渐消除(粮农组织,2021[27])。之后,价格的下跌趋势将减慢。相对于蛋白质餐,植物油价格将会上涨,主要是因为全球棕榈油产量增长预计将放缓。

本《展望》涵盖的 4 种肉的实际价格预测趋势主要由两个不同因素决定(图 1.36)①。整个行业将从非洲猪瘟造成的供应冲击中恢复过来,这是在展望早期最重要的因素。随着供应量的恢复,猪肉价格将领跌其他肉类,恢复至预测趋势水平。由于替代效应其他肉类的价格之前也出现上涨,但之后下跌速度较猪肉慢。价格于 2023 年恢复至长期趋势水平以后,基础市场条件将再次成为最重要的因素,其主要特征是全球肉类需求增长减缓(尤其红肉)以及作物生产力不断提升带来的饲料实际价格下降。澳大利亚和新西兰有限的羊肉出口成了支撑国际羊肉价格的主要因素。

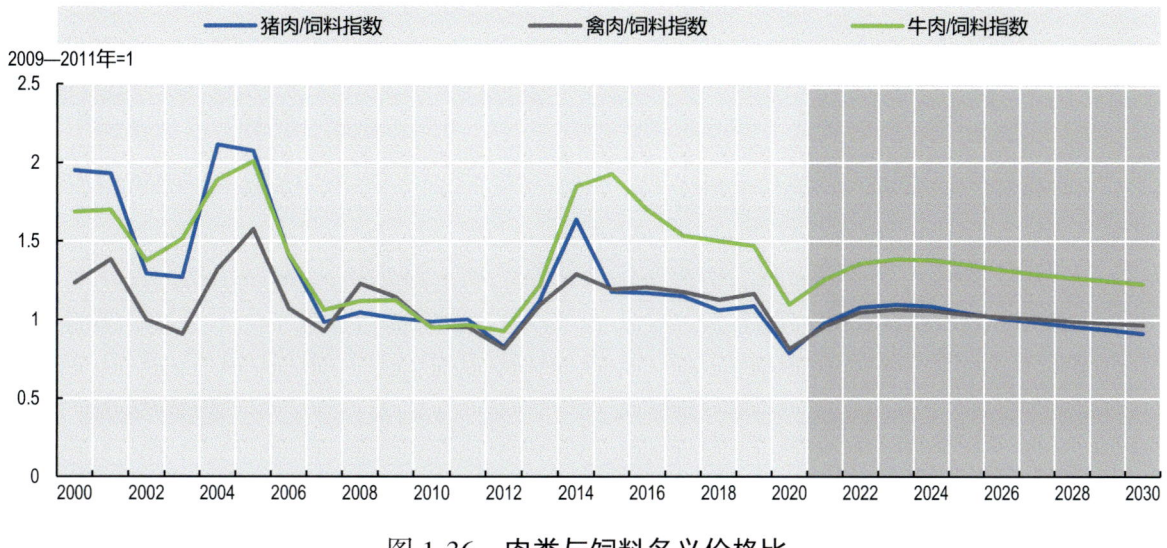

图 1.36 肉类与饲料名义价格比

资料来源:经合组织/粮农组织(2021 年),《经合组织-粮农组织农业展望》,经合组织农业统计数据库,http://dx.doi.org/10.1787/agr-outl-data-en。

数据库链接 2:https://stat.link/6tf8hm。

全球乳制品行业发展的主要特征为黄油和脱脂奶粉国际价格的变化,两者可分别作为乳脂和非脂乳固体的近似值(图 1.37)。脱脂奶粉价格 2020 年未受疫情的严重影响,未来 10 年在预期市场条件的基础上预计将保持稳定。由于需求减弱,加上 2017 年价格峰值带来的供应激增,黄油价格与脱脂奶粉和植物油价格的关系将恢复历史水平。两个价格比在这个展望期内预计将保持稳定。奶酪和全脂奶粉的实际价

---

① 本《展望》涵盖的 4 种肉类是牛肉、猪肉、禽肉、绵羊和山羊肉。

格反映了黄油和脱脂奶粉价格的发展趋势。

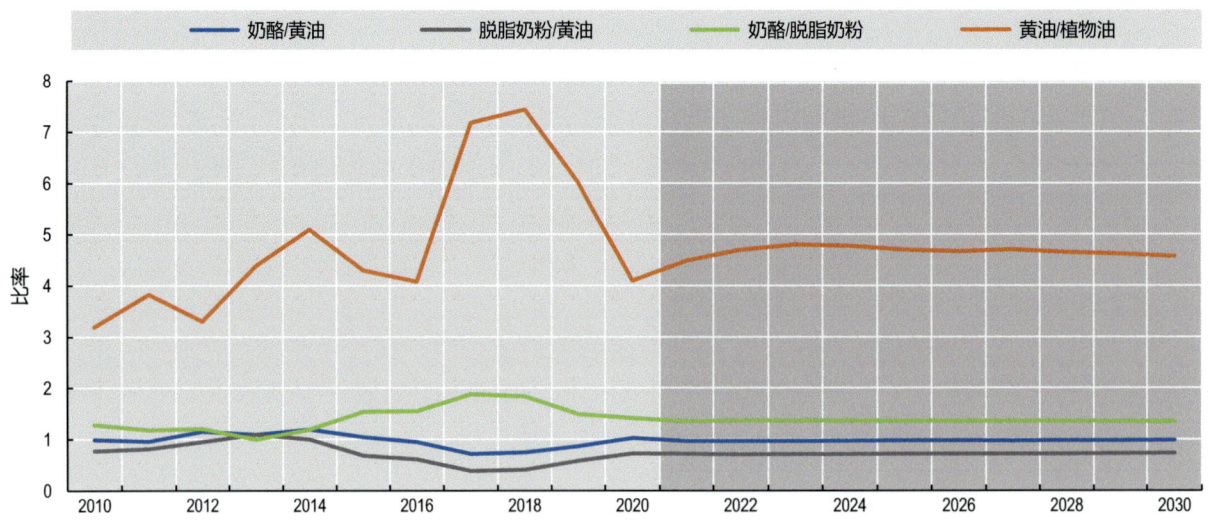

图 1.37　乳品价格比

资料来源：经合组织 / 粮农组织（2021 年），《经合组织－粮农组织农业展望》，经合组织农业统计数据库，http://dx.doi.org/10.1787/agr-outl-data-en。

数据库链接 2：https://stat.link/qtfa92。

由于近年来产量紧缺，糖类的实际价格在展望初期将呈上升趋势。假设全球生产即将恢复，2021 年价格预计将下降。之后几年生产力的提升能超过全球糖类的需求增长，预计未来 10 年价格将保持稳定（图 1.38）。

就鱼类的供需预测而言，鱼类实际价格将下跌（图 1.38）。在展望初期，该下跌主要是因为疫情后鱼类需求减少而引起的。而之后的价格下跌主要原因是中国的

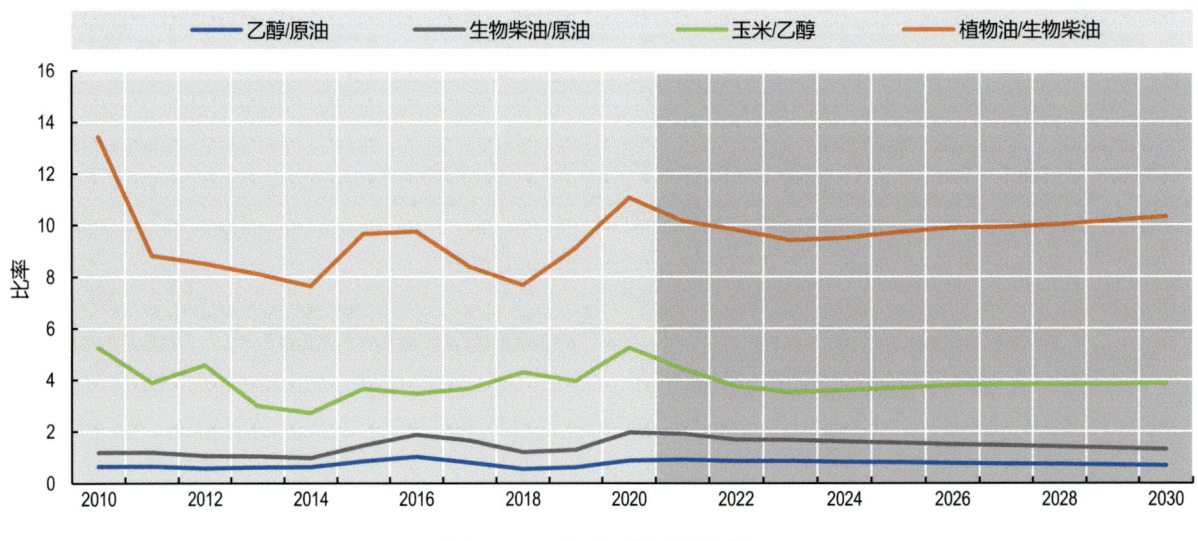

图 1.38　生物燃料价格比

资料来源：经合组织 / 粮农组织（2021 年），《经合组织－粮农组织农业展望》，经合组织农业统计数据库，http://dx.doi.org/10.1787/agr-outl-data-en。

数据库链接 2：https://stat.link/rka9eb。

政策变更。在新政策下，中国将迎来国内产量的强劲增长。

假设 2021 年疫情相关的活动限制措施得以解除，之后生物燃料需求的恢复将支持展望初期的生物柴油和燃料乙醇价格的恢复。在全球生物燃料需求稳定后，其实际价格以及主要原料的实际价格预计将恢复其长期下降的趋势。

1.6.4 全球粮食系统内价格信号的传递

本《展望》使用国际参考价格来描述全球市场的特征，但价格对生产者和消费者施加的是间接影响。生产和食品购买的决定主要依据是国内的生产者和消费者价格。每一个生产者和消费者都是价格承受者，而他们在国内市场的整体行为将决定国内参考价格。全球生产和消费决策的总和将决定国际参考价格。这些价格信号的形成和传递依赖于国内市场与全球贸易体系的整合、货币的波动和贸易成本。

国内和国际市场间价格信号的传递由国内消费的进口产品或国内生产的出口产品以及国内价格对贸易的反应所决定。在贸易基础设施发达和/或国内产品贸易具有高替代性的国家，如果该国家在全球市场中的份额较小，国内市场的波动会很快通过贸易被全球市场吸收，而国内价格不会受到影响。主产国和主消费国则会直接将它们的国内市场趋势和变化传递给全球市场。相比之下，与国际市场互动有限的国家，即高度自给自足的国家，将屏蔽掉大部分全球价格波动带来的冲击，但很易受到国内的冲击。

基线预测综合考虑了上述两种情况。各商品和各国/地区间市场融合水平和相应的价格传递存在显著差异。谷物和油籽市场比畜产品市场更加全球化。商品贸易的情况展示了不同商品和国家在贸易中的不同地位。图 1.39 显示了国际参考价格和

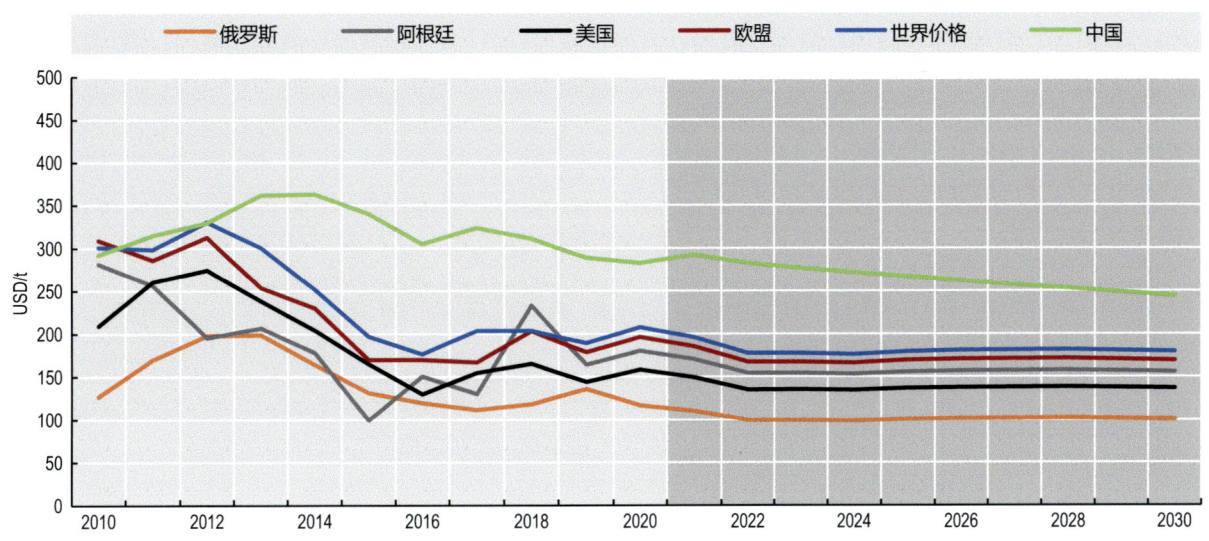

图 1.39　小麦国际参考价格与国内生产者实际价格

注：实际价格是按美国 GDP 平减指数调减后的名义价格（2020 年 =1）。
资料来源：经合组织/粮农组织（2021 年），《经合组织－粮农组织农业展望》，经合组织农业统计数据库，http://dx.doi.org/10.1787/agr-outl-data-en。

数据库链接 2：https://stat.link/bugqy6。

国内生产者价格发展趋势及水平的不同之处。

在俄罗斯等净出口国，国内生产者价格一般低于全球水平，因为港口价格需扣除市场营销和运输成本。而在中国等净进口国，则必须加上这些成本。生产者支持措施、关税和其他贸易成本会进一步拉大这种差距。如图1.39所示，全球和国内价格的预测轨迹有所不同，这正是因为国内价格由多种不同因素决定。

以美元为单位的国际参考价格和各国货币之间的汇率波动也会影响价格信号从国际市场到国内市场的传递。在实际货币升值的国家，如阿根廷、土耳其、尼日利亚和乌克兰等，以本币计价的实际价格下跌幅度更大；而在实际货币贬值的国家，如挪威、俄罗斯和印度等，实际价格下降趋势会有所缓和。

另外，需要考虑的一点是生产者和消费者价格之间的矛盾关系。国际商品参考价格与生产者决策有着直接关系，而与消费者价格关系较小。消费者价格还包含了加工和营销利润在内，利润的比例因不同商品和不同国家发展状态而异。这部分利润所占比例越大，消费者价格对商品价格波动的反应越小。图1.40显示了部分市场预期生产者和消费者实际价格之间的差异。如这些例子所示，对消费者和生产者的预期价格信号差异显著。

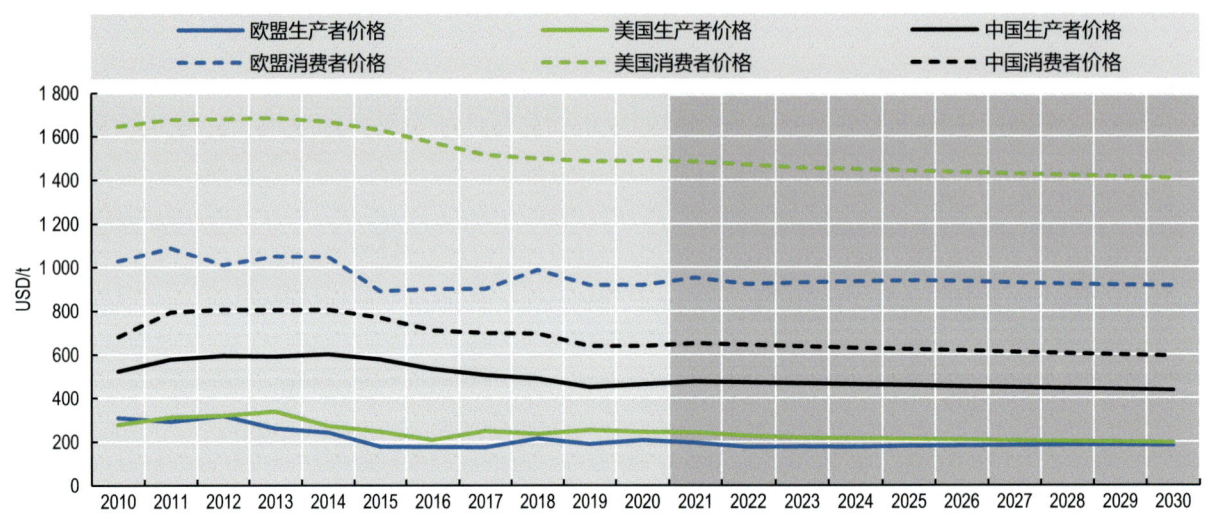

图 1.40　部分大米市场的消费者及生产者价格

注：实际价格是由美国 GDP 平减指数平减的名义价格（2020 年 =1）。
资料来源：经合组织 / 粮农组织（2021 年），《经合组织－粮农组织农业展望》，经合组织农业统计数据库，http://dx.doi.org/10.1787/agr-outl-data-en。

数据库链接 2：https://stat.link/f1posj。

1.6.5　不确定性

本《展望》最终基线价格预测综合考虑了正常气候、宏观经济、政策条件下基本的供需因素。虽然本《展望》是基于当时可获得的最佳信息，但不可避免的是，预测以及预测所依据的基本假设都存在一定程度的不确定性，尤其是需求和供应新发展相关的不确定性,参见插文1.4。另外,在这种"常态"假设中,大多数预测变量的变化轨迹较为平滑,而如果偏离这种假设趋势则会造成价格波动。为评估这种偏离情况的影响,对基线预测进行了部分随机分析。部分随机分析使用观察到的过去的可变性,模拟价格主要决定因素未来可能出现的变化。分析涵盖了全球宏观经济驱动因素和具体的农作物单产,因动物疾病或政策改变导致的变化不考虑在内。整合多次部分随机分析模拟结果,可得到基线价格路径的敏感性(图1.41)。价格有75%的可能性在任何年度保持在蓝色区间内,并有95%的概率保持在绿色区间内。让价格完全掉出这些区间的极端事件,在展望期内发生至少一次的概率为40%。

插文1.4 评估农业粮食体系转型,《展望》超越传统

本《展望》提出了一个合理的中期场景,延续了过去的供需模式,并假设未来10年内气候条件正常,且政策未发生重要改变。此外,为日益增长的世界人口提供安全、健康、营养的食物,同时更可持续地利用自然资源,并为适应和缓解气候变化做出有效贡献,本展望密切监测替代消费和生产趋势。

虽然本《展望》假设消费模式沿过去趋势演变,但未来数年间一些发展变化可能会导致消费模式的重大转变。本预测考虑到新出现的社会、健康、环境问题之下大家开始倡导减少动物产品(尤其红肉)消费。这种情况下,消费模式开始转变,尤其是高收入国家的年轻消费者(Mensink, Lage Barbosa和Brettschneider,2016[28])。消费者意识的增强、促进健康膳食的政策措施与技术创新将进一步增加消费者对替代蛋白质的兴趣,如植物性蛋白(大豆、豌豆)、新动物蛋白来源(昆虫)或生物科技创新(如人造肉或真菌蛋白)(Van Huis等,2013[29];McKinsey,2019[9];Ismail等,2020[30])。然而,未来10年这些产品消费份额仍然很小(Witte等,2021[31]),所以本《展望》并不将这些产品考虑在内。这些变化对全球农业粮食体系的复杂影响尚不清楚(Vermeulen等,2020[32]),本《展望》分析范围必须扩大,将这些变化的驱动因素和影响纳入其中。

在生产方面,本《展望》假设技术发展延续过去的趋势。然而,当前正在开发的替代办法未来有可能被大范围应用。精细农业技术、生物技术、水培技术和垂直农业(粮农组织,2021[33])提供了提高劳动力、土地、水和其他投入品生产率的机会,从而让农业生产转型。这些技术大多仍处于小范围应用或试验阶段,预计其在未来10年不会对生产趋势造成重大影响。然而,本《展望》分析中考虑了资源约束趋紧带来的趋势逆转,以及可能造成某些地区生产力下降的政策引起的技术限制。

我们仔细监测了新兴的替代消费和生产趋势,并持续评估了它们对全球农业粮食体系的潜在影响,未来《展望》将收录相关发展。经合组织和粮农组织将与合作伙伴紧密协作,准备并提供经验证据基础和建模基础,以将《展望》的预测范围扩展至传统食品行业和农业部门之外。

资料来源:(粮农组织、国际农业发展基金会、联合国儿童基金会、世界粮食计划署和世界卫生组织,2020[2]),(粮农组织,2021[33]),(Van Huis 等,2013[29]),(McKinsey,2019[9]),(Witte 等,2021[31]),(Vermeulen 等,2020[32]),(Ismail 等,2020[30]),(Mensink, Lage Barbosa 和 Brettschneider,2016[28])。

1 农业与粮食市场：趋势与前景

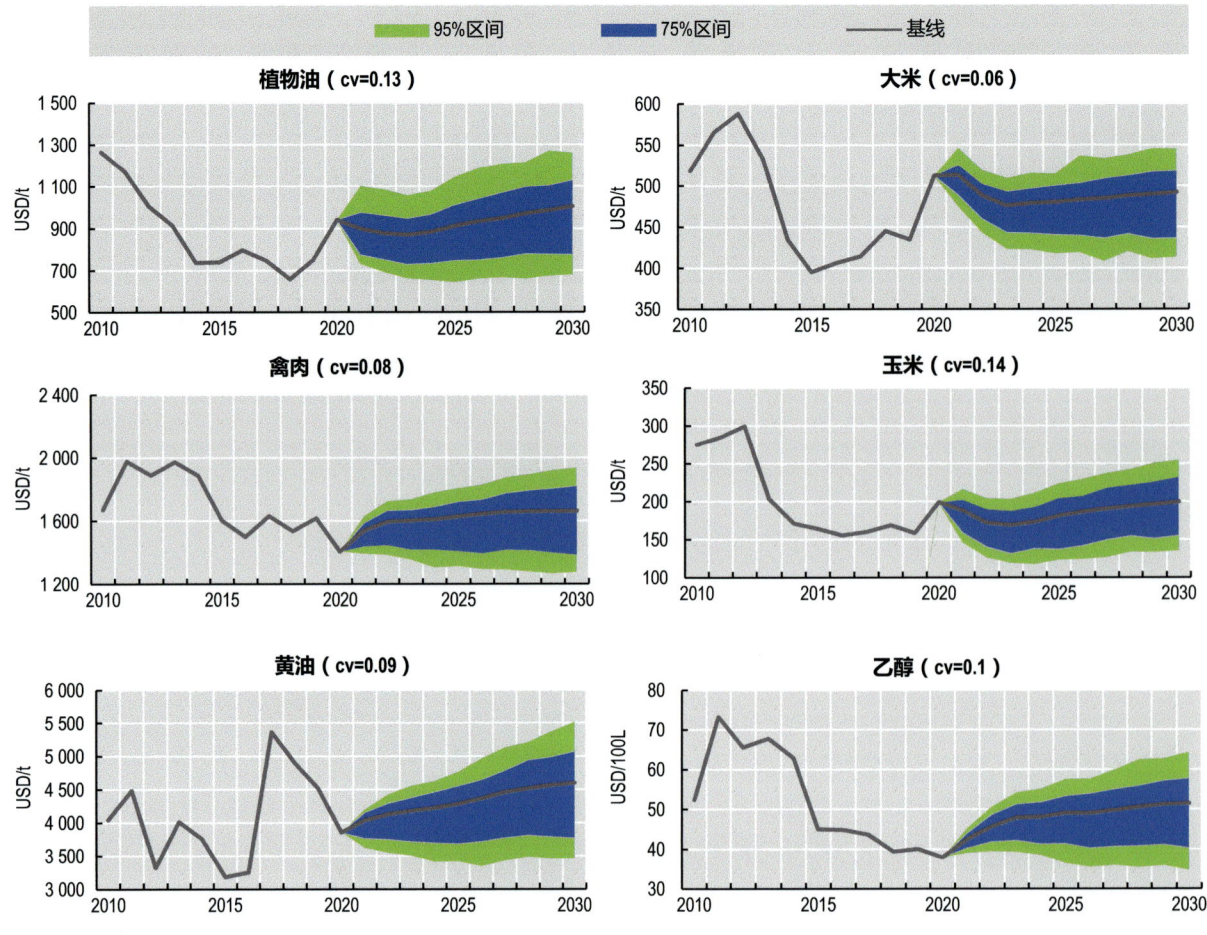

图1.41　部分国际参考价格的基线和随机区间

注：在《展望》基线情景（实线）下，名义价格相对于与绿色（宏观和单产）和蓝色（宏观）在90%置信区间下的预期变化。
资料来源：经合组织／粮农组织（2021年），《经合组织－粮农组织农业展望》，经合组织农业统计数据库，http://dx.doi.org/10.1787/agr-outl-data-en。

数据库链接2：https://stat.link/ckam34。

　　整体而言，由于农作物单产极易受天气条件影响，农作物价格变化范围比畜产品价格变化更大。本《展望》涵盖的农作物中，大米价格的变化最小，因为相比其他作物，大米不易受到天气影响。轮作系统中的作物，如美洲的玉米和大豆，变化范围相近。

　　通常而言，畜产品价格受天气影响的可能性更小。由于不同饲料之间的可替代性，饲料价格的波动性不会完全传递。然而，新西兰以牧场为基础的乳制品产业却呈现较高的价格波动性。而新西兰在国际乳制品市场中占主导地位，其波动性将传递至全球市场。

　　作为原油的补充消费选择，燃料乙醇和生物柴油价格的变化与原油价格的变化密切相关。其价格还受原料价格波动的影响，原料主要包括玉米、甘蔗、植物油。各自的效果可相互抵消或叠加。

参考文献

[1] FAO (2021), *Technical Platform on the Measurement and Reduction of Food Loss and Waste*, http://www.fao.org/platform-food-loss-waste/en/.

[2] FAO, IFAD, UNICEF, WFP & WHO (2020), *The State of Food Security and Nutrition in the World 2020. Transforming food systems for affordable healthy diets.*, FAO, Rome, http://www.fao.org/3/ca9692en/ca9692en.pdf.

[3] FAO (2020), *Fruit and vegetables – your dietary essentials. The International Year of Fruits and Vegetables, 2021, background paper, Rome,* https://doi.org/10.4060/cb2395en.

[4] Placzek, O. (2021), "Socio-economic and demographic aspects of food security and nutrition", OECD Food, *Agriculture and Fisheries Papers,* No. 150, OECD Publishing, Paris, https://dx.doi.org/10.1787/49d7059f-en.

[5] OECD (2019), *The Heavy Burden of Obesity: The Economics of Prevention,* OECD Health Policy Studies, OECD Publishing, Paris, https://dx.doi.org/10.1787/67450d67-en.

[6] OECD (2021), *Making Better Policies for Food Systems,* OECD Publishing, Paris, https://dx.doi.org/10.1787/ddfba4de-en.

[7] Hrynowski, Z. (2019), *What Percentage of Americans Are Vegetarian?,* https://news.gallup.com/poll/267074/percentage-americans-vegetarian.aspx.

[8] Heinrich-Böll-Stiftung (2021), *Fleischatlas 2021,* https://www.boell.de/de/de/fleischatlas-2021-jugend-klima-ernaehrung.

[9] McKinsey (2019), *Alternative proteins: The race for market share is on,* https://www.mckinsey.com/industries/agriculture/our-insights/alternative-proteins-the-race-for-market-share-is-on.

[10] EC (2020), *EU agricultural outlook for markets, income and environment, 2020–2030,* European Commission, DG Agriculture and Rural Development, Brussels., https://ec.europa.eu/info/food-farming-fisheries/farming/facts-and-figures/markets/outlook/medium-term_en.

[11] IEA (2020), *Global EV Outlook 2020: Entering the decade of electric drive?,* OECD Publishing, Paris, https://dx.doi.org/10.1787/d394399e-en.

[12] International Labour Organization (2020), "*COVID-19 and the impact on agriculture and food security*", https://www.ilo.org/wcmsp5/groups/public/---ed_dialogue/---sector/documents/briefingnote/wcms_742023.pdf.

[13] FAO (2020), *The State of Agricultural Commodity Markets 2020. Agricultural markets and sustainable development: Global value chains, smallholder farmers and digital innovation,* Rome, FAO, https://doi.org/10.4060/cb0665en.

[14] United Nations Economic Commission for Africa (2020), *COVID-19 in Africa: Protecting Lives and Economies,* UNECA, Addis Ababa, https://repository.uneca.org/handle/10855/43756.

[15] Ray, D. and J. Foley (2013), "Increasing global crop harvest frequency: recent trends and future directions", *Environmental Research Letters.*

[16] OECD (2020), *OECD Review of Fisheries 2020,* OECD Publishing, Paris, https://dx.doi.org/10.1787/7946bc8a-en.

[17] IPCC (2019), *IPCC Special Report on Climate Change, Desertification, Land Degradation, Sustainable Land Management, Food Security, and Greenhouse gas fluxes in Terrestrial Ecosystems: Summary for Policymakers, Approved Draft.*

[18] Henderson, B. et al. (2021), "Policy strategies and challenges for climate change mitigation in the Agricul-

[18] ture, Forestry and Other Land Use (AFOLU) sector", *OECD Food, Agriculture and Fisheries Papers,* No. 149, OECD Publishing, Paris, https://doi.org/10.1787/47b3493b-en.

[19] Henderson, B., C. Frezal and E. Flynn (2020), "A survey of GHG mitigation policies for the agriculture, forestry and other land use sector", *OECD Food, Agriculture and Fisheries Papers,* No. 145, OECD Publishing, Paris, https://dx.doi.org/10.1787/59ff2738-en.

[20] Gadhok, I. et al. (2020), *Trade and Sustainable Development Goal 2 – Policy options and their trade-offs,* Rome, FAO, https://doi.org/10.4060/cb0580en.

[21] Frezal, C., S. Gay and C. Nenert (2021), "The Impact of the African Swine Fever outbreak in China on global agricultural markets", *OECD Food, Agriculture and Fisheries Papers,* No. 156, OECD Publishing, Paris, https://dx.doi.org/10.1787/96d0410d-en.

[22] OECD (n.d.), *OECD Policy Responses to Coronavirus (COVID-19),* OECD Publishing, Paris, https://dx.doi.org/10.1787/5b0fd8cd-en.

[23] FAO (2018), *Trade and Nutrition Technical Note,* http://www.fao.org/3/a-i4922e.pdf.

[24] Fox, L. and T. S. Jayne (2020), "Unpacking the misconceptions about Africa's food imports", *Brookings,* https://www.brookings.edu/blog/africa-in-focus/2020/12/14/unpacking-the-misconceptions-about-africas-food-imports/?preview_id=1297848.

[25] UNCTAD (2019), *Key Statistics and Trends in Trade Policy,* https://unctad.org/system/files/official-document/ditctab2019d9_en.pdf.

[26] OECD (2021), *Agricultural Policy Monitoring and Evaluation 2021,* OECD Publishing, Paris.

[27] FAO (2021), *Oilseeds, Oils & Meals: Monthly Price and Policy Update, Vol. 140, March,* http://www.fao.org/3/cb3814en/cb3814en.pdf.

[28] Mensink, G., C. Lage Barbosa and A. Brettschneider (2016), "Prevalence of persons following a vegetarian diet in Germany", *Journal of Health Monitoring,* http://dx.doi.org/10.17886/RKI-GBE-2016-039.

[29] FAO, R. (ed.) (2013), *Edible insects: future prospects for food and feed security,* FAO Forestry Paper 170, http://www.fao.org/3/i3253e/i3253e.pdf.

[30] Ismail, B. et al. (2020), "Protein demand: review of plant and animal proteins used in alternative protein product development and production", *Animal Frontiers,* Vol. 10/4, pp. 53-63, https://doi.org/10.1093/af/vfaa040.

[31] Witte, B. et al. (2021), *Food for Thought: The Protein Transformation,* Boston Consulting Group, Blue Horizon, https://web-assets.bcg.com/a0/28/4295860343c6a2a5b9f4e3436114/bcg-food-for-thought-the-protein-transformation-mar-2021.pdf.

[32] J. Vermeulen, S. et al. (2020), "Changing diets and the transformation of the globalfood system", *Annals of the New York Academy of Sciences,* https://doi.org/10.1111/nyas.14446.

[33] FAO (2021), "Novel Coronavirus", *FAO recommendations on planting and harvesting tasks during the COVID-19 outbreak using crop calendars,* http://www.fao.org/2019-ncov/covid-19-crop-calendars/en/ (accessed on 24 May 2021).

[34] International Monetary Fund (2021), *World Economic Outlook: Managing Divergent Recoveries,* Washington, DC, April.

[35] OECD (2021), *OECD Economic Outlook, Interim Report March 2021,* OECD Publishing, Paris, https://dx.doi.org/10.1787/34bfd999-en.

[36] FAO (2020), *Food Outlook - Biannual Report on Global Food Markets: June 2020,* FAO, Rome, https://doi.org/10.4060/ca9509en.

[37] FAO (2013), *Food Outlook - Biannual Report on Global Food Markets: November 2013,* FAO, Rome.

2

各区域情况简述

本章将分别讨论粮农组织 6 个区域（亚太、撒哈拉以南非洲、近东与北非、欧洲与中亚、北美、拉丁美洲及加勒比）农业的主要趋势和新问题。同时，本章对各区域 2021—2030 年的生产、消费、贸易情况进行预测，并阐述各区域的主要问题。

2.1 引言

本《展望》各区域情况简述阐述了粮农组织全球工作计划中各区域的主要趋势。我们理解各区域的多元性，所以情况简述的目的不是对这些区域进行对比，而是介绍一下各区域发展的最新情况、以及区域对全球挑战和新兴趋势的反应，并将这些内容与本《展望》的主要信息联系起来。我们将本《展望》预测的终期（2030年）与基期（2018—2020年）相比较。情况简述中阐述了当前仍在全球蔓延的2019冠状病毒病疫情的影响以及各区域不同的应对方式。本情况简述不包括对2019冠状病毒病疫情影响的定量评价，但提出了最新的宏观经济预测，以及为遏制疫情传播而采取的行动对各区域的影响程度。因此，随着经济逐渐从疫情的冲击中恢复，本《展望》预计疫情对粮食生产、消费、贸易的影响也将逐渐降低，在本章中所讨论的趋势和问题也是本《展望》的重要组成部分。

本章分为6个部分，分别在相似的模板基础上，以文本、表格、图片信息形式讨论各个区域的情况。背景信息部分阐述了各区域的主要特征，并为后续关于农业生产、消费、贸易的讨论提供了背景。每个区域的情况简述后附有图片和表格，概述了关于该区域的主要预测结果。

2.2 区域性展望：亚太区域

背景信息

亚太区域[①]是本章所介绍的所有区域中面积最大的区域，在经济结构、发展阶段、收入水平和食品贸易依存度方面呈现出了高度多元化的特征。例如，就人均而言，亚洲最不发达国家的收入水平为1 157美元，而澳大利亚为61 375美元。亚太区域人口达43亿，占世界人口的一半以上，但该区域的农业用地面积仅占全世界约30%，因此其丰富的自然资源也承受着越来越多的压力。在未来10年，随着人口以每年0.6%的速度增长，到2030年预计将增加3.22亿人，这会进一步加剧资源压力。目前整个亚太区域的城市化进程在迅速推进，2020年人口城市化率已达到50%，预计2030年将上升至55%。中国在该区域人口中占据最大份额，预计在2030年中国的城市化率会上升至70%。迅速的城市化进程会带动膳食结构的变化，和高价值食品、加工食品及方便食品的消费增多。

2020年，亚太区域人均GDP下跌3.2%，但区域内各国差异巨大。澳大利亚和日本下降5%，而中国人均GDP增长了1.4%。与世界其他区域相比，亚太区域从疫情中恢复的势头最为强劲，未来10年人均收入预计将每年增长4%左右。预计

[①] 东南亚：印度尼西亚、马来西亚、菲律宾、泰国和越南。其他：巴基斯坦、大洋洲和亚洲其他发展中国家。最不发达：亚洲最不发达。发达国家：澳大利亚、日本、新西兰、韩国。对于提到的区域，请参阅区域、国家分组一览表。

中国年增长速度将达到5%，印度和越南为5%~6%，泰国和印度尼西亚年增长率为3%~4%。目前，亚太区域的农业和渔业附加值在经济中占比下降至7.5%，2030年预计将跌至6%。随着经济的快速发展，食品在家庭支出中的比例下降为15%左右，这说明收入或价格的变更对消费者有明显影响[①]。在亚太区域最不发达国家，该比例会高出很多，因此这些国家很多消费者的粮食安全很容易受到疫情带来的价格猛涨和收入冲击的影响。

亚太区域内有各种农产品和食品的重要出口商及进口商，其中许多都面临着本《展望》指出的各种重大的不确定因素风险。当前的贸易冲突并未完全解决，气候条件仍不稳定。特别是澳大利亚正面临一场长期的干旱。疫情暴露出的全球贸易物流的脆弱性以及动物疾病也是重要的风险。近年来中国与东南亚部分区域的非洲猪瘟也对猪肉产出产生极大影响。在这些国家，虽然猪群重建正在快速进行，但是新病例仍在不停出现，这说明未来生产前景依然面临重大风险。

生产

亚太区域是世界最大的农产品与渔产品生产区，预计2030年其农产品与渔产品产量将占据世界产量的53%。与2018—2020年基期相比，2030年总产值预计将增长20%。该增长率将超过人口增长率，这意味着在未来10年，在生产力提高的推动下，在同期农业用地面积减少的情况下，亚太区域人均农产品价值将会提升。

该区域农作物产值在农业总产值中占比为60%左右，预计在未来10年将增长22%，而畜牧产量将增长19%。因非洲猪瘟影响，亚太区域猪肉行业恢复较慢，产量在2019年下降18%，2020年下降4%。在中国和越南，由于非洲猪瘟的蔓延，中国和越南分别损失了23%与13%的生猪存栏。两国猪群重建工作都取得了不错进展，越南2020年存栏数增加12%，中国2021年存栏数预计增加10%。猪肉短缺造成本区域畜产品价格上涨，导致在其他肉类生产方面的投资增多，这将支持未来10年的进一步增长。禽肉生产周期较短，在2019年产量增长8%。同时牛肉、羊肉、奶的产量也在增长，这样即使猪肉产量大幅下滑，也仅会导致畜产品产量总体上轻微下跌。预测期内，因水产养殖的持续发展，渔产品产量预计将增长15%。这些增长速度远低于之前10年，当时农产品和渔产品的产量增长平均为每年3%~4%（图2.1），这主要是因为国内市场日益成熟，政策发生变化，市场逐渐开放，贸易竞争更加激烈。

亚太区域还是世界重要的粮食生产区，尤其是水稻产量占全世界产量的90%。其小麦和玉米产量占比较低一些，分别为40%和30%，但依然保持强势。展望期内，亚太区域在全球玉米产量中的占比预计将略有增加，而其在其他谷类市场的地位与基期相似。该区域约60%的水稻由中国和印度生产。预计到2030年，中国水稻产量预计仅增长4%；印度水稻产量则将增长17%，占亚太区域产量份额将达到

---

① 经合组织-粮农组织资料来源在本《展望》中使用的粮食支出和GDP数据，从2011年全球贸易分析项目（GTAP）的数据库中对2017—2019年进行插值。

图 2.1 亚太区域农产品与渔产品产量缓慢增长

注：数据基于《联合国粮农组织统计数据库农业产值数据库》中的历史时间序列，是综合本《展望》数据得出的。其他产品将根据趋势发展。净产值使用内部种子和饲料用量的预测值，按 2014—2016 年美元不变价格计算。

资料来源：粮农组织（2021 年），《联合国粮农组织统计数据库农业产值数据库》，http://www.fao.org/faostat/en/#data/QV；经合组织/粮农组织（2021 年），《经合组织-粮农组织农业展望》，经合组织农业统计数据库，http://dx.doi.org/10.1787/agr-outl-data-en。

数据库链接 2：https://stat.link/0ok5h9。

27%。同样，两国占亚太区域小麦产量的 75% 以上，而小麦产量增长的主要动力是印度和澳大利亚。到 2030 年，相较基期，新增的小麦产量中 58% 和 19% 分别由这两个国家提供，这反映了澳大利亚预计将从多年干旱造成的低产量中恢复过来。

亚太区域占全球植物油产量的 58%，大部分是来自于马来西亚和印度尼西亚的棕榈油。疫情的蔓延以及相应的管控措施给该行业带来了巨大挑战，因为植物油生产极大地依赖于国外劳动力，而疫情管控措施加剧了结构性限制，这种限制已经导致植物油产量在 2019 年有所减少。成熟棕榈区面积扩张放缓意味着印度尼西亚和马来西亚的植物油产量增长在未来 10 年将继续减缓。

由于亚太区域国家土地资源稀缺，作物产量增长将主要由生产力的提高和集约化生产来带动。灌溉普及和品种改良是增加产量的重要方式，但需要考虑到水资源稀缺和化学品过度使用带来的环境和食品安全问题。多次收获和复种制使农作物用地面积将增加 100 万 ha，而收获面积将增加 1 500 万 ha，新增面积主要用于玉米、小麦、油籽、豆类的种植。

展望期间的畜牧生产发展主要依靠饲料强度的增加和品种改良。该区域正在从非洲猪瘟引起的猪群减少中恢复过来，生猪存栏数开始增加，但家畜数量增长速度预计将低于总的肉类产量。饲料使用量的增加速度将略低于肉类产量的增长速度，而部分国家饲料使用量增加被其他国家饲料使用效率的提升所抵消。本展望期内，肉类产量增长预计会加速，主要来源于禽肉和猪肉的增长。由于人们对生物安全日益看重，越来越多的猪肉生产来自大型现代化生产单位。到 2030 年，猪肉在畜牧业整体产量中的份额仅比基期略微上涨，但没达到非洲猪瘟发生前的水平。

全球约 70% 的鱼产量来自亚太区域，主要依靠中国境内的捕捞和水产养殖。中国的"十四五"规划中对效率和可持续发展的要求变更会限制渔产品产量的增长。尽管如此，亚太区域的渔产品产量增长将依旧占到全球产量增长的 80%。

截至 2030 年，该区域的温室气体排放预计将增长 2.7%，其中来自动物的排放预计增长 5.6%，来自农作物的排放下降 0.8%。

消费

亚洲区域在减少其发展中国家和最不发达国家营养不良现象方面取得了巨大进展。然而，2020 年，主要因为疫情对收入和食物负担能力的影响，该进展出现了退步。2020 年，亚洲营养不良和食品不安全的问题更加普遍，短期内仍将面临巨大压力。由于该区域正从疫情的影响中逐渐恢复，预计展望中期会实现积极的收入增长。随着人口增长放缓以及城市化进程的推进，该区域膳食模式会变化，对热量和营养丰富食品的需求将增加（Law，Fraser 和 Piracha，2020[1]）（Kelly，2016[2]）（Reardon 等，2014[3]）。到 2030 年，该区域人均热量供应量预计将增加 200 kcal/d，超过 3 000 kcal 大关，这主要得益于植物油、糖类、动物产品尤其是乳制品消费的增加。同时，由于乳制品和肉类产品消费增多，人均蛋白质摄入量将增加 10 g/d，达到 109 g/d。

亚洲许多地方的人口呈现老龄化趋势，到 2030 年，日本和韩国的抚养比 预计将分别增长至 53.2% 和 38.2%，中国的抚养比将上升至 27.3%，高于世界平均水平（18.3%）（联合国，2019）。一般认为人口老龄化会降低整体食品消费的增长速度。在更广泛的区域内，城市化生活方式将促进糖类和脂肪的消费增长，其增速会超过其他大部分食品。到 2030 年，亚洲区域的植物油消费将超过全球平均水平，人均将达到 21kg/a。亚洲部分国家人口增长强劲，如印度，这意味着未来 10 年该区域将占据全球新增植物油消费的 71%。到 2030 年，亚洲大部分国家从动物产品、糖类、脂肪获取热量的比例将增加，而基本主食提供的热量比例则会减少。

对于亚太区域许多国家来说，大米消费有着非常重要的地位，占热量供应的一半以上。预计该区域的大米消费将保持稳定，印度人均大米消费的增长将被印度尼西亚等国的消费下跌所抵消。同时，该区域人均小麦消费预计将增长 2.1 kg，主要来源于韩国、越南、印度尼西亚、泰国和其他最不发达国家的消费增长。

亚太区域平均每人每年肉类消费将增长 2.6 kg，达到每人 29 kg。然而肉类消费在本区域内差异巨大。韩国、越南、中国等国家的需求量增长 5~10 kg，而印度人均消费量增长将不足 0.5 kg。亚太区域是鱼类的主要消费地，人均摄入量领先其他所有区域。人均鱼类消费预计将增长 1.7 kg，达到每年每人 25 kg，主要消费国是中国、印度、印度尼西亚。乳制品消费预计增长 24%，主要增长动力来自印度、巴基斯坦、伊朗和中国以及快速增长的越南（虽然基数较小）。

随着畜牧和乳制品产业的发展，饲料谷物使用量的增加以及效率的提高，预计到 2030 年饲料的使用量将增长 20%，其中玉米和蛋白粉的使用将分别提高 17% 和 21%。农场的商业化以及使用非谷物饲料的家庭生产的逐步减少，都促成了饲料消费的急速增长。

考虑到各国尤其是印度的新规定，预计到2030年，亚太区域在全球乙醇使用中的占比将从基期的16%增长至19%。同样，到2030年，该区域在全球生物柴油使用中的占比预计将从基期的23%增长至30%以上，这主要是因为印度尼西亚的消费增长。

本《展望》假设到2030年中国无法实现严格的E10标准。由于玉米库存减少，以及国内生产无法完全满足中国对动物饲料和工业用料日益增长的需求，预计中国的汽油燃料将采用2%混合比例。相比之下，印度尼西亚政府预计将继续按计划在全国范围施行其B30计划，但是否能达到增加生物燃料需求的预期目标很大程度上取决于国内和国际棕榈油价格之间的关系以及棕榈油的出口。生产成本上升可能会影响目标的实现。2030年，生物柴油需求将达到95亿L。

印度尼西亚对混合比例的更高要求会将国内棕榈油供应引向生物柴油市场。再加上在当前供应紧张的情况下，植物油的短期价格得到了强有力的支持，这可能有助于促进该行业的投资。然而，土地资源仍然是一个制约因素，它将延缓近几年油棕的种植速度，并且减缓展望期内亚太区域的植物油产量增长。亚太区域过去10年的产量增长为47%，预计到2030年，产量增长仅为18%。

贸易

亚太区域是最大的初级农产品净进口区域，其进口量占全球进口量的30%以上。并且从中期看来，需求依旧超过供应，净进口依然快速增长。中国是该区域最大的进口国之一，其主要进口产品是大豆。由于一系列贸易措施和猪群损失造成的需求减少，在2018年和2019年，中国大豆进口下降了，但是在2020年，在家禽业的快速发展以及猪群数量恢复的推动下，中国大豆进口恢复至创纪录水平。虽然当前疫情造成了物流问题和其他限制，但中国是从疫情中恢复最快的国家之一。目前中国大豆进口需求仍然坚挺，在贸易环境限制减少的情况下，预计2030年大豆进口量相较基期将增长17%，占全球大豆贸易的60%以上。玉米进口量虽然比大豆进口量小，但依然占据重要地位。玉米进口量2020年急速增长，但随着中国国内产量的强劲增长，预计到2030年会下降。

未来10年，亚太区域畜产品净入口预计将进一步增长，虽然中国进口需求减少。由于非洲猪瘟造成供应紧张，中国的进口量在基期达到峰值，预计未来10年，中国猪肉进口的下降仅能被牛肉和羊肉进口的增长部分抵消。中国和越南整体肉类进口预计将下降，但是菲律宾、马来西亚和韩国的肉类进口预计将增加。而澳大利亚牛肉出口以及泰国禽肉出口的增长能提供部分需求。亚太区域的乳制品净进口预计会增长，主要因为东南亚进口需求增多。

同时，亚太区域也是重要的出口区，其出口量占全球出口量的26%。其中，占比最高的出口产品为水稻，预计将达到5 400万t，主要出口国为印度、越南、缅甸和泰国。然而，预计2030年该区域植物油净出口将缩水28%，这是因为进口增长超过了出口增长。作为主要的鱼类生产区域，亚太区域是鱼类和渔产品的净出口区。虽然出口增长速度放缓，但预计到2030年该区域依然占全球鱼类出口量的47%，占全球进口量的36%。

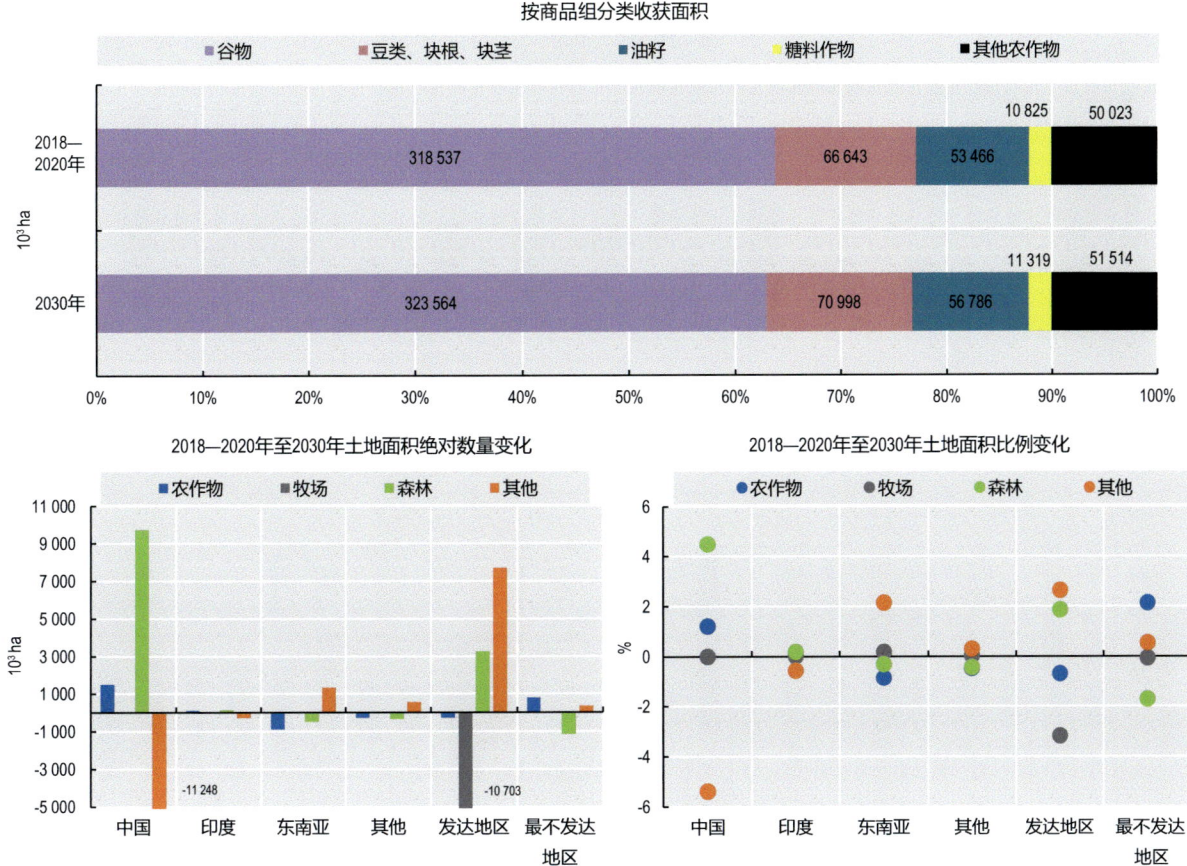

图 2.2　亚太区域收获面积与土地使用面积变化

资料来源：经合组织 / 粮农组织（2021 年），《经合组织－粮农组织农业展望》，经合组织农业统计数据库，http://dx.doi.org/10.1787/agr-outl-data-en。

数据库链接 2：https://stat.link/409xw3。

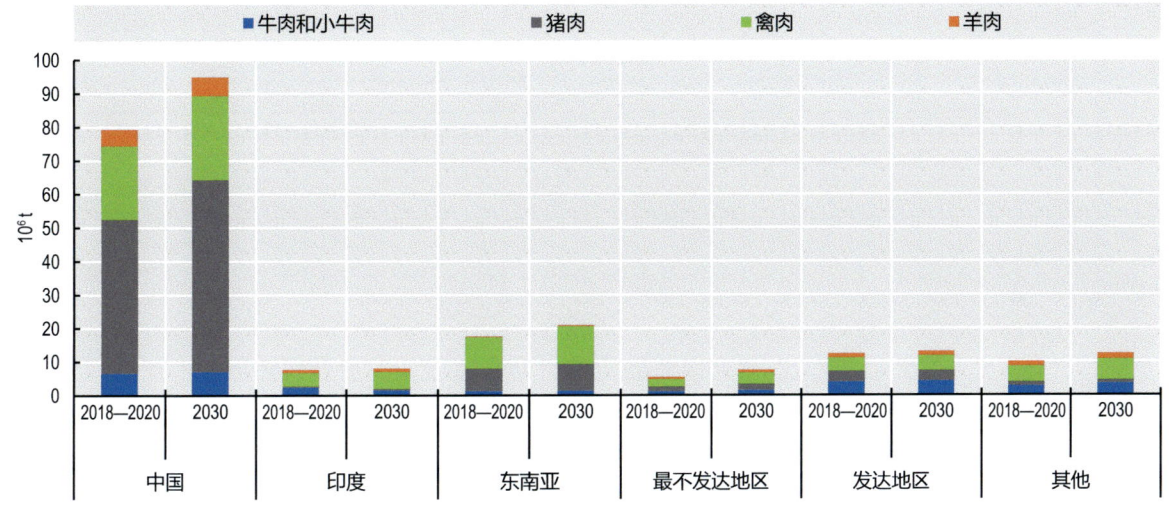

图 2.3　亚太区域畜牧业生产

资料来源：经合组织 / 粮农组织（2021 年），《经合组织－粮农组织农业展望》，经合组织农业统计数据库，http://dx.doi.org/10.1787/agr-outl-data-en。

数据库链接 2：https://stat.link/w043gv。

2 各区域情况简述

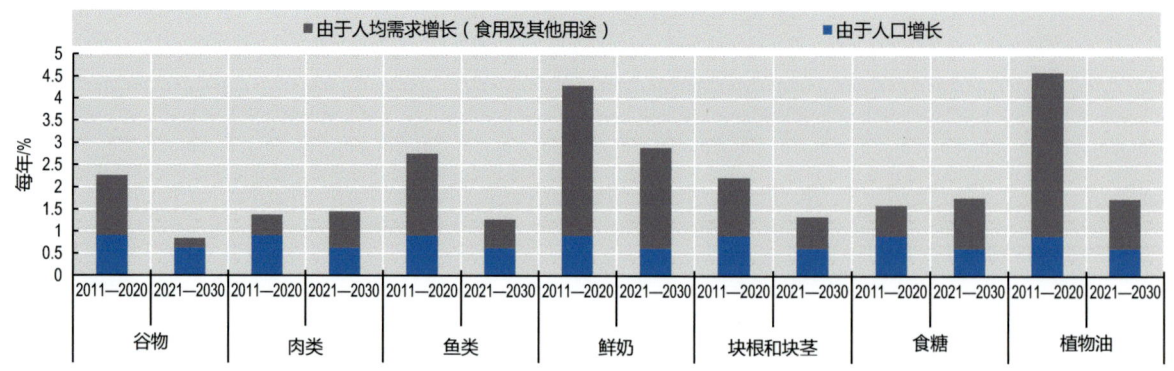

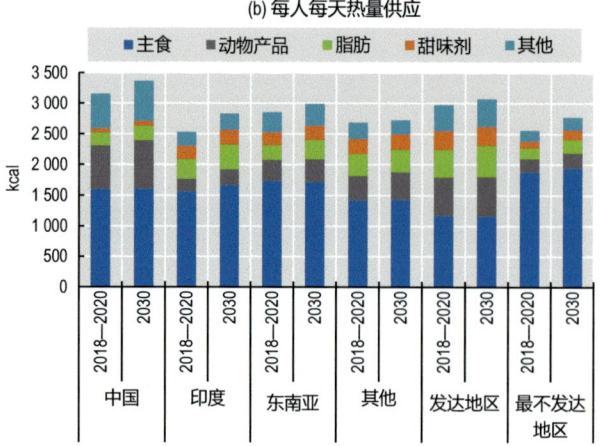

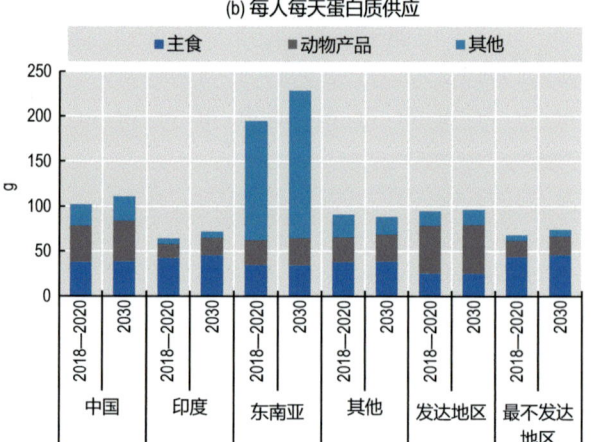

图 2.4　亚太区域大宗商品需求、粮食供应与农业贸易差额

注：数据是基于《联合国粮农组织统计数据库食物平衡表》中的历史时间序列以及贸易指数数据库进行预测的，包括本《展望》未涵盖产品。（a）计算人口增长时，假设人均需求在上一个 10 年内保持不变。（b）脂肪：黄油和油；动物：蛋、鱼类、肉类和除黄油外的乳制品；主食：谷类、油籽、豆类和块根。（c）包括基于展望数据的加工产品渔产品（未包含在联合国粮农组织统计数据库贸易指数中）。

资料来源：粮农组织（2021 年），《联合国粮农组织统计数据库食物平衡表》与贸易指数数据库，http://www.fao.org/faostat/en/#data；经合组织／粮农组织（2021 年），《经合组织－粮农组织农业展望》，经合组织农业统计数据库，http://dx.doi.org/10.1787/agr-outl-data-en。

数据库链接 2：https://stat.link/qn2b8h。

表 2.1　区域指标：亚太区域

	平均			%	增长[②]	
	2008—2010	2018—2020（基期）	2030	基期与2030年相比	2011—2020	2021—2030
宏观假设						
人口（10³人）	3 885 796	4 268 075	4 590 121	7.55	0.91	0.63
人均 GDP[①]（10³ 美元）	4.80	6.70	9.55	42.64	3.15	3.61
产量（10⁹ 美元）						
农业与渔业生产净值[③]	1 737.0	2 141.6	2572.3	20.11	1.75	1.66
农作物生产净值[③]	1 032.0	1 295.6	1578.5	21.83	1.83	1.68
畜牧业生产净值[③]	438.2	502.7	600.0	19.36	1.10	1.78
渔业生产净值[③]	266.8	343.3	393.8	14.72	2.43	1.38
生产数量（10³t）						
谷类	963 946	1157 083	1 300 538	12.40	1.17	0.97
豆类	29 523	40 109	50 312	25.44	2.55	2.03
块根和块茎	73 723	94 781	110 444	16.53	2.26	1.36
油籽[④]	42 159	47 844	54 322	13.54	1.07	0.84
肉类	114 569	132 284	156 981	18.67	0.80	1.64
乳品[⑤]	35 751	50 620	66 878	32.12	3.54	2.69
鱼类	95 195	122 718	140 710	14.66	2.46	1.37
糖	54 287	70 073	83 348	18.94	0.71	1.51
植物油	83 118	122 492	145 105	18.46	3.72	1.31
生物燃料产量（10⁶L）						
生物柴油	2 395.00	13 201.60	16 868.41	27.78	12.79	1.43
乙醇	11 172	17 600	23 113	31.32	3.70	2.02
土地面积（10³ha）						
总农业用地面积	1 495 093	1469 641	1 459 978	-0.66	-0.29	-0.07
总农作物用地面积[⑥]	525 121	533 056	534 051	0.19	-0.07	0.19
总牧场面积[⑦]	969 972	936 584	925 927	-1.14	-0.42	-0.21
温室气体排放（10⁶t CO₂ 当量）						
总量	2 202	2 296	2 358	2.69	-0.04	0.46
农作物	994	1 051	1 043	-0.76	-0.46	0.06
动物	1 176	1 212	1 280	5.61	0.35	0.80
需求与食品安全						
每人每日热量供应量[⑧]（kcal）	2 669	2 824	3 020	6.93	0.45	0.63

2 各区域情况简述

(续表)

	平均			%	增长[2]	
	2008—2010	2018—2020（基期）	2030	基期与2030年相比	2011—2020	2021—2030
每人每日蛋白质供应量[8]（g）	87.3	98.7	108.8	10.3	1.1	1.0
人均粮食供应（kg）						
主食[9]	170.5	174.5	179.0	2.59	0.32	0.10
肉类	24.7	26.6	29.2	9.69	0.25	0.65
乳品[5]	9.2	11.9	14.7	23.59	2.69	2.05
鱼类	19.3	22.8	24.6	7.50	1.46	0.73
糖	16.2	17.7	19.9	12.50	0.49	1.14
植物油	14.2	18.1	20.6	13.95	2.76	1.33
贸易（10⁹美元）						
净贸易额[3]	−36	−63	−157	149.02		
净出口[3]	259.7	362	365	0.76	2.58	0.25
净进口[3]	295.3	425	522	22.77	4.19	1.49
自给率[10]						
谷类	95.7	92.3	93	0.5	−0.62	0.11
肉类	97.6	94.1	95	0.8	−0.57	0.18
糖类	90.6	92.2	90	−2.0	−0.14	−0.32
植物油	114.5	109.3	105	−3.5	−0.49	−0.37

注：①人均 GDP 以 2010 年不变美元为单位。②最小二乘增长率（参见术语表）。③农业与渔业生产净值按照 FAOSTAT 方法，基于 Aglink-Cosimo 模型代表的一组商品，以 2014—2016 年国际平均参考价格进行计算。对未包括在内的作物的生产净值是根据长期趋势进行预测。④油籽是指大豆和其他油籽。⑤乳品包括黄油、奶酪、奶粉、新鲜乳制品等，以乳固体当量为单位。⑥农作物用地面积包括可耕地的多次收获。⑦牧场面积是指可供反刍家畜放牧的可用面积。⑧每人每日热量是指供应量而非摄入量。⑨主食包括谷类、油籽、豆类、块根和块茎。⑩自给率=产量/(产量+进口量−出口量)×100。
资料来源：经合组织/粮农组织（2021年），《经合组织–粮农组织农业展望》，经合组织农业统计数据库 http://dx.doi.org/10.1787/agr-outl-data-en。

2.3 区域性展望：撒哈拉以南非洲

背景信息

在本章涉及的六大区域[1]中，撒哈拉以南非洲[2]的人口和经济增长情况尤为特别。人口增长最快，发展速度快，但是城市化水平最低。与基期 2018—2020 年相比，2030 年该区域人口预计增长 3.29 亿，每年增加 2.5%，其中约 2/3 的新生人口是城市人口。然而，截至 2030 年，总人口的 53% 依然居住在农村。截至 2030 年，撒哈拉以南非洲将是唯一的农村人口超过半数的区域，也是仅有两个（另外一个是近东与北非）未来 10 年农村绝对人口仍将增长的区域之一。

---

① 对于提到的区域，请参阅区域、国家分组一览表。
② 更详细的区域信息请查阅《经合组织–粮农组织 2016—2025 年农业展望》。

该区域经济高度依赖资源产品，如农业、石油、金属。农业、渔业、林业共占据当地GDP的14%左右，2030年预计该数字将下落至12%。在展望期内，与新兴发展中区域相比，该区域的人均经济增长并不高，每年增长率仅为1.3%。2020年该区域人均经济下降了6%，2021年仅回升0.5%，这反映了疫情防控经济限制措施的长期影响，支持经济恢复的资源有限以及对商品出口和旅游业的高度依赖性。该区域经济状况差异巨大，这里的最不发达经济体虽然底子较差，但发展速度较快。撒哈拉以南非洲的人均收入全球最低，为1 675美元，但预计将在2030年提升至1 793美元（按2010年实际汇率计算）。然而，该区域最不发达国家的人均收入仅为每年1 064美元。该区域家庭收入的38%耗费在食物上，但各国间差异较大，低如南非，仅为16%，高如尼日利亚，达到50%[①]。由于该区域人均热量供应明显低于其他区域，如果食品价格或收入出现震荡，则会对粮食安全和经济福利造成严重影响。这也进一步加剧了疫情对该区域食品负担能力和粮食安全的显著影响。

撒哈拉以南非洲拥有世界14%的人口，农业生态呈现多样化，土地资源充裕，其耕地与牧场面积分别占了全球资源的15%和20%。尽管如此，该区域很多国家因为农村人口密集，面临着土地短缺。同时，本区域大部分可用土地集中在少数几个国家中，或者被森林覆盖。所以2018—2020年，该区域的农业和渔业产出价值仅占全世界的7%。与此同时，由于该区域庞大的人口、高消费和独特的膳食结构，这里的人们消耗全世界37%的块根和块茎，但仅消耗7%的谷类和6%的糖、植物油和鱼类。该区域在全球肉类和新鲜乳制品消费中占比较少，分别为4%和5%，这反映了当地较弱的购买能力和较差的膳食多样性。整体来说，由于撒哈拉以南非洲人口增长较快，国内供应无法跟上需求，主要食物产品的自给率在不断下降。

生产

以净增加值计算，预计撒哈拉以南非洲未来10年农业和渔业产量将增长23%，这意味着该区域人均产量将延续自2015年开始的下降态势（图2.6）。其中，到2030年，该区域农作物产出将占全部产出的72%以上，畜产品将上涨至20%，鱼产量将下跌至7%。粗粮、豆类、块根和块茎是该区域的主食和饲料，也将成为该区域农业增长的主要来源。展望期间，该区域在上述商品中的生产份额将继续提升。至2030年，撒哈拉以南非洲的块根和块茎产量将达到全世界产量的40%左右，而豆类产量占21%，谷类产量占6%。西非棉花种植面积的扩张以及对棉花行业的支持将进一步推动该区域棉花产量的增长，预计该区域2030年的棉花产量将增加近22%，占全球产量的7%。

到2030年，预计该区域收获面积将扩大600万ha。由于集约化种植，种植面积将出现净增长，虽然农业用地使用面积仅增长了400万ha。豆类和谷物的间作在许多国家是一种常见的耕作方式。拥有双峰降雨的热带区域普遍采用复种体系，而南

---

① 经合组织－粮农组织资料来源在本《展望》中使用的粮食支出和GDP数据，从2011年全球贸易分析项目（GTAP）的数据库中对2017—2019年进行插值。

部非洲常运用灌溉体系，常在一年中连续种植大豆和小麦。该区域，尤其是尼日利亚，将通过一年多次收获扩大水稻种植面积。

在该区域其他地方，由于多种不确定因素，导致农业用地面积增长受到限制，例如，土地分割，拥有丰富土地资源的国家的内部冲突，或采矿、城市扩张等其他的土地用途。

在整个展望期间，该区域平均谷物单产将增长21%，与过去10年的增长速度持平。通过增加投资以因地制宜改良作物品种和改善管理，该区域的主要农作物单产将持续提高。大部分农作物的单产增长速度超过全球平均水平，但其基数仅不到全球平均数的一半。因此，该区域与世界其他区域的单产之间的鸿沟将缩小，但到2030年差距依然很大。虽然该区域将通过提高生产力，以在中期推动产量增长，但要想进一步缩短与世界单产水平的距离，还要解决投入有限、灌溉和农场基础设施等方面的问题。

未来10年，预计畜牧业生产将提高26%，其中增长最快的是禽肉和奶产量。截至2030年，撒哈拉以南非洲肉类产量将增长290万t，其中包括130万t禽肉，74万t牛肉，65万t羊肉和26万t猪肉。该区域牛羊肉生产系统仍旧相当粗放，未来10年的增长主要靠牧群的扩张，而不是生产力的提升。在2018—2020年基期，撒哈拉以南非洲占全球牛肉产量的7%，但占全球牛群数量的17%。到2030年，该区域在全球牛群数量的占比预计将上升至20%左右。同样，撒哈拉以南非洲占全球羊肉产量的14%，但占全球羊群数量的24%。未来10年羊肉产量预计将增长30%，其在全球产量中的占比将增加至15%。尽管到2030年的牧场面积预计保持现有水平，但畜群扩张仍将发生。虽然该区域仍广泛采用粗放型禽肉生产系统，但禽肉产业已经出现明显的集约型发展，尤其是南非等国家，可生产多余的饲料谷物。随着赞比亚和坦桑尼亚等国家实现供应链现代化，撒哈拉以南非洲区域越来越多国家的饲料强度会继续增长。这主要是因为基数小，而且许多小型生产商继续使用从非正式渠道购买的非谷物饲料。而在本来就已经大量使用饲料的国家，基因改良和更好的饲料转化减少了每只动物需要的饲料数量。这就造成该区域饲料使用的增长略慢于肉类产量增速。部分饲料用于推动鱼类生产，预计2030年鱼产量将增加13%。预计水产养殖增速达到28%，比捕捞产量增长（12%）更快。但由于水产养殖基数较小，到2030年水产养殖仅占该区域鱼产量的9%，相比之下基期为8%。

根据这些生产预测数据，至2030年，预计农业造成的直接温室气体排放与基期相比将增长16%。到2030年，在全球农业直接排放的增加量中，撒哈拉以南非洲将占据62%，在全球直接排放中的占比将达到16%。

消费

撒哈拉以南非洲是世界上贫困人群最多的区域，也是营养不良现象最常见的地方。疫情还进一步加剧了该区域的粮食安全问题。供应链中断（尤其在非正规部门）影响了运输，而收入和就业冲击削弱了人们的负担能力。粮食安全和营养不良可能仍将是该区域面临的重大挑战，即使是收入水平开始恢复，该区域也需要在未来改善供应链、交通、提高人们的负担能力和食物供应，以实现持续性的恢复。

在2020年经济收缩之后，平均收入水平开始逐渐恢复，因此人口增长依然是食品消费增加的主要因素（图2.10）。随着人口快速增长以及人均热量供应的提升，未来10年该区域将成为全球农业需求增加的最大动力之一。撒哈拉以南非洲在全球食品热量消费中的占比预计将从基期的10%增长至2030年的11%。

撒哈拉以南非洲主食在总热量供应中的占比比其他区域高，预计至2030年人均主食消费将增加。而就其他大部分商品类别而言，包括肉类、乳品、鱼类、糖和植物油，该区域人均消费均列世界最低水平。除鱼类以外，未来10年所有上述商品的人均消费将增加，所以总消费量将大幅上升。但膳食多元化发展依旧缓慢，至2030年，主食仍在总热量摄入量中占主体位置。

展望期内，该区域将实现61 kacl/d的热量供应增长，至2030年，该区域人均热量供应量将达到2 500 kcal/d左右，远低于世界平均水平3 025 kcal/d。这说明截至2030年，该区域的热量摄入仍是全球最低。更多的热量将来自谷物和糖。虽然未来10年肉类消费会略微增长，但人均鱼类消费下跌幅度更大，这就限制了重要营养供应的提升。

块根和块茎是除谷物外该区域畜牧业所需饲料的主要来源。然而，该区域饲料使用量整体上增长较慢，仅占不到全球饲料消费的4%。

贸易

撒哈拉以南非洲生产的大部分食物商品都是用于当地消费，而不是出口。为了弥补当地生产和消费之间的缺口，该区域日益依赖于食物进口。同时，受益于北半球的反季节性以及有竞争力的劳动成本，很多国家实现了高价值新鲜农产品的净出口。

预计该区域主要食物的贸易逆差会继续加大。按不变全球参考价格（2014—2016年）计算，至2030年，贸易逆差会从70亿美元增长至180亿美元。

由于2020年疫情带来的各种挑战，该区域谷类和植物油的进口量增加了，而肉类和糖类的进口量出现下降。在第一波疫情高峰时，区域内贸易面临非常多的物流困难，在陆地边境哨所放行处耽误了很长时间（Njiwa和Marwusi，2020[4]）。未来10年，谷类、肉类、鱼类、糖和油的进口量将大幅度上升，增速高过产量增速。除谷类和新鲜果蔬以外，出口量预计将下降。总体而言，该区域未来10年基本主食无法实现自给自足，进口依赖度将进一步加深。

与基本主食相反，该区域绝大部分棉花产量将输出至全球市场，至2030年，该区域约90%的棉花产量将用于出口，其主力军是本区域的最不发达国家。在展望期内，撒哈拉以南非洲在全球出口中的占比预计保持稳定。

改善区域内部贸易是撒哈拉以南非洲的重要政策目标。《非洲大陆自由贸易协定》于2019年5月30日签署，在因疫情耽误后，协定下的贸易自2021年1月1日起正式开始。该协定的目标在于将90%税种的关税降至零，最不发达国家需在10

年内完成此目标，其他国家则为 5 年。然而，实际上，原产地规则协定仅对 81% 的税种进行了规定；虽然该 81% 税目免税规定已正式开始施行，很多国家还没有提交关税减免提议。另外，一些关税同盟的成员国仍没有正式批准此项协定，这样同盟便无法按照优惠条款进行贸易，除非各国正式完成批准手续。虽然起步较慢，而且各国仍需签署关于原产地规则的约定，但该协定将最终仅排除 3% 的关税项目，能在中期极大地促进非洲内部贸易。联合国非洲经济委员会最新估计显示，在该协定基础上，非洲内部农产品和食品贸易预计将增长 20%~35%（100 亿 ~170 亿美元）。内部贸易增长最显著的是肉类产品、鱼类、奶和乳品、糖、饮料和烟草、蔬菜/水果/坚果以及水稻和加工后的大米。然而，高非关税壁垒阻碍了区域内贸易的发展。

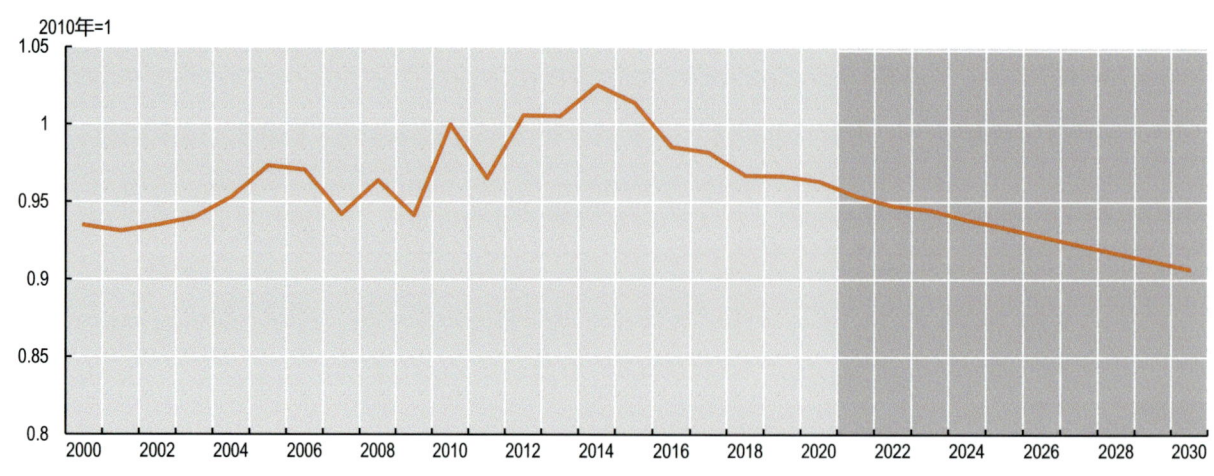

图 2.5　撒哈拉以南非洲人均农业和渔业产品人均净产值

注：数据基于《联合国粮农组织统计数据库农业产值数据库》中的历史时间序列，是综合本《展望》数据得出的。其他产品将根据趋势发展。净产值使用内部种子和饲料用量的预测值，按 2014—2016 年不变美元价格计算。

资料来源：粮农组织（2021 年），《联合国粮农组织统计数据库农业产值数据库》，http://www.fao.org/faostat/en/#data/QV；经合组织/粮农组织（2021 年），《经合组织－粮农组织农业展望》，经合组织农业统计数据库，http://dx.doi.org/10.1787/agr-outl-data-en。

数据库链接 2：https://stat.link/ulic9j。

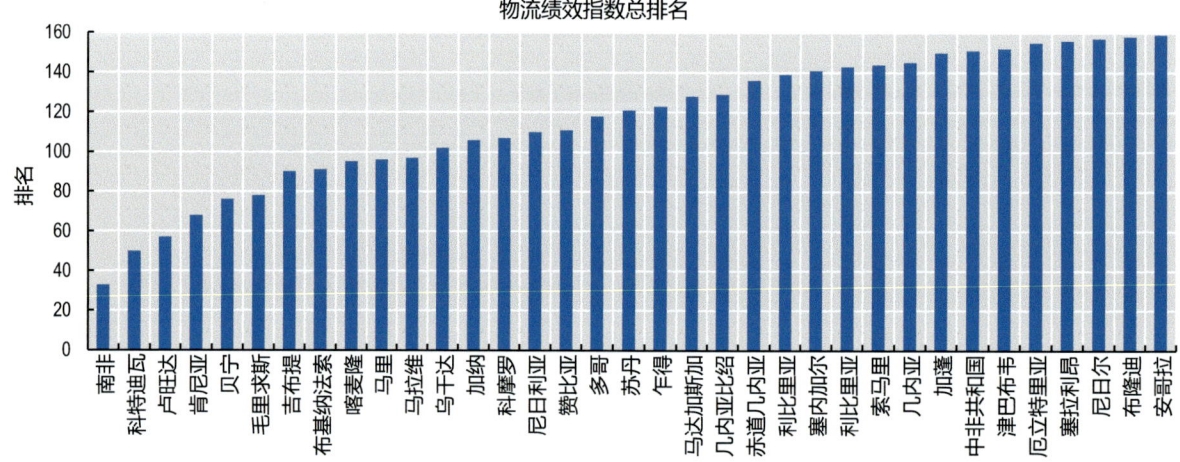

图 2.6　世界银行物流表现指数——极少撒哈拉以南非洲国家进入上半区（前 80 名）

资料来源：世界银行。

数据库链接 2：https://stat.link/1b5xw9。

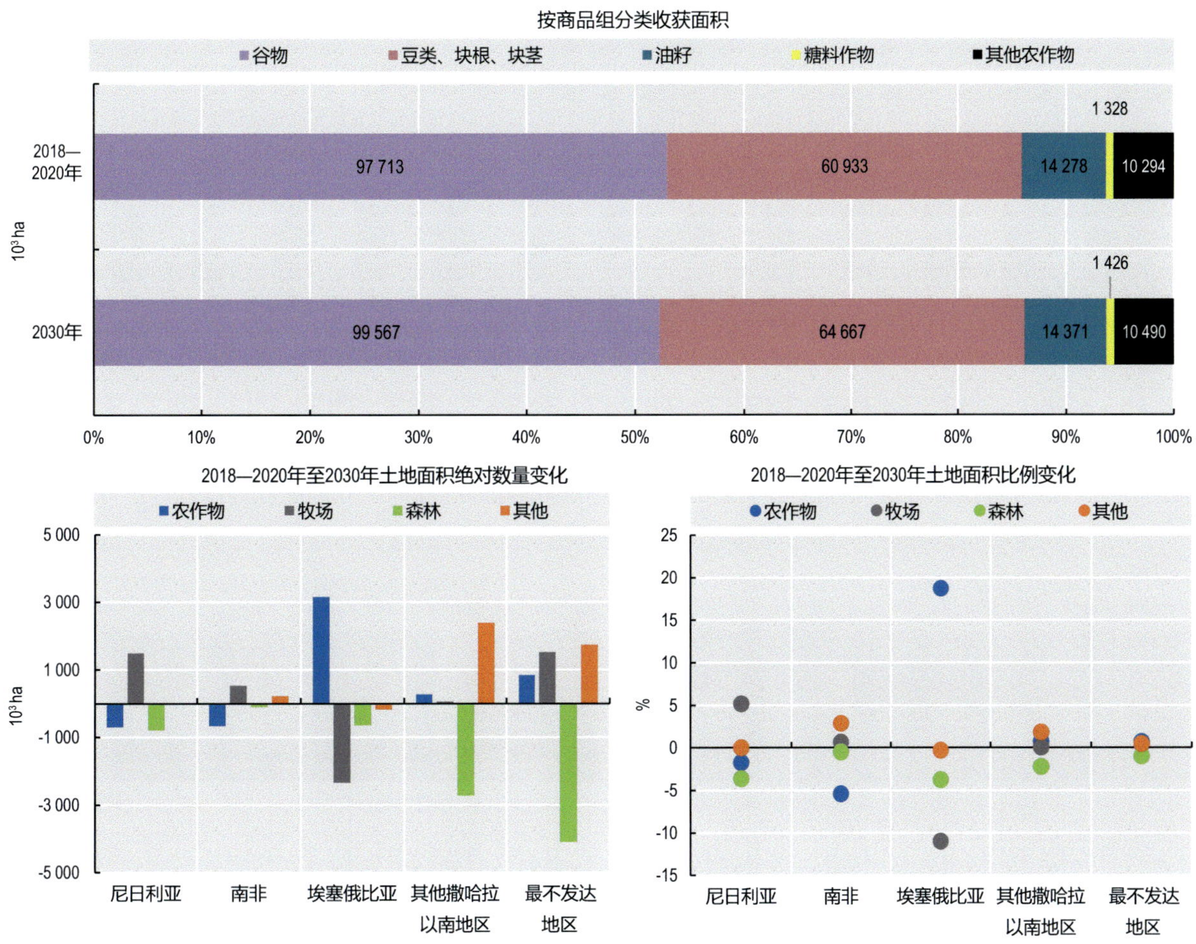

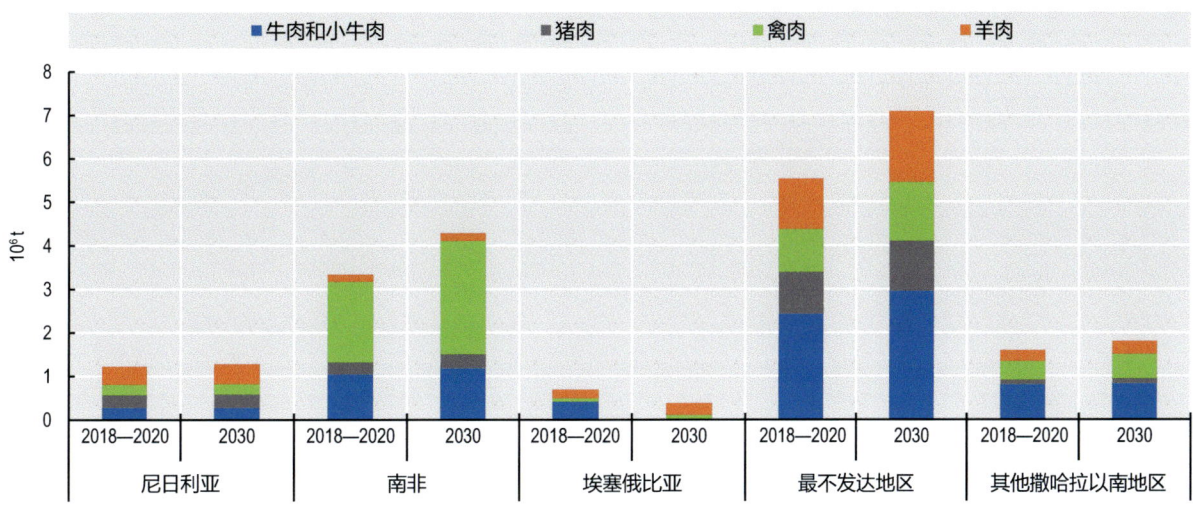

图 2.7　撒哈拉以南非洲收获面积与土地使用面积变化

资料来源：经合组织/粮农组织（2021年），《经合组织–粮农组织农业展望》，经合组织农业统计数据库，http://dx.doi.org/10.1787/agr-outl-data-en。

数据库链接 2：https://stat.link/xq03ja。

图 2.8　撒哈拉以南非洲畜产品产量

资料来源：经合组织/粮农组织（2021年），《经合组织–粮农组织农业展望》，经合组织农业统计数据库，http://dx.doi.org/10.1787/agr-outl-data-en。

数据库链接 2：https://stat.link/jnhu7s。

2 各区域情况简述

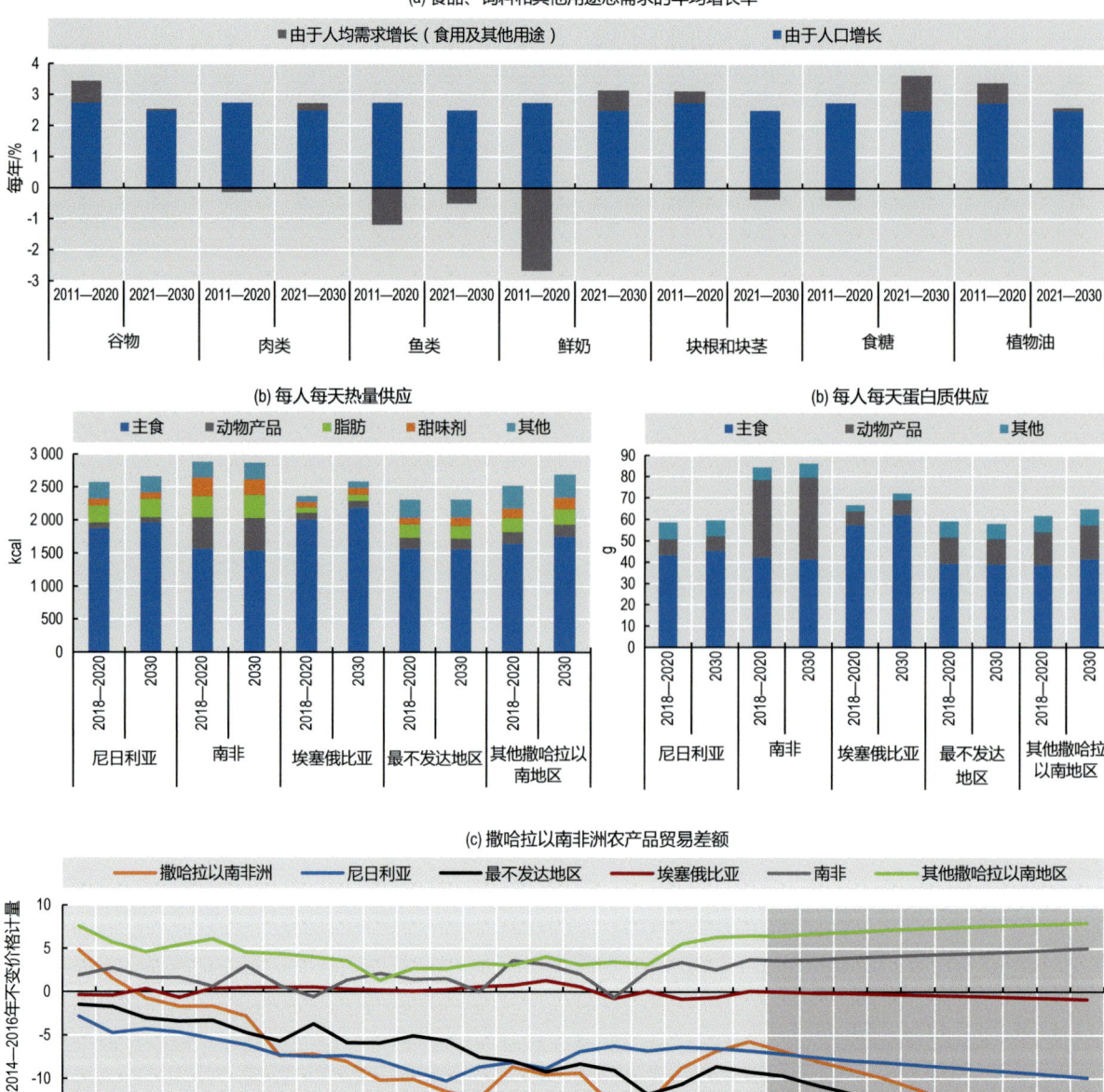

图 2.9　撒哈拉以南非洲主要商品需求、粮食供应及农产品贸易差额

注：数据是基于《联合国粮农组织统计数据库食物平衡表》中的历史时间序列以及贸易指数数据库进行预测的，包括本《展望》未涵盖产品。（a）计算人口增长时，假设人均需求在上一个10年内保持不变。（b）脂肪：黄油和油；动物：蛋、鱼类、肉类和除黄油外的乳制品；主食：谷类、油籽、豆类和块根。（c）包括基于展望数据的加工产品和渔产品（未包含在联合国粮农组织统计数据库贸易指数中）。

资料来源：粮农组织（2021年），《联合国粮农组织统计数据库农业产值数据库》，http://www.fao.org/faostat/en/#data/QV；经合组织/粮农组织（2021年），《经合组织－粮农组织农业展望》，经合组织农业统计数据库，http://dx.doi.org/10.1787/agr-outl-data-en。

数据库链接 2：https://stat.link/4jl0za。

虽然在该协定中，各成员国相互确认了各自的标准和许可，并就卫生与植物检疫措施（SPS）达成一致，但各国间的非关税壁垒仍然难以削弱消除。其中很重要的一点是道路运输的高成本，主要是较差的基础设施和边境哨所的低效率引起的。这增加了物流成本，降低了物流效率。世界银行物流表现指数排名总共包括160个国家，撒哈拉以南非洲仅有6个国家进入榜单上半区。除物流困难外，各国出口管制自决权也影响了市场融合。到目前为止已施行规则的基础上，考虑到该协定仍需最终确定关税减免的计划和敏感产品列表，今年的基线预测中并没有包括协定的影响。

表2.2 区域指标：撒哈拉以南非洲

	平均			%	增长[②]	
	2008—2010	2018—2020（基期）	2030	基期与2030年相比	2011—2020	2021—2030
宏观假设						
人口（10^3人）	800 857	1 050 243	1 379 515	31.35	2.74	2.48
人均GDP[①]（10^3美元）	1.57	1.67	1.79	7.08	−0.09	1.25
产量（10^9美元）						
农业与渔业生产净值[③]	208.8	273.0	336.6	23.33	2.34	1.91
农作物生产净值[③]	147.2	197.0	243.9	23.77	2.54	1.92
畜牧业生产净值[③]	45.4	54.0	68.0	26.00	1.48	2.19
渔业生产净值[③]	16.2	22.0	24.8	12.75	2.73	1.07
生产数量（10^3t）						
谷类	115 275	153 779	190 157	23.66	3.47	1.77
豆类	13 338	18 246	23 141	26.83	3.08	2.23
块根和块茎	58 798	88 322	110 487	25.09	2.82	2.16
油籽[④]	7 081	8 253	9 120	10.51	1.01	0.89
肉类	9 568	12 391	15 323	23.66	2.51	2.01
乳品[⑤]	3 325	3 582	4 783	33.53	0.29	3.10
鱼类	5 784	7 878	8 887	12.81	2.78	1.08
糖	6 455	7 565	9 854	30.26	0.90	2.73
植物油	4 909	7 213	8 277	14.76	2.67	1.23
生物燃料产量（10^6L）						
生物柴油	0.04	0.04	0.07	49.87	0.00	4.02
乙醇	541	766	948	23.82	3.50	2.39
土地面积（10^3ha）						
总农业用地面积	858 750	886 843	890 984	0.47	0.24	0.03
总农作物用地面积[⑥]	206 447	226 437	229 332	1.28	0.54	0.07
总牧场面积[⑦]	652 303	660 406	661 652	0.19	0.14	0.01
温室气体排放（10^6t CO_2当量）						
总量	628	739	857	15.94	1.38	1.43
农作物	199	185	187	1.05	−1.29	0.07
动物	429	553	669	20.95	2.42	1.85

(续表)

	平均			%	增长[2]	
	2008—2010	2018—2020（基期）	2030	基期与2030年相比	2011—2020	2021—2030
需求与食品安全						
每人每日热量供应量[8]（kcal）	2 395	2 429	2 489	2.51	−0.05	0.32
每人每日蛋白质供应量[8]（g）	60.444	61.65	62.206	0.903	−0.09	0.18
人均粮食供应（kg）						
主食[9]	177.5	193.3	197.565	2.21	0.21	0.26
肉类	10.7	10.8	10.965	1.07	−0.31	0.29
乳品[5]	4.6	3.7	3.829	4.06	−2.38	0.54
鱼类	8.2	7.8	7.446	−5.02	−1.12	−0.35
糖	10.4	10.4	11.626	11.32	−0.59	1.12
植物油	7.7	8.7	9.172	5.87	0.03	0.61
贸易（10^9 美元）						
净贸易额[3]	−9.43	−7.09	−17.54	147.5	..	..
净出口[3]	28.61	48.64	64.23	32.05	4.78	2.40
净进口[3]	38.04	55.72	81.77	46.73	2.93	3.78
自给率[10]						
谷类	84.8	82.7	77.5	−6.3	−0.02	−0.64
肉类	88.9	86.4	81.8	−5.4	−0.03	−0.70
糖类	75.8	64.9	60.4	−7.0	−1.29	−0.81
植物油	58.9	54.7	47.8	−12.7	−0.14	−1.25

注：① 人均GDP以2010年不变美元为单位。② 最小二乘增长率（参见术语表）。③ 农业与渔业生产净值按照FAOSTAT方法，基于Aglink-Cosimo模型代表的一组商品，以2014—2016年国际平均参考价格进行计算。对未包括在内的作物的生产净值是根据长期趋势进行预测的。④ 油籽是指大豆和其他油籽。⑤ 乳品包括黄油、奶酪、奶粉、新鲜乳制品等，以乳固体当量为单位。⑥ 农作物用地面积包括可耕地的多次收获。⑦ 牧场面积是指可供反刍家畜放牧的可用面积。⑧ 每人每日热量是指供应量而非摄入量。⑨ 主食包括谷类、油籽、豆类、块根和块茎。⑩ 自给率 = 产量 /（产量 + 进口量 − 出口量）× 100。

资料来源：经合组织/粮农组织（2021年），《经合组织—粮农组织农业展望》，经合组织农业统计数据库，http://dx.doi.org/10.1787/agr-outl-data-en。

2.4 区域性展望：近东与北非

背景信息

近东与北非区域[1]的农业与渔业生产环境比较恶劣。土地和水资源较为稀缺，可耕土地占总土地面积不足5%。除伊拉克、毛里塔尼亚外，该区域所有国家都面临水资源短缺。有些国家的缺水问题极其严重，人均水资源不到可持续水平的1/4。

该区域包括众多国家，各国在收入和资源方面差异明显，涵盖最不发达国家、

---

① 中东：沙特阿拉伯和其他西亚。最不发达：北非最不发达。北非：其他北非。对于提到的区域，请参阅区域、国家分组一览表。

中等收入国家以及海湾区域的高收入石油出口国家。该区域食物净进口量位居世界前列，大部分产品的自给率都非常低，尤其是谷类、植物油和糖（图2.11）。该区域的粮食供应和需求都面临不确定因素，造成基本食物稳定供应方面的问题。疫情以及相关的经济活动限制性措施暴露了全球贸易物流的弱点，在这种情况下，部分主要供应商减少其出口，这对短期的谷类价格产生较大影响。近东与北非大部分国家的土地和水资源都比较有限，限制了农业的发展。而各国采取的提高谷类产量、减少逆差等激励政策进一步加剧了这个问题。谷类生产时常需要与其他高价值作物争抢水资源。地缘政治冲突造成的不确定性阻碍了农业和渔业生产发展，造成投资减少，并导致大量人口流离失所。另外，石油出口是该区域的主要收入来源，而不稳定的能源市场会对消费和投资等经济活动产生影响。食物支出平均约占家庭支出的13%，因此，收入和价格的震荡会对民众生活造成重大影响[①]。

过去10年，近东与北非区域的人口增长超过了23%，形成了新的需求。而在未来10年，预计人口每年增长1.7%，2030年该区域人口将接近5亿。一半以上的新增人口预计为城市人口，意味着将会消费更多的高价值产品，包括肉类和乳品，以及植物油和糖等方便食品。由于对石油出口的高度依赖，2020年该区域各经济体是受疫情影响最严重的国家，人均GDP缩水8%。2021年经济活动依然会受到限制，未来10年经济每年增速也仅为1.1%，无法有效提升未来10年的需求量。

埃及的农业和渔业生产净值占到该区域的30%左右，北非其他国家贡献49%的产值（15%来自最不发达国家，34%来自其他北非国家）。未来10年，这些占比将上涨。到2030年，北非将占近东与北非区域农业净产值的近80%。目前，农业、林业、渔业的国内生产总值占该区域总GDP的6%左右，且预计将保持稳定。

渔业生产值占农业和渔业生产总值的12%。沿海区域的捕捞业近期获得了一定程度的增长，但鱼类资源方面压力较大。水产养殖对渔业的贡献也在增加，其中埃及是水产养殖大户。

生产

未来10年，近东与北非区域的农业和渔业产量预计将每年增长1.5%，略低于1.7%的人口增速。这说明该区域对全球市场的依赖性会越来越高（图2.10）。农作物生产占总产值的大部分，平均每年增长1.3%。截至2030年，农作物产量在总净值中的占比将下降1%~61%。畜牧业产量增长较快，每年增长2.2%，到2030年其在总净值中的比例将增长至27%以上。未来10年鱼类产值预计将每年增长1.2%，增速在三大产业中最低。

到2030年农作物用地面积较基期有所减小，其中最明显的是沙特阿拉伯，其条件不利于大规模农作物种植。到2030年，谷类用地面积预计约占全部农作物用地面积的50%，比基期小幅增加。增长的主要动力是粗粮和小麦，到2030年预计分别

---

① 经合组织-粮农组织资料来源在本《展望》中使用的粮食支出和GDP数据，从2011年全球贸易分析项目（GTAP）的数据库中对2017—2019年进行插值。

2 各区域情况简述

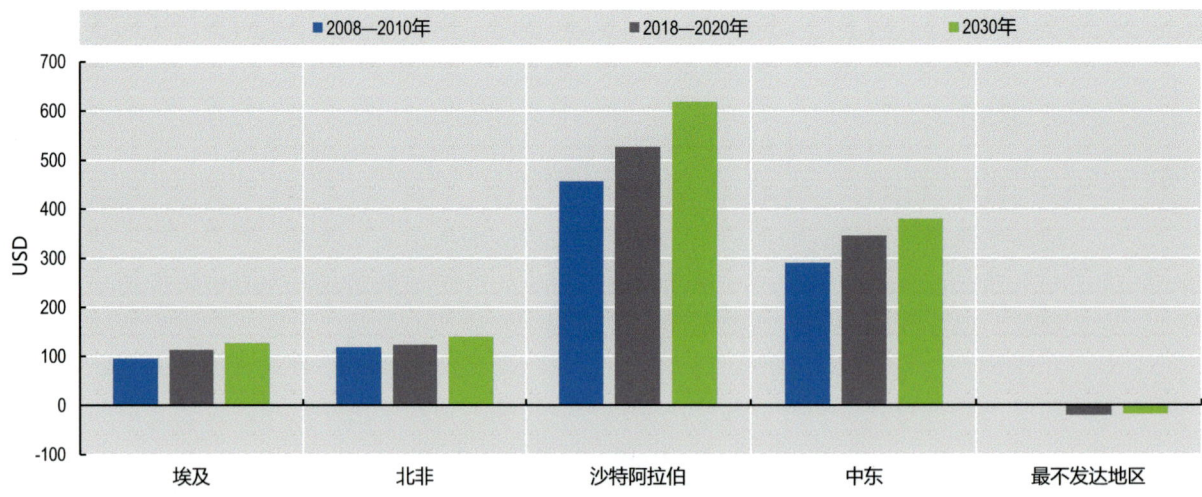

图 2.10　近东与北非区域人均食物净进口值（包括加工产品）

注：预测数据基于《联合国粮农组织统计数据库贸易指数数据库》中的历史时间序列，是综合本《展望》数据得出的。本《展望》未涵盖产品将根据趋势发展。总贸易值包括加工产品（通常不是《展望》中的变量）。贸易值按 2014—2016 年不变美元价格计算。渔业贸易值（联合国粮农组织统计数据库贸易指数中不包括此值）已添加至《展望》数据。

资料来源：粮农组织（2021 年），《联合国粮农组织统计数据库贸易指数数据库》，http://www.fao.org/faostat/en/#data/TI；经合组织/粮农组织（2021 年），《经合组织－粮农组织农业展望》，经合组织农业统计数据库，http://dx.doi.org/10.1787/agr-outl-data-en。

数据库链接 2：https://stat.link/aico87。

占谷类生产用地总面积的 60% 和 35%。该区域的总收获面积将几乎没有变化，至 2030 年将仅因作物强度增强而增加 3%。农作物的产量提升主要依靠的是单产的提高。小麦、玉米、其他粗粮和水稻的单产将分别增长 0.9%、0.7%、1.3%、1.1%。小麦单产将保持在世界平均水平的 77%，其他粗粮单产也将提升，达到世界平均水平的一半。

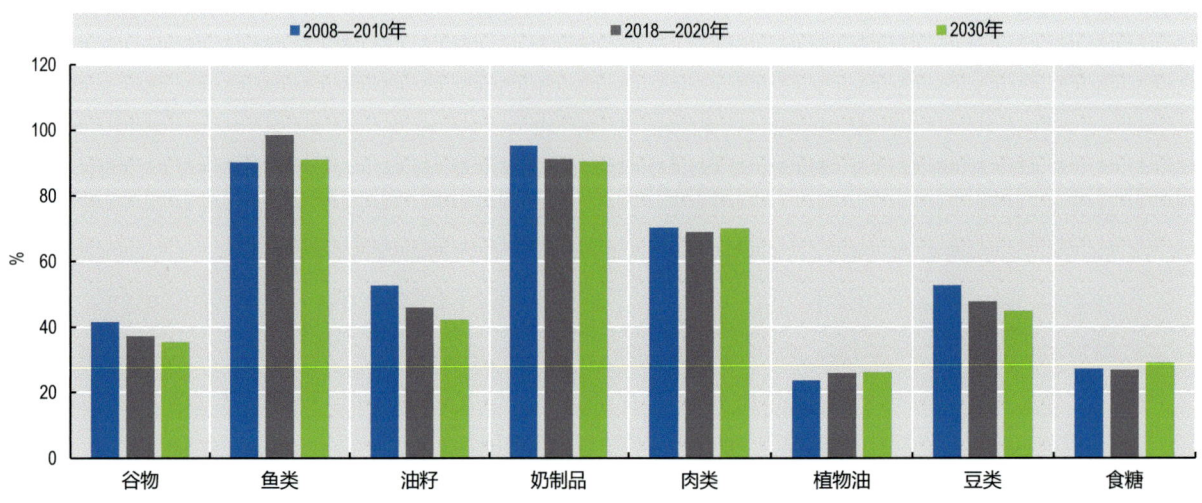

图 2.11　近东与北非区域部分商品自给率

注：自给率 = 产量 /（产量 + 进口量 - 出口量）×100。

资料来源：经合组织/粮农组织（2021 年），《经合组织－粮农组织农业展望》，经合组织农业统计数据库，http://dx.doi.org/10.1787/agr-outl-data-en。

数据库链接 2：https://stat.link/zg7h1t。

禽肉产量的增长为每年3%，超过其他所有肉类产品。羊肉产量预计也将增加，每年增速为1.5%；牛肉产量增加较慢，每年1.1%。自上个10年开始，禽肉产量增长放缓，而羊肉产量增长加速。牛肉产量从上个10年的明显下降中恢复过来，开始增长。这些肉类产量的增长将有助于该区域解决长期以来肉类自给率下降的问题（图2.11）。

未来10年肉类和乳制品产量平均每年增长2.3%和2.0%，至2030年，该区域牲畜活动带来的温室气体排放较基期而言将增长4%。到2030年，该区域总温室气体排放量预计将增长3.5%。

消费

近东与北非区域的食物政策主要是支持基础食物（尤其是谷物）的消费，保证粮食安全。近些年，政策也开始关注动物产品。然而，自2005年起，该区域营养不良率仅从11%下降至9%，甚至在疫情发生前，营养不良人群的绝对数量自2015年以来有所增加。2020年的疫情更是加速了这一趋势，该区域营养不良率和绝对人数都有所增长。随着中期经济恢复，与基期相比，到2030年该区域人均热量供应预计将增加41 kcal/d，达到3 050 kcal/d的水平，略高于全球平均水平3 025 kcal/d。虽然预计到2030年该区域人均热量供应将增长106 kcal/d，但区域内各国差异巨大，最不发达国家仅达到2 700 kcal/d，比全球平均水平低11%左右。

预计至2030年，该区域55%的热量将从日常膳食中的谷物中获取，比基期下降1%。而世界平均水平是44%。糖的消费也是类似情况。糖贡献了该区域10%的热量供应，而世界平均水平是7%。该区域的日常膳食以淀粉类食物和糖为主，造成普遍的肥胖现象以及多种非传染性疾病，如糖尿病。由于不少国家人群仍面临营养不良，从中期来看，各国仍需在政策上应对营养不良带来的"三重负担"。

2030年，该区域蛋白质平均供应量预计将达到85 g/d，只比基期数字高0.6 g/d。谷物提供的蛋白质将会下降，但肉类、鱼类、豆类供应的蛋白质增加，抵消了这一缺口。本区域蛋白质供应量增长速度比世界平均水平更低，预计到2030年将比全球平均供应量低13%。

随着畜牧业的发展，未来10年饲料的使用量会增长24%。玉米、大麦、蛋白粉预计将占饲料总用量的80%，绝大部分的饲料原料将通过进口提供。预计到2030年玉米进口将达到3 700万t，而基期仅为2 800万t。此趋势说明该区域政策将食物农作物生产看得比饲料农作物生产更重要，这将限制生产的发展潜力。

贸易

该区域人口的强劲增长与有限的生产能力将推动展望期内食物进口的增加。该区域是继亚太区域之后第二大食物净进口商，但就人均数据而言，它是最大进口区域。在该区域，沙特阿拉伯和其他中东区域的人均食物进口量是最高的，包括海湾国家在内，紧随其后的是埃及和北非的其他国家（图2.10）。

由于疫情带来的物流和经济挑战，2020年该区域实际总进口额比2019年更高。

2 各区域情况简述

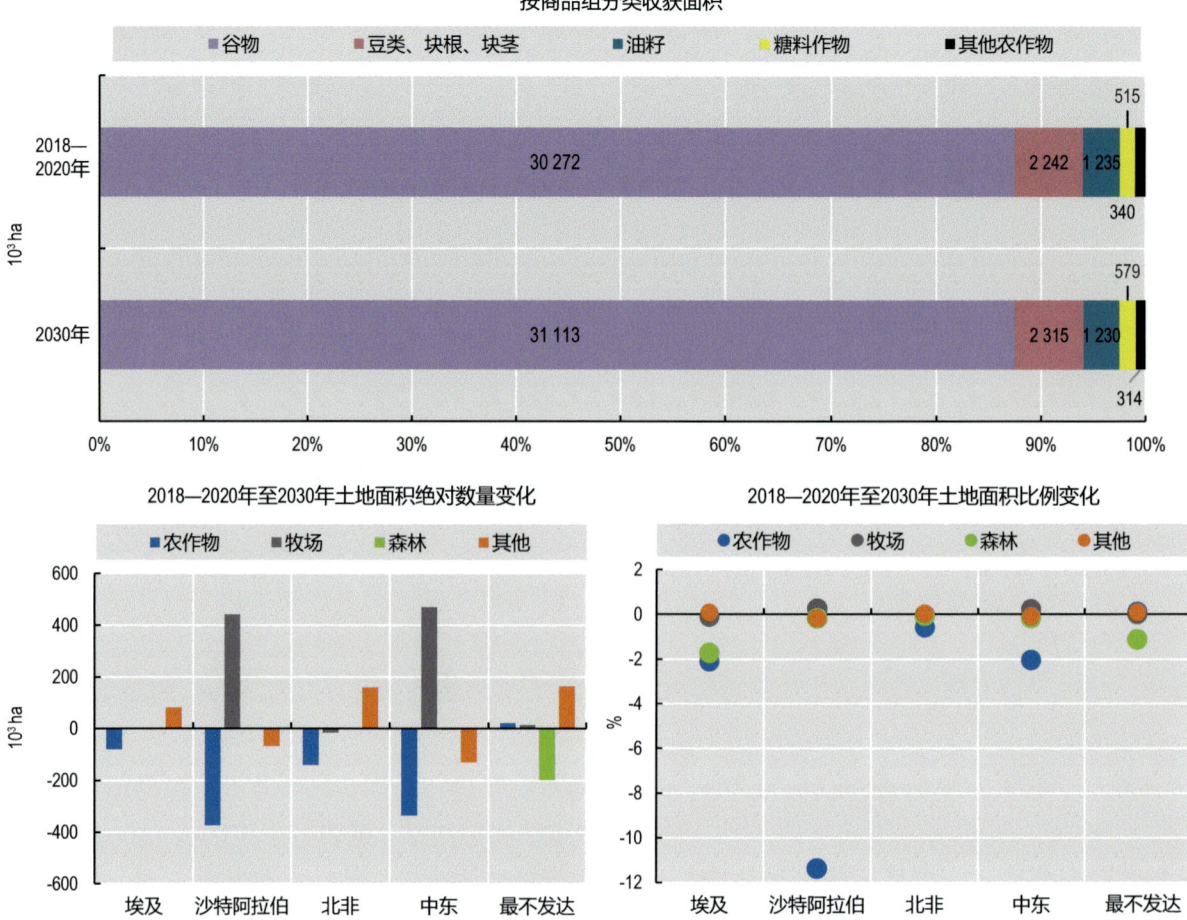

图 2.12 近东与北非收获面积和土地使用面积变化

资料来源：经合组织/粮农组织（2021年），《经合组织-粮农组织农业展望》，经合组织农业统计数据库，http://dx.doi.org/10.1787/agr-outl-data-en。

数据库链接 2：https://stat.link/ckriz8。

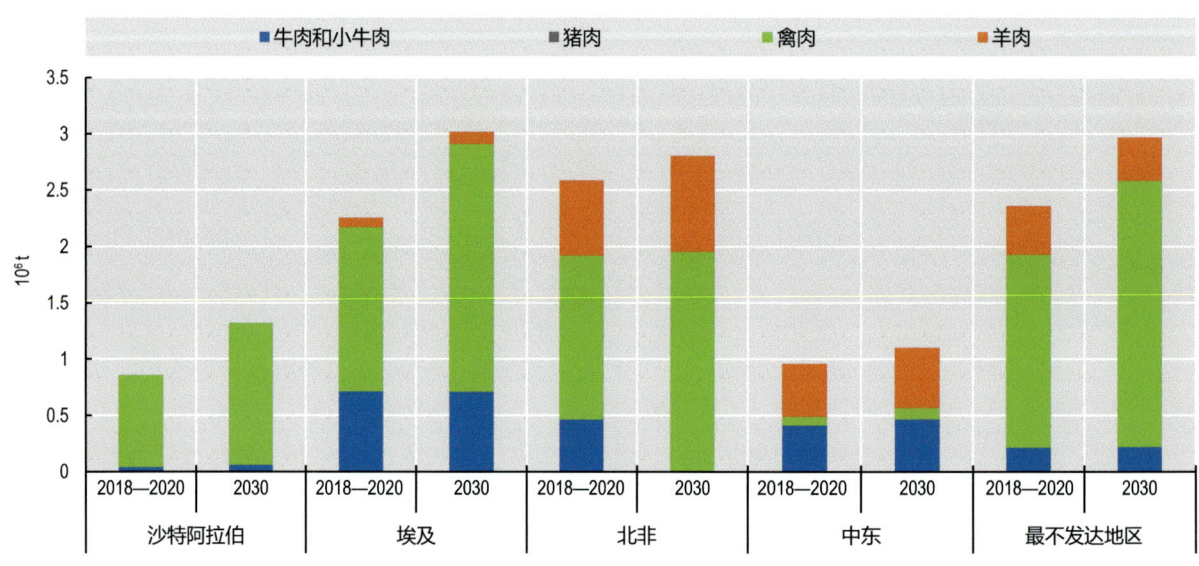

图 2.13 近东与北非畜产品产量

资料来源：经合组织/粮农组织（2021年），《经合组织-粮农组织农业展望》，经合组织农业统计数据库，http://dx.doi.org/10.1787/agr-outl-data-en。

数据库链接 2：https://stat.link/wk45iu。

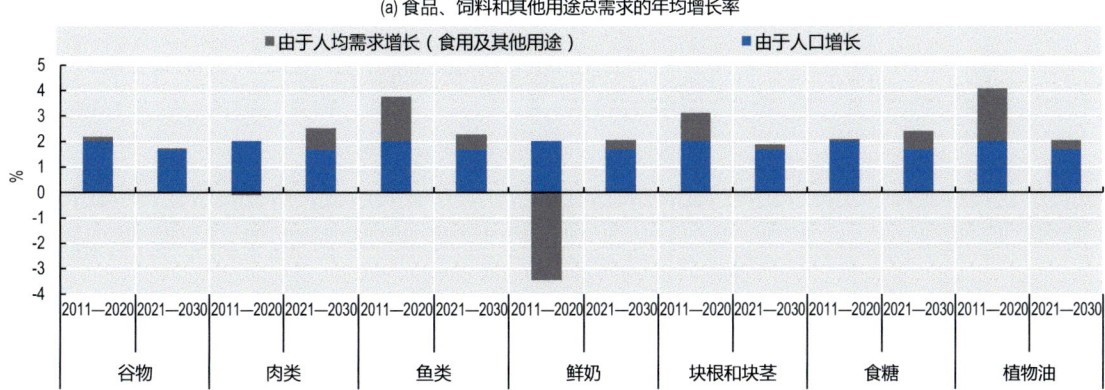

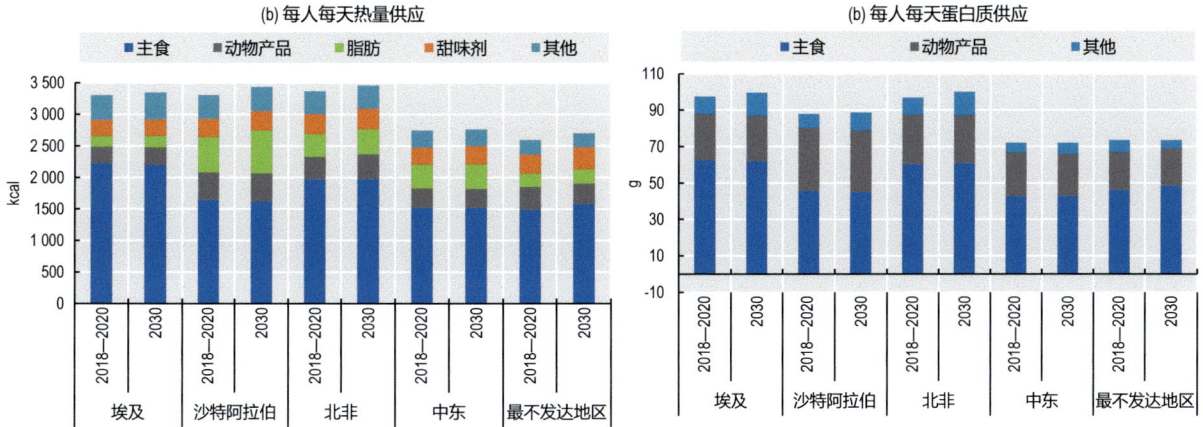

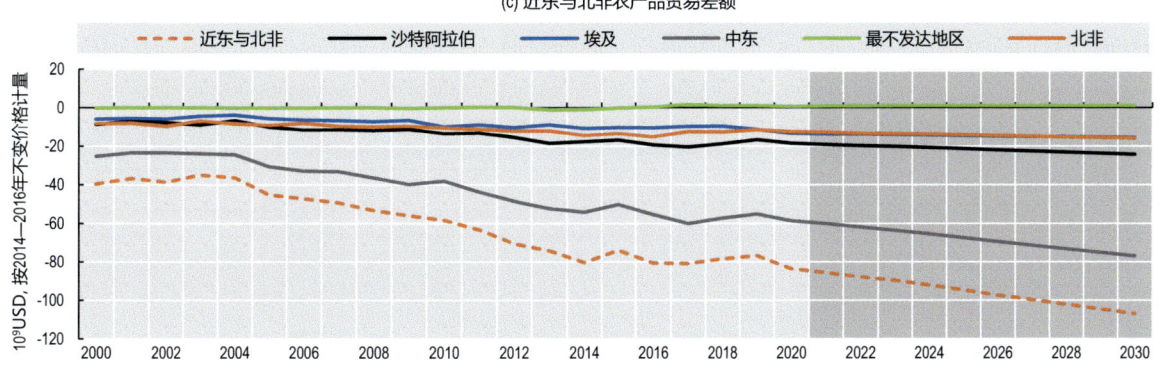

图 2.14　近东与北非主要商品需求、粮食供应及农产品贸易差额

注：数据是由《联合国粮农组织统计数据库食物平衡表》中的历史时间序列以及贸易指数数据库为基础进行预测的，包括本《展望》未涵盖产品。（a）计算人口增长时，假设人均需求在上一个10年保持一致。（b）脂肪包括黄油与油类；动物产品包括蛋、鱼、肉类和除黄油外的乳制品；主食包括谷物、油籽、豆类和块根。（c）基于展望数据，包括加工产品和鱼类（未包括在粮农组织统计数据库的贸易指数中）。

资料来源：粮农组织（2021年），《联合国粮农组织统计数据库农业产值数据库》，http://www.fao.org/faostat/en/#data/QV；经合组织／粮农组织（2021年），《经合组织-粮农组织农业展望》，经合组织农业统计数据库，http://dx.doi.org/10.1787/agr-outl-data-en。

数据库链接2：https://stat.link/pz5a0i。

未来10年预计将延续这一趋势。随着需求的增长，该区域几乎所有商品的进口量都会增加，自给率将继续处于长期下降趋势，肉类产品、植物油和糖除外（图2.11）。就植物油而言，油籽自给率继续下跌，更多进口油籽被用于加工。该区域某些产品的进口量将在全球市场中继续占据较高比例：到2030年，其玉米、其他粗粮和小麦进口量将分别占全球进口量的18%、32%和27%。另外，截至2030年，该区域的羊肉进口占全球贸易的37%，奶酪占18%，禽肉占17%。

表2.3 区域指标：近东与北非

	平均			%	增长[②]	
	2008—2010	2018—2020（基期）	2030	基期与2030年相比	2011—2020	2021—2030
宏观假设						
人口（10³人）	333 439	410 958	496 138	20.73	2.02	1.69
人均GDP[①]（10³美元）	6.14	6.35	6.67	5.03	-0.08	1.07
产量（10⁹美元）						
农业与渔业生产净值[③]	109.2	132.4	159.9	20.74	1.39	1.54
农作物生产净值[③]	68.1	81.5	97.8	19.92	1.24	1.30
畜牧业生产净值[③]	31.4	35.1	43.6	24.36	0.22	2.24
渔业生产净值[③]	9.6	15.8	18.5	16.93	5.42	1.24
生产数量（10³t）						
谷类	48 346	54 659	63 907	16.92	0.44	0.98
豆类	1 442	1 651	1 944	17.79	0.76	1.70
块根和块茎	2 533	3 778	4 701	24.43	2.66	2.09
油籽[④]	1 022	1 066	1 181	10.85	0.16	1.27
肉类	6 552	8 164	10 501	28.62	2.23	2.30
乳品[⑤]	3 528	3 150	3 770	19.68	-1.47	1.92
鱼类	3 421	5 684	6 645	16.91	5.56	1.24
糖	2 895	3 664	5 218	42.43	2.03	3.29
植物油	1 415	2 325	2 892	24.40	6.13	1.88
生物燃料产量（10⁶L）						
生物柴油	0.02	0.02	0.02	15.39	0.00	1.35
乙醇	256	161	188	16.64	-5.95	2.40
土地面积（10³ha）						
总农业用地面积	432 038	430 915	430 848	-0.02	0.02	0.00

(续表)

	平均			%	增长[2]	
	2008—2010	2018—2020（基期）	2030	基期与2030年相比	2011—2020	2021—2030
总农作物用地面积[6]	64 517	63 636	63 102	−0.84	0.16	−0.06
总牧场面积[7]	367 521	367 279	367 746	0.13	−0.01	0.01
温室气体排放（10^6 t CO_2 当量）						
总量	199	218	226	3.52	0.88	0.38
农作物	47	52	54	2.10	1.60	−0.10
动物	151	166	172	3.97	0.65	0.54
需求与食品安全						
每人每日热量供应量[8]（kcal）	2 956	3 013	3 054	1.37	−0.20	0.24
每人每日蛋白质供应量[8]（g）	83.3	84.6	85.2	0.7	−0.3	0.2
人均粮食供应（kg）						
主食[9]	220.6	221.2	221.8	0.25	−0.03	−0.02
肉类	23.7	23.7	25.3	7.04	−0.38	0.85
乳品[5]	13.1	10.7	11.1	3.64	−2.35	0.37
鱼类	9	11	12	8.63	0.92	0.87
糖	32	33	36	7.55	0.06	0.74
植物油	12	14	15	9.21	1.47	1.03
贸易（10^9 美元）						
净贸易额[3]	−56	−79	−107	34.34		
净出口[3]	21.2	31	37	20.02	5.41	1.44
净进口[3]	77.1	110.1	144	30.35	2.95	2.25
自给率[10]						
谷类	41.6	37.4	35	−5.2	−1.34	−0.67
肉类	69.3	70.4	70	−0.3	0.30	−0.21
糖类	26.6	26.7	29	9.4	0.28	0.85
植物油	23.5	26.7	26	−2.1	2.2	−0.1

注：① 人均GDP以2010年不变美元为单位。② 最小二乘增长率（参见术语表）。③ 农业与渔业生产净值按照FAOSTAT方法，基于Aglink-Cosimo模型代表的一组商品，以2014—2016年国际平均参考价格进行计算。对未包括在内的作物的生产净值根据长期趋势进行预测。④ 油籽是指大豆和其他油籽。⑤ 乳品包括黄油、奶酪、奶粉、新鲜乳制品等，以乳固体当量为单位。⑥ 农作物用地面积包括可耕地的多次收获。⑦ 牧场面积是指可供反刍家畜放牧的可用面积。⑧ 每人每日热量是指供应量而非摄入量。⑨ 主食包括谷类、油籽、豆类、块根和块茎。⑩ 自给率＝产量／（产量＋进口量－出口量）×100。

资料来源：经合组织／粮农组织（2021年），《经合组织－粮农组织农业展望》，经合组织农业统计数据库，http://dx.doi.org/10.1787/agr-outl-data-en。

2.5 区域性展望：欧洲与中亚

背景信息

欧洲与中亚[①]是一个多元化区域，其中主要农业生产区包括欧盟、英国、俄罗斯、乌克兰、土耳其、哈萨克斯坦等。这些国家在发展阶段、人口、农业资源、公共政策方面大相径庭。人口变化情况也各不相同。整体上，该区域人口将逐步增长，但目前西欧和东欧人口增长停滞，中亚人口每年增长小于1%。该区域城市化率非常高，至2030年，约有75%的人口将居住在城市。

欧洲与中亚的人均年收入超过26 000美元，但是各国间差异巨大。西欧经济呈多元化格局，而东欧区域注重商品经济，尤其是俄罗斯，以石油、天然气为支柱产业。疫情在全世界持续传播，给该区域经济带来巨大挑战。然而由于本区域的多元性，各国经济结构以及管控病毒的措施各不相同，所以各国受疫情影响的程度也不同。欧洲与中亚区域的人均GDP于2020年下滑7.4%，预计2021年将恢复4%，未来10年的平均年增长率将达到1.7%。2020年西欧受到的影响是最严重的，人均GDP下跌了7.8%。中亚的经济管控较为宽松，人均GDP下降了3.3%。整个区域的农业部门因为疫情面临着许多挑战，包括物流问题、劳动力短缺和需求变更（包括需求的数量和产品组成）。

农业、林业、渔业生产在GDP中占比较低，低至欧盟的1.6%，高至乌克兰的9%。在基期2018—2020年，该区域食物支出在家庭支出中平均占比约为11%，低至英国的5%左右，高至哈萨克斯坦等中亚国家的约19%[②]。

该区域农业和渔业生产值占全球的16%。由于西欧农业和渔业生产的缓慢发展，这个比例将继续下降到2030年。农作物生产平均占总生产净值的55%，渔业生产占8%，剩下的畜牧生产占37%。过去10年里，尽管该区域仅占全球农业和渔业生产增长净值的12%，却贡献了全球出口增长值的35%。出口占比的大幅上升主要是因为东欧区域提高了农作物和牲畜的生产效率，同时人口保持稳定，消费水平较为稳定，因此，内需增长较少。该区域的贸易情况受多种因素的影响，尤其是未来英国和欧盟的贸易协定，以及俄罗斯2014年起实行的欧盟进口禁令。同时，在疫情造成的封锁时期，黑海区域国家为保障国内供应而采取的短期出口限制，进一步增添了不确定性。

与其他区域相比，欧洲与中亚的畜产品对该区域的生产和消费非常重要。这些产品构成了该区域农业和渔业生产净值的1/3，并分别占该区域热量和蛋白质供应的26%和53%。欧盟是奶和乳制品的主要生产商、消费者和贸易商，虽然其在全球奶产量中的份额在不停下跌，但其在奶酪和黄油等高价值产品的生产和贸易方面发

---

① 对于提到的区域，请参阅区域、国家分组一览表。
② 经合组织-粮农组织资料来源在本《展望》中使用的粮食支出和GDP数据，从2011年全球贸易分析项目（GTAP）的数据库中对2017—2019年进行插值。

展良好。该区域人均新鲜乳制品消费为世界平均水平的1.5倍，奶酪和黄油消费更是高达世界平均水平的6倍和3倍。

尤其在欧盟，环境可持续性越来越受到消费者和政策制定者的重视。例如，"从农场到餐桌"发展战略努力促进公平、健康和环保的食品体系的发展，加速了向环境可持续性的过渡。未来，这可能会影响到需求结构以及该区域的生产率和产量增长。为达此目的，技术进步（包括数字技术的进步）至关重要。

生产

与2018—2020年基期的平均水平相比，2030年该区域农业和渔业生产净值（扣除饲料和种子投入）预计将增长8%，其中西欧增长小于1%，而东欧增长15%，中亚增长约30%。引领东欧强势增长的是俄罗斯和乌克兰，分别增长12%和22%。虽然这两个国家农作物和畜产品增长都很强劲，但农作物产量预计比畜产品产量增长更快。在俄罗斯，其进口禁令对国内市场产生了影响，刺激了本地畜产品生产。

该区域农业用地面积将继续保持长期减少的趋势，但速度较慢。这说明生产力提高将进一步促进该区域产量的增长。截至2030年，农作物用地面积和牧场面积预计将分别减少130万ha和260万ha。由于农用土地面积的改变，农业产生的直接温室气体排放预计将在未来10年下跌1.2%。

未来10年，该区域的农作物产量预计将增长11%，占该区域农业和渔业生产增量的75%左右。农作物产量增长主要得益于黑海区域谷物和油籽产量的提升。俄罗斯和乌克兰的玉米、小麦、大豆和其他油籽产品预计将继续保持强势增长，其在该区域总产量中所占比例将分别增长至40%（玉米）、38%（小麦）和54%（油籽产品）。俄罗斯所有农作物中玉米产量增长最快，而在乌克兰，小麦产量增长速度超过其他所有作物。由于单产的提升，绝大部分产品产量都将获得长足增长。预计2030年两国收获面积仍将扩大。

相比之下，未来10年，畜牧业生产发展较慢，每年产量仅增长0.34%。西欧占该区域牲畜产值的绝大部分，但随着向环境可持续性的过渡，未来10年其占比预计将略微减少，从基期的64%跌落至2030年的61%。未来10年，该区域其他国畜产品产量将强势增长，其畜产品总产值将提高4%。增长方式主要是通过集约化生产，提高牲畜的胴体重。整个区域禽肉总产量预计将快速增长，到2030年时将比2018—2020年基期增长10%。大部分禽肉将供应国内市场，人均消费每年增长1.5 kg，最终达到每人每年24kg。下个10年鱼产量预计将提高7%。尽管水产养殖增长速度达到14%，而捕捞业产量增速仅为6%，但截至2030年，水产养殖产量仍仅占该区域鱼类总产量的20%。

乳制品产量增长预计依然强劲。整个区域预计会出现正增长，虽然西欧与中亚的增长速度较之前10年有所放缓，但东欧每年增长0.7%，比过去10年的增速更快。该区域乳制品的内部需求保持强劲，到2030年，乳制品将提供该区域日常膳食中12%的热量以及19%的蛋白质供应量。然而，随着产量的提升，更多的乳制品将供应给国际市场。预计在未来10年，该区域的黄油、奶酪、奶粉出口份额都将增加。

2030年，整个区域占全球乳制品出口的44%。该区域乳制品出口的大部分由欧盟提供，到2030年，欧盟乳制品出口量将占该区域出口量的72%。但受到向环境可持续性的过渡的影响，到2030年欧盟在全球奶产量中的份额将跌至16%，基期为18%。

消费

虽然欧洲与中亚区域大部分国家都拥有较为成熟的市场，但是消费者也不可避免地受到疫情的影响（De Vet 等，2021[5]）（粮农组织，2020[6]）（经合组织，2020[7]），这主要会影响该区域的短期负担能力，特别是在消费者将更多收入花费在食品以及收入支持措施不够全面的国家，另外，影响还体现在产品结构和采购渠道的改变。零售额增加，人们也更倾向于在家中消费食品。同时，消费者更愿意购买供应链更短的本地产品与保质期更长的产品。疫情进一步突出了之前已经很明显的消费趋势，例如，消费者对健康膳食习惯的追求。

该区域每人每日热量供应远超世界平均水平，并预计将增加83 kcal/d，这主要是因为谷类、豆类和乳制品消费的增加。糖的食品需求预计将继续减少，因为欧洲消费者们健康意识日益提升，主动寻求减少糖类消费。截至2030年，西欧人均糖消费预计每年下降1.5 kg，但仍比世界平均水平高出50%。

至2030年，该区域的人均蛋白质供应量预计将增加3 g/d，达到105 g/d，比世界平均水平98 g/d高出近7%。过去10年，由于人们认为豆类较为健康，豆类消费从较低水平开始进入了快速上升通道，而且预计到2030年人均豆类消费会增长27%，达到5.5 kg。每年人均肉类消费也可能会小幅度增加至59 kg，这主要得益于较高的禽肉消费。禽肉消费预计是肉类消费中增长最快的，人均能达到24 kg。在展望期间，人均牛肉和猪肉消费预计会下降，分别下滑2.2%和2.5%。而鱼肉消费预计会缓慢增长，2030年达到人均每年16 kg，比全球平均水平低3 kg。整个区域在鱼肉消费上存在着显著差异。中亚鱼肉消费很低，但西欧的鱼肉消费水平远超世界平均水平。乳制品消费增长比肉类消费增长更快，到2030年预计较现在提高8%。

畜产品生产在该区域拥有重要地位，因此，该区域消耗全世界约1/4的蛋白质饲料。根据预测，畜牧业将缓慢增长，其中禽肉和羊肉产量增多，而猪肉和牛肉产量下降，因此，与基期相比，预计2030年饲料用量仅增加4%，其中玉米饲料用量增长将比小麦更快。东欧肉类产量预计将增长，而西欧将出现小幅度下跌。

由于植物油在欧盟生物燃料生产中的作用将逐渐降低，植物油的非食物性需求预计将缩小。该区域对柴油的需求正在减少，并逐渐转向电动汽车。预计至2030年该区域生物柴油产量将减少7%，而其在全球生物柴油产量中的占比将从34%下降到30%。

贸易

过去10年，欧洲与中亚区域的贸易模式出现了巨大转变。以前该区域是主要的净进口区域，而过去10年随着出口量的快速增长，东欧逐渐变成了净出口区域（图2.18）。大部分出口增长来自俄罗斯和乌克兰，原因主要在于生产力提高，国内需求增长缓慢。由于土地辽阔，东欧与中亚在谷物和油籽生产方面享有比较优势。区域展望期内，欧洲与中亚区域的总出口增长将超过进口增长，2030年其贸易净差额将得到长足改善。考虑到该区域消费水平高、人口增长缓慢，该区域出口增长的趋势将保持下去。

与基期相比，2030年该区域出口总额将提高21%，这主要得益于25%的农作物出口增长和14%的动物产品出口增长。据预测，该区域谷物出口量将从基期的1.61亿t增长至2030年的2.09亿t，增长率为30%，主要向近东和北非区域出口。该区域在全球市场的份额将从基期的36%增长至2030年的39%，区域预计将为历史最高纪录。同样，2030年该区域小麦出口将增加2 800万t，在世界市场中的份额从2018—2020年基期的54%提高至2030年的57%。在进口方面，截至2030年，该区域大豆和蛋白粉进口需求预计分别下降5%和7%，但该区域仍然是这些产品最主要的进口商之一。欧洲与中亚区域还是糖的净进口区，但2030年进口预计下跌29%。

欧洲与中亚区域是肉类的主要出口商，占全球猪肉出口的42%，禽肉出口的29%，其中，出口产品主要来自欧盟。欧盟占整个区域猪肉出口的90%，禽肉出口的55%。中亚区域是肉类产品的净进口商，在本区域内进行大规模的贸易。在这种情况下，2020年因疫情而起的行动限制期间，行动管控措施给物流系统带来了前所未有的严峻挑战，但该区域展现出强大的韧性，保证了产品的供应量。区域内贸易对该区域至关重要，因此俄罗斯进口禁令的未来形势将对该区域的内外贸易造成深刻的影响。而在疫情限制期间，短期出口管控也将给市场带来巨大的影响。

该区域也是世界最重要的乳制品出口商，在全球乳制品贸易中占41%的份额。其中大部分得益于欧盟，其贸易量占全球乳制品贸易的29%。整个区域的奶酪贸易占全球市场的60%，其中欧盟贡献了41%。欧盟和该区域在全球乳制品贸易中的份额将提高。截至2030年，欧盟在全球奶酪、黄油、脱脂奶粉和全脂奶粉出口中预计

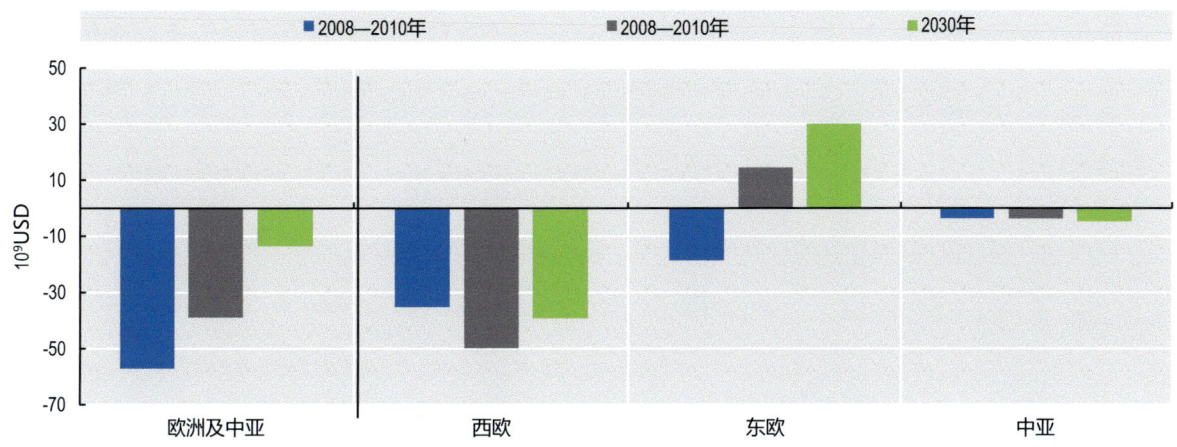

图2.15　欧洲与中亚农业和渔业产品净出口（包括加工产品）

注：预测数据是基于《联合国粮农组织统计数据库贸易指数数据库》中的历史时间序列，并综合本《展望》数据得出的。本《展望》未涵盖产品将根据趋势发展。总贸易值包括加工产品（通常不是本《展望》中的变量）。贸易值按2014—2016年不变美元价格计算。
资料来源：粮农组织（2021年），《联合国粮农组织统计数据库贸易指数数据库》，http://www.fao.org/faostat/en/#data/TI；经合组织／粮农组织（2021年），《经合组织–粮农组织农业展望》，经合组织农业统计数据库，http://dx.doi.org/10.1787/agr-outl-data-en。

数据库链接2：https://stat.link/d9yfa2。

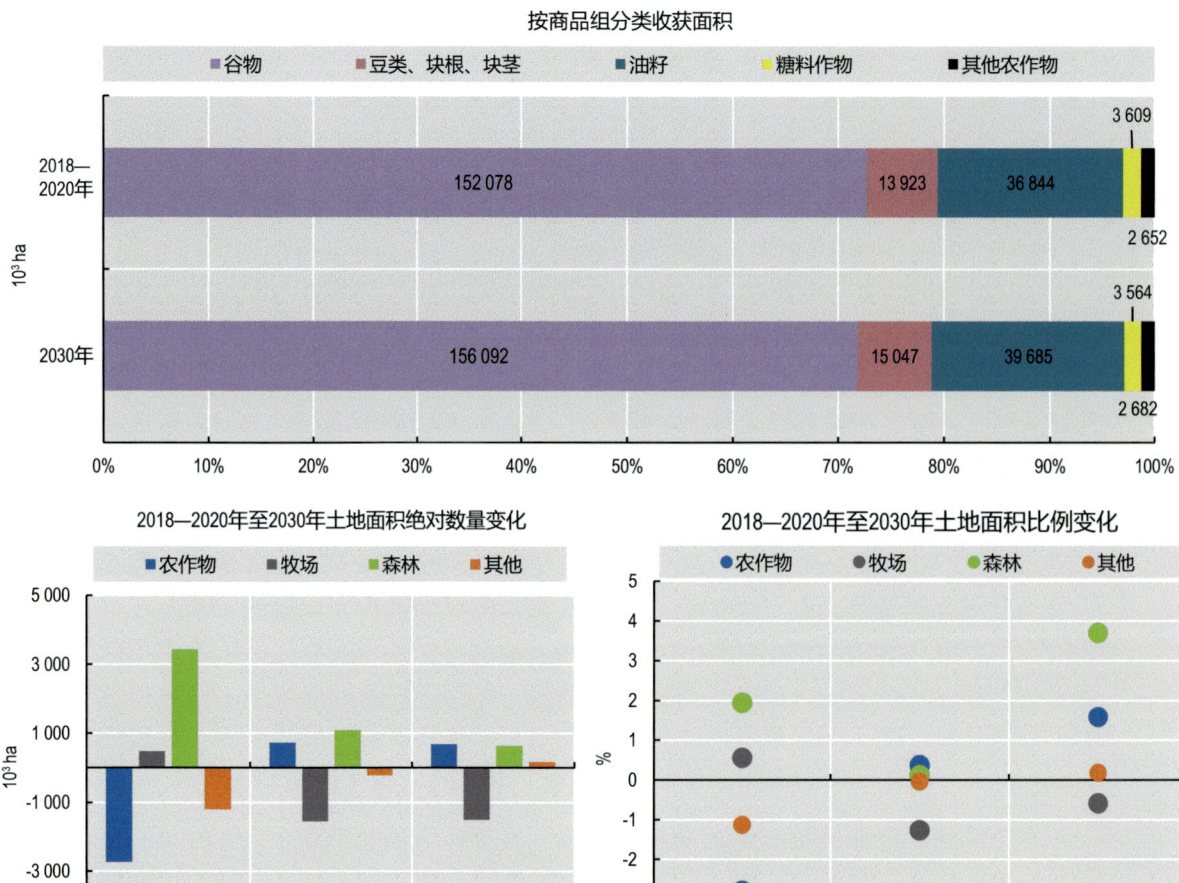

图 2.16 欧洲与中亚地区收获面积和土地使用面积变化

资料来源：经合组织 / 粮农组织（2021 年），《经合组织 - 粮农组织农业展望》，经合组织农业统计数据库，http://dx.doi.org/10.1787/agr-outl-data-en。

数据库链接 2：https://stat.link/uwk0i8。

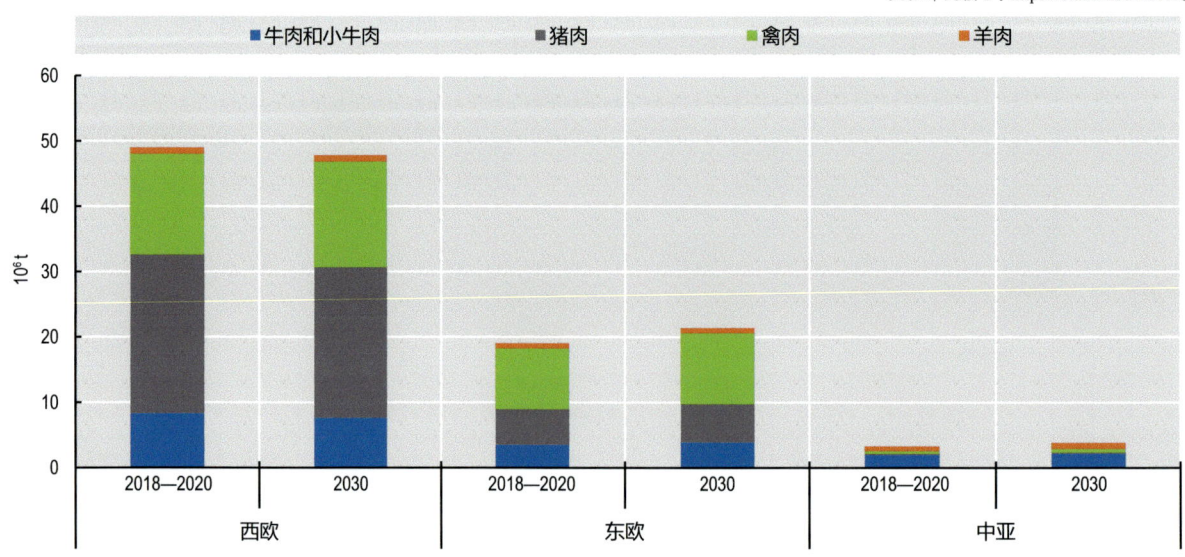

图 2.17 欧洲与中亚地区畜产品产量

资料来源：经合组织 / 粮农组织（2021 年），《经合组织 - 粮农组织农业展望》，经合组织农业统计数据库，http://dx.doi.org/10.1787/agr-outl-data-en。

数据库链接 2：https://stat.link/zdyuqb。

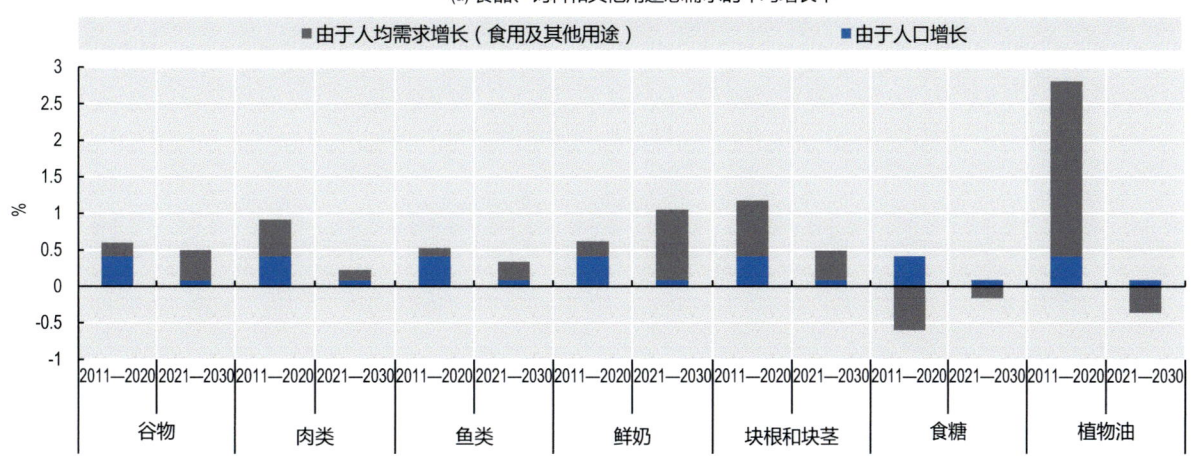
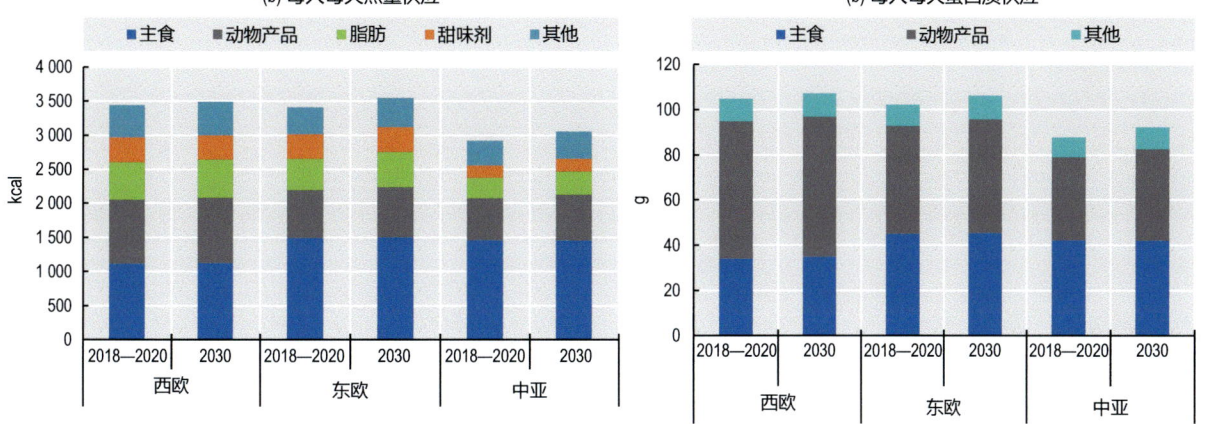
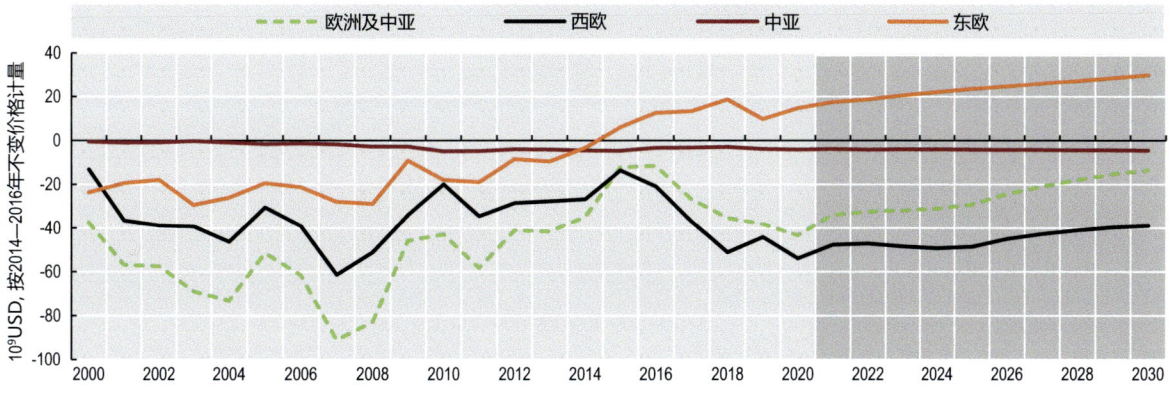

图2.18　欧洲与中亚地区主要商品需求、粮食供应及农产品贸易差额

注：预测数据是基于《联合国粮农组织统计数据库食物平衡表》中的历史时间序列以及贸易指数数据库得出的，包括本《展望》未涵盖产品。（a）计算人口增长时，假设人均需求在上一个10年内保持不变。（b）脂肪：黄油和油；动物：蛋、鱼类和除黄油外的乳制品；主食：谷类、油籽、豆类和块根。（c）包括展望数据里的加工产品、渔产品（未包含在联合国粮农组织统计数据库贸易指数中）。

资料来源：粮农组织（2021年），《联合国粮农组织统计数据库农业产值数据库》，http://www.fao.org/faostat/en/#data/QV；经合组织／粮农组织（2021年），《经合组织–粮农组织农业展望》，经合组织农业统计数据库，http://dx.doi.org/10.1787/agr-outl-data-en。

数据库链接2：https://stat.link/2nebas。

2　各区域情况简述

分别占46%、33%、35%和14%。

以俄罗斯和挪威为首，欧洲与中亚还是鱼类产品最主要的出口商之一。未来10年，俄罗斯渔产品出口将扩大33%，整个欧洲与中亚地区的出口增长达到13%。

表2.4　区域指标：欧洲与中亚

	平均			%	增长[②]	
	2008—2010	2018—2020（基期）	2030	基期与2030年相比	2011—2020	2021—2030
宏观假设						
人口（10^3人）	891 851	929 872	942 601	1.37	0.41	0.09
人均GDP[①]（10^3美元）	23.82	26.10	30.27	15.99	0.94	1.71
产量（10^9美元）						
农业与渔业生产净值[③]	592.7	679.7	736.0	8.28	1.35	0.73
农作物生产净值[③]	324.9	374.4	416.6	11.27	1.44	1.00
畜牧业生产净值[③]	220.6	252.4	262.6	4.05	1.22	0.34
渔业生产净值[③]	47.2	53.0	56.8	7.33	1.40	0.63
生产数量（10^3t）						
谷类	516 835	582 818	648 737	11.31	1.55	0.88
豆类	7 728	10 304	13 349	29.54	3.51	2.50
块根和块茎	26 770	30 284	32 089	5.96	1.07	0.57
油籽[④]	47 283	68 581	80 453	17.31	3.37	1.67
肉类	59 203	71 442	73 103	2.32	1.90	0.18
乳品[⑤]	24 632	29 077	32 449	11.60	1.68	1.10
鱼类	16 940	18 931	20 303	7.25	1.39	0.62
糖	24 776	28 680	30 049	4.77	0.18	0.66
植物油	22 994	34 515	38 774	12.34	3.89	1.31
生物燃料产量（10^6L）						
生物柴油	9 687.52	15 965.57	14 921.01	−6.54	4.33	−1.08
乙醇	6 006	7 694	8 104	5.33	0.69	0.22
土地面积（10^3ha）						
总农业用地面积	802 064	798 983	795 092	−0.49	−0.05	−0.04
总农作物用地面积[⑥]	337 322	333 826	332 512	−0.39	−0.05	−0.04
总牧场面积[⑦]	464 743	465 157	462 580	−0.55	−0.05	−0.04
温室气体排放（10^6t CO_2当量）						
总量	665	691	682	−1.22	0.54	−0.11
农作物	190	205	205	0.31	0.92	−0.06
动物	458	466	458	−1.73	0.35	−0.13
需求与食品安全						
每人每日热量供应量[⑧]（kcal）	3 331	3 380	3 463	2.46	0.20	0.23

(续表)

	平均			%	增长②	
	2008—2010	2018—2020（基期）	2030	基期与2030年相比	2011—2020	2021—2030
每人每日蛋白质供应量⑧（g）	100	102	105	2.9	0.2	0.3
人均粮食供应（kg）						
主食⑨	167.5	168.1	170.6	1.48	0.09	0.14
肉类	54.7	57.8	58.9	1.90	0.49	0.16
乳品⑤	26.7	29.3	31.6	8.07	0.95	0.90
鱼类	16	16	16	2.26	−0.48	0.20
糖	36	35	34	−1.69	−0.48	−0.11
植物油	20	25	25	1.14	2.77	0.43
贸易（10⁹美元）						
净贸易额③	−48.9	−38.8	−13.4	−65.5	..	..
净出口③	411.5	530.4	644.1	21.43	2.5	1.73
净进口③	460.4	569.3	657.5	15.49	2.4	1.24
自给率⑩						
谷类	110.2	121.6	128	5.5	0.84	0.42
肉类	98.0	106.8	106	−0.8	0.92	−0.03
糖类	81.5	87.4	93	6.0	0.65	0.78
植物油	79.6	91.5	104	13.8	1.05	1.64

注：① 人均GDP以2010年不变美元为单位。② 最小二乘增长率（参见术语表）。③ 农业与渔业生产净值按照FAOSTAT方法，基于Aglink-Cosimo模型代表的一组商品，以2014—2016年国际平均参考价格进行计算。对未包括在内的作物的生产净值是根据长期趋势进行预测。④ 油籽是指大豆和其他油籽。⑤ 乳品包括黄油、奶酪、奶粉、新鲜乳制品等，以乳固体当量为单位。⑥ 农作物用地面积包括可耕地的多次收获。⑦ 牧场面积是指可供反刍家畜放牧的可用面积。⑧ 每人每日热量是指供应量而非摄入量。⑨ 主食包括谷类、油籽、豆类、块根和块茎。⑩ 自给率 = 产量 /（产量 + 进口量 − 出口量）×100。

资料来源：经合组织/粮农组织（2021年），《经合组织-粮农组织农业展望》，经合组织农业统计数据库，http://dx.doi.org/10.1787/agr-outl-data-en。

2.6 区域性展望：北美

背景信息

北美区域由两个高度发达的国家组成，即美国和加拿大，这也意味着该区域比本章涉及的其他区域更加同质化。这两个经济体都较为成熟和多元化，虽然农业（包括林业和渔业）在其总GDP中的占比小于1%，但区域在全球农业中的地位却举足轻重。该区域人口为3.66亿，仅占全球人口的5%，但该区域的农业和渔业产量却占全球的10%，人均农业用地以及人均农业和渔业产值都位居世界第一。在2018—2020年基期，该区域拥有世界第二大的农产品贸易顺差。然而，就比例来讲，随着其他区域产量的快速增长，北美在全球农业中的地位也在缓慢下降。预计到2030年，北美在全球农业和渔业产值中的占比将为9%区域，依然拥有世界第二大贸易顺差，但顺差值不到基期的一半。

北美农业以资源集约使用为特点，尤其是固定资本在大型农业地块上大量投入。因此，从该区域的农作物单产、牛奶单产、家畜/畜肉比等可知，该区域在土地和畜牧业的部分要素生产率都很高。农业用地面积长期减少，但近些年减少速度放缓。农作物用地继续减少，过去10年缩小了2.4%。单产提高，农作物产值在同一时期内增加了17%。该趋势预计将继续。该区域的畜牧生产拥有十分重要的地位，占农业生产净值的35%。而国际平均占比一般是28%。然而，考虑到该区域牲畜的高生产率，其牲畜存栏数相对较低。例如，该区域每头牛的产肉量是国际水平的3倍以上。但与其他区域相比，该区域产鱼量较小，当前鱼类生产在该区域农业产值中仅占4%，且在全球鱼产量中的份额也在缩小，预计2030年为3%。

该区域人均食物消费位居世界第一，这主要得益于该区域领先于全球的人均收入（54 280美元）与城市化程度（83%），这两点也影响了该区域的食物摄入量以及食物结构。受疫情以及疫情防控措施的影响，2020年该区域人均GDP下降4.5%。虽然2020年粮食短缺的年度增长达到2014年之后的顶峰，但因为该区域拥有成熟的消费群体以及收入支持措施，所以相较于食品消费的数量，疫情对食品销售的结构和渠道影响更大，这体现在食品供应链的变化上：零售额增加了，外出食品消费减少了。

2021年和2022年该区域人均GDP约每年恢复3%，未来10年实际人均收入预计每年增长1.4%。由于该区域收入水平较高且人口增长速度仅为每年0.6%，膳食偏好的改变可能会对展望期内的食品需求造成重要影响。疫情除影响消费能力以外，还会对这种偏好造成持久的影响，因为大家会更重视健康膳食。

即使预测时已考虑到食物浪费的因素，该区域的人均热量和蛋白质供应量也已达到3 760 kcal/d和113 g/d，分别比世界平均水平高出约29%和22%。从构成上来说，食物摄入主要以畜产品为主，该类产品提供了27%的热量和64%的蛋白质，而世界平均水平是18%和35%。同时，植物油和甜味剂也是北美人民膳食中的重要组成部分，其热量供应分别为19%和15%，而全球平均水平为10%和8%。北美这种膳食习惯造成了普遍的肥胖症与糖尿病等与食物相关的非传染性疾病。然而，虽然该区域总消费量非常高，但甚至在疫情影响之前，就已有10%~13%的人口预计将面临食物短缺（美国农业部，2020[8]）（Tarasuk和Mitchell，2020[9]）。

北美（尤其是美国）是世界最大的生物燃料生产区，其在全球生物燃料产量中占比接近50%。这里的生物燃料主要包括以玉米为原料的乙醇，以及少量的以大豆油为原料的生物柴油。生物燃料的产量主要靠政策驱动，该区域对运输燃料的混合比例规定接近混合瓶颈。该区域的贸易非常重要，加拿大极度依赖从美国进口的乙醇，以达到自己的混合比例规定。

生产

未来10年，北美区域农业和渔业生产预计会继续增长，但增速会放缓至9%，而过去10年其增速为15%。增速放缓的原因包括主要农作物和畜牧商品实际价格保持稳定，甚至部分商品价格下滑，以及美元相较其他竞争国家货币走强。预计该区域农作物增速将更为强劲，到2030年时产量相对基期将增加10%，而畜产品产值仅增加8%。

尽管该区域农作物用地面积将延续之前的下滑态势，到2030年预计会继续缩小3%，但农作物产量依然呈现增长态势。谷类用地面积预计保持不变，所以其在总农作物用地面积中的比例将增长，2030年达到41%。油籽用地面积未来10年预计增长3%，主要动力是展望期开始时的高位价格以及畜牧业生产饲料需求的增加。这也意味着到2030年，油籽用地面积在总农作物面积中的比例将提高至28%。豆类用地面积基数较小，但未来10年将扩大11%。块根和块茎的用地面积将明显减少。该区域总收获面积预计保持稳定，因采取集约化生产方式，未来10年仅增加1.4%。其中美国增长为1.1%，加拿大为2.4%。在美国，相对基期，农作物总产量预计增长8%，加拿大增速更快，达到13%。在2020年丰收季的基础上，加拿大的大田作物产量将达到历史新高。两国产量的增长主要原因是单产的增长，其中谷物单产增长9%，油籽单产提高10%。

疫情导致消费者购买力下降，同时疫情以及疫情管控措施限制了加工厂的生产能力，在这种经济衰退的情况下，2020年肉类价格面临下行压力。在短暂的恢复之后，实际价格一直下滑。不过饲料价格仍保持竞争力，北美的肉类总产量2030年将上涨至5 600万t，比基期提高9%。在这450万t的增量之中，其中400万t，或者说88%，都来自于美国。禽肉产量预计比其他肉类产量增速更快，达到每年1.1%。到2030年，禽肉将在新增肉类产量中占60%以上。牛肉和猪肉产量将稳定增长，年均增速分别为0.6%和0.3%。因此，2030年禽肉在肉类总产量中的份额将增加至47%。

未来10年，该区域乳牛产牛奶单产将提升11%，而乳牛数量增加2%。在此基础上，乳制品产量预计将增加13.5%。随着消费者偏好的变化，更多的牛奶将用于加工乳制品的生产，用于液体乳制品的牛奶比例将减小。

北美的鱼产量主要依靠捕捞（89%）。截至2030年，鱼产量相对基期水平预计将增长8%，而2030年，水产养殖在总产量中的比例将增长至12.5%。水产养殖基础较低，但因鱼类需求旺盛而产生的相对有利价格保持了进一步的发展。

相比过去10年，农业产生的温室气体排放的增长预计将放缓。至2030年，排放量会比基期高出1.3%。由于小型反刍动物存栏数增多，牲畜活动造成的排放将是农业排放的主要因素，增长了3.2%。然而，农作物造成的排放预计将减少2.7%。

消费

该区域食物人均消费的变化主要由人们膳食偏好的变化所引起，预计展望期间变化会较小。虽然因为疫情，大家会更多地关注膳食健康，但疫情对新鲜蔬果的影响更大，但这不在本《展望》直接讨论范围内。从热量供应来看，北美的食物消费依然保持在高水平，到2030年人均将增长48 kcal/d。这也意味着该区域人均热量供应量将超过3 800 kcal/d。该区域预计热量供应增长最多的是植物油（+25 kcal），接下来是乳制品（+19 kcal）、肉类产品（+17 kcal）和豆类（+11 kcal）。而甜味剂和谷物的热量供应分别下降43%和7%，抵消上述热量供应增量的一部分。加拿大热量供应量的增长幅度大于美国，但2030年美国热量供应量的绝对水平依然高于加拿大。

该区域的蛋白质摄入量预计从基期的 113 g/d 略微增长至 2030 年的 117 g/d。其中来自动物和植物的蛋白质的份额预计保持不变，分别为 64% 和 36%。肉类和乳制品消费预计将继续增长，而肉类产品增长较多（人均 2.2 kg）。大部分肉类消费增长来源于禽肉。禽肉人均消费预计每年增长 2.4 kg，猪肉人均消费仅增长 0.7 kg，牛肉人均消费下降 0.5 kg。乳制品提供的蛋白质也将提高，其中奶酪、黄油、全脂奶粉消费增量超过了新鲜乳品减量。预计到 2030 年，鱼类消费将较基期增长 4%。虽然谷类消费下降，但由于豆类摄入量的增长，植物的蛋白供应量将小幅上涨。

在北美区域，农业产出的一个重大用途是作为饲料使用，甚至饲料消耗的能量/热量高过食物消耗（图 2.19）。由于畜牧业发展的需求，到 2030 年预计饲料总用量将增长 10%，达到 2.9 亿 t，其中玉米（包括干酒糟）的占比缓慢增长，达到 67%，蛋白粉的占比稳定在 17%。

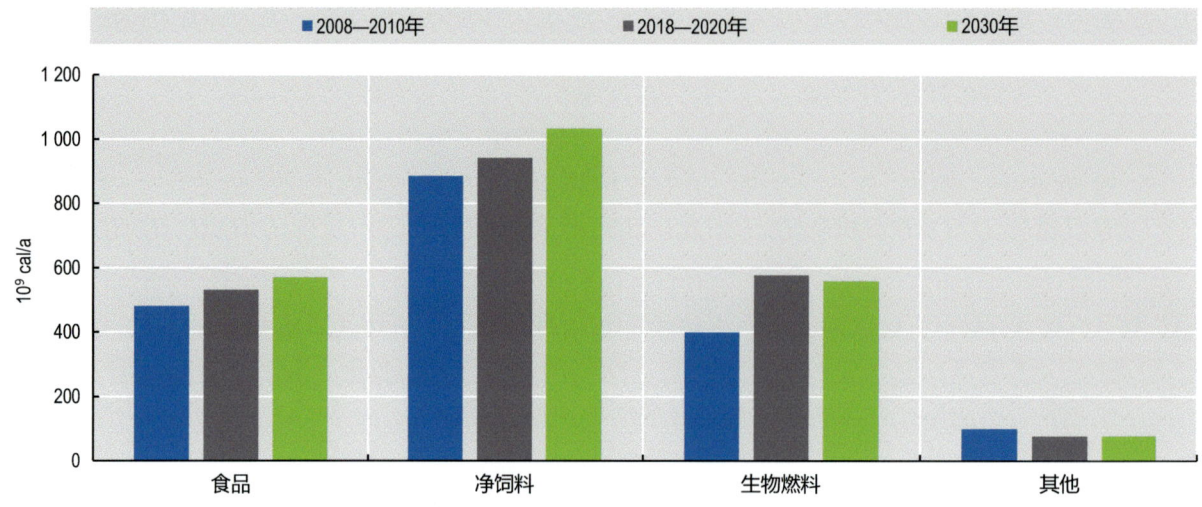

图 2.19　北美食品、饲料和其他用途产品热量

注：预测数据是基于《联合国粮农组织统计数据库食物平衡表》中的历史时间序列，并综合本《展望》得出的。本《展望》未涵盖产品将根据趋势发展。
资料来源：粮农组织（2021 年），《联合国粮农组织统计数据库食物平衡表》数据库，http://www.fao.org/faostat/en/#data/FBS；经合组织/粮农组织（2021 年），《经合组织–粮农组织农业展望》，经合组织农业统计数据库，http://dx.doi.org/10.1787/agr-outl-data-en。

数据库链接 2：https://stat.link/re9w0y。

生物燃料生产是该区域饲料粮的另一种重要用途。随着未来 10 年美国和加拿大汽油消费的下降，预计到 2030 年乙醇产量将跌至 600 亿 L 以下，比基期下降 3%。脱碳计划将在一定程度上维持乙醇的使用，限制乙醇产量的下滑。未来 10 年生物柴油产量预计下降 2%。生物燃油的前景主要取决于能源行业的发展和该区域的生物燃油政策。

贸易

北美的农业贸易顺差仍居世界第二，仅次于拉丁美洲及加勒比区域，但在过去 10 年，贸易顺差已下降 25%。由于该区域净进口额增长速度超过出口额，预计展望期间这种下降趋势会持续。预计该区域出口和进口增长都将减速，这反映出国内和国际需求的疲软，以及之后产量增长的减缓。由于双边贸易的重要性，贸易关系尤其是中美贸易关系会对该区域造成重大影响。中美贸易关系已有所改善，2021年预计中国将再次成为美国出口的最大市场，这意味着贸易机会的恢复和发展，也有利于中国扩大禽肉生产，快速重建猪群，增加对饲料产品的需求。《美国–墨西哥–加拿大协定》于2020年7月1日起生效，它取代了《北美自由贸易协议》，旨在推动区域内贸易，尤其有利于乳制品贸易。

按照2014—2016年国际商品价格来计算，截至2030年，预计净出口较基期2018—2020年将增长14%。而上一个10年的增速为21%。增长放缓的主要原因与大豆出口有关。虽然北美区域与中国贸易关系有所改善，但大豆出口的增长速度远慢于之前10年。未来10年，乙醇出口预计也将下降。猪肉出口也出现下降趋势，因为中国从非洲猪瘟中恢复过来，并开始重建猪群，所以进口需求将降低。北美近期谷类和油籽的贸易份额大幅下降。谷物贸易预计将延续这一趋势，但下降速度会减缓，主要原因是来自拉丁美洲和黑海区域的强有力竞争。2030年，北美在全球油籽出口中的占比预计将稳定在35%（图2.20）。北美在全球猪肉贸易中的占比将保持稳定，而在脱脂奶粉贸易的占比将继续上涨。

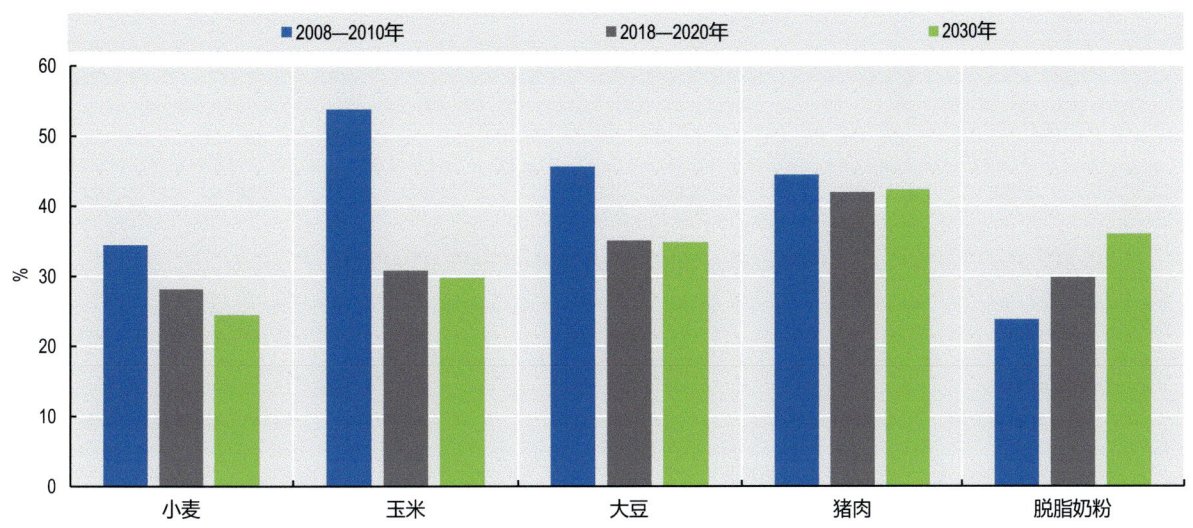

图 2.20　北美部分商品出口市场份额变化趋势

资料来源：经合组织/粮农组织（2021年），《经合组织–粮农组织农业展望》，经合组织农业统计数据库，http://dx.doi.org/10.1787/agr-outl-data-en。

数据库链接 2：https://stat.link/qauo01。

虽然享有贸易顺差，但该区域依然是世界农产品第三大进口商。按2014—2016年不变价值计算，预计到2030年该区域净进口将增加25%。该区域之前是牛肉的重要净进口商，虽然目前该区域的牛肉进口仍在世界上占有较大份额（18%），但该区域已在过去10年成为净出口商。该趋势预计将延续下去。北美区域还是鱼类的重要进口商，在全球市场占比15%，到2030年鱼产品进口将增加6%。该区域也是新鲜水果和蔬菜的主要进口商。

2 各区域情况简述

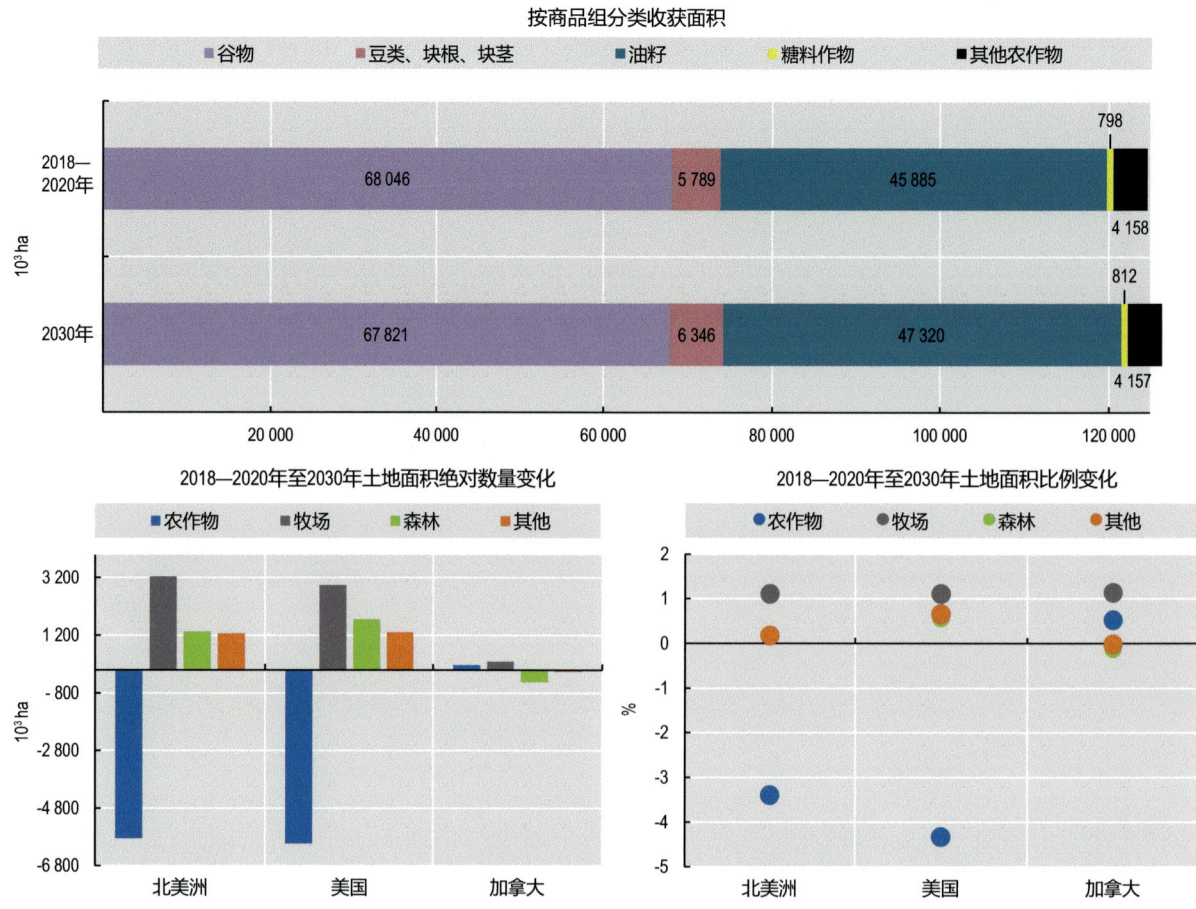

图 2.21 北美收获面积与土地使用面积变化

资料来源：经合组织 / 粮农组织（2021 年），《经合组织 – 粮农组织农业展望》，经合组织农业统计数据库，http://dx.doi.org/10.1787/agr-outl-data-en。

数据库链接 2：https://stat.link/xf4jco。

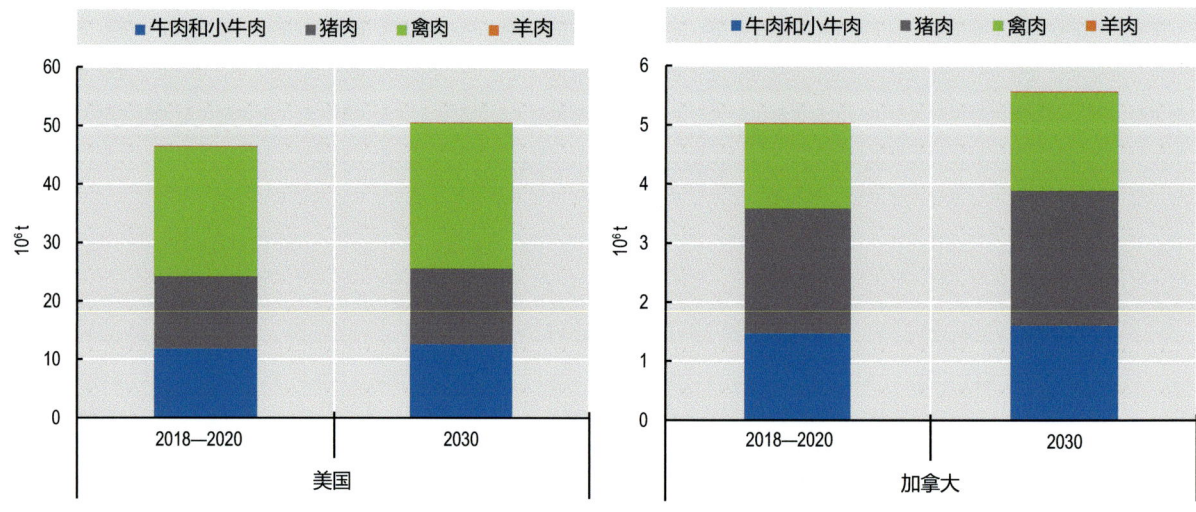

图 2.22 北美畜产品产量

资料来源：经合组织 / 粮农组织（2021 年），《经合组织 – 粮农组织农业展望》，经合组织农业统计数据库，http://dx.doi.org/10.1787/agr-outl-data-en。

数据库链接 2：https://stat.link/rkdxh2。

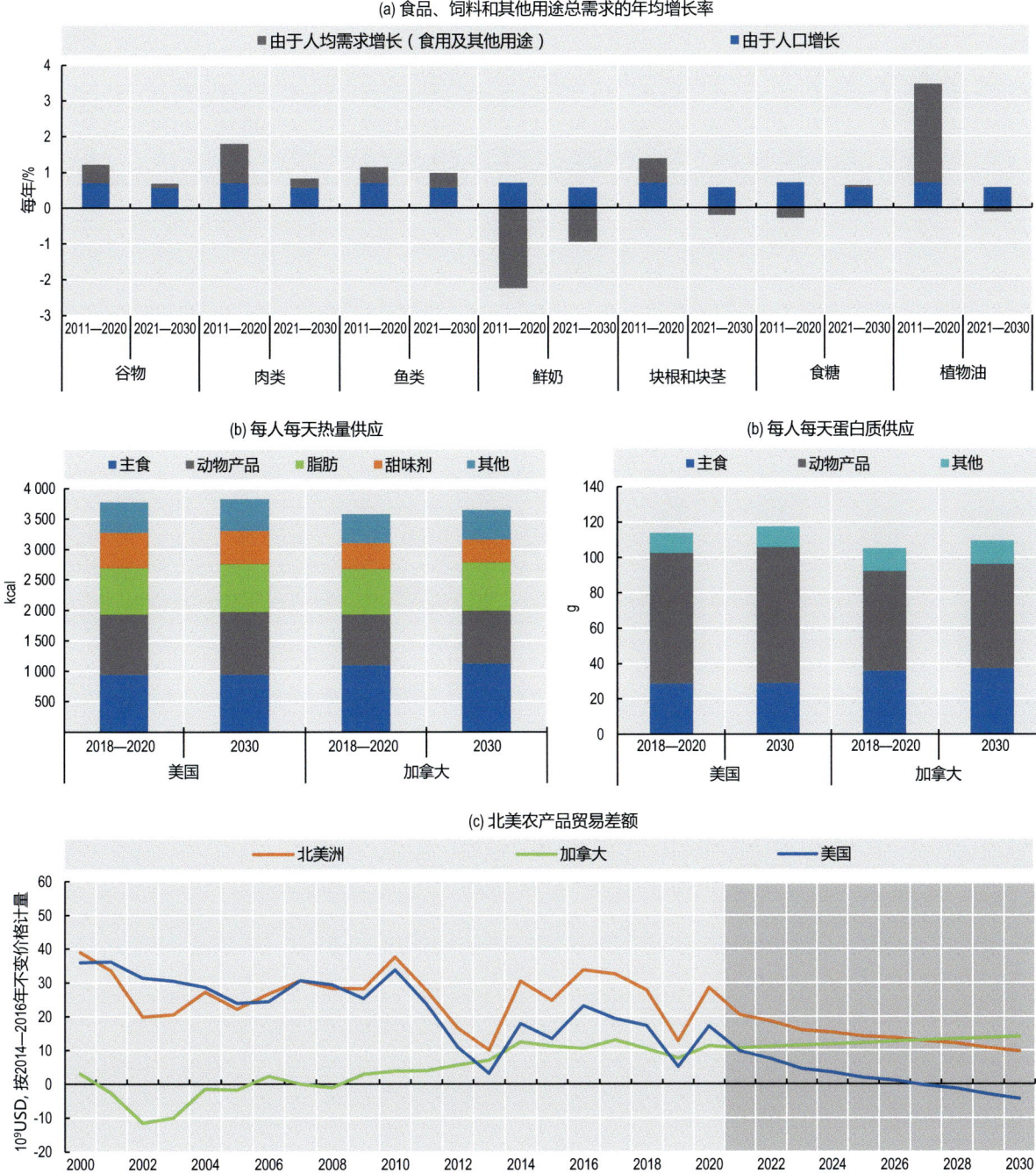

图 2.23　北美主要商品需求、粮食供应及农产品贸易差额

注：数据是《联合国粮农组织统计数据库食物平衡表》中的历史时间序列以及贸易指数数据库为基础进行预测的，包括本《展望》未涵盖产品。（a）计算人口增长时，假设人均需求在上一个 10 年内保持不变。（b）脂肪：黄油和油；动物：蛋、鱼类、肉类和除黄油外的乳制品；主食：谷类、油籽、豆类和块根。（c）包括基于展望数据的加工产品、渔产品（未包含在联合国粮农组织统计数据库贸易指数中）。

资料来源：粮农组织（2021 年），《联合国粮农组织统计数据库农业产值数据库》，http://www.fao.org/faostat/en/#data/QV；经合组织／粮农组织（2021 年），《经合组织－粮农组织农业展望》，经合组织农业统计数据库，http://dx.doi.org/10.1787/agr-outl-data-en。

数据库链接 2：https://stat.link/k7go6q。

2 各区域情况简述

表 2.5　区域指标：北美

	平均			%	增长[②]	
	2008—2010	2018—2020（基期）	2030	基期与2030年相比	2011—2020	2021—2030
宏观假设						
人口（10³人）	340 012	366 464	390 476	6.55	0.70	0.57
人均GDP[①]（10³美元）	48.44	54.28	61.87	13.98	1.28	1.38
产量（10⁹美元）						
农业与渔业生产净值[③]	343.6	395.3	431.1	9.06	1.73	0.77
农作物生产净值[③]	204.4	239.3	262.9	9.85	2.14	0.76
畜牧业生产净值[③]	122.6	138.6	149.4	7.82	1.36	0.79
渔业生产净值[③]	16.5	17.4	18.8	8.13	-0.68	0.61
生产数量（10³t）						
谷类	455 153	489 594	529 621	8.18	1.53	0.58
豆类	7 422	10 582	12 798	20.94	4.68	1.69
块根和块茎	4 955	5 566	5 816	4.50	0.94	0.28
油籽[④]	16 451	24 206	27 703	14.44	3.73	1.12
肉类	45 756	51 543	56 085	8.81	1.73	0.73
乳品[⑤]	11 415	13 516	5 364	13.67	1.73	1.09
鱼类	5 898	6 213	6 713	8.05	-0.69	0.60
糖	6 592	7 440	8 134	9.33	0.50	0.39
植物油	12 897	18 241	19 668	7.82	3.61	0.91
生物燃料产量（10⁶L）						
生物柴油	2 092.57	8 833.02	8 677.32	-1.76	9.75	-0.31
乙醇	44 085	61 336	59 620	-2.80	1.48	-0.32
土地面积（10³ha）						
总农业用地面积	467 803	463 418	460 804	-0.56	0.05	-0.05
总农作物用地面积[⑥]	176 523	172 303	166 462	-3.39	0.11	-0.31
总牧场面积[⑦]	291 280	291 115	294 342	1.11	0.01	0.10
温室气体排放（10⁶t CO₂当量）						
总量	397	414	419	1.33	0.49	0.07
农作物	131	140	136	-2.74	0.08	-0.21
动物	245	246	254	3.16	0.54	0.21
需求与食品安全						
每人每日热量供应量[⑧]（kcal）	3 680	3 756	3 804	1.28	0.42	0.04
每人每日蛋白质供应量[⑧]（g）	111.9	113.0	116.8	3.3	0.6	0.2
人均粮食供应（kg）						
主食[⑨]	136.0	133.6	133.6	-0.02	0.09	-0.03
肉类	94.0	97.9	100.1	2.25	1.24	0.24

(续表)

	平均			%	增长②	
	2008—2010	2018—2020（基期）	2030	基期与2030年相比	2011—2020	2021—2030
乳品⑤	31.2	33.4	34.9	4.33	0.90	0.33
鱼类	19	21	21	4.31	1.11	0.33
糖	31	30	31	1.22	0.09	0.02
植物油	34	40	40	0.91	1.57	0.06
贸易（10^9美元）						
净贸易额③	31	23.09	10	−57.39	..	..
净出口③	146.3	177	202	14.10	2.78	1.26
净进口③	114.9	154.1	192	24.81	2.80	1.92
自给率⑩						
谷类	127.5	129.6	129	−0.8	0.60	−0.06
肉类	114.8	116.4	115	−0.8	0.09	−0.03
糖类	60.0	64.9	65	0.7	0.18	−0.31
植物油	102.8	99.6	101.3	1.7	0.09	0.42

注：① 人均GDP以2010年不变美元为单位。② 最小二乘增长率（参见术语表）。③ 农业与渔业生产净值按照FAOSTAT方法，基于Aglink-Cosimo模型中代表的一组商品，以2014—2016年国际平均参考价格进行计算。对未包括在内的农作物的生产净值根据长期趋势进行预测。④ 油籽是指大豆和其他油籽。⑤ 乳品包括黄油、奶酪、奶粉、新鲜乳制品等，以乳固体当量为单位。⑥ 农作物用地面积包括可耕地的多次收获。⑦ 牧场面积是指可供反刍家畜放牧的可用面积。⑧ 每日每人热量是指供应量而非摄入量。⑨ 主食包括谷类、油籽、豆类、块根和块茎。⑩ 自给率＝产量／（产量＋进口量－出口量）×100。
资料来源：经合组织／粮农组织（2021年），《经合组织－粮农组织农业展望》，经合组织农业统计数据库，http://dx.doi.org/10.1787/agr-outl-data-en。

2.7 区域性展望：拉丁美洲及加勒比区域

背景信息

拉丁美洲及加勒比区域①拥有全世界8.5%的人口，预计至2030年还将新增5 800万人。该区域已经历迅速城市化，预计2030年84%的人口将居住在城市，城市化水平将领先其他所有发展中区域。迅速城市化意味着大部分贫困人口都居住在城市，但其农村的贫困率依然很高。这里的农场形式非常多元化：在南锥区域尤其是阿根廷和巴西，大型商业外向型农场占农业的主导地位，同时区域也有1 500万小型农场和家庭农场参与该区域的大部分粮食生产。

即使是在疫情暴发之前，该区域也深受经济不确定因素的影响，而疫情更是加剧了这一影响。在拉丁美洲及加勒比区域，过去10年人均收入仅增长了0.2%。汇率波动极大，阿根廷的汇率波动尤其显著，并且该区域很多时候都出现名义汇率快速贬值的趋势。疫情对该区域造成了特别严重的打击，2020年的人均GDP下降了

---

① 其他拉丁美洲和加勒比地区：智利、哥伦比亚、巴拉圭、秘鲁以及南美洲和中美洲以及加勒比地区。对于提到的区域，请参阅区域、国家分组一览表。

8.4%。与其他许多发展中区域一样，该区域汇率急剧贬值。阿根廷等国家在疫情前就已面对经济结构上的挑战，疫情出现后收入更是急剧下降。该区域曾在减少营养不良现象方面取得初步进展，但2015年后，这一问题又开始加剧：经济衰退、不断恶化的财务状况和价值链中断都加剧了这一趋势。2020年该区域又有1 600万人陷入极端贫困，粮食也更加短缺，中度甚至严重粮食短缺现象日益增多，同比增速比其他任何区域都快。在经历基数大幅下降之后，未来10年该区域人均GDP预计将以每年1.5%的速度恢复。截至2030年，人均收入预计将上升至10 100美元，比全球平均水平低22%。2018—2020年，家庭支出中平均食物支出比例估计在13%左右，说明宏观经济的不稳定性与食物价格会对该区域粮食供给造成极大影响[①]。

该区域拥有丰富的土地和水资源，其农业和渔业产值占全世界的13%，净出口占全世界的17%。该占比预计未来10年会继续上涨，这一数据说明了对外贸易对该区域而言尤为重要。中期来看，出口需求是该区域农业和渔业发展的主要动力。

尽管农产品和鱼产品出口对该区域十分重要，但其农业与渔业仅占该区域国内生产总值的5%。由于农业对疫情相关的经济活动限制的承受能力更强，以及该区域以外的部分国家为保证国内农产品供应而限制出口，该区域农产品出口的地位将进一步提高，预计农业与渔业在该区域GDP中的占比短期内会提高。考虑到其他区域的情况，预计拉丁美洲及加勒比区域的这一占比在中期内将略有下降。

生产

未来10年，拉丁美洲及加勒比区域的农业与渔业生产预计将增长14%。增长量中的60%来源于农作物产量增长，37%来自畜牧产量增长，仅有3%来自渔业产量增长。

虽然该区域土地资源丰富，但其农作物产量增长主要依靠集约式发展。农作物用地面积预计增长3%，而农作物收获面积增长5%，这是因为复种的普及使用。2030年该区域的总收获面积将增加770万ha，其中大豆和玉米种植面积分别占53%和23%。该区域依旧是世界最大的大豆生产区域，预计2030年其生产占比将超过54%，较基期有小幅度提升。未来10年，大部分主要商品的平均单产量预计会增长10%左右，极大地促进总产量增长。

畜牧生产增长主要依靠生产力提升和集约式发展，饲料谷物的使用也越发普及。到2030年，禽肉产量将占肉类产量增长的70%，而牛肉和猪肉分别占17%和14%。虽然饲料谷物价格在展望初期会出现短期上涨，但是在中期将回到有利位置，支持禽肉和猪肉生产的进一步发展。该区域禽肉和猪肉产量增长依赖饲料密集型生产方式。牛肉产量增长主要依靠生产力和胴体重的提升。预计到2030年牛群数量几乎保持不变。

渔业产量将从过去10年的缩减中恢复过来，到2030年预期增长5%。产量增

---

① 经合组织-粮农组织资料来源在本《展望》中使用的粮食支出和GDP数据，从2011年全球贸易分析项目（GTAP）的数据库中对2017—2019年进行插值。

长主要来源于该区域多个国家水产养殖的发展。展望期间,由于厄尔尼诺现象的影响,捕捞渔业预计将出现波动,因为厄尔尼诺现象会影响用于生产鱼粉和鱼油的鱼类(主要是秘鲁鳀)。

未来10年,温室气体排放预计将每年增长0.1%。主要增长来自于农作物生产。农作物生产造成的排放在之后10年会增加4.4%。畜牧业造成的排放将基本保持稳定。

消费

由于疫情对购买力的影响,2020年和2021年的人均热量摄入量出现下滑,但预计中期会上涨,到2030年达到3 074 kcal/d,比基期2018—2020年增加50 kcal/d。热量摄入增量的57%来自植物产品,主要是谷类和植物油。该区域糖的摄入量呈长期下跌态势,因此糖的消费将随之下降。尽管如此,拉丁美洲及加勒比区域仍然是全世界人均糖消费最多的区域。该区域开始完善标签法例并采取其他措施,以解决日益严重的超重与肥胖问题。

到2030年人均蛋白质摄入量预计将达到89 g/d,增加了2.6 g/d。蛋白质摄入约56%的增长来自畜产品,其中乳制品消费是最大的增长动力。拉丁美洲及加勒比区域区域属于中等收入区域,是重要的肉类消费区域,年消费量达到61 kg,是世界平均水平的2倍。然而,未来10年,该区域人均肉消费预计仅增长3.8%,因为消费者会从其他渠道摄入蛋白质;人均鱼消费将提高0.2 kg,仅为之前10年增量的一半。

由于家畜饲养日益集约化,展望期间该区域饲料用量预计将增加18%。其中大部分增长来自玉米,玉米的饲料用量将增长21%,蛋白粉消费也将增加18%。这也意味着玉米和蛋白粉在新增饲料用量中占比超过85%。

2030年用于乙醇生产的甘蔗产量预计将略微下降,这与之前10年的趋势截然相反,主要原因是全球需求增长放缓。尽管如此,2030年该区域的乙醇产量预计比基期高出4%,占全球乙醇产量增长的26%。实行国家生物燃料政策(RenovaBio)的巴西,是该区域最大的乙醇生产商。在未来,巴西也将继续保持其在全球市场中的重要地位。全球能源和运输版块的变革仍将是该区域生物燃料行业面临的主要不确定性因素。

贸易

贸易是该区域农业与渔业发展的关键,让该区域能承受外部冲击和经济风险。过去该区域农产品和鱼产品的贸易占比逐年增加。未来10年,该区域净出口预计将增长31%,增速仅为过去10年的一半以上。这主要是因为该区域两大出口国巴西和阿根廷的出口增长明显放缓。由于哥斯达黎加和厄瓜多尔的果蔬出口仍保持强势,截至2030年,拉丁美洲及加勒比区域农业和渔业净出口在总产值中的比例预计将达到50%。

该区域的供应量不断增加,这使该区域依然是世界上重要的玉米、大豆、牛肉、禽肉、鱼肉、鱼油、糖和乙醇出口区域。该区域上述商品在全球市场的份额将继续增加(玉米和大豆除外,玉米份额下降,大豆保持稳定)。至2030年,该区域的大豆出口将占世界出口量的63%,糖占56%,鱼肉占44%,牛肉占42%,禽肉和鱼油33%。

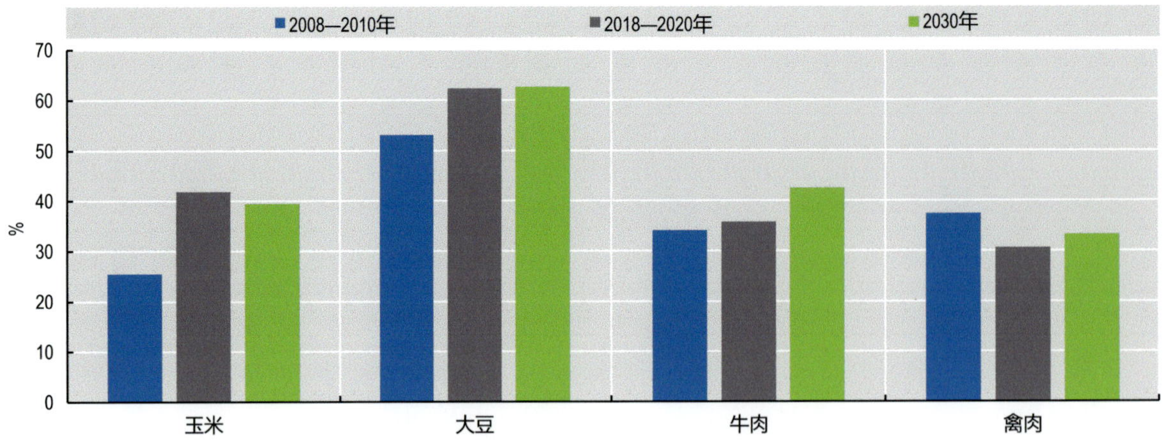

2 各区域情况简述

图 2.24 拉丁美洲及加勒比区域出口市场份额变化趋势

资料来源：经合组织/粮农组织（2021年），《经合组织－粮农组织农业展望》，经合组织农业统计数据库，http://dx.doi.org/10.1787/agr-outl-data-en。

数据库链接 2：https://stat.link/h51okj。

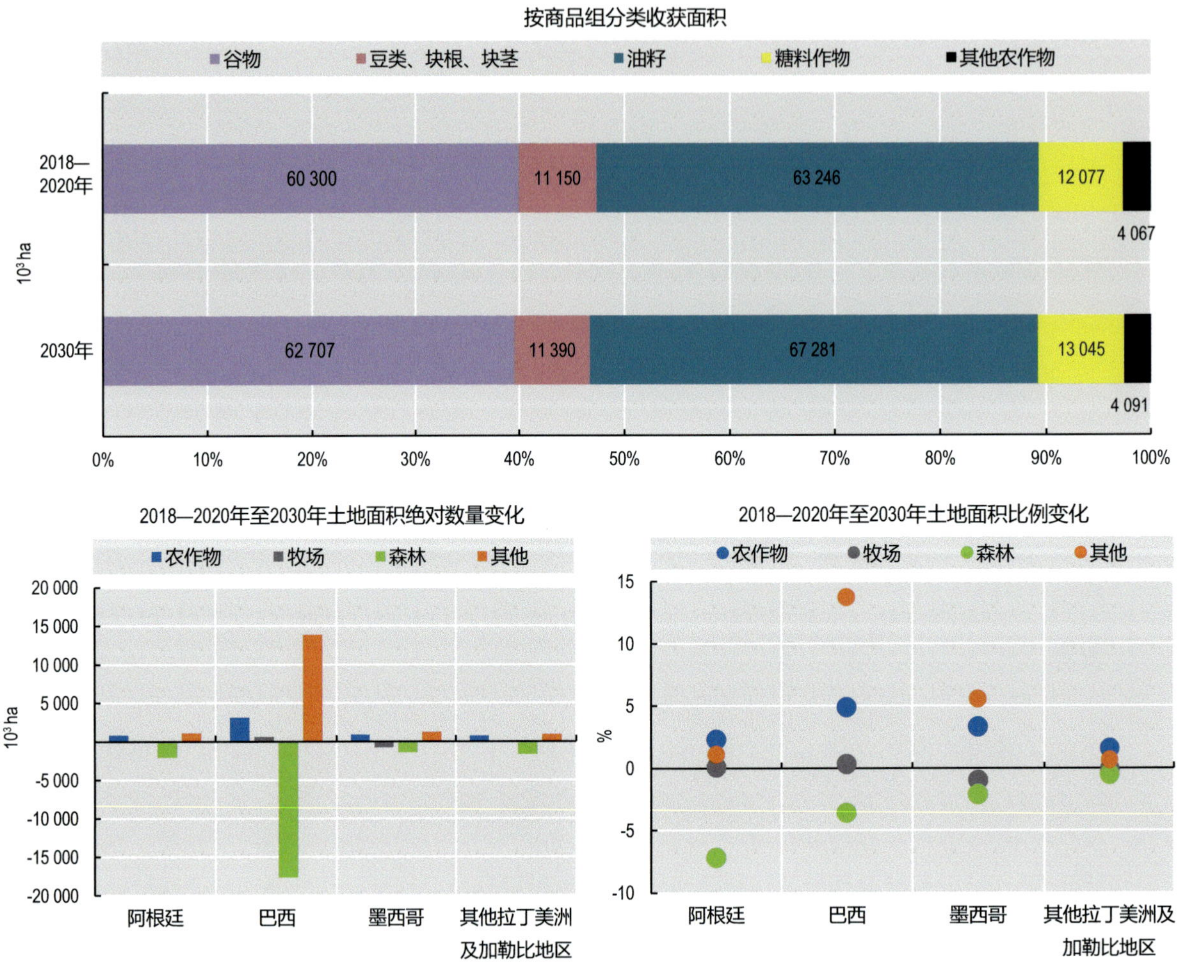

图 2.25 拉丁美洲及加勒比区域收获面积与土地使用面积变化

资料来源：经合组织/粮农组织（2021年），《经合组织－粮农组织农业展望》，经合组织农业统计数据库，http://dx.doi.org/10.1787/agr-outl-data-en。

数据库链接 2：https://stat.link/l4xbuw。

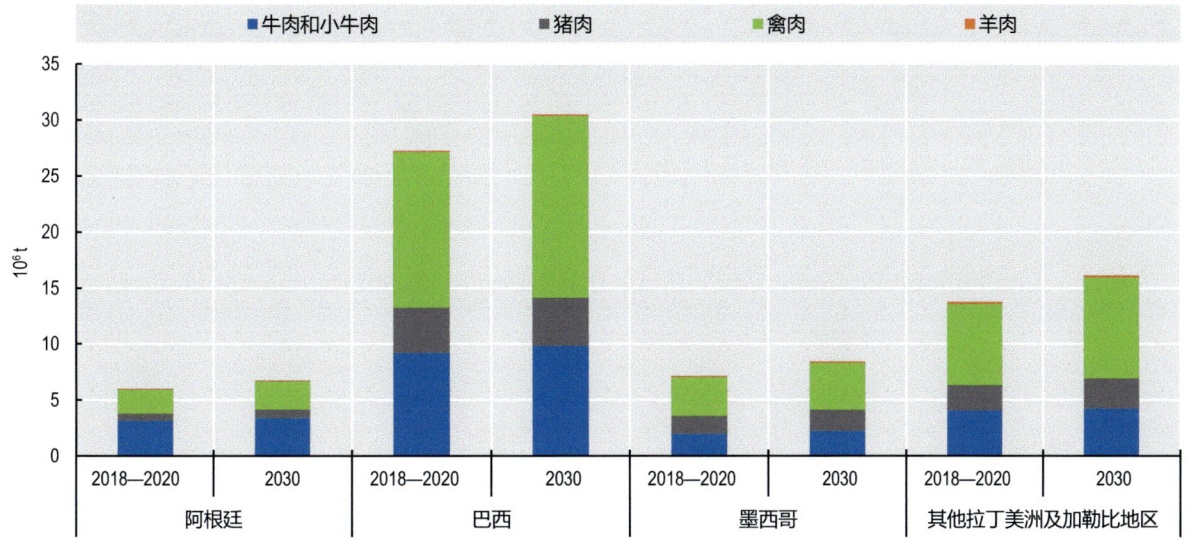

图 2.26 拉丁美洲及加勒比区域畜产品产量

资料来源：经合组织/粮农组织（2021年），《经合组织－粮农组织农业展望》，经合组织农业统计数据库，http://dx.doi.org/10.1787/agr-outl-data-en。

数据库链接 2：https://stat.link/dmy0i5。

因此，全球贸易开放程度对该区域有着深远影响。各项贸易协定尤其是中美之间的贸易关系将深刻影响该区域的贸易状况；最终达成的《欧盟－南方共同市场自由贸易协定》将为该区域提供更多的贸易机会，进一步推动该区域农业和渔业的未来发展。虽然以贸易为导向的全球市场给该区域带来的好处显而易见，但同时区域内的市场整合和贸易发展也能为其提供多样化的市场机会，增强该区域农业部门的韧性。

表 2.6 区域指标：拉丁美洲及加勒比区域

	平均			%	增长[②]	
	2008—2010	2018—2020（基期）	2030	基期与2030年相比	2011—2020	2021—2030
宏观假设						
人口（10^3人）	583 047	646 387	704 425	8.98	1.00	0.76
人均 GDP[①]（10^3 美元）	9.16	9.18	10.10	10.01	-0.97	1.48
产量（10^9 美元）						
农业与渔业生产净值[③]	437.5	530.1	603.4	13.82	1.74	1.26
农作物生产净值[③]	233.1	297.0	340.6	14.68	2.13	1.34
畜牧业生产净值[③]	157.9	187.3	214.5	14.53	1.61	1.24
渔业生产净值[③]	46.6	45.9	48.4	5.41	-0.06	0.77
生产数量（10^3t）						
谷类	174 515	276 504	316 084	14.31	3.88	1.47
豆类	6 851	8 293	9 470	14.19	2.87	1.39
块根和块茎	14 572	14 026	15 143	7.96	-0.35	0.81
油籽[④]	5 179	6 091	6 714	10.23	2.15	1.20

（续表）

	平均			%	增长[2]	
	2008—2010	2018—2020（基期）	2030	基期与2030年相比	2011—2020	2021—2030
肉类	45 072	54 202	61 837	14.09	1.69	1.21
乳品[5]	8 893	9 812	11 688	19.12	0.38	1.65
鱼类	16 589	16 376	17 270	5.46	-0.04	0.76
糖	55 170	55 457	63 685	14.84	-0.35	1.40
植物油	19 774	28 103	32 225	14.67	3.24	1.39
生物燃料产量（10^6L）						
生物柴油	3352.36	8798.36	9415.10	7.01	5.28	1.05
乙醇	29 634	38 512	40 075	4.06	4.57	1.26
土地面积（10^3ha）						
总农业用地面积	693 627	712 729	718 220	0.77	0.27	0.07
总农作物用地面积[6]	159 841	174 147	179 781	3.24	1.00	0.28
总牧场面积[7]	533 786	538 582	538 439	-0.03	0.05	0.00
温室气体排放（10^6t CO_2当量）						
总量	878	935	941	0.66	0.67	0.06
农作物	97	116	121	4.35	1.67	0.27
动物	756	788	789	0.05	0.47	0.03
需求与食品安全						
每人每日热量供应量[8]（kcal）	2 919	3 024	3 074	1.66	0.29	0.25
每人每日蛋白质供应量[8]（g）	80.7	86.3	88.8	3.0	0.60	0.33
人均粮食供应（kg）						
主食[9]	159.7	161.6	165.7	2.50	0.03	0.22
肉类	56.5	61.1	63.2	3.40	0.62	0.32
乳品[5]	15.5	15.8	17.1	8.18	-0.36	0.80
鱼类	8	9	9	3.40	0.73	0.44
糖	45	38	37	-3.50	-2.01	-0.37
植物油	18	19	21	7.19	0.40	0.73
贸易（10^9美元）						
净贸易额[3]	80.7	140.0	192.9	37.81		
净出口[3]	150.9	232.9	304.1	30.56	4.72	2.11
净进口[3]	70.2	92.9	111.2	19.64	3.15	1.79
自给率[10]						
谷类	98.3	108.9	108	-0.6	0.88	0.05
肉类	110.8	111.6	112.7	1.05	0.15	0.17
糖类	210.4	230.9	244	5.9	0.77	0.81
植物油	129.1	131.3	132.8	1.1	0.5	0.13

注：① 人均GDP以2010年不变美元为单位。② 最小二乘增长率（参见术语表）。③ 农业与渔业生产净值按照FAOSTAT方法，基于Aglink-Cosimo模型代表的一组商品，以2014—2016年国际平均参考价格进行计算。对未包括在内的作物的生产净值根据长期趋势进行预测。④ 油籽是指大豆和其他油籽。⑤ 乳品包括黄油、奶酪、奶粉、新鲜乳制品等，以乳固体当量为单位。⑥ 农作物用地面积包括可耕地的多次收获。⑦ 牧场面积是指可供反刍家畜放牧的可用面积。⑧ 每人每日热量是指供应量而非摄入量。⑨ 主食包括谷类、油籽、豆类、块根和块茎。⑩ 自给率=产量/（产量+进口量-出口量）×100。

资料来源：经合组织／粮农组织（2021年），《经合组织－粮农组织农业展望》，经合组织农业统计数据库，http://dx.doi.org/10.1787/agr-outl-data-en。

2 各区域情况简述

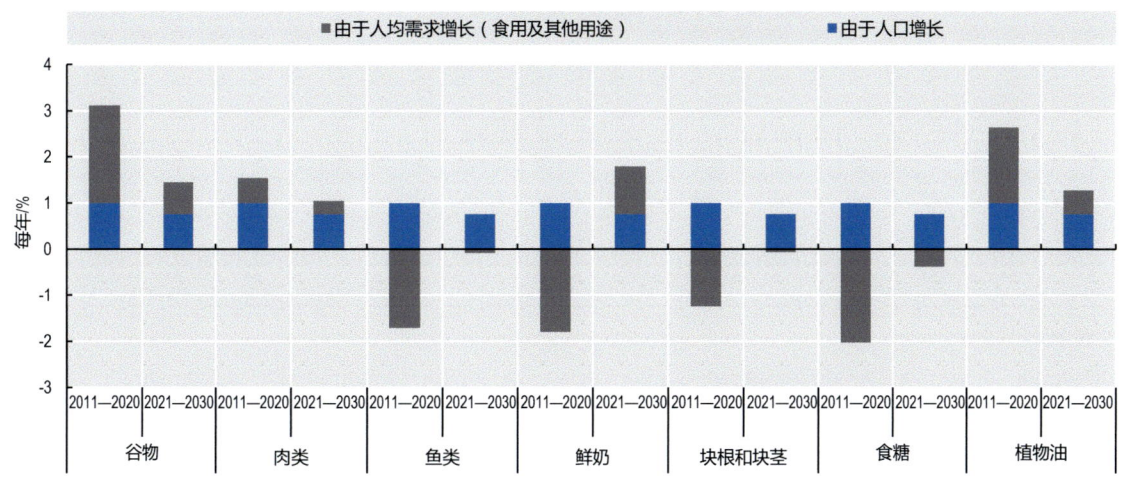

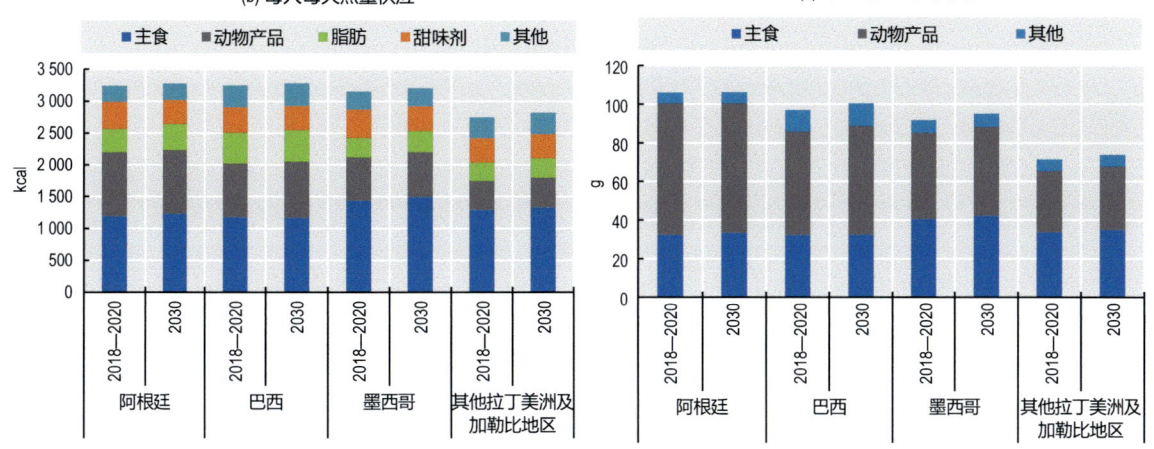

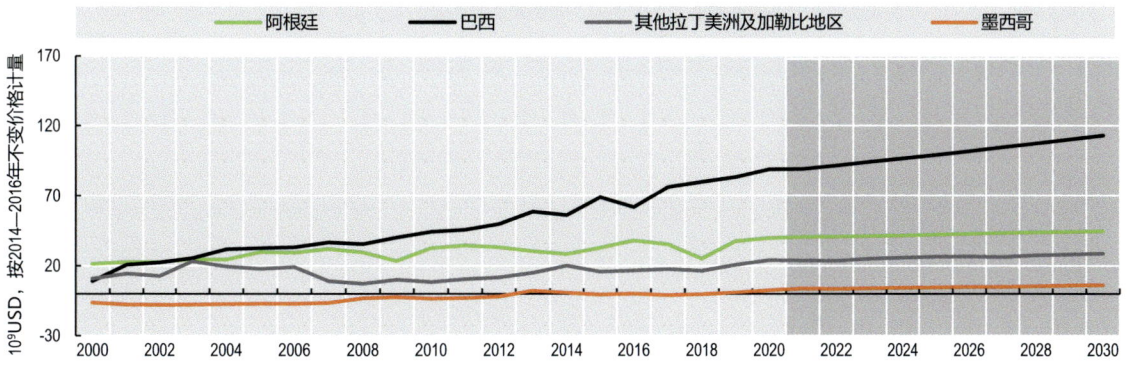

图 2.27 拉丁美洲及加勒比区域大宗商品需求与粮食供应

注：数据是基于《联合国粮农组织统计数据库食物平衡表》中的历史时间序列以及贸易指数数据库进行预测的，包括本《展望》未涵盖产品。（a）计算人口增长时，假设人均需求在上一个10年内保持不变。（b）脂肪包括黄油与油类；动物产品包括蛋、鱼、肉类和除黄油外的乳制品；主食包括谷物、油籽、豆类和块根。（c）包括基于展望数据的加工产品、渔产品（未包含在联合国粮农组织统计数据库贸易指数中）。

资料来源：粮农组织（2021年），《联合国粮农组织统计数据库农业产值数据库》，http://www.fao.org/faostat/en/#data/QV；经合组织／粮农组织（2021年），《经合组织－粮农组织农业展望》，经合组织农业统计数据库，http://dx.doi.org/10.1787/agr-outl-data-en。

数据库链接 2：https://stat.link/zvydtr。

经合组织－粮农组织 2021—2030 年农业展望 © 经合组织／粮农组织 2021 年

参考文献

[1] Law, C., I. Fraser and M. Piracha (2020), "Nutrition Transition and Changing Food Preferences in India", *Journal of Agricultural Economics,* Vol. 71/1, pp. 118-143, https://doi.org/10.1111/1477-9552.12322.

[2] Kelly, M. (2016), "The Nutrition Transition in Developing Asia: Dietary Change, Drivers and Health Impacts", *Drivers and Health Impacts. In: Jackson P., Spiess W., Sultana F. (eds) Eating, Drinking: Surviving. SpringerBriefs in Global Understanding. Springer, Cham,* pp. 83-90, https://doi.org/10.1007/978-3-319-42468-2_9.

[3] Reardon, T. et al. (2014), *Urbanization, Diet Change, and Transformation of Food Supply Chains in Asia,* Michigan State University, http://www.fao.org/fileadmin/templates/ags/docs/MUFN/DOCUMENTS/MUS_Reardon_2014.pdf.

[4] Njiwa, D. and K. Marwusi (2020), *Improving the Functioning of Regional Food Supply Chains and Trade amidst the COVID-19 pandemicin East and Southern Africa,* https://agra.org/wp-content/uploads/2020/08/Improving-Functioning-of-Regional-Food-Supply-Chains.pdf.

[5] De Vet, J. et al. (2021), *Impacts of the COVID-19 pandemic on EU industries,* https://www.europarl.europa.eu/RegData/etudes/STUD/2021/662903/IPOL_STU(2021)662903_EN.pdf.

[6] FAO (2020), "The impact of COVID-19 on food and agriculture in Europe and Central Asia and FAO's reponse", *FAO Regional Conference for Europe,* http://www.fao.org/3/ne001en/ne001en.pdf.

[7] OECD (2020), "Supporting livelihoods during the COVID-19 crisis: closing the gaps in safety nets", *OECD Policy Responses to Coronavirus (COVID-19),* https://www.oecd.org/coronavirus/policy-responses/supporting-livelihoods-during-the-covid-19-crisis-closing-the-gaps-in-safety-nets-17cbb92d/.

[8] USDA (2020), "Interactive Charts and Highlights", *Food security in the U.S.,* https://www.ers.usda.gov/topics/food-nutrition-assistance/food-security-in-the-us/interactive-charts-and-highlights/.

[9] Tarasuk, V. and A. Mitchell (2020), *Household food insecurity in Canada, 2017-18,* Toronto: Research to identify policy options to reduce food insecurity (PROOF), https://proof.utoronto.ca/wp-content/uploads/2020/03/Household-Food-Insecurity-in-Canada-2017-2018-Full-Reportpdf.pdf.

3

谷　物

> 本章介绍了谷物的市场发展形势，并重点介绍了 2021—2030 年世界谷物市场的中期预测。讨论了玉米、大米、小麦和其他粗粮的价格、生产、消费及贸易发展形势。本章最后讨论了可能影响未来 10 年世界谷物市场的重要风险和不确定性。

3.1 预测要点

2020/2021 销售年度的谷物市场比往年更具活力。虽然本年度初全球谷物库存量居高不下，但一些谷物主产国的收成下降，加上物流瓶颈、暂时的出口限制，以及中国猪肉行业从非洲猪瘟暴发中的复苏，饲料粮需求大幅增加，将谷物价格推高至 2013 年以来最高水平。本《展望》认为，这次谷物价格增长主要由玉米推动，将是一种短期现象，全球供应和贸易将在 2022 年恢复到过去的趋势。

谷物种植面积的扩大预计在未来 10 年将变得更加有限。单产增长将在全球谷物产量中占据更大份额。单产的提高被认为是由改良的和可更广泛获得的种子品种、投入品使用效率的提升、更好的农业措施几个因素促成的。然而，环境问题加剧、新技术获取受限、投资不足等因素可能会限制谷物产量增长。在全球范围内，谷物平均单产预计将以每年约 1% 的速度增长。

谷物产量未来 10 年预计将增加 3.36 亿 t，增量主要来自于粮食主产国。全球小麦增产的 50% 以上将来自印度、俄罗斯和乌克兰。对于玉米，美国、中国和巴西将占预期增产的一半以上。对于其他粗粮（大麦、燕麦、黑麦、高粱、小米和其他谷物），俄罗斯、乌克兰、埃塞俄比亚和印度预计是增产的主要国家，而印度、中国和泰国将是全球大米产量增加的主要贡献者。

从中期来看，与过去 10 年相比谷物需求增长趋缓，主要有三方面原因：首先，饲料需求增长预计将放缓；其次，未来 10 年生物燃料和其他工业用途对谷物需求的增长预计将趋于平稳；最后，大多谷物的人均直接消费量在许多国家已达到饱和水平。但某些区域的人口增长将增加全球谷物食用消费，特别是小麦和大米预计仍将是亚洲膳食的重要组成部分，而小米、高粱和白玉米仍将是非洲的主粮产品，大米将在非洲膳食中发挥越来越重要的作用。

在全球范围内，大约 17% 的谷物在国际上交易，单一商品的份额从大米的 9% 到小麦的 25% 不等。谷物的贸易份额预计到 2030 年将增加到 18%，主要是由于大米贸易量增加，但大米仍将是一种交易稀少的商品。从数量上看，谷物净盈余和赤字呈现明显的区域模式（图 3.1），但对于单一商品，这些模式有所不同。例如，亚洲国家的大米盈余较大，拉丁美洲出口玉米份额较大，而进口小麦较多。

世界谷物贸易量预计到 2030 年将增长 21%，达到 5.42 亿 t。俄罗斯在 2016 年超过欧盟成为最大的小麦出口国，整个展望期内预计俄罗斯将扩大领先优势，到 2030 年将占全球小麦出口量的 22%。美国仍将是玉米主要出口国，其次是巴西、乌克兰、阿根廷和俄罗斯。欧盟、澳大利亚和黑海地区预计将继续是其他粗粮的主要出口地区。印度、越南和泰国将继续引领全球大米贸易，但柬埔寨和缅甸预计将在全球大米出口中发挥越来越重要的作用，中国的大米出口量仍将高于 2010—2016 年的水平。

根据本《展望》假设，所有谷物价格在未来两个销售年度预计都将低于当前水

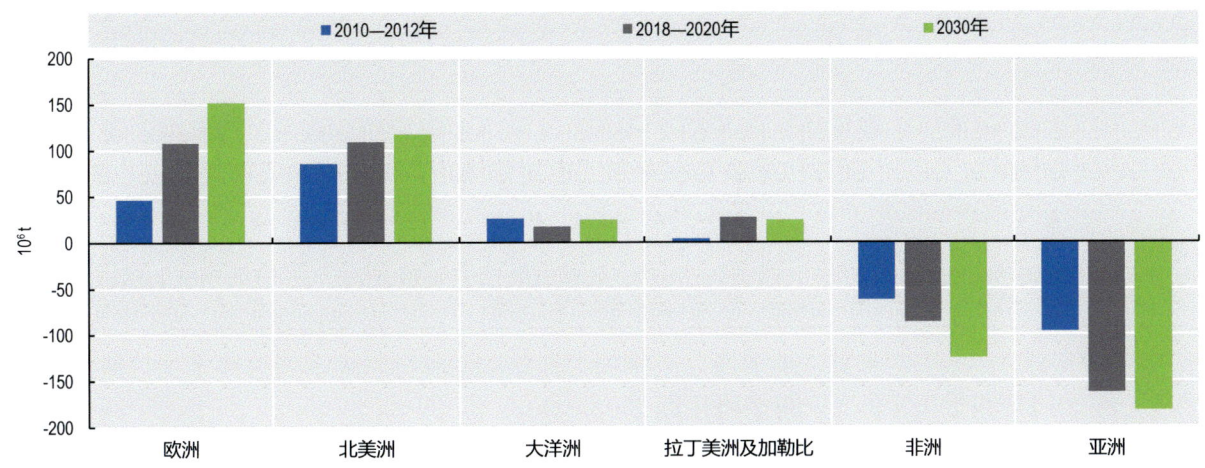

图 3.1　各大洲谷物净贸易量

注：欧洲包括俄罗斯、乌克兰和哈萨克斯坦。
资料来源：经合组织/粮农组织（2021年），《经合组织－粮农组织农业展望》，经合组织农业统计数据库，http://dx.doi.org/10.1787/agr-outl-data-en。

数据库链接 2：https://stat.link/nul9kw。

平，此后，谷物价格在展望期内将恢复其实际价格下降的长期趋势。谷物价格对近期贸易中断、动物疾病、生产波动和经济危机的反应，已经显示出其波动的潜力，各国正在制定各种战略以应对未来的市场变化。例如，一些国家正在增加库存或调节出口，这可能会改变未来两年的谷物价格走势。中国的饲料需求仍将是未来谷物市场的重要因素。虽然本《展望》假设玉米进口在展望期内恢复到关税配额（TRQ）规定的水平，但这一假设的任何变化都会改变谷物市场。由于黑海地区在全球谷物市场的参与度增加，该地区的粮食生产往往更不稳定，粮食价格也可能变得更加波动。

3.2　近期市场形势

谷物价格在过去7年相对稳定，但在2020/2021年度大幅上涨。疫情对谷物市场的影响相对较小，因为劳动力限制或运输放缓的情况发生较少，而供应链总体上有良好弹性，人类对主食直接消费量也有所上升。

粮食价格在2020年底大幅上涨，并在该销售年度继续上涨。这一增长的主要驱动力是中国大量进口玉米，可能在2020/2021年度达到创纪录水平，原因有几个：非洲猪瘟暴发后猪群的逐步重建、与美国贸易关系的改善，以及国内玉米生产停滞不前。

由于全球粮食产量没有像往年那样增加，因此粮食价格上涨进一步加剧。例如，欧盟的小麦产量创下10年来新低，阿根廷的小麦产量5年来首次下降。

粮食价格的飙升导致许多国家食物价格上涨，尤其在那些疫情对经济的负面影响已更为明显的国家。

3.3 价格

2020年世界小麦价格，以美国2号硬质红冬小麦离岸价（FOB）为基准测算，为245 USD/t，是2014年以来的最高水平。在展望期内，由于平均收获预期以及出口和食用消费的温和增长，世界小麦价格预计2030年将上涨至253 USD/t。

2020年世界玉米价格，以美国2号黄玉米离岸价为基准测算，平均为199 USD/t，为6年来的最高水平；然而，未来3年玉米价格预计将呈恢复趋势，到2023年为169 USD/t。从中期来看，玉米库存下降加上强劲的全球饲料需求将支撑玉米价格，到2030年世界玉米的名义价格将接近200 USD/t。

2020年其他粗粮的世界平均市场价格，以饲料大麦法国鲁昂离岸价为基准测算，为214 USD/t，略低于2018年的历史峰值。到2022年，其他粗粮的世界市场价格预计降至197 USD/t，此后到2030年回升至232 USD/t。其他粗粮的价格中期复苏，预计将受到主要来自中国进口需求增长的支撑。

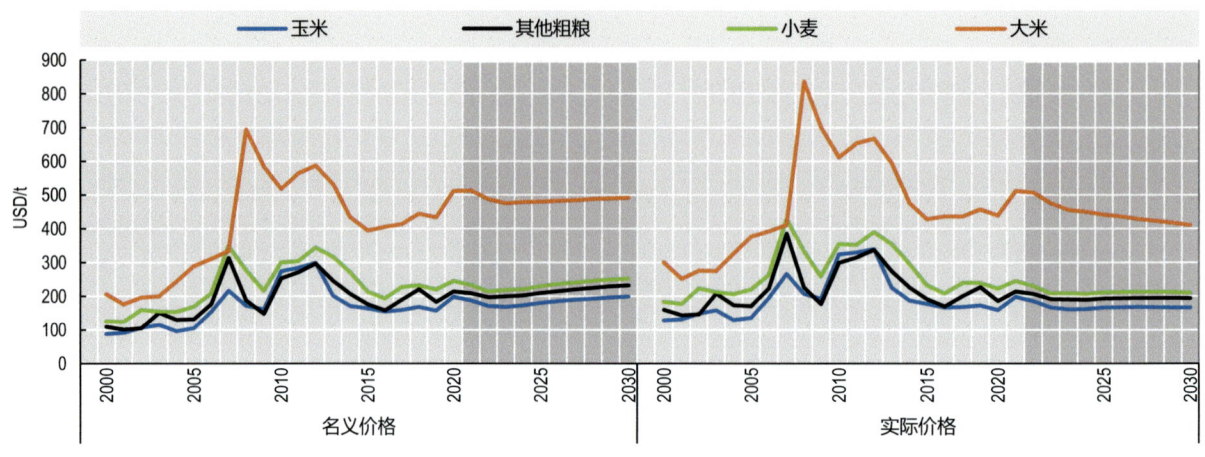

图 3.2　世界谷物价格

注：小麦为美国2号硬质红冬小麦，墨西哥湾离岸价；玉米为美国2号黄玉米，墨西哥湾离岸价；其他粗粮为法国饲料大麦，鲁昂离岸价；大米为整米率100%的泰国二级大米，曼谷离岸价。实际价格是按美国GDP平减指数调减后的世界名义价格（2020年＝1）。

资料来源：经合组织／粮农组织（2021年），《经合组织－粮农组织农业展望》，经合组织农业统计数据库，http://dx.doi.org/10.1787/agr-outl-data-en。

数据库链接2：https://stat.link/1zdtax。

2020年世界大米参考出口价格（整米率为100%的泰国二级大米，曼谷离岸价）为512 USD/t，为2013年以来的最高水平，但这种上升趋势可能会逆转，到2023年全球大米价格可能为476 USD/t。从中期来看，亚洲、非洲和中东国家不断增长的需求将支持大米名义价格的增长，但大量供应将限制大米价格上涨，预计到2030年将达到492 USD/t。

预计小麦、玉米、其他粗粮和大米的实际价格在未来10年内将下降。

3.4 生产

全球谷物收获面积预计将在基期（2018—2020年）至2030年期间增加1 400万ha。由于俄罗斯、乌克兰和澳大利亚的谷物收获面积增加，发达国家的谷物收获面积预计将增加400万ha；由于亚洲和拉丁美洲的谷物收获面积增加，发展中国家的谷物收获面积将增加约1 000万ha。全球小麦和玉米收获面积预计分别将增加3%和4%，而其他粗粮和水稻收获面积预计将保持不变。中国、越南和巴西水稻收获面积的减少，将被非洲和亚洲国家收获面积的增长所抵消。与过去10年相比，土地扩张受到土地供应的限制，由于限制将森林或牧场转化为可耕地以及城市化的推进，全球谷物产量的增加预计将主要由集约化驱动。特别是由于发展中国家技术和耕作方式的改进，单产的增长预计将维持未来的谷物生产。预计从基期到2030年，小麦和其他粗粮的全球单产将增长约9%，玉米增长10%，水稻增长12%。

全球小麦产量预计到2030年将增加8 700万t，达到8.4亿t，与过去10年相比，增幅较为平缓。发达国家计划到2030年增加小麦产量4 700万t，发展中国家的全球小麦产量预计将增加4 000万t，从而增加其在全球小麦生产中的份额（图3.3）。印度作为世界第三大小麦生产国，预计将是小麦供应增量中的最大贡献者。印度为了响应国家提高小麦自给率的政策而提高单产、扩大面积，预计到2030年小麦产量将增加1 800万t，小麦产量将在俄罗斯（1 450万t）、乌克兰（980万t）、澳大利亚（590万t）和巴基斯坦（510万t）有显著增加。在黑海地区，俄罗斯、乌克兰和哈萨克斯坦（哈萨克斯坦不属黑海地区——译者）增加的小麦种植面积，将占全球净面积增加的60%以上；虽然该地区被认为是传统的冬小麦产区，但预计春小麦也将对扩大面积有所贡献。目前来看，预计到2030年中国将成为最大的小麦生产国（图3.4）。

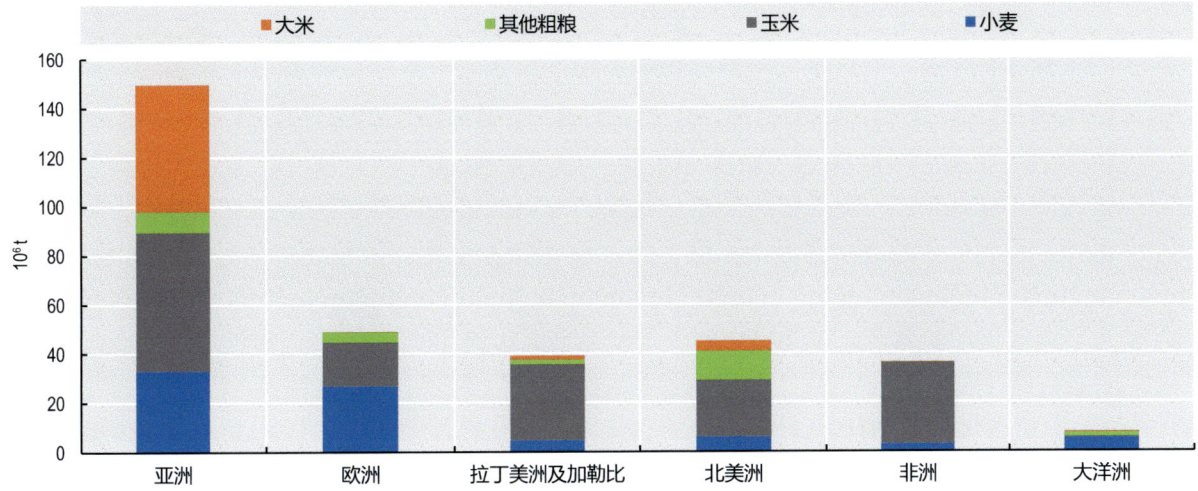

图3.3　2018—2020年至2030年谷物产量增长的区域贡献

资料来源：经合组织/粮农组织（2021年），《经合组织–粮农组织农业展望》，经合组织农业统计数据库，http://dx.doi.org/10.1787/agr-outl-data-en。

数据库链接2：https://stat.link/8orkxz。

3 谷 物

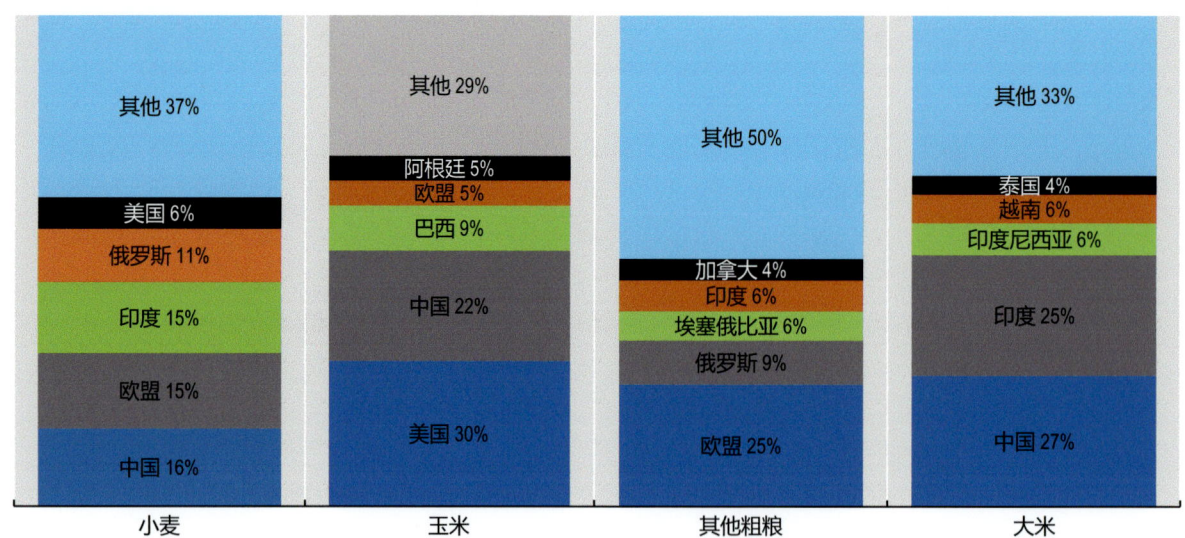

图 3.4　2030 年全球谷物生产集中度

注：所列数字指各变量在世界总量中所占份额。
资料来源：经合组织/粮农组织（2021年），《经合组织－粮农组织农业展望》，经合组织农业统计数据库，http://dx.doi.org/10.1787/agr-outl-data-en。

数据库链接 2：https://stat.link/xg3ncr。

全球玉米产量未来 10 年预计将增长 1.6 亿 t，达到 13 亿 t，中国增幅最大（3 500 万 t），其次是美国（3 200 万 t）、巴西（1 800 万 t）、乌克兰（1 000 万 t）和阿根廷（700 万 t）。大豆收获后的第二季玉米高产将推动巴西玉米产量的增加。与过去 10 年 2% 的年增长率比较，美国玉米产量未来 10 年预计年增长率将放缓至 0.6%，这是由于国内需求增长放缓，特别是对乙醇的需求。美国玉米产量的缓慢增长将受到单产提高的支持，因与大豆的面积竞争，美国玉米种植面积预计将下降。由于优越的土壤肥力条件和玉米越来越多地轮作，乌克兰的玉米产量将继续增加。

在撒哈拉以南非洲，玉米总产量预计将增加 2 250 万 t，其中白玉米作为该区域的主要主食作物，将占最大的增长份额。预计该区域玉米产量的增加主要源于单产的提高。

中国玉米产量在 2015—2018 年下降，原因是 2016 年的政策变化减少了价格支持以结束库存积压，取而代之的是以市场为导向的采购以及对农民的直接补贴，玉米产量也因累积库存的释放而下降。2015 年中国玉米库存消费比率估计接近 80%，到 2020 年降至 47% 左右，与 2007—2009 年库存开始堆积之前估计的比率非常接近。本《展望》假定未来几年中国玉米库存水平达到 44% 的库存消费比率，不会进一步显著下降。假设中国农民已经适应新的政策，饲料需求未来 10 年预计将以每年 3% 的速度增加，因此，玉米生产在未来几年内应具有竞争力。事实上，预计中国对全球玉米产量增长的贡献最大（33%），因主要来自预期的单产增长和种植面积的增加。

全球其他粗粮——高粱、大麦、小米、黑麦和燕麦的产量预计到 2030 年将达

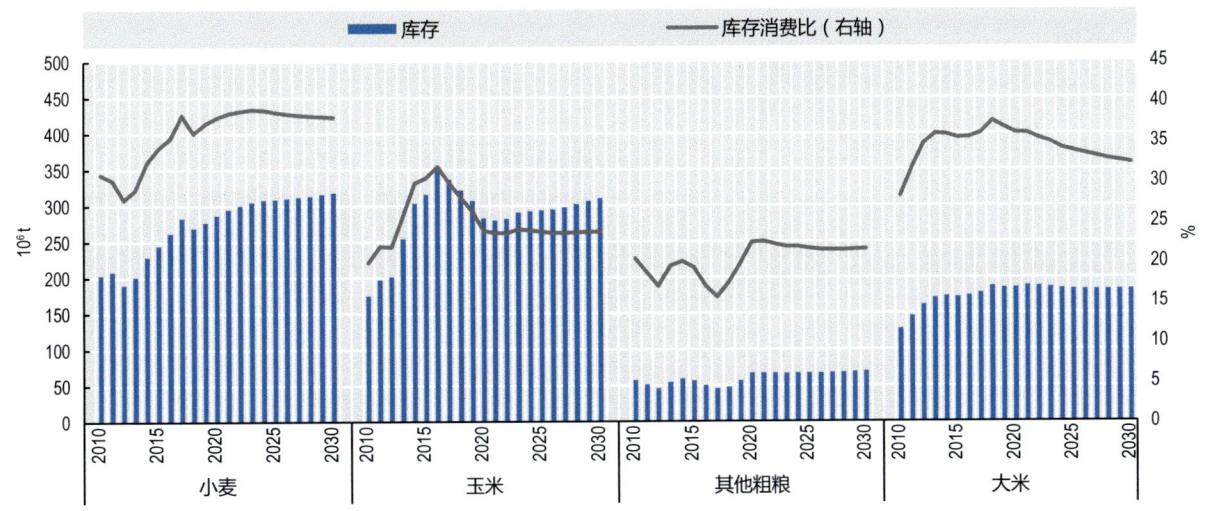

图 3.5 世界谷物库存和库存利用率

资料来源：经合组织 / 粮农组织（2021 年），《经合组织－粮农组织农业展望》，经合组织农业统计数据库，http://dx.doi.org/10.1787/agr-outl-data-en。

数据库链接 2：https://stat.link/69uwlt。

到 3.3 亿 t，较基期增加 2 900 万 t。发展中国家贡献最大，其中非洲国家贡献 2 100 万 t。非洲人口增长最快，且依赖其他粗粮作为主要食物，如小米和高粱，预计全球其他粗粮增长的近一半来自非洲国家。非洲国家中埃塞俄比亚的贡献最大，到 2030 年将增加 600 万 t，达到 2 000 万 t。然而，由于饲料需求增长缓慢以及饲料成分的变化，有利于玉米生产而不是大麦，大多数发达国家的粗粮产量将保持不变，例如，展望期内美国的粗粮生产仍将保持稳定。2020 年获得历史性丰收之后，在正常的天气预期下，2021 年欧盟其他粗粮产量预计将达到 8 000 万 t，从中期来看，2030 年将达到 8 200 万 t。黑海地区将主要通过大麦和燕麦，贡献全球粗粮产量增长的 1/5，其中俄罗斯（+340 万 t）和乌克兰（+200 万 t）的产量最高。

全球大米产量预计到 2030 年将增长 5 800 万 t，达到 5.67 亿 t。虽然发达国家的大米产量预计会停滞不前，但在占全球大米产量大部分的发展中国家，大米产量预计将强劲增长，到 2030 年增加近 5 900 万 t，达到 5.50 亿 t。亚洲贡献全球大米新增产量的大部分，展望期内产量将增加 5 200 万 t，预计增长最高的是印度（+2 000 万 t），其次是亚洲区域的最不发达国家（+1 300 万 t）及中国（+600 万 t）、越南（+450 万 t）和泰国（+250 万 t）。印度仍将是籼米和印度香米的主产国。越南预计将主要通过提高单产来增加大米产量，假如政府转向替代作物的努力是有效的，越南水稻的收获面积预计将下降。中国作为世界上最大的大米生产国，大米增产速度预计将低于过去 10 年，尽管政府通过最低收购价维持生产，中国水稻种植面积预计仍将下降。韩国、日本和欧盟等发达市场的大米产量，预计将略低于基期的产量水平。美国和澳大利亚的大米产量将分别以每年约 0.8% 和 2% 的速度增长。

3.5 消费

全球谷物消费不如生产集中。尽管如此，每种商品的前五大消费国占全球消费总量的 48%~65%（图 3.6）。全球谷物用量预计将从基期的 27 亿 t，增加到 2030 年的 30 亿 t，主要是由于饲料用量增加（+1.63 亿 t），其次是食用消费增加（+1.46 亿 t）。发展中国家的需求增长将占预计需求增长的近 90%，发展中国家食用消费的绝对增长（+1.4 亿 t），将超过饲用消费的增长（+1.24 亿 t）。

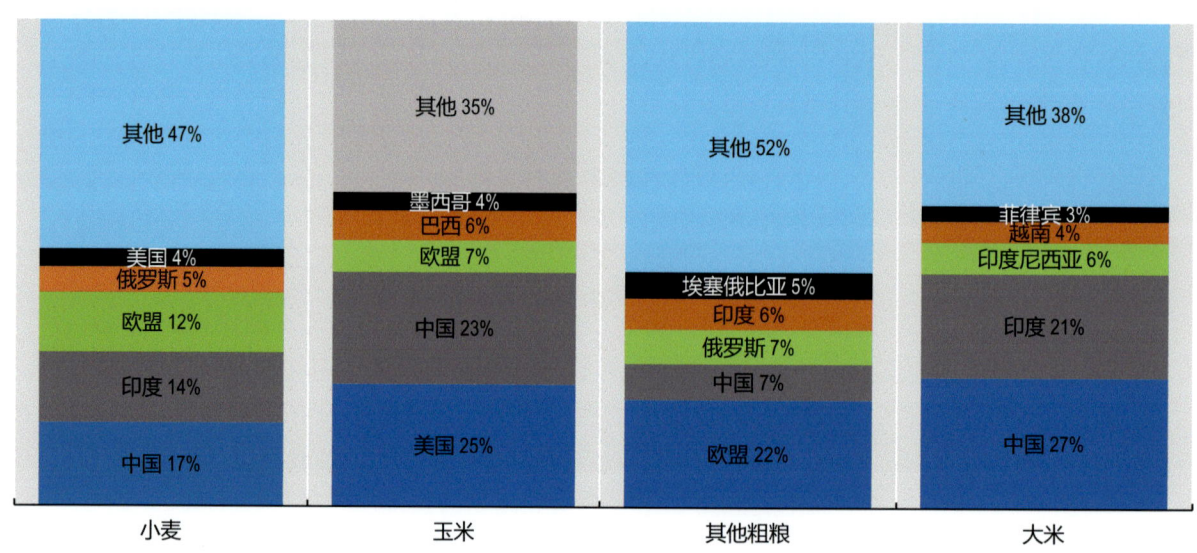

图 3.6　2030 年全球谷物需求集中度

注：所列数字指各变量在世界总量中所占份额。
资料来源：经合组织/粮农组织（2021 年），《经合组织－粮农组织农业展望》，经合组织农业统计数据库，http://dx.doi.org/10.1787/agr-outl-data-en。

数据库链接 2：https://stat.link/h0kr3b。

全球谷物饲用消费量未来 10 年的增长预计将以玉米（每年 1.4%）最多，小麦（每年 1.1%）和其他粗粮（每年 0.8%）的增长幅度更为温和。与过去 10 年相比，人均谷物食用消费量的增长预计更为缓慢。

预计到 2030 年，小麦消费量将较基期增长 12%，4 个国家占消费增长的近一半：印度（+1 800 万 t）、中国（+1 500 万 t）、巴基斯坦（+600 万 t）和埃及（+400 万 t）。全球小麦食用消费预计将增加 5 800 万 t，但仍将稳定在总消费量的 70% 左右；与过去 10 年相比，随着世界人口以更温和的速度增长，小麦食用消费增长将放缓。与基期相比，2030 年小麦饲用消费量预计将增加 2 200 万 t（图 3.7）。

在全球范围内，小麦食用消费增长量预计是饲用消费的 3 倍多。小麦食用消费预计将扩大，特别是在亚洲，该区域对加工谷物食品如糕点和面条的需求日益增加。

这些产品需要更高质量和更高蛋白质的小麦,这些小麦产自美国、加拿大、澳大利亚,在欧盟的生产量相对较低,也有可能产自俄罗斯和乌克兰。中东国家,如埃及、阿尔及利亚和伊朗等,仍将是小麦人均消费水平较高的国家。由于欧盟(用于乙醇加工的小麦的主要用户)不断变化的生物燃料政策,导致对第一代生物燃料的支持减少,全球小麦乙醇产量预计不会大幅增加。

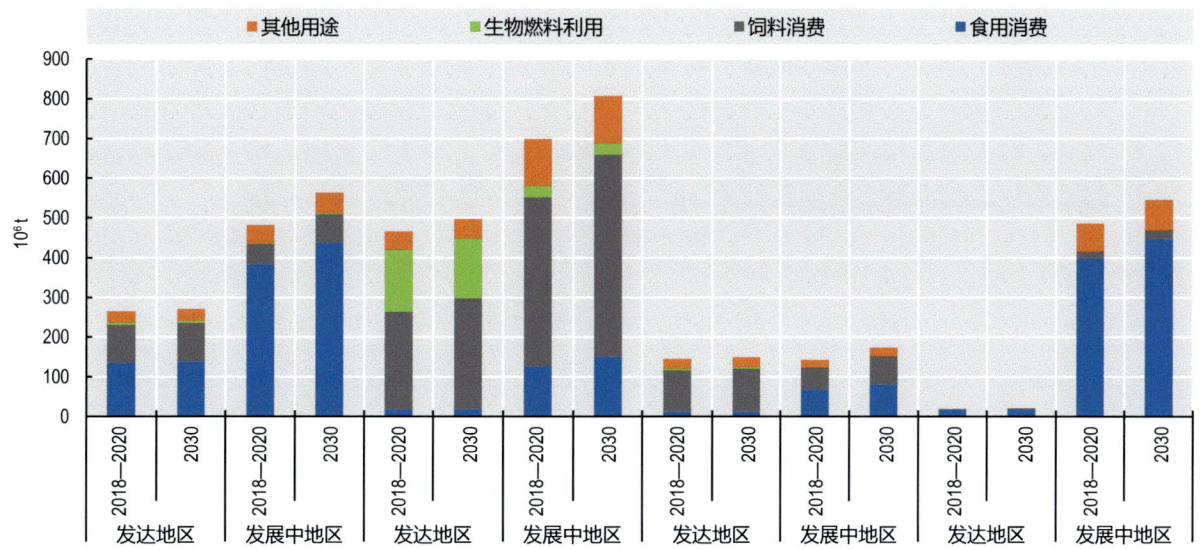

图 3.7 发达国家和发展中国家的谷物使用量

资料来源:经合组织/粮农组织(2021年),《经合组织-粮农组织农业展望》,经合组织农业统计数据库,http://dx.doi.org/10.1787/agr-outl-data-en。

数据库链接 2:https://stat.link/bwx6py。

全球玉米消费量在展望期内预计将以每年 1.1% 的速度增长,比过去 10 年每年 3.2% 的增长速度要慢。玉米消费量的增长主要是由于收入增加导致饲用需求增加,饲用消费占玉米总使用量的比重最大,将从基期的 58% 上升到 2030 年的 60% 左右。发展中国家因畜禽业的快速扩张,占饲用消费增长量的 3/4 以上。全球饲用需求预计将增加 1.16 亿 t,达到 7.87 亿 t,主要需求国为美国(+2 600 万 t)、中国(+2 400 万 t)、阿根廷(+600 万 t)、越南(+500 万 t)、印度(+500 万 t)和印度尼西亚(+400 万 t)。特别是东南亚玉米产量将增加,因为其家禽业快速发展。

预计玉米的食用消费将主要在人口增长强劲的撒哈拉以南非洲增加。玉米,尤其是白玉米,仍将是重要的主食,约占摄入总热量的 1/4。总体而言,在所有发展中国家,玉米食用消费的增加在非洲国家最为强劲,年增长率约为 2.5%。

用于生物燃料生产的玉米用量在 2007—2020 年增加了 1 倍以上。然而,在展望期内,由于国际乙醇市场受到生物燃料政策的限制,预计生物燃料消费量将每年下降 0.5%(图 3.7)。巴西玉米乙醇使用量将增加,但由于美国汽油使用量下降,生物乙醇的使用量将减少。

世界其他粗粮利用量预计未来 10 年将增加 3 500 万 t,每年增速 0.8%,比过去 10 年每年 0.6% 的增速要快。因为预计发达国家的其他粗粮消费量将保持稳定，其他粗粮用量的增加是由发展中国家用量增加（+3 100 万 t）推动的。由于非洲（+1 000 万 t）和亚洲（+200 万 t）的食用需求增加，预计到 2030 年，其他粗粮的食用消费在总消费量中的份额将从基期的约 28% 增加到 29%。撒哈拉以南非洲国家，尤其是埃塞俄比亚，高度依赖小米作为热量来源。

大米仍将是亚洲、拉丁美洲及加勒比区域的主食，在非洲的食用量也越来越多。世界大米消费量未来 10 年预计将每年增长 0.9%，过去 10 年的年增长率为 1.1%。亚洲国家占全球大米预计增长消费量的 65%，主要是由于人口增长而非人均消费增长（表 3.1）。按人均计算，非洲的大米食用摄入量预计将显著增加，而所有其他区域的人均大米食用消费变化都较小。在全球层面，人均大米食用消费量预计将保持与基期相似的水平，约为每年 55 kg。

表 3.1　人均大米消费量

单位：kg/a

区域	2018—2020 年	2030 年	年增长率 /%
非洲	27.4	31.5	1.2
大洋洲	13.5	14.2	0.44
北美洲	6.3	6.6	0.42
欧洲	20.7	25.6	−0.08
拉丁美洲及加勒比	28.0	28.1	−0.14
亚洲	77.2	77.5	−0.15

资料来源：经合组织 / 粮农组织（2021 年），《经合组织－粮农组织农业展望》，经合组织农业统计数据库，http://dx.doi.org/10.1787/agr-outl-data-en。

3.6　贸易

谷物贸易目前约占全球消费量的 17%，预计到 2030 年将达到 18%。谷物是进口国重要的食物和饲料来源。传统上，美洲和欧洲向亚洲和非洲供应谷物（图 3.1），亚洲和非洲区域的人口增长导致食物需求增加、畜牧业扩大导致饲料需求增加，意味着需求增长将比国内生产增长得更快。预计这种情况将在未来 10 年持续下去，到 2030 年全球谷物出口量将增加 21%。图 3.8 说明了谷物贸易相对于生产和消费的重要性。图 3.1 中显示拉丁美洲及加勒比区域以及大洋洲谷物绝对净贸易相对较低，但其谷物出口占国内产量的比重在各区域间是最高的。在拉丁美洲及加勒比区域，谷物进口与出口一样重要，到 2030 年将占这些区域国内消费的近 30%。在所有大洲中，谷物进口对非洲国家的国内消费最为重要，到 2030 年非洲近 40% 的国内谷物消费将来自从非洲以外国家的进口。

小麦出口量预计到 2030 年将增长 3 600 万 ~2.20 亿 t。俄罗斯在 2016 年超过欧盟成为最大的小麦出口国，并有望保持这一地位，到 2030 年占全球小麦出口的 22%。黑海地区小麦主产国俄罗斯、哈萨克斯坦和乌克兰的小麦产量在过去 10 年中

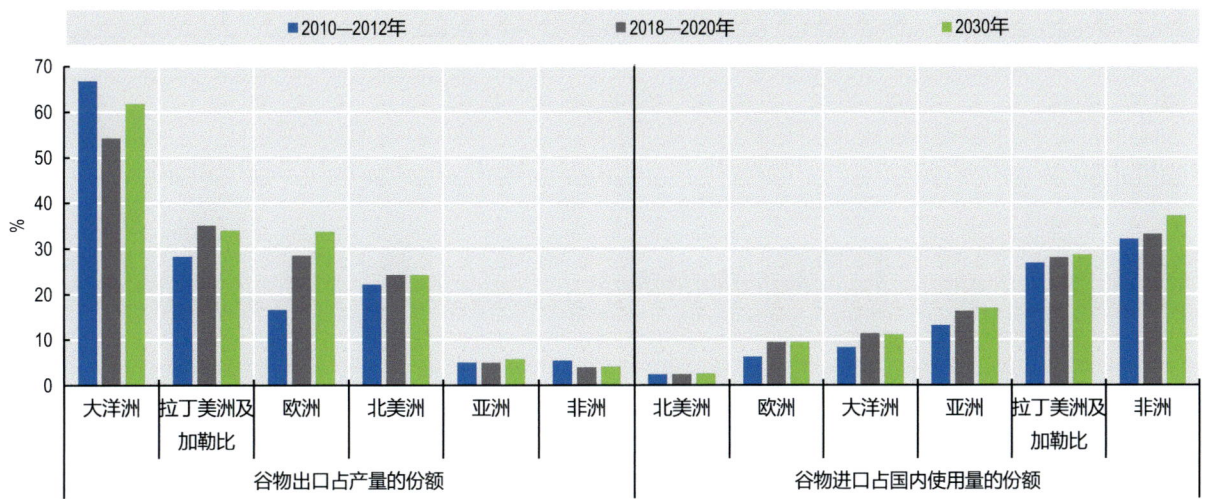

图 3.8　贸易占生产和消费的百分比

注：这些估计数包括除欧盟以外的区域内贸易。
资料来源：经合组织 / 粮农组织（2021 年），《经合组织－粮农组织农业展望》，经合组织农业统计数据库，http://dx.doi.org/10.1787/agr-outl-data-en。

数据库链接 2：https://stat.link/jibl10。

一直波动（表 3.2），主要是由于单产波动，但近期这些地区的小麦产量增长平均超过消费增长，因此预计小麦出口将进一步增加。

　　欧盟作为第二大小麦出口地区，预计到 2030 年小麦出口量将占全球小麦贸易的 14%，但仍将低于 2019 年的创纪录水平。第三大小麦出口国预计将是加拿大，第四大小麦出口国是乌克兰，两国预计都将超过传统第三大小麦出口国美国（图 3.9）。尽管美国、加拿大和欧盟这些传统的小麦出口国家 / 地区可能会失去其整体的小麦出口份额，但预计它们将保留更高质量和更高蛋白质的小麦市场，尤其是在亚洲。俄罗斯和乌克兰可能会在这些有更高质量需求的市场中占有一席之地，但因为距离优势在中东和中亚等其他软小麦市场将更具竞争力。未来 10 年，北非和中东区域的小麦进口量将保持稳定份额，占总贸易量的 28%。

　　玉米出口量预计到 2030 年将增长 2 900 万 ~2.07 亿 t。美国、巴西、乌克兰、阿根廷和俄罗斯前五大玉米出口国的出口份额，在预测期内约占玉米总贸易的 90%。尽管美国出口量低于基准年峰值，但预计美国仍将是最大的玉米出口国，相应的出口份额将下降 1 个百分点至 29%。随着大豆之后第二季玉米产量的增加，巴西玉米出口份额有望保持稳定（20%）。乌克兰和俄罗斯的玉米出口市场份额将从基期的 16% 和 2%，分别提高到 2030 年的 18% 和 4%。阿根廷曾经是第三大玉米出口国，其玉米出口量增速将低于其他国家；到 2030 年，乌克兰将位居第三。撒哈拉以南非洲区域最不发达国家将继续发挥重要作用，为该区域的食物消费供应白玉米。南非仍将是区域玉米供应国，但出口扩张将受到限制，因为该国生产的转基因品种在邻国受到限制。

　　基期内前五大玉米进口国家 / 区域——欧盟、日本、墨西哥、越南和韩国，预计在未来 10 年的展望期内进口份额将占世界玉米进口量的 41%，并保持稳定。然而，到2030年，埃及预计将超过韩国，成为第五大玉米进口国（图3.9）。

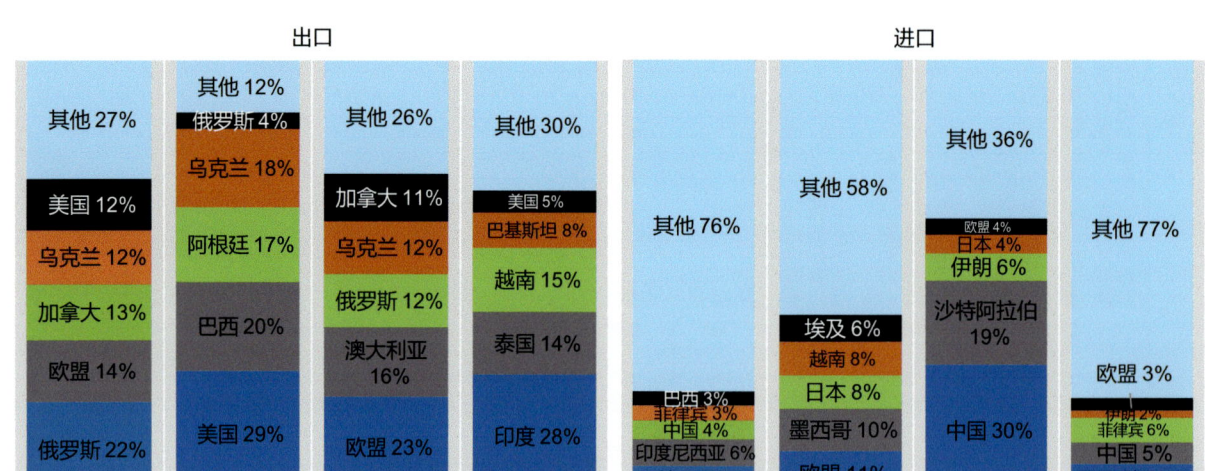

图 3.9　2030 年全球谷物贸易集中度

注：所列数字指各变量在世界总量中所占份额。
资料来源：经合组织／粮农组织（2021年），《经合组织－粮农组织农业展望》，经合组织农业统计数据库，http://dx.doi.org/10.1787/agr-outl-data-en。

数据库链接2：https://stat.link/bg7fr6。

以大麦和高粱为主的其他粗粮的国际贸易量远小于玉米或小麦。到2030年，其他粗粮出口预计将增加1 000万~5 300万t。前五大其他粗粮出口国家／区域——欧盟、澳大利亚、俄罗斯、乌克兰和加拿大，出口份额在基期内占全球贸易的73%，预计到2030年，这一份额将增加到74%，因为加拿大较低的出口增长将被澳大利亚、俄罗斯和乌克兰的强劲出口增长所抵消。各国之间其他粗粮的进口要比玉米和小麦市场的分布分散很多。其他粗粮的5个主要进口国家／地区——中国、沙特阿拉伯、日本、伊朗和欧盟，占全球其他粗粮贸易的近65%，到2030年，中国将占到30%。

如上所述，假设中国的玉米产量比过去10年有更大增长，中国2020/2021年度的净饲料赤字将在中期内减少。假设中国的玉米进口量恢复到关税配额水平（725万t），高粱和大麦的进口量预计将增加至1 400万t。

大米贸易在过去10年中以每年1.5%的速度增长。预计到2030年，这一增速将达到每年约2.6%，大米总出口量将增加1 600万t，达到6 200万t。印度、泰国、越南、巴基斯坦和美国这前五大主要大米出口国的出口份额，预计将从74%降至70%。稻米生产品种构成的持续变化以及对培育更高质量菌株的日益重视，必将会帮助越南减少对中国的依赖。泰国预计将继续发挥重要的大米出口作用，但将面临更大竞争。

五大出口国的市场份额将被亚洲最不发达国家所取代，尤其是柬埔寨和缅甸，因为这些国家的国际竞争力有所提高。到2030年，亚洲区域最不发达国家的大米出货量将增加 1 倍以上，从基期的 400 万 t 增加到 1 000 万 t，预计大量大米出口供应能使这些国家在亚洲和非洲市场占据更大份额。从历史上看，籼米占国际大米贸易的大部分，但预计未来 10 年对其他品种的需求将继续增长。

中国作为基期内最大的大米进口国，预计未来 10 年大米进口年均增长 1%。预计非洲国家将出现更大的进口增长，需求增长超过生产增长。预计尼日利亚将成为最大的大米进口国，到 2030 年进口量增加 300 万 t，进口量占国内消费量的 50%。总体而言，到 2030 年，非洲国家的大米进口量预计将从基期的 1 600 万 t 增至 3 300 万 t，占世界大米进口的份额从 36% 增加到 50%。除中国和尼日利亚外，到 2030 年，5 个大米主要进口国家/地区还将包括菲律宾、伊朗和欧盟，与基期 23% 相比，2030 年这些国家/地区大米进口预计将占全球大米进口的 22%。

3.7 主要问题和不确定性

虽然天气正常的假设会给粮食主产区带来积极的生产前景，但由于气候变化而加剧的极端天气事件可能会导致谷物产量出现更大波动，从而影响全球谷物供应和价格。与加拿大、美国和欧盟相比，俄罗斯、乌克兰、巴西和阿根廷等出口大国的小麦和玉米产量尤其不稳定（表 3.2）。

表 3.2 前七大出口国家／地区的小麦和玉米历史产量波动

国家／地区	小麦/%	玉米/%
乌克兰	13	9
俄罗斯	9	13
阿根廷		7
巴西		6
加拿大	6	
欧盟	4	
美国	4	4

注：波动率是根据 2000—2020 年间的产量计算。
资料来源：经合组织／粮农组织（2021 年），《经合组织－粮农组织农业展望》，经合组织农业统计数据库，http://dx.doi.org/10.1787/agr-outl-data-en。

产量波动较大的地区（如黑海地区）越来越多地参与全球市场，增加了因歉收而导致作物短缺或因丰收而导致作物过剩的可能性，这些因素可能导致谷物价格的更大波动。

宏观经济环境是另一个不确定因素。谷物价格可能受到由于投资减少带来的经济增长放缓的潜在影响，特别是在快速增长的经济体中。全球谷物市场仍然不确定，特别是在出口国，通货膨胀压力和实际汇率波动可能刺激或抑制生产。此外，能源价格可能直接影响投入品的价格，如化肥和农用化工产品。

政策环境将非常重要。在即将到来的改革中（如在欧盟）加强粮食安全和注重提高可持续性以及生物燃料政策的设计（在欧盟、巴西和美国）将影响对谷物的需求。中国的国内政策影响其对饲料的进口需求，对谷物市场的未来发展也至关重要。贸易限制可能引起市场反应和贸易流量变化，而这些变化并未反映在当前的预测中。例如，俄罗斯一直对谷物征收出口税，并计划在2021年实施新的浮动永久税，以避免国内食物价格强劲上涨。然而，当本《展望》发布时，该政策尚未正式实施，但其实施将影响国际粮食贸易，尤其是小麦贸易。

作物虫害、作物疾病和动物疾病仍是可能扰乱谷物供应和需求的主要因素。在供给方面，部分区域因资源有限无法减轻上述事件的影响。例如，近期暴发的蝗虫和秋黏虫虫害破坏了受影响区域的粮食安全。动物疾病可能对饲料需求产生负面影响，如近期非洲猪瘟的暴发对东南亚的影响。

插文 3.1　气候变化下农业投资对国际籼米和粳米价格稳定性的贡献

籼米和粳米是全球市场上交易的两种主要大米。尽管它们在产区、消费者偏好和政策方面的市场结构不同，但大多数农业模型并没有区分这两个品种。本研究预测了未来中长期全球籼米和粳米市场。为了考虑气候变化的影响，开发了一种新的局部均衡模型，即水稻经济气候变化模型（RECC）。RECC模型覆盖24个国家和地区［泰国、越南、印度尼西亚、马来西亚、菲律宾、柬埔寨、老挝、缅甸、中国、日本、韩国、印度、美国、欧盟（包括英国）、孟加拉国、斯里兰卡、尼泊尔、巴基斯坦、巴西、科特迪瓦、埃及、马达加斯加、尼日利亚和世界其他地区］的籼米和粳米市场，以及全球大米市场。

RECC模型的基线预测和情景模拟结果表明，气候变化预计将影响籼米和粳米生产[①]。更具体地说，国际粳米价格预计将比籼米价格波动更大。该模型还根据未来中长期气候变化的情景，研究了未来农业投资将如何影响世界籼米和粳米市场，包括它们在国际市场上的价格稳定性。将基线与6种情景进行比较，这些情景假设个别国家（越南、菲律宾和中国）的特定类型农业投资（农业知识和创新系统，或基础设施的开发和维护）为零增长。越南（情景1）和中国（情景5）对农业知识和创新系统的投资将分别在中长期稳定国际籼米和粳米价格方面发挥重要作用，因为水稻生产日益受到气候变化的影响（表3.3）。

表3.3　气候变化下农业投资对国际籼米和粳米价格稳定性的贡献

	国家/地区	预测期内农业投资增长率（2015/2017—2040年）		国际籼米价格变异系数（CV）	国际粳米价格变异系数（CV）
		农业知识和创新系统	基础设施的开发和维护		
基线	24个国家和地区	与2000—2017年的年增长率相同	与2000—2017年的年增长率相同	0.108 3	0.177 6
情景1	越南	0%/a（无增长）	与2000—2017年的年增长率相同	0.133 9	0.179 4
情景2	越南	与2000—2017年的年增长率相同	0%/a（无增长）	0.116 4	0.178 3

(续表)

国家/地区		预测期内农业投资增长率（2015/2017年—2040年）		国际籼米价格变异系数（CV）	国际粳米价格变异系数（CV）
		农业知识和创新系统	基础设施的开发和维护		
情景3	菲律宾	0%/a（无增长）	与2000—2017年的年增长率相同	0.109 1	0.177 7
情景4	菲律宾	与2000—2017年的年增长率相同	0%/a（无增长）	0.112 1	0.178 0
情景5	中国	0%/a（无增长）	与2000—2017年的年增长率相同	0.117 4	0.221 5
情景6	中国	与2000—2017年的年增长率相同	0%/a（无增长）	0.117 5	0.207 9

注：①气候变量基于跨学科气候研究模型（MIROC），MIROC是RCP4.5情景下的全球气候模型。

资料来源：Koizumi.T., Gay. S.H, and Furuhashi.G. (2021)"Reviewing Indica and Japonica Rice Market Developments", OECD Food, Agriculture and Fisheries Papers, April 2021, No.154, https://www.oecd-ilibrary.org/agriculture-and-food/reviewing-indica-and-japonica-rice-market-developments_0c500e05-en。

4

油籽和油籽产品

> 本章介绍了油籽的最新市场情况,并重点介绍了 2021—2030 年世界油籽市场的中期预测,讨论了大豆、其他油籽、蛋白粉和植物油的价格、生产、消费及贸易动向。本章最后讨论了在未来 10 年内影响世界油籽市场的重要风险和不确定性。

4.1 预测要点

在 2019 冠状病毒病疫情造成的短期市场混乱后，2020 年下半年，油籽和油籽产品的全球行情再现波动，导致价格迅速上涨。尤其是中国对进口大豆的强劲需求，以及棕榈油有限的供应增长，导致了价格上涨。

展望期内，全球大豆产量预计将继续以每年 1.1% 的速度增长，收获面积的增加（包括拉丁美洲的新增双作区）约占全球产量增长的 1/4。预计到 2030 年，大豆产量将达到 4.11 亿 t，比其他油籽（油菜籽、葵花籽和花生）产量之和 1.79 亿 t 的 2 倍还多。油籽一般是加工成蛋白粉（90% 的大豆和 87% 的其他油籽），几乎全部用作饲料，或者加工成植物油用于食品、油脂化学品和生物柴油。

大豆的生产和出口主要由巴西和美国这两个国家主导。巴西预计将成为世界上最大的生产国，借助大豆、玉米的双作制度来提高单产和增加种植密度，巴西国内产量预计到 2030 年将达到 1.49 亿 t。美国产量预计将达到 1.23 亿 t。这两个国家的大豆产量加起来预计将占世界大豆产量的 2/3，占全球大豆出口量的 80% 以上。

其他油籽的产量预计在未来 10 年内每年增长 1.3%，这意味着与过去 10 年相比增长较慢。这是由于欧洲生物柴油生产中对菜籽油原料的需求停滞不前，以及中国和欧盟的谷物对有限的耕地竞争日益激烈，产量增长的势头相应地受到抑制。一般来说，其他油籽的种植集中程度要远低于大豆的种植集中程度。中国、欧盟、加拿大和乌克兰各自的产量均在 2 000 万~3 200 万 t。

本《展望》中的植物油总量包括油籽压榨油（约占世界植物油产量的 55%）、棕榈油（36%）以及棕榈仁油、椰子油和棉籽油中提取的油（图 4.1）。鉴于成熟油棕区域扩张放缓，预计印度尼西亚（每年增长 1.4%）和马来西亚（每年增长 0.9%）产量的进一步增长有限。尽管如此，到 2030 年，印度尼西亚和马来西亚预计将占全球棕榈油产量的 83%，占全球植物油产量的 34%。此外，印度尼西亚国内生物柴油产量的预期增长将在中期内降低粗棕榈油的出口增长。预计到 2030 年，全球对植物油的需求将增加 3 300 万 t，其中食品用途将占总需求的 68%。

蛋白粉行业会以大豆粉为主。与过去 10 年相比，蛋白粉利用率的增加（每年 1.2% 对每年 3.8%）预计将受到全球猪肉和家禽生产增长放缓的制约。中国的需求增长预计将大幅放缓（每年 1.2% 对每年 5.7%），原因是饲料效率得到了提高，并且国家尽量在牲畜饲料配给中采用较低的蛋白粉含量。尽管如此，预计中国仍占全球蛋白粉需求增长量的大约 1/4。随着畜牧业生产增长放缓，以及其他蛋白源在混合饲料中的使用越来越多，欧盟作为蛋白粉使用量的第二大地区，预计蛋白粉总消费量将有所下降。

由于预计中国的大豆进口增长放缓，以美洲为主的世界大豆出口的增长速度预计在未来 10 年将大大放缓。

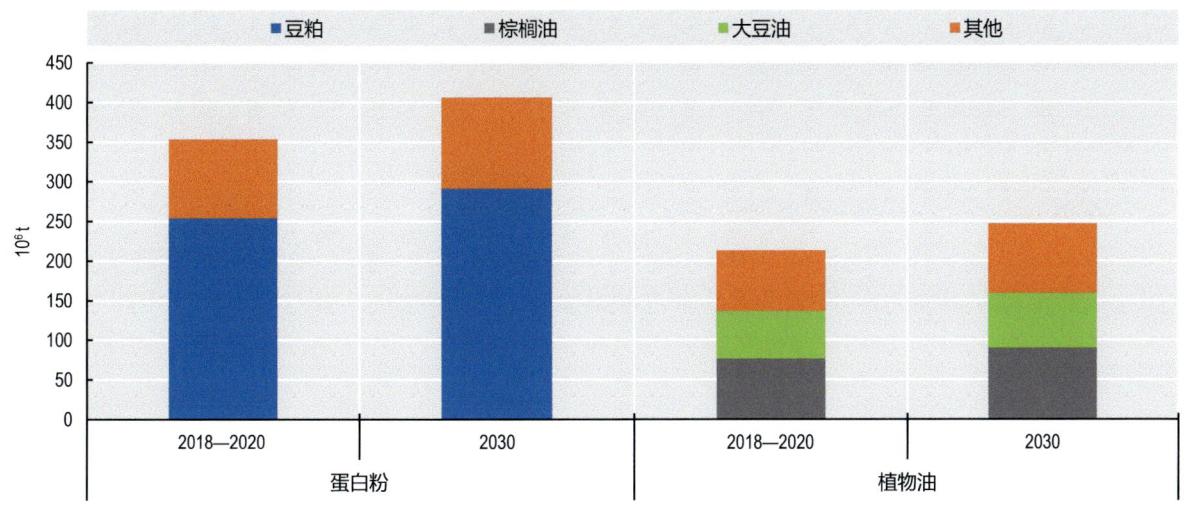

图 4.1 按类型划分的蛋白粉和植物油产量

资料来源：经合组织/粮农组织（2021年），《经合组织－粮农组织农业展望》，经合组织农业统计数据库，http://dx.doi.org/10.1787/agr-outl-data-en。

数据库链接2：https://stat.link/qg683h。

植物油是所有农产品中贸易份额最高（41%）的产品之一。世界上棕榈油的两大主要供应商印度尼西亚和马来西亚将继续主导植物油贸易，出口量占其总产量的70%以上，合计占到全球出口量的近60%。由于国内需求不断提高，生产增长机会有限，作为世界上第一大植物油进口国，印度的进口预计将保持每年3.4%的高速增长。

在2020销售年度，油籽系列产品的价格从过去数年的低谷中恢复，预计展望期前几年间会有所下调。之后，预计名义价格将略有上升，而实际价格将随着农业商品价格的长期趋势而下降。价格趋势将受到多种不确定因素影响，例如，主要生产国的天气变化和需求偏好的转变。

一方面由于非洲猪瘟暴发之后猪肉生产恢复，另一方面由于中美贸易关系有所改善，2020销售年度，中国大豆进口量大幅上涨。中国的未来蛋白粉需求取决于饲料密度和效率之间的平衡，尤其是猪肉行业。棕榈油仍然主导植物油市场。印度尼西亚和马来西亚棕榈油产量的增长空间将越来越依赖于补植活动和随之而来的单产提高（而不是种植面积的增加）。可持续性问题也影响棕榈油产量的扩大，因为发达国家对油的需求偏向于避免森林砍伐，消费者要求获得植物油的可持续性认证。使用植物油作为生物柴油原料主要是由生物燃料政策决定的，这些政策决定了各国规定的混合比例。

4.2 最近市场发展状况

由于2019冠状病毒病疫情造成的短期市场混乱，2020年下半年，油籽和油籽产品的全球行情再现波动，导致了价格迅速上涨。尤其是中国对进口大豆的强劲需求，以及棕榈油有限的供应增长，导致了价格上涨。价格上涨导致了许多国家的食品价格飙升，加剧了由疫情造成收入损失而引发的食品获取问题。

4 油籽和油籽产品

2020年上半年期间，2019冠状病毒病疫情导致需求暂时放缓，供应链短期中断，导致价格下跌。总体而言，截至2020年下半年，油籽和油籽产品市场适应了新形势，需求复苏主导了发展。在马来西亚，为了遏制疫情扩散而颁布限制人员流动的政策加剧了劳动力短缺，对2020年棕榈油的收成产生了冲击，遏制了整体产量增加。

由于主要生产国收获面积反弹和单产提高，2020—2021销售年度的油籽和棕榈油产量增加。但是需求增长速度超过产量增长速度，主要是由于中国在非洲猪瘟暴发之后努力重建猪群，同时改善中美贸易关系，因此中国大豆进口量强劲增长。

4.3 价格

2020年下半年，由于全球需求增长超过供应，油籽和油籽产品价格迅速上涨。展望期前几年内预计会出现下行调整，反映对更好生产前景的期望，并逐步消除2019冠状病毒病相关的贸易物流限制。之后，名义价格预计略有上涨，而实际价格则会按照农产品价格的长期趋势下降（图4.2）。假设从疫情中恢复之后，原油实际价格上涨和经济持续增长，将支撑展望期内油籽和油籽产品的价格，而生产能力的持续增长将对实际价格造成下行压力。

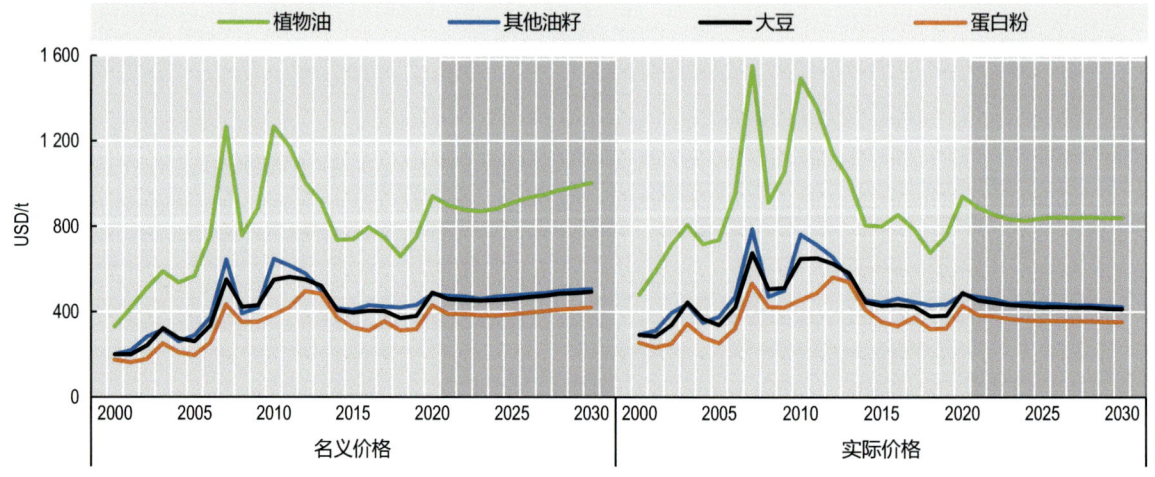

图4.2 世界油料价格变化

注：大豆：美国，鹿特丹到岸价；其他油菜籽：油菜籽，欧洲，汉堡到岸价；蛋白粉：大豆粉、葵花籽粉和油菜籽粉按产量加权后的平均价格，欧洲口岸；植物油：棕榈油、大豆油、葵花籽油和菜籽油按产量加权后的平均价格，欧洲口岸。实际价格是按美国GDP平减指数调减后的名义世界价格（2020年=1）。

资料来源：经合组织/粮农组织（2021年），《经合组织-粮农组织农业展望》，经合组织农业统计数据库，http://dx.doi.org/10.1787/agr-outl-data-en。

数据库链接2：https://stat.link/m5jilr。

4.4 油籽产量

大豆产量预计将以每年 1.1% 的速度增长，而在过去 10 年里，这一数字为每年 4.0%。其他油籽（油菜籽、葵花籽和花生）的产量将以每年 1.3% 的速度增长，而过去 10 年（2011—2020 年）的年增长率为 2.5%。增长主要是单产增加，占产量增长的 3/4。得益于其生长周期快，大豆可以双季种植，特别是在拉丁美洲。因此，由于巴西的大豆、玉米双季种植以及阿根廷的大豆、小麦双季种植，额外收获面积大幅增加。

近几年，巴西已经成为大豆的最大生产国，在未来 10 年，预计巴西大豆的增长率（每年 1.2%）高于全球第二生产国美国（每年 0.7%）。这主要是因为大豆与玉米双季种植可能会增加种植密度。预计拉丁美洲的大豆产量将强劲增长，到 2030 年，阿根廷和巴拉圭的大豆产量分别为 5 500 万 t 和 1 200 万 t（图 4.3）。在中国，由于对谷物种植的政策支持减少，大豆产量预计持续增长。预计印度、俄罗斯、乌克兰和加拿大的大豆产量也将增长。

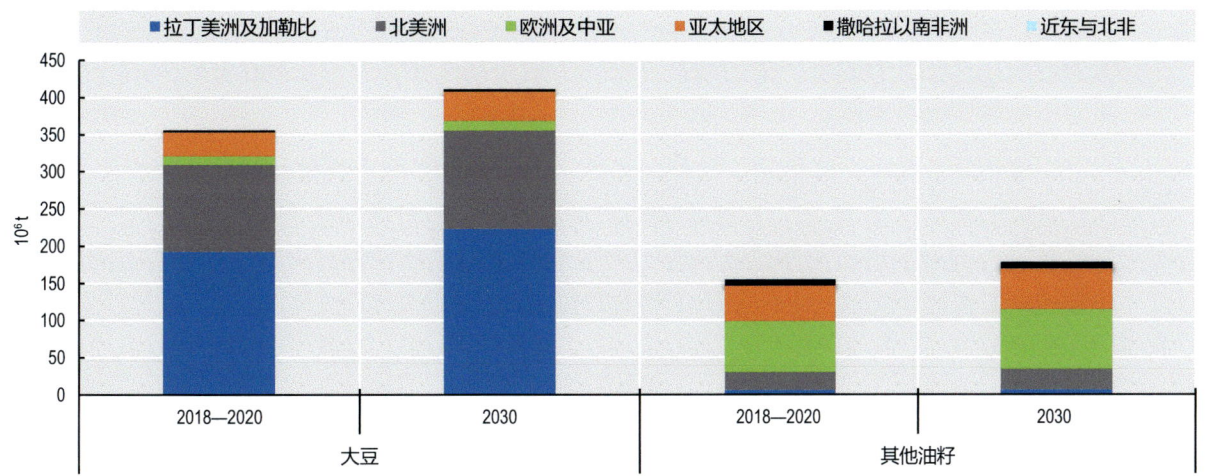

图 4.3 各区域油籽产量

资料来源：经合组织／粮农组织（2021 年），《经合组织－粮农组织农业展望》，经合组织农业统计数据库，http://dx.doi.org/10.1787/agr-outl-data-en。

数据库链接 2：https://stat.link/fw0rh2。

中国（主要生产油菜籽和花生）和欧盟（主要生产油菜籽和葵花籽）是其他油籽的最重要生产国，预计到 2030 年，中国和欧盟的年产量分别为 3 100 万 t 和 3 000 万 t。然而，由于谷物价格相对较高，预计这两个地区的产量增长都有限（中国每年增长 0.9%，欧盟每年增长 1.1%），因为预计谷物价格相对较高会对有限的耕地产生激烈竞争。加拿大是另一个主要的油菜籽生产国和最大的出口国，预计该国其他油籽产量将每年增加 1.2%，到 2030 年达到 2 300 万 t。随着黑海地区耕地的不断扩张，乌克兰和俄罗斯的其他油籽产量预计将强劲增长。

大豆库存预计将保持稳定，导致到 2030 年库存与使用比率会下降到 10.5%。总体而言，与过去 20 年相比，库存与使用比率仍然较低，这意味着歉收可能迅速导致市场短缺。

4.5 油籽压榨及植物油和蛋白粉生产

在全球范围内，将大豆和其他油籽粉碎成粉（饼）和油约占总用量的 90%。粉碎需求的增长速度将快于其他用途的需求，特别是大豆（包括用作肉类和乳制品的替代品）、花生和葵花籽的直接食品消费，以及大豆的直接饲喂。压榨地点取决于许多因素，包括运输成本、贸易政策、转基因作物的接受程度、加工成本（如劳动力和能源）以及基础设施（如港口和道路）。

按绝对值计算，在展望期内，大豆压榨量预计将增加 4 700 万 t，远低于 10 年前的 9 200 万 t。由于中国压榨行业逐渐恢复，反映出对猪群稳定增长的期望，中国大豆压榨量预计将增加 2 000 万 t，约占全球新增大豆压榨量的 43%，其中大部分将使用进口大豆。中国的增量虽然很大，但预计将大大低于前 10 年，原因在于畜牧业生产增长率降低，中国对复合饲料的需求预计放缓。此外，中国复合饲料中的蛋白粉含量已经达到相对较高的水平，掺入率进一步提高的范围较小。与大豆相比，其他油籽的压榨预计会随着产量的增长而增长，展望期内预计增加 2 100 万 t，在生产国发生的频率也会更高。

全球植物油的生产既依赖于油籽的粉碎，也依赖于多年生热带油料植物的生产，尤其是棕榈油。过去 10 年，全球棕榈油产量超过了其他植物油的产量。然而，由于对可持续性问题的日益关注以及印度尼西亚和马来西亚油棕榈树老化，预计棕榈油产量的增长将减弱。这两个国家的植物油产量占世界的 1/3 以上。

在全球范围内，预计棕榈油供应将以每年 1.3% 的速度增长。棕榈油主要进口国越来越严格的环境政策和可持续农业规范（例如，在 2030 年可持续发展议程背景下）预计将减缓马来西亚和印度尼西亚油棕榈地区的扩张。这就意味着产量的增长越来越多地来自生产力的提高，包括加速再植活动。预计其他国家的棕榈油产量将从低基数迅速增长，主要面向国内和地区市场。例如，预计到 2030 年，泰国的产量为 380 万 t，哥伦比亚为 200 万 t，尼日利亚为 160 万 t。在中美洲的某些国家，因为有全球可持续性认证，从一开始就发展了针对利基市场的棕榈油生产，使该地区最终进入更广泛的出口市场。

植物油总体上包括棕榈仁油、椰子油和棉籽油，以及从上述分析的棕榈油和从油籽压榨中提取出的油。棕榈仁油与棕榈油一起生产，并遵循后者的生产趋势。椰子油主要产于菲律宾、印度尼西亚和大洋洲岛屿。棕榈仁油和椰子油具有重要的工业用途，随着棕榈油产量的增长，主导地位已转向棕榈仁油。棉籽油是轧棉的副产品，全球产量主要集中在印度、美国、巴基斯坦和中国。总体而言，全球植物油产量预计将以每年 1.3% 的速度增长，这一增长率高于本《展望》所涵盖的大多数农产品，其主要驱动因素是发展中国家人口和收入增长带来的粮食需求。

全球蛋白粉产量预计每年增长 1.2%，到 2030 年达到 4.06 亿 t。世界蛋白粉生产以豆粕为主，豆粕占世界蛋白粉产量的 2/3 以上。生产集中在少数几个国家 / 地区（图 4.4）。在中国和欧盟，大多数蛋白粉的生产都来自进口油籽压榨，主要是来自巴西和美国的大豆。在其他重要的生产国（阿根廷、巴西、印度和美国），国内生产的大豆和其他油籽是主要的原材料。

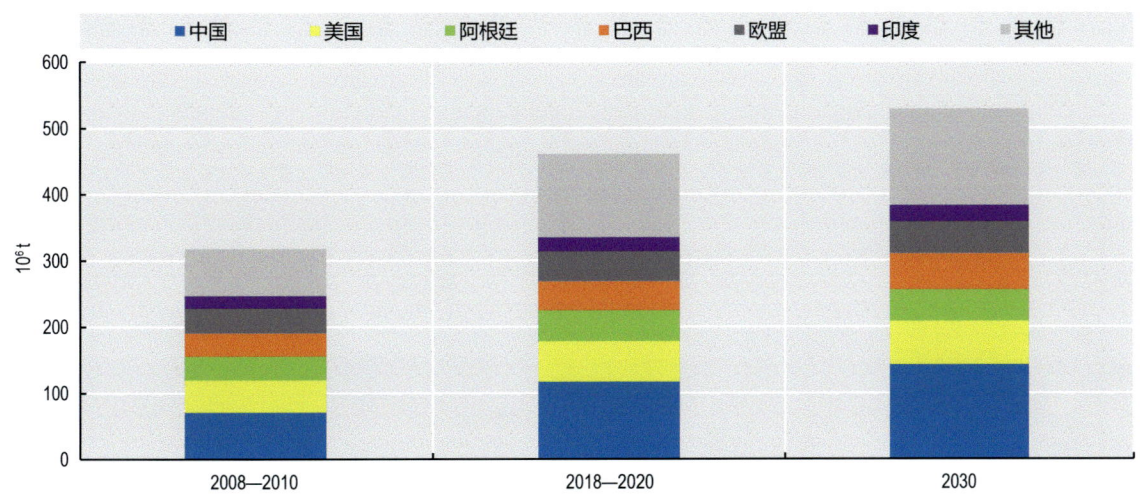

图 4.4　按国家或地区划分的油籽压榨

资料来源：经合组织 / 粮农组织（2021 年），《经合组织 - 粮农组织农业展望》，经合组织农业统计数据库，http://dx.doi.org/10.1787/agr-outl-data-en。

数据库链接 2：https://stat.link/w4ezdf。

4.6　植物油消费

由于发达国家和新兴市场的食物需求日益饱和，预计人均食用植物油消费量将以每年 0.8% 的速度增长，远低于 2011—2020 年每年 2.3% 的增长率。在中国（人均 29 kg）和巴西（人均 26 kg），植物油食品的人均供应水平将达到与发达国家相当的水平，其中植物油食品人均消费的增长预计将稳定在 28 kg，每年增长 0.3%（图 4.5）。

作为全球植物油第二大消费国和第一大进口国，印度预计将保持每年 2.6% 的高人均消费增长，到 2030 年达到人均 14 kg。这一大幅增长将是其国内生产扩张、国内油籽产量增加的压榨以及主要来自印度尼西亚和马来西亚的棕榈油进口进一步增加的结果。随着发展中国家城市化进程的加快，人们的膳食习惯和传统膳食模式预计将越来越多地转向含有大量植物油的加工食品。最不发达国家人均收入低，人均植物油供应量预计将以每年 1.3% 的速度增长，到 2030 年达到人均 9 kg。

植物油作为生物柴油原料的使用量（占全球植物油使用量的 10%~15%）预计在未来 10 年内保持稳定，而在生物燃料支持政策生效时，前 10 年的年增长率为

6.5%（图4.6）。亚洲和拉丁美洲的预计增长，将与欧洲和北美洲的下降相抵消，在欧洲和北美洲，固定混合目标以及运输燃料消耗量下降，影响了生物柴油的需求量。总体而言，预计国家强制生物柴油消费目标增幅将低于往年。此外，废油、牛脂和其他原料在生物柴油生产中所占的份额也在增加，尤其是在欧盟和美国，这主要是由于具体的政策（有关生物燃料的更多详情，见第9章）。到2030年，阿根廷以出口为导向的生物柴油产业对植物油的使用量预计为210万t，相当于国内植物油消费量的66%。在印度尼西亚，由于国内支持性政策，预计使用植物油生产生物柴油的

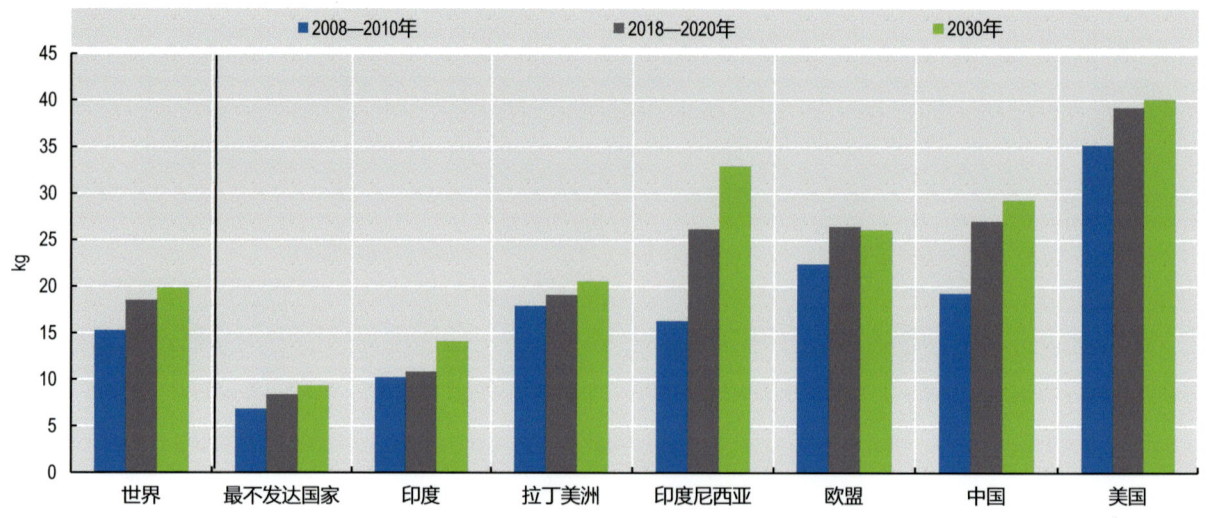

图 4.5　部分国家食用植物油人均供应量

资料来源：经合组织/粮农组织（2021年），《经合组织－粮农组织农业展望》，经合组织农业统计数据库，http://dx.doi.org/10.1787/agr-outl-data-en。

数据库链接2：https://stat.link/ps9kq2。

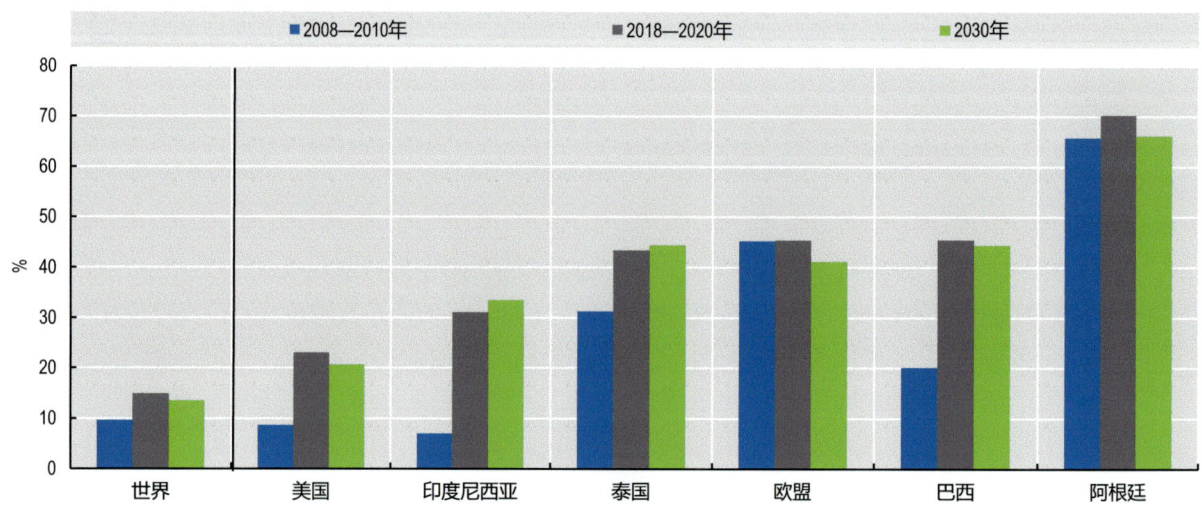

图 4.6　用于生物柴油生产的植物油比重

资料来源：经合组织/粮农组织（2021年），《经合组织－粮农组织农业展望》，经合组织农业统计数据库，http://dx.doi.org/10.1787/agr-outl-data-en。

数据库链接2：https://stat.link/2oc4p1。

增长仍将强劲,到 2030 年预计达到 790 万 t。印度尼西亚是世界上使用植物油作为生物柴油原料的主要推动力。植物油作为生物柴油原料的使用取决于政策制定(参见第 9 章)以及植物油和原油的相对价格发展(见下文)。

4.7 蛋白粉消费量

蛋白粉仅用作饲料,预计蛋白粉消费量将继续以每年 1.2% 的速度增长,大大低于过去 10 年每年 3.8% 的增长率。有几个因素影响蛋白粉饲料的使用与畜牧业生产之间的联系:畜牧业生产的加剧增加了对蛋白粉的需求,而饲养效率导致了每种动物产出的蛋白质饲料减少。畜牧业的组成和畜群规模是另外的决定因素。

畜牧业生产和蛋白粉消费之间的联系与一个国家的经济发展程度有关(图 4.7)。依赖"后院生产"的低收入国家消耗的蛋白粉更少,而采用集约化生产体系的高收入经济体则使用更多的蛋白粉。由于发展中国家为了应对快速城市化和对畜禽产品需求的增加而转向饲料密集型生产体系,蛋白粉消费的增长往往超过畜牧业生产的增长。在最不发达国家,蛋白粉的使用量非常低,预计随着复合饲料的广泛使用,畜牧业生产的集约化将继续。随着集约化程度的提高,每单位牲畜生产中蛋白粉的使用量显著增加,导致这些国家的总需求量快速增长。

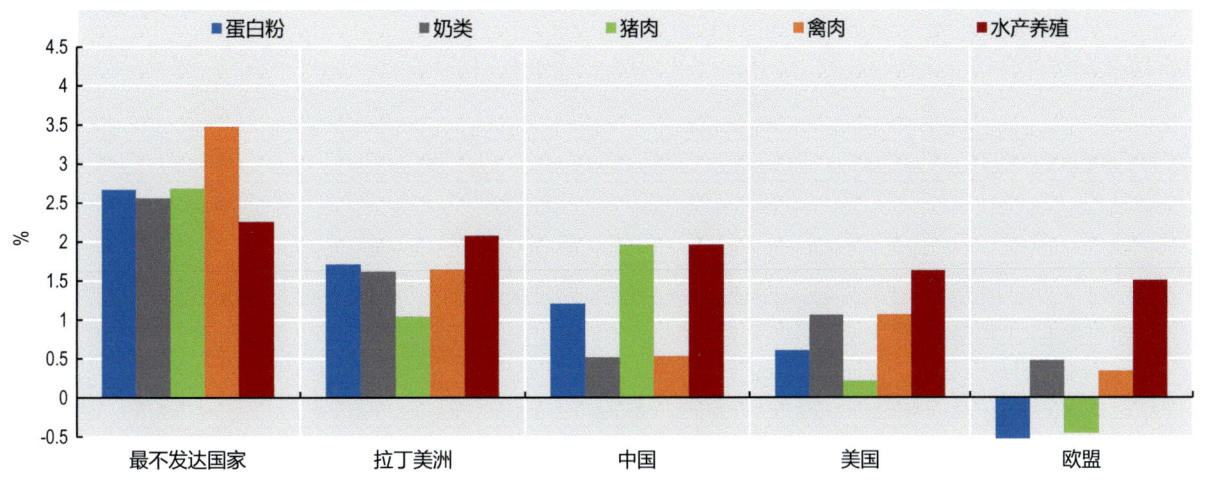

图 4.7 蛋白粉消费和动物产品产量年均增长率(2021—2020 年)

资料来源:经合组织/粮农组织(2021 年),《经合组织－粮农组织农业展望》,经合组织农业统计数据库,http://dx.doi.org/10.1787/agr-outl-data-en。

数据库链接 2:https://stat.link/ixgve7。

中国占全球蛋白粉需求量的 1/4 以上,因此正在影响全球需求发展情况。由于畜牧业生产增长率的下降和现有的大量复合饲料生产份额,与过去 10 年相比,中国对复合饲料的需求增长预计将减缓。中国复合饲料中的蛋白粉含量预计将保持稳定,因为它在过去 10 年里激增,并大大超过目前美国和欧盟的水平。由于中国在非洲猪瘟暴发之后重建猪群,中国已组建更大规模以饲料为基础的生产体系。由于中国猪肉生产进一步提高,这可能导致对蛋白粉的需求发生进一步转变。

在美国和欧盟等,复合饲料满足了畜牧业生产的大部分蛋白质需求,由于提高了饲养效率,预计蛋白粉消费量的增长速度将低于畜牧业生产量。此外,在欧盟,畜禽产品(主要是家禽和乳制品)越来越多地在市场上销售,因为它们没有使用转基因作物的饲料。原因在于大型零售链和对大豆粉的需求降低。

4.8 贸易

世界大豆产量的 42% 以上是国际贸易,与其他农产品相比,占有很高的份额。世界大豆贸易的扩张与预计的中国大豆压榨及随后的进口增长放缓直接相关。预计中国大豆进口量每年将增长 1.2%,到 2030 年达到约 1.08 亿 t(与 2011—2020 年每年增长 7.1% 相比有所下降),约占世界大豆进口量的 2/3。主要的大豆出口国为巴西和美国。美国历来是全球最大的大豆出口国。随着巴西出口能力稳定增长,巴西接棒成为全球最大的大豆出口国,在整个预测期间,预计占全球大豆总出口的 50%。

其他油籽在全球交易量中所占的份额要低得多,仅占世界产量的 13%,原因在于中国和欧盟两大生产地区均为净进口市场。重要的出口国是加拿大、澳大利亚和乌克兰,预计到 2030 年将占世界出口的 69% 以上。在加拿大和澳大利亚,其他油籽(主要是油菜籽)产品的一半以上用于出口(图 4.8)。额外的油籽产品通常在国内压榨或者以植物油或蛋白粉的形式出口。

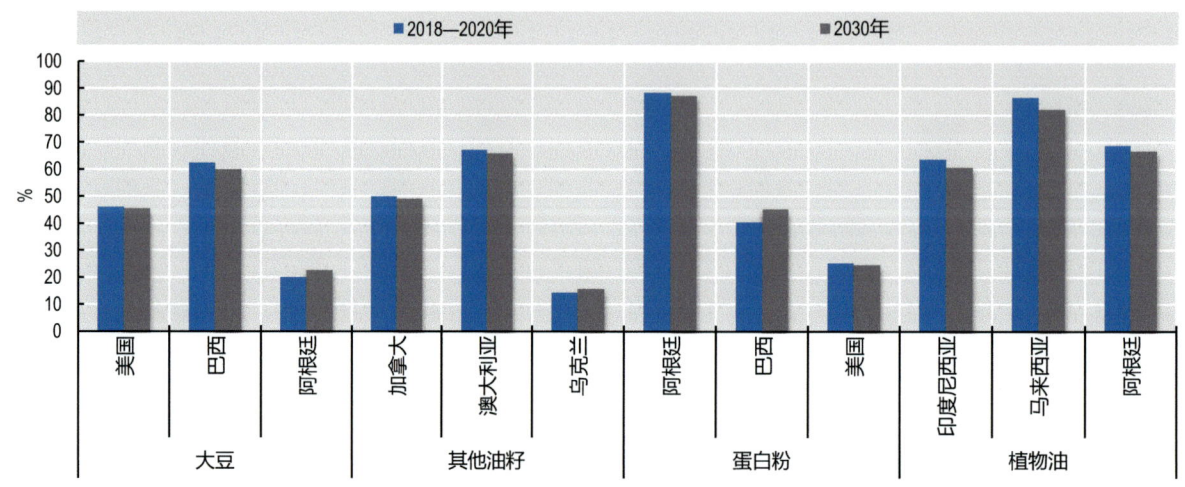

图 4.8　前三大出口国油籽和油籽产品出口量占总产量的份额

注:该数字仅显示直接出口份额,不包括加工产品出口,计算加工产品后出口份额将会扩大。
资料来源:经合组织/粮农组织(2021 年),《经合组织-粮农组织农业展望》,经合组织农业统计数据库, http://dx.doi.org/10.1787/agr-outl-data-en。

数据库链接 2:https://stat.link/f9ubyd。

植物油出口量占全球植物油产量的 40%,仍然由少数参与者主导。展望期内,印度尼西亚和马来西亚预计将继续占植物油出口总量的 60%(图 4.9)。但是,由于国内对食品、油脂化学制品，尤其是生物柴油的使用需求预计将增长，在这两个国家的产量出口份额预计将略有收缩。预计印度进口将继续以每年3.4%的速度强劲增长，到2030年达到2 100万t，约占世界植物油进口量的1/4，以应对人口增长、城市化和可支配收入增加带来的需求增长。

展望期内，世界蛋白粉贸易的预计年增长率约为0.8%，低于过去10年的每年1.8%。阿根廷有望成为最大的粉粕出口国，因为其是唯一具有明确出口导向的主要蛋白粉生产国。最大的进口地区是欧盟，由于国内对蛋白粉的需求下降，进口量预计将下降。预计全球800万t蛋白粉的进口增长几乎全部发生在亚洲，尤其是越南，随着非洲猪瘟暴发后的复苏，越南将进一步增长。亚洲国家的国内粉碎加工产能预计跟不上蛋白粉需求的步伐，畜牧业的扩张预计将需要进口饲料来满足生产需求。

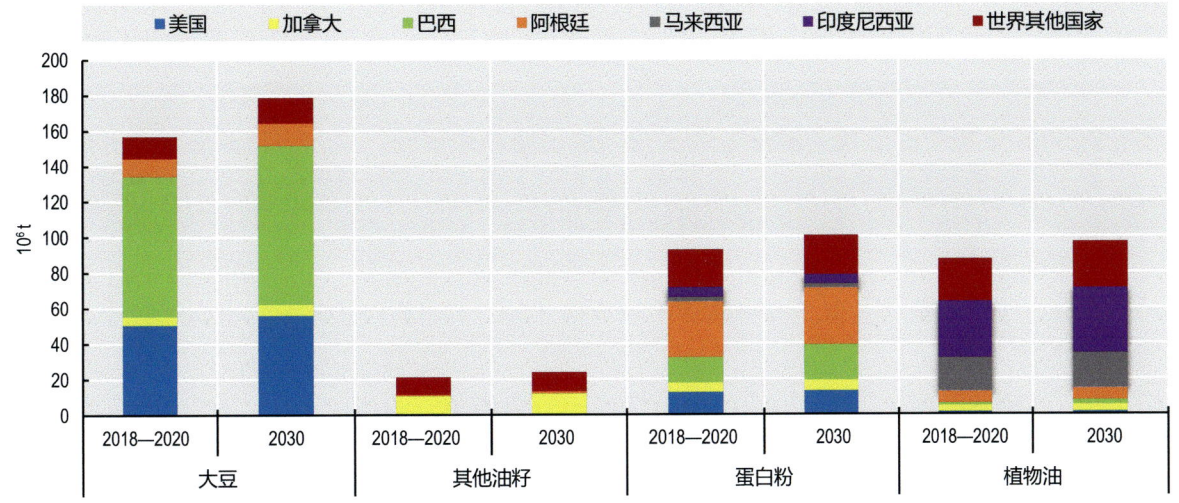

图 4.9　按地区划分的油籽及油籽产品出口量

资料来源：经合组织/粮农组织（2021年），《经合组织–粮农组织农业展望》，经合组织农业统计数据库，http://dx.doi.org/10.1787/agr-outl-data-en。

数据库链接2：https://stat.link/kxu9hi。

4.9　主要问题和不确定性

2019冠状病毒病疫情导致个体活动减少，这对户外消费产生了重大影响。可能会影响对油炸用植物油的需求。此外，经济活动暂时下降加上原油价格的下降抑制了对植物油作为生物柴油原料的需求。油籽和产品的大多数生产及加工均已实现高度机械化，而劳动力流动性则不太重要。然而，据报道，由于劳动力流动性的限制，棕榈油和椰子的收获受到了重大破坏。长期影响将取决于经济复苏的速度，因为人均植物油消费随着经济增长而强劲增长，蛋白粉在弹性较大的畜牧业生产中被用作饲料。

消费者对大豆的担忧源于转基因大豆在大豆产量中所占的比例很高。特别是在欧盟，基于不含转基因产品的饲料的畜禽产品零售商认证计划正在蓬勃发展，并可能将饲料需求转向除豆粕外的其他蛋白质来源。由于2018—2020年欧盟占全球豆粕需求的15%，这可能进一步降低豆粕需求。环境问题也在增加，特别是巴西和阿根廷考虑到了森林砍伐与大豆产量增加之间的潜在联系。这些担忧促使私营部门采取激励措施，促进将已经清理的土地用于进一步扩大面积，并避免进一步的森林砍伐。如果成功的话，这些自愿性举措将阻止大豆生产者进一步清理土地。

在印度尼西亚，特别是在马来西亚，增加棕榈油产量的范围将越来越多地取决于补植活动和提高单产（而不是扩大种植面积）。近年来，由于该行业的低利润率和马来西亚的劳动力成本上升，产量增长一直缓慢。印度尼西亚主要的棕榈油公司在补植方面取得了一些进展。可持续性问题也影响了棕榈油产量的增长，因为发达国家的需求青睐不涉及森林砍伐的油，并寻求用作生物柴油原料的植物油以及进入食品链的植物油的可持续性认证。有几种认证模式在马来西亚和印度尼西亚广泛使用。

考虑到全球约14%的植物油供应用于生物柴油生产，美国、欧盟和印度尼西亚的生物燃料政策仍然是植物油行业不确定性的主要来源。在印度尼西亚，最近提出的30%生物柴油的规定量是否能实现，这仍然存在疑问，因为（除需要政府补贴外）它可能会限制中期供应。在欧盟，政策改革和第二代生物燃料技术的出现可能会促使人们从以作物为基础的原料转向其他原料。原油价格的上涨影响了生物柴油生产的盈利能力，这仍然是植物油行业不确定性的主要来源。预计印度尼西亚生物柴油产量增长最快，但是棕榈油和原油价格之间的关系以及经济发展会大大改变预计的增长路径。

中国猪业从非洲猪瘟和2019冠状病毒病中恢复的速度将对快速恢复的畜牧生产的饲料需求产生很大影响，因为生猪的更快恢复需要更多的蛋白粉作为饲料。在复合饲料的生产中，蛋白粉与其他饲料成分构成部分竞争关系，因此，对谷物价格的任何变化均有反应。这可能造成饲料混合结构的调整，并影响蛋白粉的使用。

5

糖　类

本章介绍了近期食糖市场形势，并重点介绍了2021—2030年世界糖类市场中期预测，讨论了甜菜、甘蔗、白糖、糖蜜和高果糖玉米糖浆的价格、生产、消费和贸易变化。本章最后讨论了未来10年内可能影响世界食糖市场的主要风险和不确定性。

5 糖 类

5.1 预测

由于不利的天气条件对一些主要生产国造成负面影响,预计本季度(2020年10月至2021年9月)的全球糖产量将连续第三年下降。预计世界产量将低于全球消费量,而2019冠状病毒病疫情暴发后,预计全球消费量将从2019年季度的较低水平反弹。

假设天气条件正常,由于收益回升,甘蔗和甜菜的产量预计将在未来10年增加。尽管远低于20世纪90年代和21世纪初的水平,当时糖作物还用于开发第一代生物燃料,但预计这两种糖作物的增长速度均高于过去10年,在接下来的10年里,由压榨糖料作物转向生产乙醇(另一种主要的副产品),将继续影响食糖产量。

预计食糖产量增长的大部分来自发展中国家。巴西[①]有望保持其全球最大食糖生产国的地位,印度紧随其后;预计到2030年,这两个国家将分别占世界食糖总产量的21%和18%。从绝对数量来看,与基期(2018—2020年)相比,巴西(+580万t)、印度(+510万t)和泰国(+320万t)的产量增幅最大。在泰国,由于恶劣天气和低价限制种植,连续两个季度(2019年和2020年)产量下降,预计价格上涨将支持产量复苏。

总体而言,随着发展中国家的收入增长和城市化,预计未来10年全球人均消费量将会增加。据预测,亚洲的食糖消费量将增长最快(以绝对值计算),到2030年将占全球食糖消费量的一半以上,反映出对高糖糖果产品和软饮料的需求增加。在

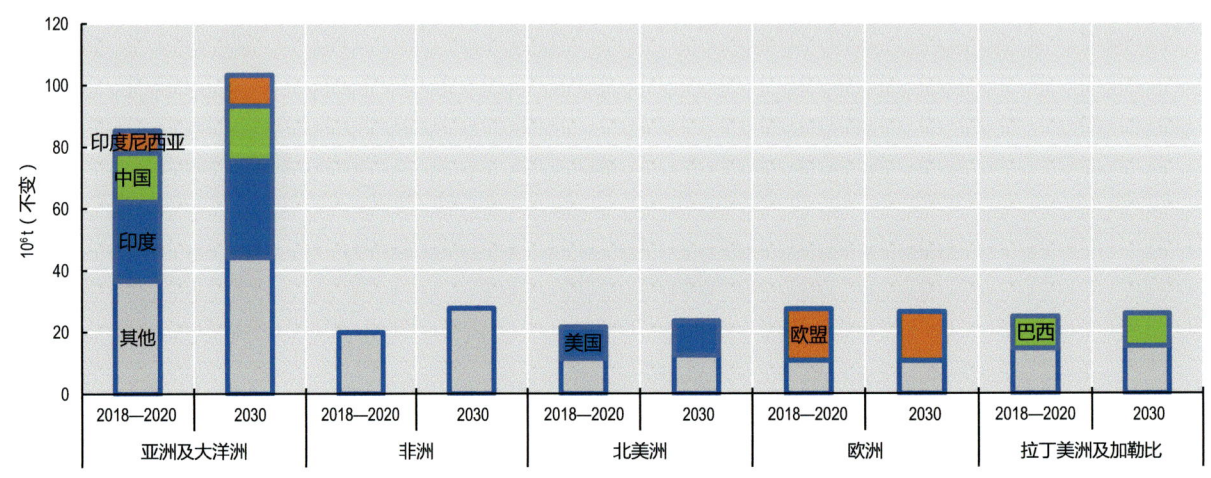

图 5.1 按地区划分的食糖消费变化

注:数据以 tq(telquel)表示。
资料来源:经合组织/粮农组织(2021年),《经合组织-粮农组织农业展望》,经合组织农业统计数据库,http://dx.doi.org/10.1787/agr-outl-data-en。

数据库连接 2:https://stat.link/vmux08。

---

① 突显增产预测的经济假设包括巴西雷亚尔兑美元贬值,反映出巴西作为最大食糖出口国的地位。

非洲，消费量的增加预计将受到人口增长的推动，但按绝对值计算，消费量仍将保持在远低于亚洲的水平。

在发达国家，预计今后10年糖的总消费量不会增长，反映出人们对过多摄入糖影响健康的担忧。由于部分国家已采取措施抑制食糖消费，人均消费量预计将下降，尽管下降速度比过去10年要慢。这些措施在展望期内仍然有效。高果糖玉米糖浆（HFCS）是高热量甜味剂的主要替代品，主要受人口增长的推动，预计到2030年全球消费量将增加60万t，达到1 400万t。

国际上以从甘蔗中提取原糖或白糖和从甜菜中提取白糖的形式进行糖料贸易。由于有报酬回报和名义溢价的小幅增加，预计在展望期内一些生产国的白糖出口份额将略有增加。预计巴西仍将是最大的食糖出口国，其次是泰国和印度。投资糖厂的国家将主要进口原糖（印度尼西亚、中国、阿联酋、阿尔及利亚），而缺少提炼能力的国家将继续进口精制糖。

按实际价值计算，原糖和白糖的价格预计在展望期将保持平稳，由于人口和人均收入增加，预计额外供应能够满足发展中国家消费量的增长。基期白糖溢价（白糖与原糖的价差）平均为79 USD/t，预计到2030年名义溢价将小幅上涨至88 USD/t。

这些预测基于对生产力、消费行为、宏观经济状况和政策的假设。实际趋势与假设之间的偏差可能与本《展望》提出的市场预测有所不同。其他不确定因素包括油价、生物乙醇投资情况和甜味剂需求。油价进一步上涨将加剧食糖和以甘蔗为原料的乙醇之间的竞争，将对主要食糖出口国巴西产生重大影响，并影响国际食糖市场。印度对生物乙醇产业的投资可能会减少用于制糖的甘蔗的供应，也可能影响国际市场。高热量甜味剂消费国出于健康考虑，对高热量甜味剂的需求低于预期，这也会导致与本《展望》的结果不同。最后，监管政策环境也会造成预测的不确定性。

5.2 近期市场形势

国际食糖市场上，一些主要生产国连续第三年出现产量短缺，导致全球食糖紧平衡，价格面临上涨压力。不过，两个主要生产国控制住了全球食糖赤字：在巴西，货币疲软以及因原油价格偏低造成蔗糖乙醇利润较低，有利于食糖出口；在印度，良好的降雨提高了生产水平。泰国降雨，以及部分欧盟国家发生冬季霜冻和临时批准甜菜种子重新使用新烟碱，预计2021年糖料作物产量将有所提高。这将促使食糖市场恢复到积极的水平。

总体而言，疫情导致国家封锁、餐馆关闭数月，2019年全球食糖消费量下降（-0.4%）。不过，预计到2020年，几乎所有国家的需求都将回升，低收入国家的人均糖消费量增长最高。

5.3 价格

随着需求恢复到疫情前的趋势,预计名义价格将温和上涨,假设天气条件正常以及乙醇与糖比价变化较小,供应容易满足需求。部分国内政策和少数出口国的主导地位可能导致未来10年国际糖价的变动。全球库存预计缓慢增长,将给市场带来信心,库存与使用比率将稳定在49%左右,接近过去10年的水平。

由于产量提高带来生产率提高,预计实际价格在展望初期从下跌中恢复后,将恢复长期下跌趋势(图5.2)。总的来说,实际价格将低于过去20年受生物燃料(乙醇)竞争处于上涨压力之下的平均水平。白糖溢价的绝对实际值预计将略有下降,白糖出口在贸易总额中的份额将略有上升。

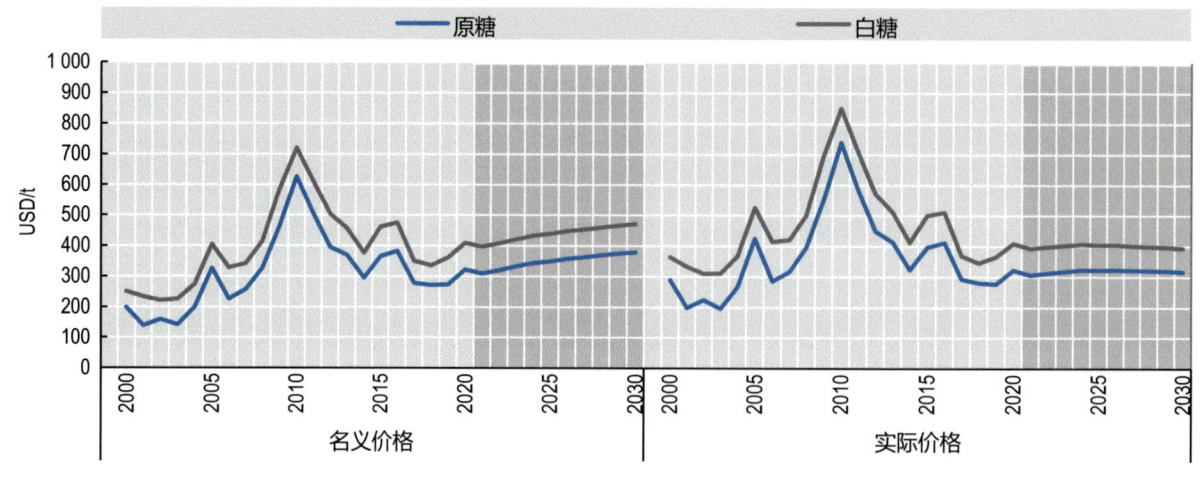

图 5.2 世界糖类价格变化

注:世界原糖价,洲际交易所,第11号合约,近期期货价格;精炼糖价格,泛欧交易所,伦敦国际金融期货交易所,第407号期货合约,伦敦。实际糖价是指美国GDP平减指数调减后的世界名义价格(2020年=1)。

资料来源:经合组织/粮农组织(2021年),《经合组织–粮农组织农业展望》,经合组织农业统计数据库,http://dx.doi.org/10.1787/agr-outl-data-en。

数据库连接2:https://stat.link/wzbc78。

5.4 生产

受益于价格小幅反弹,预计食糖市场在展望期内缓慢复苏。甘蔗作为主要的糖料作物,主要生长在热带和亚热带地区,耗水量大。其为多年生作物,可以在12~18个月后收获,时间大约为5年,产量会随时间推移有所下降。甘蔗不仅可以制糖,还可以生产乙醇(在巴西有一定的灵活性)。除食糖和乙醇外,甘蔗还可以生产糖蜜或浓汁,甘蔗加工的残渣(甘蔗渣)用于提供能源(热电联合发电的原料)。与此相反,甜菜为一年生作物,主要种植在温带地区,其浓汁用于制糖或生产乙醇。甜菜粕和糖蜜是甜菜的两种副产品。甜菜用于生产各种产品,包括食品(糖)、饲料、工业生物产品(药品、塑料、纺织和化学品)和乙醇。在未来10年,糖料作物的两大主要副产品——糖和乙醇的盈利能力预计略有扩大,将导致糖料作物产量的增加。甘蔗将继续占蔗糖作物的约86%,其余部分为甜菜。

在展望期内,预计甘蔗增产来自产量的提高,以及灌溉技术的改进(巴西、泰国、中美洲)和面积的扩大。预计甜菜增产主要来自产量的提高。甘蔗产量预计将以每年1%的速度增长,到2030年将达到19.60亿t,预计巴西和印度将贡献全球产量变化的65%(分别为38%和27%)。甜菜前景并不乐观,预计到2030年,甜菜产量将达到3.02亿t,产量年增长率预计为0.6%,低于过去10年达到的每年1%的水平(图5.3)。与基期相比,预计埃及和美国(各增加440万t)、俄罗斯(+390万t)、中国(+340万t)、土耳其(+300万t)和乌克兰(+260万t)产量将增加,欧盟(-190万t)将减少。相比之下,过去10年欧盟对全球甜菜产量增长的贡献超过了11%。

考虑到新烟碱对蜜蜂可能产生有害影响,欧盟于2018年禁止使用新烟碱,以促进农业可持续发展。这一禁令导致2020年出现甜菜病害(黄色病毒)[①],该季度(2019年10月开始)的糖产量损失超过12%。由于缺乏新烟碱替代品,以及价格不足以吸引对该行业的大规模投资,预计产量增长将较为疲弱。由于气候条件恶劣,俄罗斯糖料作物生产成本居高;在干旱导致低产之后,产量将在2021年恢复,预计增长有限。在美国两种糖料作物均有种植,预计产量将会有所增长,并且两种作物的产糖量将继续保持相同。但投入成本增加(即改进收获技术)和耕地面积减少将在几年后限制甜菜产量的增长。尽管如此,由于甘蔗多年生的稳定特性,预计甘蔗产量仍会增长。

在展望期内,预计用于生产食糖和乙醇的糖料作物比例预计:约81%用于生产食糖(甘蔗为78%,甜菜为96%),22%用于生产乙醇。巴西将保持食糖和甘蔗乙醇的主要生产国地位,到2030年,其甘蔗产量将占世界甘蔗总产量的36%。其甘蔗将用于生产全球20%的食糖和84%的甘蔗乙醇(基期为20%和91%)。

由于全球需求稳定增长,食糖价格具有吸引力,预计到2020年,世界食糖产量将以比过去10年以更强劲的平均增长率增长(每年1.4%对每年0.3%)。预计大多数产量增长将发生在发展中国家,预计到2030年,这些国家将占全球产量的79%(基期为76%)。主要区域是亚洲和拉丁美洲。预计到2030年,亚洲在全球生产中的份额将从基期的39.6%扩大到40.9%;拉丁美洲将从32.1%降至31.8%。

巴西是世界上最大的食糖供应国,在过去的10年里持续负债,但在近期开始重组。在未来10年,假定雷亚尔贬值并实行刺激利率,将有助于提高该行业的盈利能力,并在投入成本上升的情况下吸引新的投资。该国糖业将继续受到生物燃料的挑战,该国一半以上的甘蔗将被用于生产乙醇。总体而言,在展望期内,巴西将继续保持世界最大的食糖生产国和出口国的主导地位,预计到2030年,巴西食糖产量将达到4 100万t(比基期增加580万t)。

---

① 使用新烟碱种子处理的紧急许可在2023年之前授予[No 1107/2009条例(EC)第53条]。

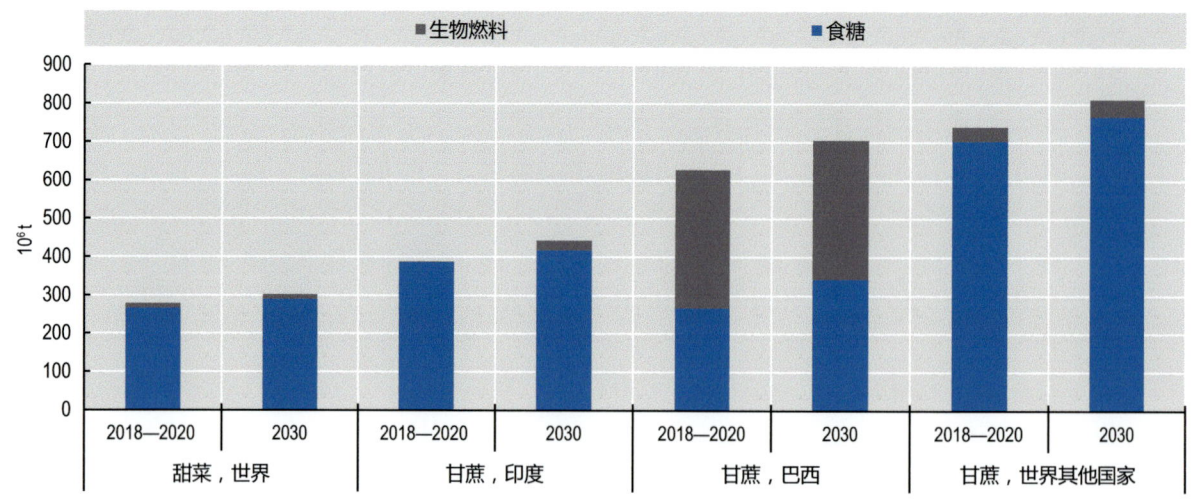

图 5.3 世界糖料作物生产

资料来源：经合组织/粮农组织（2021年），《经合组织-粮农组织农业展望》，经合组织农业统计数据库，http://dx.doi.org/10.1787/agr-outl-data-en。

数据库连接 2：https://stat.link/yxqueg。

印度是世界第二大食糖生产国。由于良好的天气条件和更大规模的种植，在2019年产量下降后，2020年产量预计将大幅回升。在收益的基础上，预计未来10年产量将增加 510 万 t，到 2030 年达到 3 560 万 t。在泰国，预计 2020 年将连续第二年出现低产，预计产量将在 2021 年恢复，并在 2030 年达到 1 360 万 t。据此，泰国将成为全球第四大生产国，欧盟则位于第三。在预测期的前几年，预计中国的甘蔗生产将受益于甘蔗主产省份广西的 2020—2022 年行动计划，该计划旨在实现甘蔗产业的现代化。然而，与邻国相比，其生产成本仍较高。预计到 2030 年，中国食糖产量将达到 1 180 万 t。在巴基斯坦，政府通过向农民保证价格，大力支持食糖行业，预计产量将以每年 2.3% 的速度增长，到 2030 年将达到 760 万 t，而过去 10 年的增幅为 1.8%。

在相关国家和国际投资的推动下，撒哈拉以南的国家扩大生产，加之具有种植糖料作物的适宜条件，包括有利的气候和可用的土地，预计非洲食糖产量将比基期增加 36%，到 2030 年底将达到 1 510 万 t。埃及将成为整体增长的主要贡献者，预计到 2030 年产量将达到 380 万 t，主要是甜菜面积的扩大。尽管产量增长，但非洲将继续只占世界产量的一小部分（2030 年为 7.5%）。

在过去 10 年中，发达国家占全球食糖产量增量的 22%，其中俄罗斯增幅较大。然而，这一份额预计将在预测期内下降至 8%（图 5.4），预计年增长率仅为 0.7%（发展中国家年增长率为 1.6%）。在发达国家中，与基期相比，美国产量预计将增加最多（+70 万 t），主要是受益于支持国内生产的政府政策。美国的政策包括：支持糖价支付给农民的食糖贷款计划；以国内生产覆盖国内消费 85% 为目标的食糖销售配额；"原料灵活性计划"（Feedstock Flexibility Program）将过剩的糖用于乙醇生产，而不是将食糖贷款的没收所得转交给美国农业部商品信贷公司（Commodity Credit Corporation）；以及贸易壁垒使进口量仅限于满足基本需求（通过关税配额、区域协议和与墨西哥的糖业暂停协议）。欧盟和俄罗斯食糖生产水平在未来10年变化较小。欧盟将保持其世界第三大生产区的地位。俄罗斯近年来成功实现自给自足，但仍是高成本生产国，缺乏出口竞争力，在今后10年无法继续大幅增加产量。

因此，全球食糖库存将在未来10年适度增加，但全球库存与使用比率预计将保持不变，接近过去10年的平均水平（49%）。

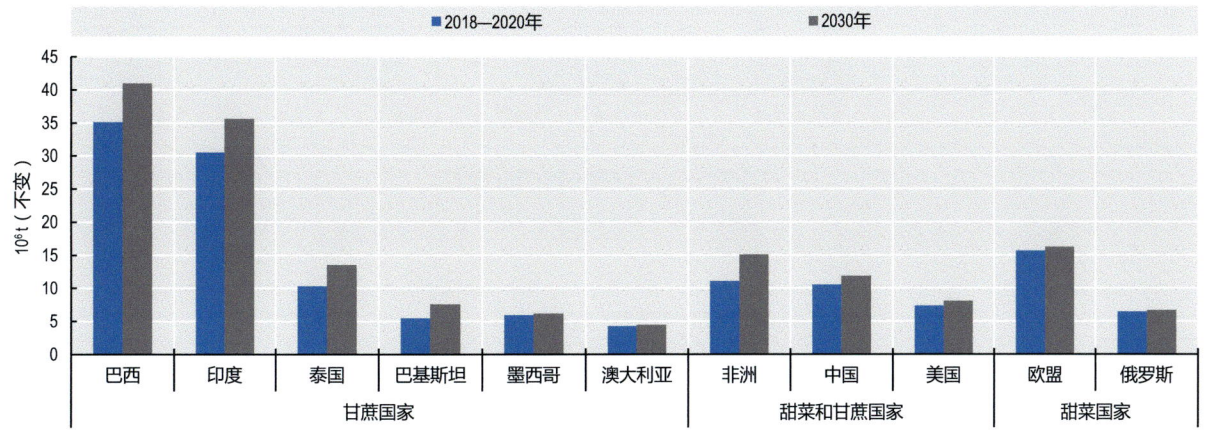

图5.4 按传统作物分类的糖料作物产量

注：数据以tq（telquel）表示。
资料来源：经合组织/粮农组织（2021年），《经合组织－粮农组织农业展望》，经合组织农业统计数据库，http://dx.doi.org/10.1787/agr-outl-data-en。

数据库连接2：https://stat.link/aum9dr。

5.5 消费

在人口和收入增长的支撑下，全球食糖消费量预计将继续以每年1.4%左右的速度增长，到2030年将达到1.96亿t。在展望期间，尽管各区域和国家之间差异较大，但世界人均消费量预计将从22 kg增加到23 kg（图5.5）。一般来说，预计在市场更成熟的高收入经济体中人均消费量会出现下降，其他经济体会出现增长，当其收入较低时，比例会更高。

亚洲（66%）和非洲（30%）对新增需求的贡献最大。在这两个缺糖区域，人均消费水平普遍低于其他区域，增长前景较高。亚洲较高的增长率将源于对高含糖量糖果产品和软饮料的需求增加，一般出现在城市地区，而非洲的较高增长率将源于直接消费的增加。拉丁美洲人均消费水平已经较高，预计到2030年消费增长将相对较小，只有4%。

在亚洲，根据人口增长和食品饮料工业的扩张，预计食糖消费水平的最大增长会出现在印度。在非洲，预计埃及和几个撒哈拉以南国家的总消费量变化最大。在未来10年，亚洲和非洲的人均消费量预计将分别以每年1.1%和0.8%的速度增长。尽管总体增长，但人均消费量预计仍将低于全球平均水平。

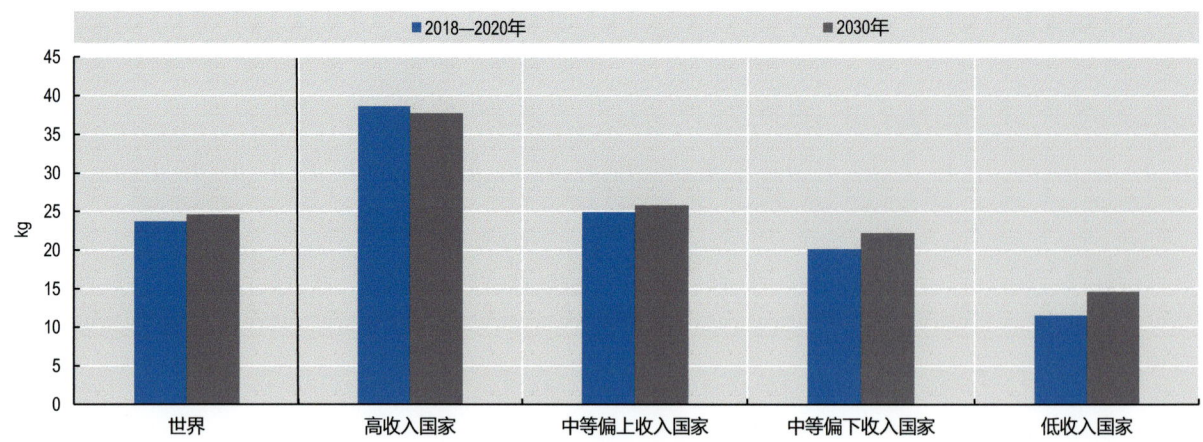

图 5.5　人均甜味剂消费量

注：数据以 tq（telquel）表示。基线中 38 个国家和 11 个地区加总，根据各自 2018 年人均收入分为 4 个收入组。阈值设定为：低：<1 550 美元，中下：<3 895 美元，中上：<13 000 美元，高：>13 000 美元。

资料来源：经合组织/粮农组织（2021 年），《经合组织-粮农组织农业展望》，经合组织农业统计数据库，http://dx.doi.org/10.1787/agr-outl-data-en。

数据库连接 2：https://stat.link/ni0szv。

相比之下，许多发达国家的人均食糖消费量预计将继续下降，因为人们越来越担心食糖过量对健康的负面影响；不健康的体重增加会增加患糖尿病（2 型）、心脏病和蛀牙的风险。一些国家已经对高热量的含糖产品征税，试图减少食糖的消费（2014 年，墨西哥率先在国家层面开始实施）。部分国家或地区颁布禁令，限制向 18 岁以下儿童销售和/或促销含糖饮料或甜品。为应对这一趋势，跨国公司积极做出调整，减少了每种产品的糖分和热量，或者用等量的人工甜味剂代替糖分，甜味剂的味道更甜，但热量更少。

据预测，在发达国家，墨西哥、澳大利亚和新西兰人均高热量甜味剂消费量下降幅度最大，其次是加拿大和西欧国家。在美国，即使高热量甜味剂的人均消费量为世界上最高，但预计依然不会减少太多；科学委员会提出将每日卡路里膳食中添加糖的量从 10%（世界卫生组织建议）降至 6% 的建议，但这一建议没有保留在 2020 年的膳食指南中。然而，食糖在人均热量甜味剂消费中的份额（本《展望》中的另一种热量甜味剂是高果糖玉米糖浆）预计将从过去 10 年的 63% 增加到 2030 年的 68%。俄罗斯人均水平已经较高，因此预计食糖需求不会增长太多。尽管关于是否对糖征税的争论仍在进行，但食糖仍将是一种廉价的热量来源，预计消费者习惯也将不会改变。

由于高果糖玉米糖浆在高热量含糖软饮料方面具有竞争力，其消费量（干重）预计到 2030 年将增长 0.5%，即 60 万 t。高果糖玉米糖浆的全球消费仍将局限于少数国家（图 5.6）。预计中国增幅最大，尽管中国已采取临时保障措施[①]保护其食糖行业，但中国是少数几个人均甜味剂消费量较低的国家之一。作为世界上最大的淀

---

① 从 2017 年 5 月 22 日至 2018 年 5 月 21 日，进口关税由 50% 上调到 95%；从 2018 年 5 月 22 日至 2019 年 5 月 21 日，调至 90%；从 2019 年 5 月 22 日至 2020 年 5 月 21 日，调至 85%。

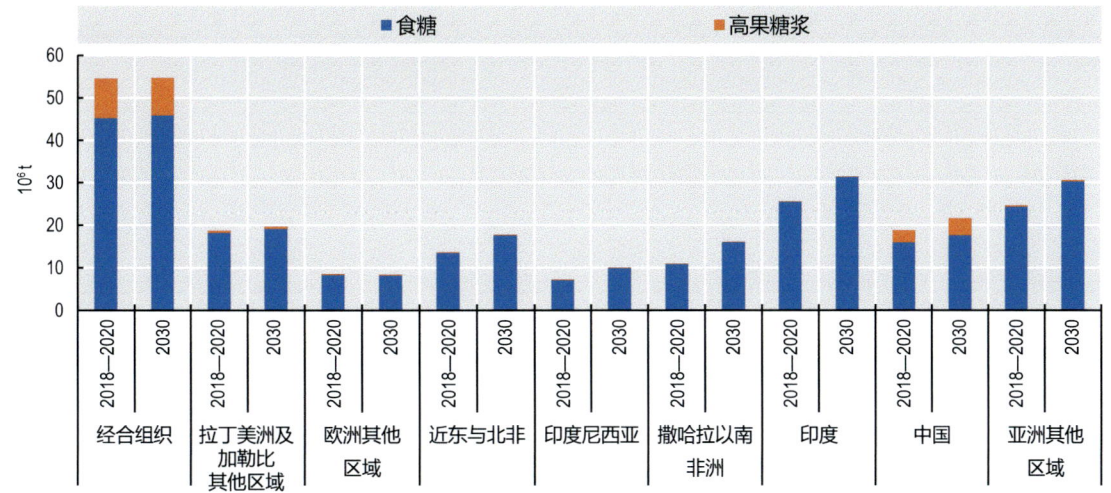

图 5.6 主要区域和国家热量甜味剂消费变化

资料来源：经合组织／粮农组织（2021年），《经合组织－粮农组织农业展望》，经合组织农业统计数据库，http://dx.doi.org/10.1787/agr-outl-data-en。

数据库连接 2：https://stat.link/z2cxrf。

粉生产国，中国预计将增加高果糖玉米糖浆的供应，以满足日益增长的国内需求，尽管缺乏盈利能力可能会抑制这一增长。在欧盟，不同于取消配额制的预测，未来10年高果糖玉米糖浆将更有竞争力，其在高热量甜味剂消费中的份额预计将从过去10年3.5%的平均水平增加到2030年的4.5%。在其他人均高热量甜味剂消费量较高的国家，人均高果糖玉米糖浆消费量预计会下降。在墨西哥，政府减少高热量甜味剂消费的努力将减少食糖消费需求。美国作为高果糖玉米糖浆主产国，其消费预计也将下降，高果糖玉米糖浆在全国热量甜味剂消费中的比例预计将从基期的37%继续减少到2030年的32%，在美国，关于高果糖玉米糖浆是否比食糖存在更大的健康风险的讨论仍在进行。因此，尽管处于领先地位，但美国高果糖玉米糖浆产量预计将下降10%，到2030年将达到620万t。

5.6 贸易

在未来10年，预计食糖出口将保持高度集中，巴西将巩固其作为主要出口国的地位（占全球贸易比重从基期的39%上升到2030年的43%）（图5.7）。展望期内巴西货币对美元贬值将提高其食糖行业竞争力。尽管投入成本有所上升，甘蔗基乙醇生产的回报也可能对食糖生产带来挑战，但糖厂将从出口食糖的激励措施中受益。巴西主要以高等级（VHP）原糖的形式出口食糖，精制糖出口相对较少。巴西出口量预计将占全球贸易增长量的72%，与基期相比增加580万t，主要以原糖形式出口。

在世界第二大食糖出口国泰国，由甘蔗直接生产的乙醇很少（不到2%）；主要用糖浆或木薯生产。预计泰国产量将逐步从当前的低谷中恢复，并在预测期末重新获得国际市场份额，到2030年占世界食糖出口量的14%（基期为13%），食糖出口

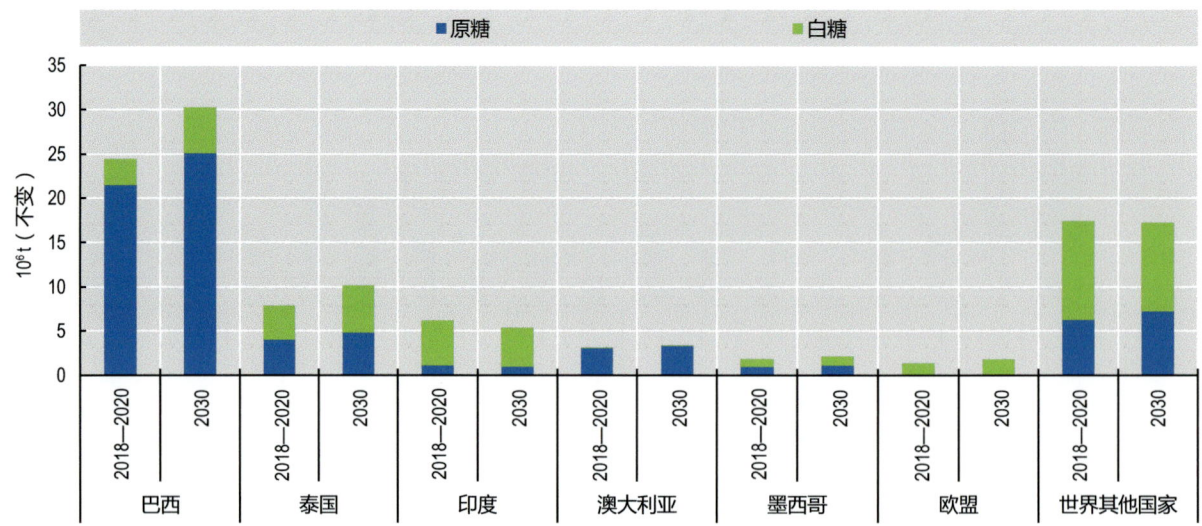

图 5.7　主要国家和区域原糖及白糖出口量

注：数据以 tq（telquel）表示。
资料来源：经合组织／粮农组织（2021 年），《经合组织－粮农组织农业展望》，经合组织农业统计数据库，http://dx.doi.org/10.1787/agr-outl-data-en。

数据库连接 2：https://stat.link/acudyr。

量达到 1 000 万 t。在印度，预计食糖供应充足能够维持较高水平的出口。印度主要出口白糖，并有望在未来 10 年成为第三大食糖出口国。但政府继续努力促进乙醇生产，随着更多的甘蔗转移到乙醇生产，将导致预测期食糖出口增长放缓。在澳大利亚，甘蔗种植将受到灌溉土地供应的限制；鉴于这一限制，预计生产水平将继续接近本季度相对较低的水平，但仍高于国内需求。因此，澳大利亚继续出口本国食糖产量的约 77%。

1968 年，欧盟引入了糖和高果糖玉米糖浆的生产配额，以保证其产量和价格。2017 年配额废除，导致国内价格下降，并摆脱了世贸组织补贴出口限制[①]。产量预计不会增加很多。在欧盟出口不发生重大变化的情况下，预计高果糖玉米糖浆产量将基本满足内部需求。但到未来 10 年末期，欧盟将成为高品质白糖的净出口国。传统上欧盟主要向近东北非区域和远东区域的缺糖国家出口食糖，但其将面临来自在过去 10 年中发展起来的制糖工业的竞争，特别是在近东北非区域，不仅满足国内需求，同时允许出口。近东北非区域严重依赖巴西作为原糖供应商，使该区域容易受到加工供应限制以及汇率和运费波动的影响。此外，在向东非和近东区域出口白糖方面，还面临来自印度的激烈竞争。

世界食糖进口的集中度低于出口（图 5.8）。根据预测，亚洲和非洲的食糖需求将出现最强劲的增长，将反过来影响主要进口国的排名。在基期，印度尼西亚和中国是主要进口国（各 540 万 t），其次是美国（280 万 t）、欧盟（220 万 t）、马

---

① 澳大利亚、巴西和泰国向世贸组织提起申诉，成功将欧盟出口补贴限制在 2006 年的 127.9 万 t。

来西亚（200万t）、韩国（190万t）和印度（130万t）。在未来10年，随着消费量的强劲增长，预计到2030年，印度尼西亚将巩固其作为主要食糖进口国的地位（760万t），其次是中国（600万t）、美国（320万t）、马来西亚（240万t）、韩国（210万t）和印度（150万t）。

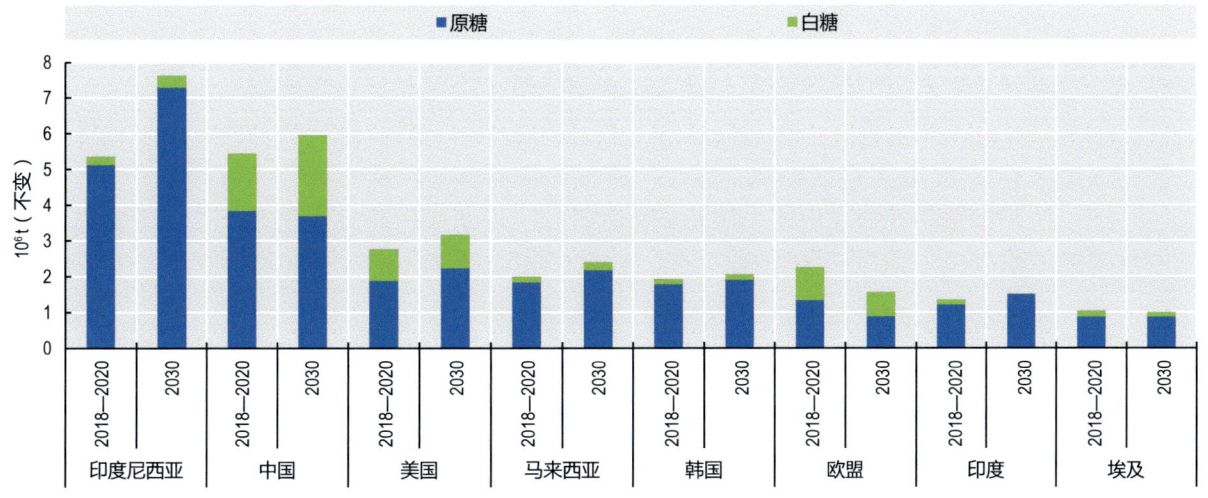

图5.8 主要国家和区域原糖及白糖进口量

注：数据以tq（telquel）表示。
资料来源：经合组织/粮农组织（2021年），《经合组织－粮农组织农业展望》，经合组织农业统计数据库，http://dx.doi.org/10.1787/agr-outl-data-en。

数据库连接2：https://stat.link/64ws7i。

美国作为传统的糖短缺国家，其政策将继续促进国内生产并限制进口。根据世贸组织或自由贸易协定的关税配额分配，以及由于美国出口管制（由美国商务部设定）限制从墨西哥的进口，将对进口流量进行控制。鉴于美国的食糖价格相对较高，墨西哥将继续出口食糖以满足美国的需求。预计墨西哥将转而进口美国的高果糖玉米糖浆，以满足国内对甜味剂的需求。

食糖进口下降预计将主要出现在欧盟、伊朗和南非。自2017年取消食糖配额导致价格下降以来，欧盟与其伙伴国签署的优惠协议已不具备足够的吸引力。欧盟食糖进口预计将满足更低的需求，到2030年将减少到160万t。

5.7 主要问题和不确定性

本《展望》所作的经济假设为2019冠状病毒病疫情仍在持续，并且延迟接种疫苗对2021年的经济复苏带来了不确定性。本《展望》认为，在2020年糖季结束时，封闭和限制措施被解除，餐馆重新开张，外出消费恢复。在短暂的增长之后，消费回到长期增长；但是，疫苗供应和病毒突变可能使恢复情况存在变数。

本《展望》中的预测假设宏观经济稳定，气候条件正常，并对不同变量做出了具体假设，如原油价格、相关政策（如乙醇法规）、消费和生产趋势。这些变数中的任何一个受到冲击都可能导致与预测发生重大偏差，特别是因为生产和贸易集中在少数几个国家。

为了保持竞争力，并考虑到食糖需求的下降趋势，生产商将寻求多样化。在过去的 10 年中，已经开发出从糖料作物中提取新产品：从发酵过程获得的低聚糖可以替代饲料口粮添加的营养物质（赖氨酸），以及生物塑料和化学制品。替代产品的大规模开发可能造成两个传统主要子产品的市场紧张。

鉴于越来越多的证据表明，摄入过多糖分对人类健康产生负面影响，食糖需求的前景存在不确定性。一些政府已经对高热量甜味剂征税以鼓励低消费，这一趋势可能会在未来 10 年得到加强。因此，食品工业采取了积极措施——如调整产品配方，使用包括甜叶菊在内的无热量甜味剂替代，以及减少糖分含量——这些措施也可能被放大。

对巴西的预测存在一些不确定性，特别是关于正在进行的金融整合。对巴西雷亚尔兑美元汇率和石油价格的展望是预测巴西食糖行业动态的两个关键性因素，巴西糖业具有的灵活性，使甘蔗利用在制糖或生产乙醇之间容易切换，其取决于两种主要产品相对盈利的能力。当巴西雷亚尔贬值时，促进了以美元计价的糖制品在国际市场上的出售（反之亦然）。就原油价格而言，乙醇的价格固定在原油价格的 70%，因此必须将乙醇的价格提高到足以让生产商生产乙醇。雷亚尔的升值或贬值直接影响到产业竞争力，并对国际和国内市场产生重大影响。生物燃料方案（RenovaBio）的实施也可能对食糖市场产生重大影响，甘蔗基乙醇的替代原料的潜力也可能对该产业产生影响。

印度的前景存在高度不确定性。消费、生产趋势或有关政策的微小变化都可能对世界市场产生重大影响。例如，该国实现乙醇混合目标的假定发生变化可能对国内和国际市场的食糖供应产生重大影响。同样，相关出口政策的变化也可能对全球市场产生巨大影响。此外，生产和出口历来波动较大，容易影响本《展望》的市场预测。

国际食糖市场的贸易畸形将持续。即使部分世界食糖市场进行了结构性改革（如欧盟和泰国取消食糖配额），但国际食糖价格的变化并没有完全转移到国内食糖生产商和消费者身上。为了保护国内市场，许多国家继续使用贸易政策工具。其中包括：①中国的配额外高关税；②南非以美元为基础的参考价格机制，以确保最低的进口价格；③调整世贸组织关税配额和墨西哥出口限制（美国）；④运输补贴以刺激食糖出口和支持国内食糖价格（巴基斯坦、印度）；⑤进口高关税（欧盟、俄罗斯、美国）；⑥区域贸易协定（《北美自由贸易协定》《欧洲经济伙伴关系协定》"除武器外全部免税协定"）。

6

肉 类

本章对近期肉类市场发展情况进行了阐述,并重点介绍了2021—2030年世界肉类市场的中期预测,讨论了牛肉、猪肉、禽肉和羊肉的价格、生产、消费、贸易发展,以及未来10年影响世界肉类市场的重要风险和不确定性因素。

6 肉 类

6.1 预测要点

受2019冠状病毒病的影响，2020年肉类国际价格下降。物流受阻、餐饮服务和家庭消费减少暂时抑制了一些主要进口国的进口需求。2019冠状病毒病引起的市场动荡降低了肉类净进口的低收入国家收入，严重削弱了家庭购买力，迫使消费者用更便宜的替代品代替肉制品的摄入。如果中国没有因非洲猪瘟（ASF）暴发限制本地生产而大幅增加进口需求，肉类国际价格本会更大幅度下跌。展望初期，饲料成本的显著上涨进一步限制了肉类行业的盈利能力。

《经合组织－粮农组织2021—2030年农业展望》预测，展望期内全球肉类供应将扩大，到2030年达到3.74亿t。美洲和中国畜群规模扩张以及单位生产率的提高（平均屠宰重量、育种改良和更好的饲料配方），将为肉类市场提供支撑。预计中国将占肉类总产量增长的绝大部分比例，其次是巴西和美国。全球肉类生产的增长主要由禽肉生产的增长带动。展望期前三年，由于中国、菲律宾和越南暴发的非洲猪瘟恢复缓慢，猪肉产量的增长仍然有限。在能够保证生物安全的大规模生产设施快速发展的支撑下，预计全球，特别是中国，将在2023年完成恢复。

主要受收入和人口增长的推动，与2018—2020年基期的平均水平相比，2030年全球肉类蛋白质消费预计将增长14%。2030年牛肉、猪肉、禽肉和羊肉供应的蛋白质量预计将分别增长5.9%、13.1%、17.8%和15.7%（图6.1）。然而，在高收入国家，消费者偏好的变化、人口老龄化和人口增长放缓将导致人均肉类消费量趋于平稳，并倾向于消费更高价值的肉类产品。

肉类消费正在向禽肉转移。在低收入发展中国家，这反映了与其他肉类相比，

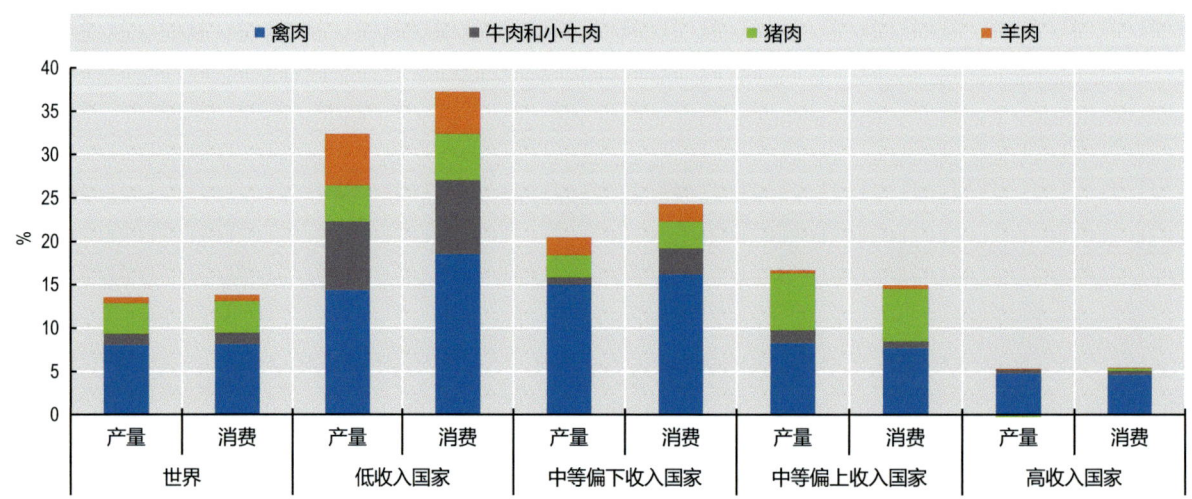

图6.1 2021—2030年以蛋白质为基础计算的肉类产量和消费量增长率

注：基线中38个国家和11个地区加总，根据各自2018年人均收入分为4个收入组。阈值设定为：低：<1 550美元，中下：<3 895美元，中上：<13 000美元，高：>13 000美元。

资料来源：经合组织/粮农组织（2021年），《经合组织－粮农组织农业展望》，经合组织农业统计数据库，http://dx.doi.org/10.1787/agr-outl-data-en。

数据库链接2：https://stat.link/cfp51e。

禽肉的价格较低，而在高收入国家，这表明人们越来越喜欢白肉，因为白肉制作起来较为方便，并且被认为是一种更健康的食物选择。预计到2030年禽肉将占全球肉类蛋白质的41%，比基期增加2个百分点。其他肉类产品的全球份额将更低：牛肉（20%）、猪肉（34%）、羊肉（5%）。随着非洲猪瘟对中国猪肉价格影响减弱，预计到2023年中国人均肉类消费将回归长期趋势。因此，在预测期内，1/3的肉类消费增长源于猪肉。从基期到2030年，中国将占猪肉消费增量的70%。考虑这些因素，2030年全球人均肉类消费量预计年均增长0.3%，将达到35.4 kg（零售重量当量）。这些增长一半以上源于人均禽肉消费量的增加。

国际肉类贸易将扩大以满足亚洲和近东国家日益增长的需求，这些国家的产量在很大程度上仍无法满足需求。近年来，由于膳食结构中畜禽产品比重加大，一些中等偏上收入亚洲国家的进口需求一直在稳步增长。国际贸易协定已经把肉类产品特殊条款列为其中一部分，以扩大市场准入和创造贸易机会。

本《展望》预测，随着高收入国家的需求从2019冠状病毒病疫情中恢复，2021年牛肉、猪肉和禽肉的名义价格将恢复。由于在其他国家，特别是肉类需求收入弹性高的中等收入国家，收入和消费支出将恢复，预计到2025年，尽管涨幅不大，名义价格将进一步上涨。在预测期的前几年，部分亚洲国家特别是中国的供应限制将导致进口需求增加和价格上涨。这对猪肉行业尤其重要，因为非洲猪瘟带来的损失已导致亚洲猪肉产量下降。

在2018—2020年基期内，肉类生产产生的温室气体排放量（GHG）约占农业排放总量的54%（以CO_2当量计算）。2030年肉类行业的排放量将增加5%，远低于肉类生产的增幅，这主要是因为禽肉产量增长以及肉类单位产出预计将增加。采用新技术减少甲烷排放可以进一步减少未来单位排放量，如目前尚未广泛使用的饲料添加剂。

动物疾病暴发，公共卫生限制与贸易政策将影响世界肉类市场发展变化。全球预防和控制非洲猪瘟蔓延所做努力的效果将显著影响国际肉类贸易量的增长。目前仍不确定全球进口需求增加多少才能满足受非洲猪瘟引发的肉类短缺。预计这将增加展望初期肉类的价格波动。现有或者未来贸易协定的形式（如非洲大陆自由贸易区或区域全面经济伙伴关系协定）将影响展望期内全球及双边贸易流动规模和肉类贸易模式。

本《展望》预计2019冠状病毒病疫情对经济影响是短期的，主要通过降低高价值肉类产品需求的收入效应来影响肉类行业。餐饮服务行业的复苏道路仍存在一些不确定性，餐饮业代表了肉类消费的很大一部分，尤其是没有完全被零售销售取代的高价值肉品。鉴于卫生协议和人员流动限制已导致部分肉类加工场和屠宰场运营能力降低，这些不确定性还可能影响肉类供应和加工。

本《展望》预计消费者的偏好将按照历史经验演变，收入和价格将影响膳食。然而，其他可能影响肉类中期展望的因素变化速度比过去几年观察到的更快，包括消费者对低肉类蛋白质消费的偏好和态度。尽管基数较低，但是其他蛋白质来源的出现，如人工种植的植物性肉类替代物，以及劳动密集型加工、包装（包括贴标签）和分销部门的自动化也将影响预测结果。

6.2 近期市场发展情况

受疫情影响，2020年国际肉类价格下降，一些主要消费国和进口国的肉类需求暂时减少。物流受阻、餐饮服务减少、收入降低导致的家庭支出减少都是需求减少的原因。如果中国没有因为非洲猪瘟继续限制本地的生产而大幅增加肉类进口，国际肉类价格的跌幅会更大。

2020年全球肉类产量保持稳定，约为3.28亿t，禽肉和羊肉产量的增加抵消了猪肉和牛肉产量的减少。在中国需求大幅增加的推动下，2020年禽肉产量预计为1.34亿t，比2019年增长1.2%。

持续暴发的非洲猪瘟是导致东亚区域特别是中国猪肉产量下降的主要原因。由于可供屠宰的牲畜有限（澳大利亚、新西兰和欧盟），动物福利相关法规，以及加工部门（印度）采购和运输牲畜，一些主要生产国的牛肉产量也下降了。

2020年全球肉类进口按预期应达到3 630万t，同比增长6.3%，主要由非洲猪瘟引发的中国进口增加带动；如果不考虑中国，全球肉类进口减少了140万t，降幅为4.3%。主要出口国（包括巴西、加拿大、欧盟、俄罗斯和美国）贡献了很大一部分的肉类进口需求。

6.3 价格

肉类价格预计将在2020年从2019冠状病毒病导致的最低点回升，并在中期随着需求复苏和饲料成本增加而适度上涨；但是，价格预计将远低于10年前的峰值（图6.2）。尽管每个细分品种对近期冲击的生物供给反应力度不同，但是所有肉类名义价格预计将上涨。然而，名义肉类价格与饲料价格的比值预计将下降，尽管与近年的速度相比有所放缓（图6.3）。这一比值的下降趋势反映了该行业的饲料生产率不断提高，即单位肉类产品生产所需的饲料更少。然而，更高的饲料成本进一步阻碍了展望初期肉类生产的盈利能力。

所有肉类价格较2018—2020年基期水平预计将下降，并随着肉类生产成本实际价格的下降回到长期实际趋势。羊肉例外，由于乳制品实际价格长期上涨导致牧场机会成本不断上升，新西兰的出口受到限制，羊肉的价格呈现上涨趋势。展望初期，交易频繁的太平洋市场猪肉参考价（以美国国家基准价格为代表）将会上涨，以满足尤其是中国的强劲需求，但将受到巴西、欧盟和美国不断增加的出口供应的抑制。由于禽肉生产成本中饲料成本占很大比例，而且禽肉生产对全球需求增加的反应迅速，禽肉价格（以巴西鲜、冷、冻出口价格为代表）预计将紧跟粮食价格。牛肉价格（以美国选择控制价格为代表）预计将从周期性较低的基期水平上涨，但由于阿根廷、澳大利亚和美国等重要出口国的供应和牛存栏水平增加，牛肉价格上涨有限。

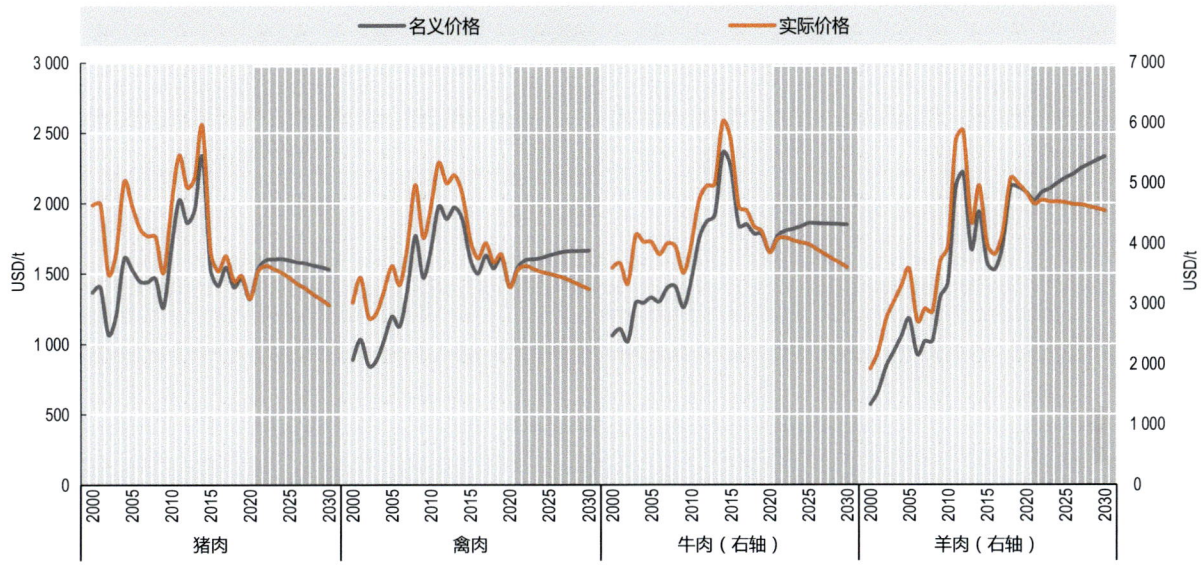

图 6.2　世界肉类参考价格——名义价格上涨，实际价格下跌

注：实际价格是按美国 GDP 平减指数调减后的世界名义价格（2020 年 =1）。美国巴罗斯和小母猪，国家基础瘦肉率 51%~52% 分割胴体重。巴西：鸡肉出口单位价值（离岸价）产品重量。美国精选肉用公牛，5 个区域直选分割胴体重。新西兰羊肉价格分割胴体重，各等级平均值。

资料来源：经合组织 / 粮农组织（2021 年），《经合组织 – 粮农组织农业展望》，经合组织农业统计数据库，http://dx.doi.org/10.1787/agr-outl-data-en。

数据库链接 2：https://stat.link/0akovw。

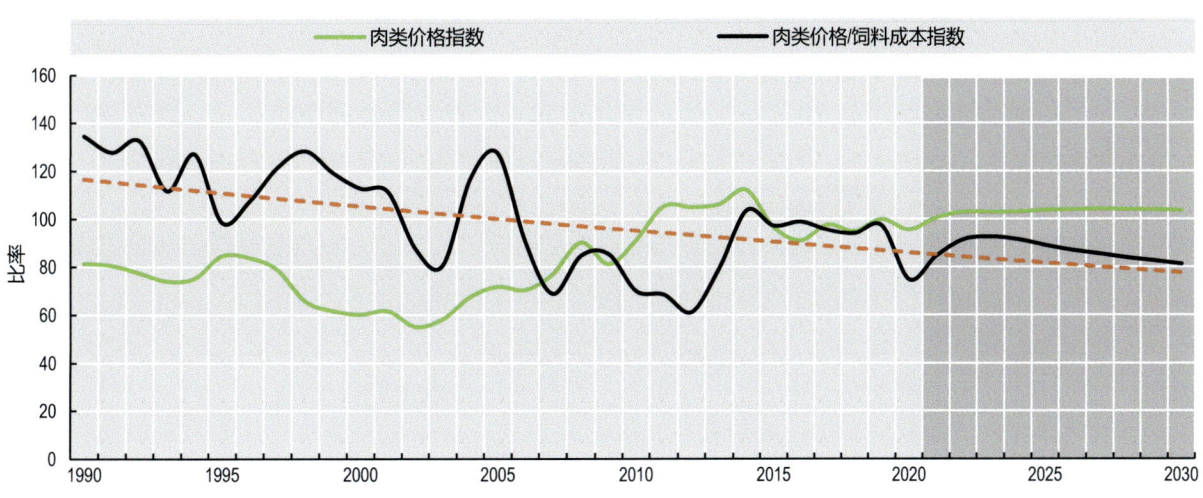

图 6.3　粮农组织肉类食品价格指数及其与饲料价格的比率

注：指数：2014—2016 年平均值 =100。肉类价格指数根据 4 种肉类的平均价格计算得出。

资料来源：经合组织 / 粮农组织（2021 年），《经合组织 – 粮农组织农业展望》，经合组织农业统计数据库，http://dx.doi.org/10.1787/agr-outl-data-en。

数据库链接 2：https://stat.link/74lk19。

6.4 生产

到2030年，由于后疫情时代肉类价格反弹，尤其是在展望期前几年盈利水平会更高，预计全球肉类产量将增加近4 400万t，达到3.73亿t（图6.3）。总体上，大部分肉类生产增长将发生在发展中区域，占新增产量的84%。亚太区域的市场份额在非洲猪瘟期间有所下降，预计将恢复到41%，主要由于世界上最大肉类生产国中国的份额增长。世界五大肉类生产国（中国、美国、欧盟、巴西和俄罗斯）的产量占比将逐渐下降，这表明全球的生产基础正在扩大。在全球范围内，特别是在新兴发展中国家，低实际利率将促进畜牧业扩张，以及生产单位规模扩大和整合，以形成更加一体化的生产系统（图6.4）。

禽肉仍将是肉类产量增长的主要推动力，尽管展望期内增速会比过去10年有所放缓。与其他反刍动物相比，禽肉良好的肉料比再加上生产周期短，使生产者能够迅速对市场信号做出反应，同时能够快速改良基因，改善动物卫生，改进饲养方法。由于中国、巴西和美国的生产率持续提高，以及在欧盟的投资（由于匈牙利、波兰和罗马尼亚的生产成本较低），生产将迅速扩大。由于短期内猪肉消费减少使禽肉消费受益，预计亚洲禽肉生产规模将迅速扩张。

2030年，猪肉产量预计将增加到1.27亿t，与受非洲猪瘟影响而减少的2018—2020年基期水平相比增加13%，这也得益于比牛肉更高的肉料比[①]。2018年底开始在亚洲各地暴发的非洲猪瘟将在展望前期继续影响很多国家，其中，中国、菲律宾和越南受到的影响最大。据预测，直到2023年，非洲猪瘟将使全球猪肉产量持续低于此前的峰值水平，此后预计将在展望期剩余时间内稳步增长。本《展望》预计中国和越南的猪肉产量将于2021年开始增加，并于2023年达到2017年的水平。受非洲猪瘟影响区域的大部分猪肉产量增长将是由"后院生产"设施向商业生产设施转移的结果。由于环境和公众关注会限制生产扩大，欧盟的猪肉产量预计将略有下降。由于进口禁令、国内调整和刺激生产的政策，俄罗斯作为全球第四大猪肉生产国，在过去10年的猪肉产量几乎翻了一番。预计到2030年产量将再增加10%。

2030年，牛肉产量预计将增长到7 500万t，仅比基期高出5.8%。增长缓慢的原因是，随着消费者偏好转向禽肉，牛肉需求疲软。由于人口的高速增长，撒哈拉以南非洲的增长最为强劲，预计将达到15%。在牛肉的主要生产和出口区域，增长将较为温和。北美作为最大的牛肉产地，预计到2030年牛肉产量将增长6%。欧洲的产量预计将下降5%，因为牛奶行业生产率提高后，占牛肉供应约2/3的奶牛存栏量将减少，从而减少牛奶行业的收益。限制欧盟这一行业增长潜力的其他因素包括：利润率低导致的奶农数量减少、出口市场竞争加剧以及国内需求下降。澳大利亚牛肉供应仍将偏紧，高于平均水平的牧草产量促使农民增加家畜存栏，这与过去几年

[①] 除非另有说明，百分比变化是指2030年相对于基期（2018—2020年）平均值的变化。

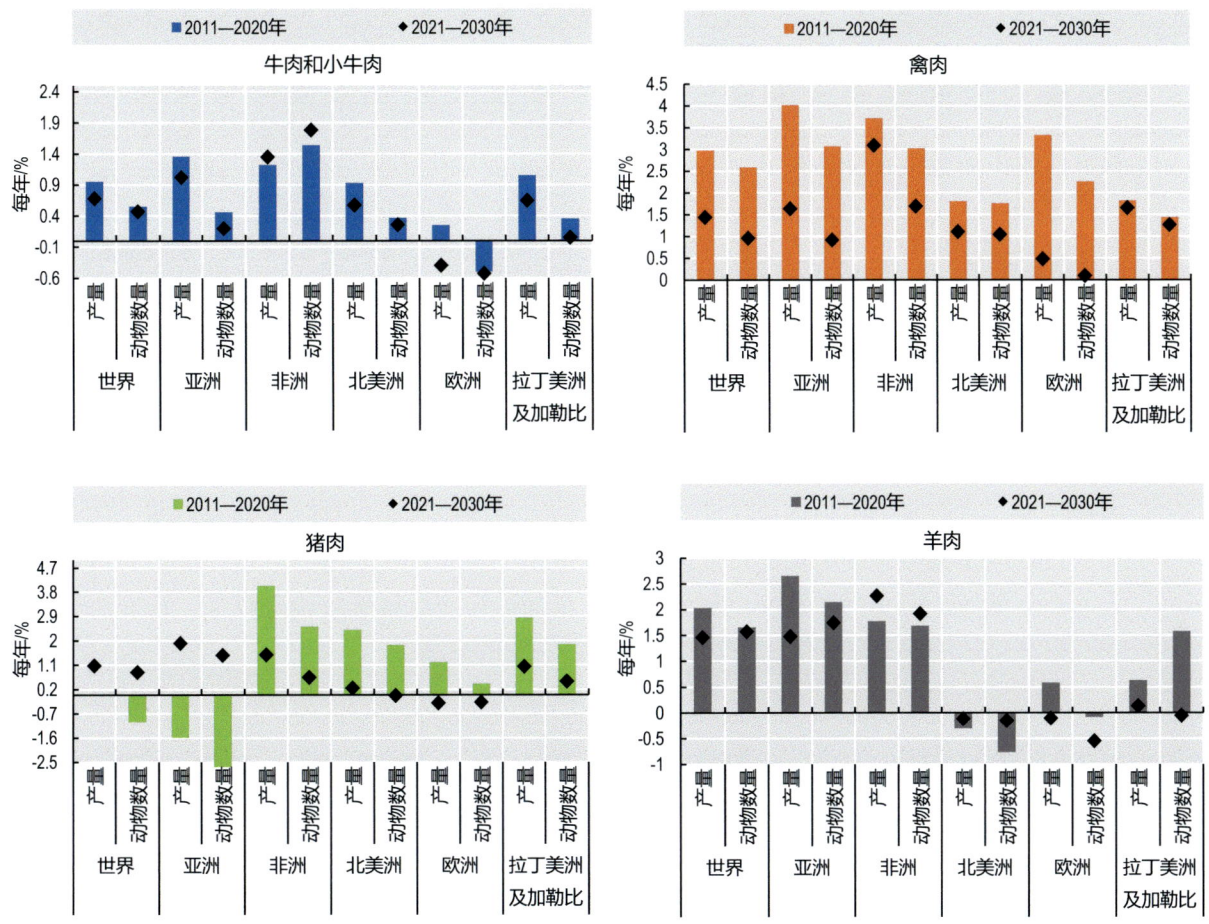

图6.4 按种类划分的肉类产量和动物存栏量

资料来源：经合组织／粮农组织（2021年），《经合组织－粮农组织农业展望》，经合组织农业统计数据库，http://dx.doi.org/10.1787/agr-outl-data-en。

数据库链接2：https://stat.link/imqce8。

普遍存在干旱的情况相比变化显著。牛肉生产有望逐步恢复，但畜群恢复预计需要数年时间。由于影响动物福利的收集运输法规改革，2030年印度牛肉产量预计将下降33%；这些预计在展望期内保持不变。总体来说，短期内牛肉生产者增加屠宰量的能力较弱，但在增加胴体重量方面灵活度更大，这意味着除非发生严重干旱，展望前期牛肉产量将归因于更高的效率而不是更多的屠宰量。

羊肉产量的增长将主要来自亚洲（以中国、巴基斯坦和印度为主），但是产量的显著增长预计将发生在非洲，特别是撒哈拉以南非洲最不发达的国家。尽管一些国家受城镇化、荒漠化和饲料供应限制，但绵羊和山羊都能很好地适应该区域和它粗放的生产系统。由于主要出口国新西兰的牛肉和乳制品生产给牧场带来的持续竞争及澳大利亚长期干旱的天气，从2017—2020年澳大利亚的绵羊数量从7 200万只下降到6 300万只，大洋洲的羊肉产量增速预计将适度增长。鉴于欧盟主要生产国的自愿支持，欧盟羊肉产量预计将保持稳定。

预计2019冠状病毒病和动物疾病[非洲猪瘟和高致病性禽流感（HPAI）]造成

的影响在短期内会趋向正常，饲料市场不会受到进一步的严重冲击。因此，随着生产进一步集约化和效率提高，中期肉类供应将随着需求的增加而增加。如果情况发展不同，这些预测需要相应地修改。

温室气体排放量将缓慢增加

据估计，人类和作为食物来饲养的动物占地球上所有哺乳类动物的96%，家禽占所有活禽的70%。未来10年，饲养的肉类动物存栏量将增加，家禽、猪、肉牛和羊将分别增长11%、9%、2%和18%。这些预测意味着虽然与10年前相比有所放缓，净肉率仍会增长，也代表动物存栏量生产率将继续增长，家禽、猪、肉牛和羊将分别增长6%、3%、4%和2%。畜群存栏的变化和生产率提高反映在肉类行业排放量上，2030年预计排放量将增加5%。这一增长远低于肉类产量的增长，主要是由于向家禽生产的转变、国家低碳排放措施以及生产率的提高，即单位牲畜产肉量更高。目前减少甲烷排放量的新技术应用还不广泛，如饲料添加剂和海藻，预计可以进一步减少未来的单位排放量。与肉类相关的温室气体排放量增长最快的将是非洲（图6.5）。进一步减少温室气体排放量的措施包括碳排放税等政策、特殊法规，以及对采用减少行业碳足迹的技术和生产系统的激励。

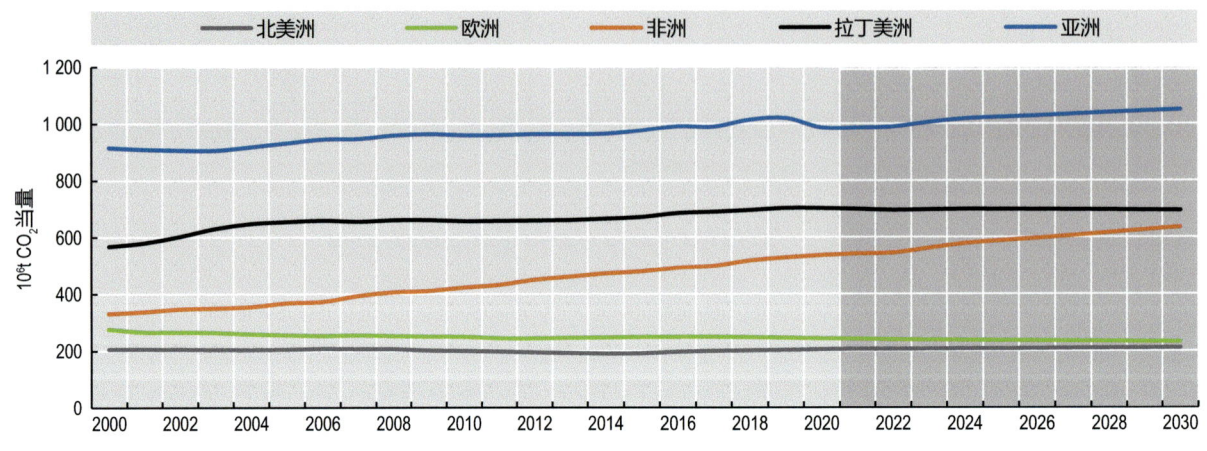

图 6.5　非洲肉类温室气体排放增长最快

注：估计值来自粮农组织统计数据库（FAOSTAT）中农业排放数据库的历史时间序列外推的展望数据库。与任何展望变量（有机土壤耕作和热带稀树草原燃烧）均无关的排放类型保持在其最新可用值不变。

资料来源：粮农组织（2021年），粮农组织统计数据库（FAOSTAT）农业排放数据库，http://www.fao.org/faostat/en/#data/GT；《经合组织－粮农组织农业展望》，经合组织农业统计数据库，http://dx.doi.org/10.1787/agr-outl-data-en。

数据库链接2：https://stat.link/78thq3。

6.5　消费

决定肉类消费的因素是复杂的。人口统计、城市化、收入、价格、传统、宗教信仰、文化规范以及环境、伦理/动物福利和健康问题等关键因素都不仅影响肉类消费水平，也影响消费类型。在这些因素影响下，过去几十年许多国家和地区发生了相当大的变化。人口增长显然是消费增长的主要驱动力，2030年全球人口预计增长 11%，将推动全球肉类消费较本《展望》基期增长 14%（图 6.6）。这也是预计非洲肉类消费将增长 30%、亚太区域增长 18%、拉丁美洲区域增长 12% 的主要原因；预计欧洲肉类消费将增长 0.4%，北美将增长 9%。

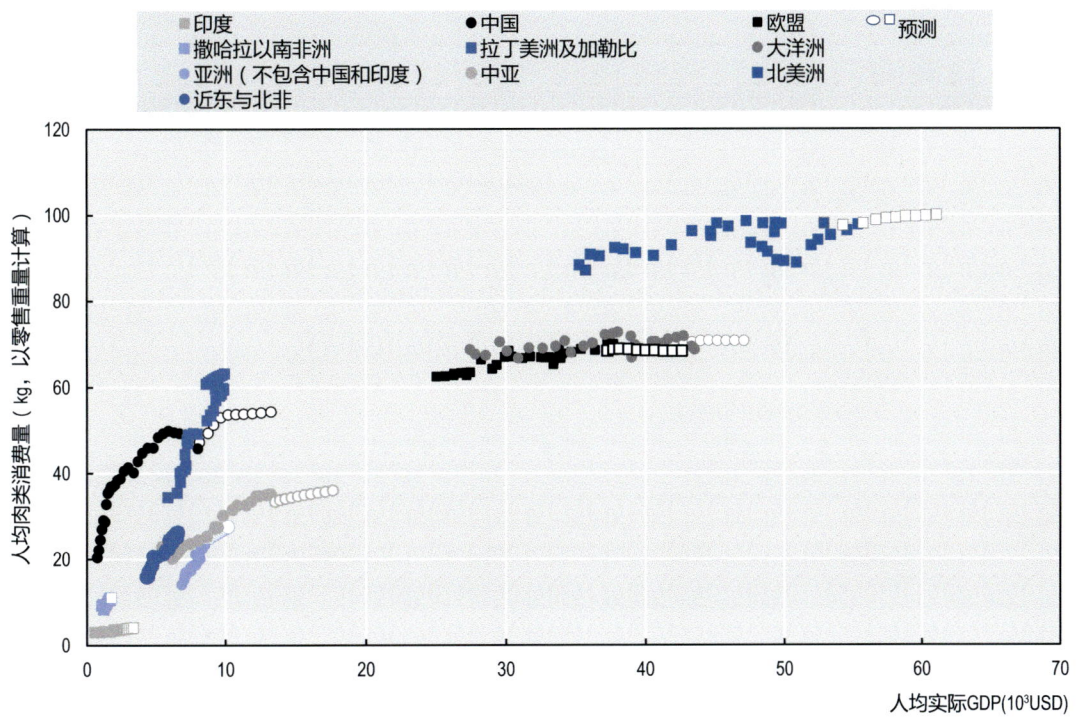

图 6.6 1990—2030 年各地区收入对人均肉类消费量的影响

资料来源：经合组织 / 粮农组织（2021 年），《经合组织 – 粮农组织农业展望》，经合组织农业统计数据库，http://dx.doi.org/10.1787/agr-outl-data-en。

数据库链接 2：https://stat.link/4m1dvx。

经济增长是肉类消费的另一个重要驱动力。肉类通常是一种更加昂贵的热量和蛋白质来源，收入增长使人们能够购买肉类产品。其他结构性变化也会推动肉类消费，如更高程度的城市化，更高的劳动就业率以及刺激购买更多肉类的餐饮服务支出。低收入人群人均肉类消费的收入效应明显较高，高收入人群相对较低，因为消费已经很大程度上饱和，并受到环境、伦理及动物福利和健康问题等因素的制约。

关于消费者行为的实验性证据表明，与碳水化合物等食品相比，收入增长会促使消费者消费更多动物蛋白等高价值食品。一般来说，1990 年以来的证据表明这种转变是微不足道的（图 6.7）。在中等偏上收入国家，肉类蛋白质占全部可获得蛋白质的比重有所增加，但是在中等偏下收入国家与低收入国家，当近来收入增加没有高到能够刺激膳食转变时，或者在高收入国家膳食保持不变时，肉类消费增长较少或者完全没有增长。预计未来 10 年这些趋势不会有太大改变。实际上，在中等偏下收入国家，特别是低收入国家，较高的收入可能会导致较高的人均食品消费，但不一定会提高膳食中肉类的占比。

6 肉 类

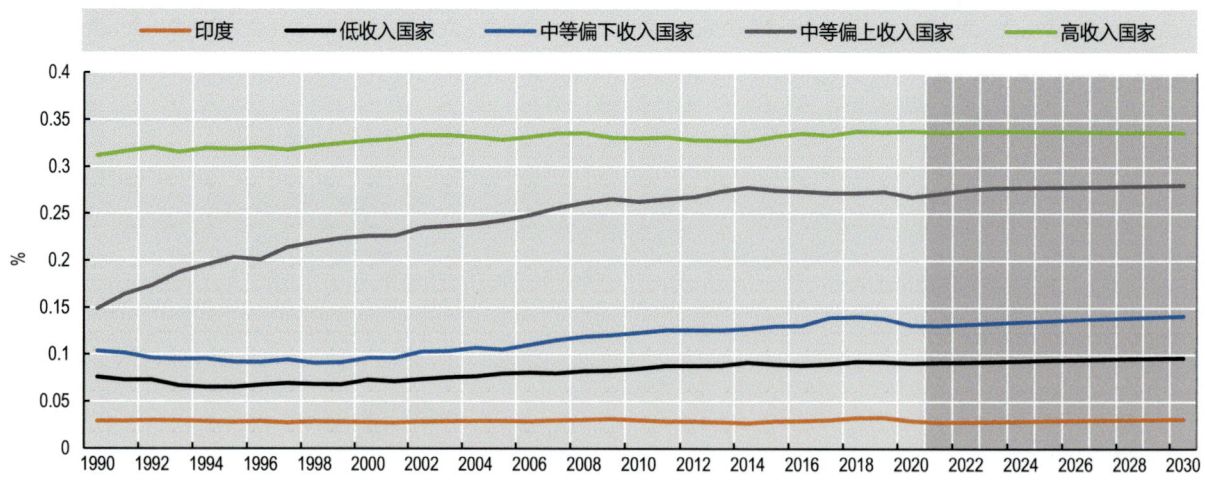

图 6.7 食物消费结构向肉类的边际转移

注：基线中 38 个国家和 11 个地区加总，根据各自 2018 年人均收入分为 4 个收入组。阈值设定为：低：<1 550 美元，中下：<3 895 美元，中上：<13 000 美元，高：>13 000 美元。中下收入类别不包括印度。

资料来源：经合组织/粮农组织（2021 年），《经合组织－粮农组织农业展望》，经合组织农业统计数据库，http://dx.doi.org/10.1787/agr-outl-data-en。

数据库链接 2：https://stat.link/pha74v。

几乎所有国家和地区的禽肉消费都在增加（图 6.8）。禽肉以更低的价格、更好的稳定性和适应性、更高的蛋白质或更低的脂肪含量吸引了消费者。展望期内全球禽肉消费预计将增加到 1.52 亿 t，占肉类消费增量的 52%。禽肉人均消费量预计将保持强劲增长，这反映了禽肉在中国和印度等人口众多的发展中国家国民膳食中的重要作用。

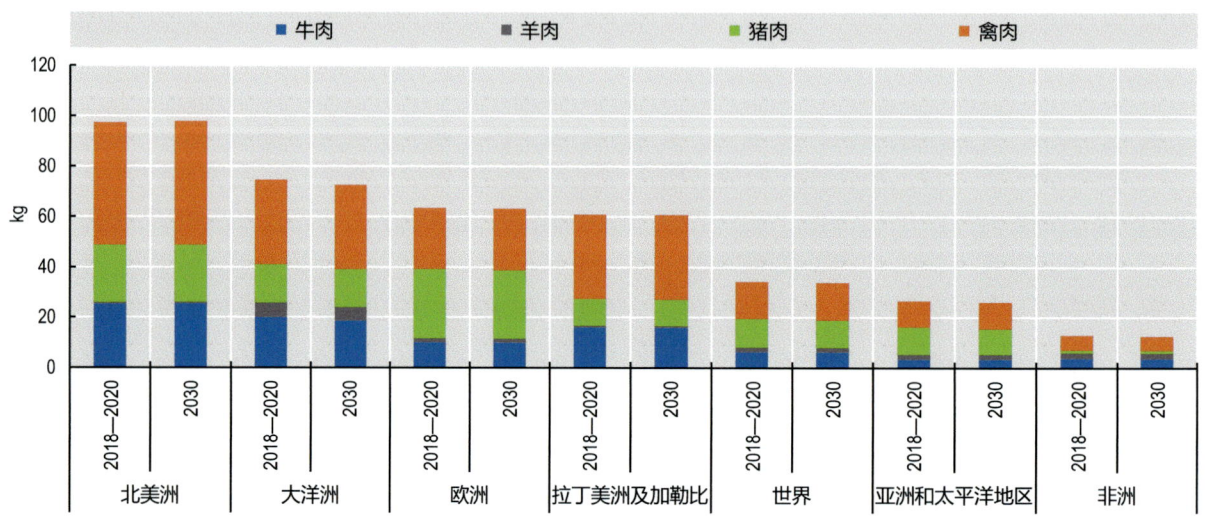

图 6.8 人均肉类消费：禽肉持续上涨，牛肉下跌

注：人均消费以零售重量计算。

资料来源：经合组织/粮农组织（2021 年），《经合组织－粮农组织农业展望》，经合组织农业统计数据库，http://dx.doi.org/10.1787/agr-outl-data-en。

数据库链接 2：https://stat.link/vjrl3w。

未来10年，全球猪肉消费量预计将增至1.27亿t，占肉类消费增长总量的33%。尽管大多数发达国家的人均消费量下降，但展望期内人均猪肉消费量预计略有增长。例如，欧盟人口结构变化将导致更倾向禽肉消费而非猪肉，前者不仅更便宜，而且被认为是一种更健康的食物选择。发展中国家人均猪肉消费量是发达国家的一半，展望期内预计将略有增加。拉丁美洲大部分地区增长率将保持不变，猪肉由于相对较低的价格而成为受欢迎的肉类品种之一，与禽肉共同满足中产阶级日益增长的需求，该区域的人均猪肉消费量已经在迅速增长。一旦非洲猪瘟的影响减弱，猪肉消费的传统区域（亚洲）人均消费量将有所增加。

全球人均牛肉消费量自2007年以来已经持续下降，预计到2030年将再下降5%。尽管亚太区域人均牛肉消费量基数较低，但却是人均牛肉消费量唯一增长的区域。从绝对值看，中国是世界上第二大牛肉消费国，人均牛肉消费量在过去10年增长了35%，预计到2030年将再增长8%。但是大多数人均牛肉消费量较高的国家牛肉消费水平将下降，转而消费禽肉。例如，美洲是世界上最偏爱牛肉的区域之一，阿根廷、巴西、美国和加拿大人均牛肉消费量将分别下降7%、6%、1%和7%。澳大利亚和新西兰的人均牛肉消费量预计也将明显下降。

羊肉市场在一些国家是利基市场，在很多其他国家的膳食中羊肉被认为是优质食材，展望期内全球羊肉消费总量预计将增加到1 800万t，占肉类消费增量的6%。全球发展中国家和发达国家的人均羊肉消费量是相当的。有羊肉消费传统的许多近东和北非（NENA）国家的禽肉消费将增加，人均羊肉消费量预计将继续长期下降。该区域需求增长与石油市场相关，由于石油市场对中产阶级的可支配收入和政府支出模式都有重大影响。

6.6 贸易

2030年全球肉类出口预计较基期增长8%，达到4 000万t。与过去10年相比，肉类贸易增长速度可能会大幅放缓，但这在很大程度上是由于亚洲，尤其是中国在非洲猪瘟期间猪肉贸易居高不下。2030年肉类贸易量占总产量的比例预计将稳定在11%左右。

未来10年，进口增长将主要来自禽肉和牛肉，其中禽肉贡献最大。禽肉和牛肉预计占亚洲和非洲肉类进口增量的大部分，这些区域的消费增长速度将超过其国内生产扩张的速度。

肉类出口较为集中，展望期内巴西、欧盟和美国3个最大肉类出口市场的出口总额预计将保持稳定，占全球肉类出口的60%。由于货币贬值和饲料粮生产过剩，传统肉类出口国拉丁美洲国家将在全球肉类贸易中保持较高份额。最大禽肉出口国巴西将以22%的市场份额成为最大的牛肉出口国。考虑到展望期内关于动物福利的政府改革仍将持续，2030年印度牛肉出口将暴跌53%，至60万t；2020年出口下降了14%，2021年预计将进一步下降26%（图6.9）。肉类贸易在价值上以牛肉为主，但是在数量上越来越多地以禽肉为主。

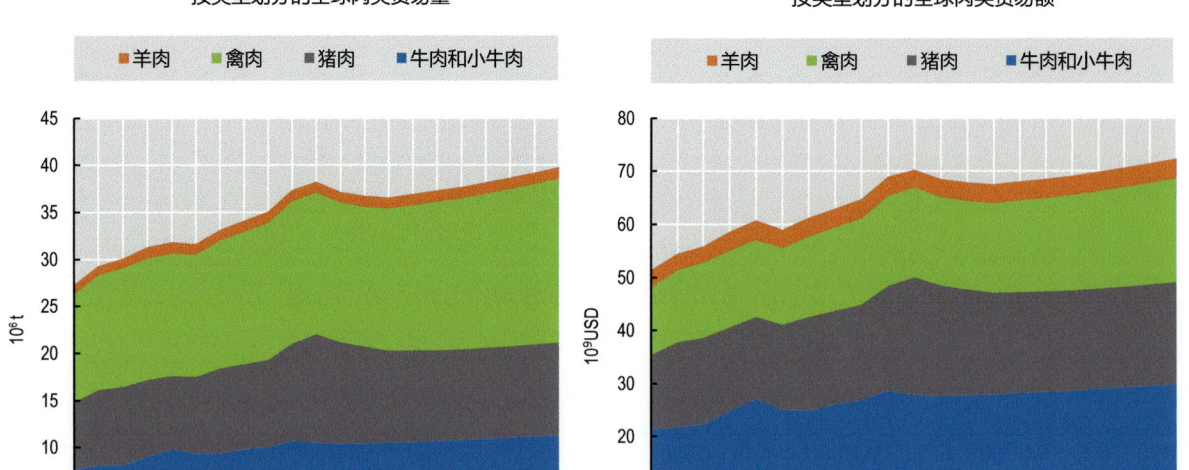

图 6.9　肉类贸易额以牛肉和小牛肉为主，但贸易量逐渐以家禽为主

注：出口额按 2014—2016 年美元不变价格计量。
资料来源：经合组织／粮农组织（2021 年），《经合组织－粮农组织农业展望》，经合组织农业统计数据库，http://dx.doi.org/10.1787/agr-outl-data-en。

数据库链接 2：https://stat.link/8u4ot6。

按总量算，非洲进口需求增长最快，比基期增加 140 万 t，增幅为 48%。2030 年亚洲区域将占全球贸易的 52%。菲律宾和越南肉类进口增幅最大，其中越南禽肉进口增幅最大。虽然在展望早期，中国肉类进口将保持高位，但随着猪肉生产从非洲猪瘟中恢复，展望期后半程的进口量将逐渐下降。中国对猪肉进口需求的增加预计将给巴西、加拿大、欧盟和美国带来巨大利润。本《展望》预计俄罗斯 2014 年例行延长的肉类进口禁令的长期影响将持续到 2021 年底，这将刺激俄罗斯国内生产，肉类进口水平预计将继续下降。

澳大利亚和新西兰的羊肉出口已经从新西兰元和澳元对美元的疲软，以及全球需求强劲中受益。非洲猪瘟暴发期间，中国对羊肉的需求预计将显著增长，对中国的出口量预计将保持较高水平。这与展望期上半程英国和欧洲需求减少形成对比。近东和北非区域进口预计将增加。因此，澳大利亚预计将以牺牲绵羊为代价继续增加羔羊肉产量。随着绵羊养殖转向奶牛养殖，新西兰羊肉出口增长预计微乎其微。

6.7　主要问题和不确定性

有几个假设推动肉类市场中长期前景的分析结果。第一个问题是人类和动物疾病对肉类市场的影响。2019 冠状病毒病显然影响了 2020 年的肉类市场，并将对中期产生影响，因为消费者需求减少将对农产品价格和生产形成下行的压力。本《展望》预测疫情对经济增长和人员与商品流动限制的影响将是短期的，2021 年将开始复苏。然而，任何流行病的延长以及缓慢的经济复苏都可能影响加工、运输和贸易中的物流供应。同时，随着各国复苏，就疫情对餐饮、酒店和旅游行业的影响程度而言，疫情对肉类需求的影响将是重大的。

非洲猪瘟、高致病性禽流感（HPAI）、口蹄疫（FMD）等动物疾病一直对肉类市场构成重大风险。疫情可能迅速暴发并冲击市场，市场可能需要数年时间才能恢复。本《展望》预计东亚区域将在展望期末从非洲猪瘟中完全恢复，但存在情况并非如此或其他区域出现非洲猪瘟的风险。对猪肉行业生产和加工设施进行重组和现代化的投资，疫苗的成功研制，以及世界动物卫生组织（OIE）最近制定的分类准则，可能会对未来的生产和贸易产生影响。值得注意的是，俄罗斯在猪肉行业的投资使其产量在过去10年中几乎翻了一倍。

本《展望》长期认为，现有的牛肉和猪肉市场是分割的，即分为"太平洋"和"大西洋"市场。最近证据表明，随着时间推移，这种分割越来越不明显，市场一体化程度越来越高。例如，过去10年这两个市场的价格相关性有所增加。市场分割起初是由那些没受口蹄疫（FMD）影响和受口蹄疫（FMD）影响的国家之间的分隔造成的；例如，贸易相应地分割，受口蹄疫影响的国家不能和没有口蹄疫的国家进行贸易。然而，一旦世界动物卫生组织（OIE）能够在不依靠接种疫苗的情况下推动国家划分无口蹄疫地区，口蹄疫暴发的贸易风险被降至最低。这允许受口蹄疫影响的国家的其他地区根据市场信号（国际价格）与没有口蹄疫的国家增加贸易。巴西等最初在"大西洋"市场处于核心地位的国家可以适时地在"太平洋"区域开发市场。

关于生产率提高和气候变化政策的假设将影响本《展望》中肉类行业对气候变化所发挥作用的分析。因为肉类是土地、饲料和水等资源的主要使用者，对肉类产品更低的需求与生产率提高意味着对这些资源的需求更低。例如，对牛肉更低的需求和更高的生产率意味着更低的存栏量，因此需要更少的饲料投入（2018—2020年肉类生产消耗的热量约为本《展望》中农作物产生热量的37%）。与过去几十年相比，产量下降也意味着肉类生产产生的温室气体排放量下降。肉类行业在气候变化讨论中的作用至关重要，未来政策可能对产量和贸易产生重要影响。

最后，本《展望》预测消费者偏好将根据历史经验演变。因此，更低的肉类消费（如素食或纯素膳食）或替代蛋白质来源（如人工种植的植物性蛋白质替代品）的膳食偏好将缓慢扩张，并主要集中于高收入国家的一小部分人口，所以未来10年几乎不会影响肉类消费。尽管替代品的竞争将会增加，然而与蛋白质替代品相比，肉类营养含量将继续影响消费者的选择。

消费者也表达了对肉类生产系统的担忧，包括可追溯性和饲养中抗菌剂的使用。虽然在动物生产中使用抗菌素的技术收益已得到充分证明，但由于与抗菌素耐药性相关的全球风险，人们越来越倾向于使用无抗菌素肉类。如果无抗菌剂肉类生产系统被越来越多的生产者采用，这可能会影响全球肉类市场，尽管这种影响是长期的。消费者愿意为此类肉类支付溢价的意愿尚不清楚。

然而，由于消费者对这类膳食的偏好比过去几年增长得更快，肉类需求可能会缩小，进而减少肉类生产和进口需求。

7

奶和乳制品

> 本章对近期奶和乳制品市场的发展进行了描述,并重点介绍了2021—2030年世界乳制品市场的中期预测,讨论了牛奶、鲜乳制品、黄油、奶酪、脱脂奶粉和全脂奶粉的价格、生产、消费、贸易发展以及未来10年可能影响世界乳制品市场的重要风险和不确定性。

7.1 预测要点

事实证明，乳制品行业在2019冠状病毒病疫情期间具有显著的恢复能力。新鲜液态奶和新鲜乳制品的易腐性使其容易受供应链中断影响，然而从全球角度来看，乳制品行业并没有像其他行业那样受到疫情严重冲击。疫情对乳制品行业的影响因地而异，其负面影响包括集装箱短缺和处理过剩产品等，但与此同时，一些国家迅速调整并成功应对了生产和劳动力问题，使这些问题对其正常贸易环境的干扰降至最小。很多国家采取了限制措施，降低了外出消费，其中包括大量乳制品，但家庭消费（零售）抵消了部分消费损失。总体而言，快速的生产和包装调整并未导致全球乳制品出现重大短缺或过剩。

与其他乳制品价格相比，由于酒店业对乳脂的需求减少，疫情对黄油价格的影响最大。预计世界黄油价格将保持在2020年疫情后期水平，但仍大大高于脱脂奶粉价格，这是因为自2015年以来，全球对乳脂的需求较其他乳固体更大，且欧盟执行脱脂奶粉干预计划对此也有影响（从2015年首次公共干预购买，到2019年最终投放处置）。虽然黄油和脱脂奶粉之间的这种价差被认为是未来10年的一个典型特征，但预计在展望期内会有所缩小，这是由于发展中国家对脱脂奶粉的需求将超过国际市场对乳脂的需求，从而缩小两种商品之间的价差。

展望期内，世界奶产量（牛奶占81%，水牛奶占15%，山羊、绵羊和骆驼奶共占4%）预计将以每年1.7%的速度进行增长（2030年达10.2亿t，增速快于大多数其他主要农产品）。预计产奶动物数量增长（每年1.1%）高于预计的平均奶产量增长（0.7%），这是由于在奶产量较低的国家，牧群增长较快，而牧群是由奶产量较低的动物（如山羊和绵羊）组成。未来10年，印度和巴基斯坦（重要的奶生产国）将贡献世界奶产量增长的一半以上，占2030年世界产量30%以上。由于可持续生产政策和国内需求增长放缓，全球第二大奶产区——欧盟的奶产量增速预计将低于世界平均水平。

大多数乳制品以新鲜乳制品的形式消费[①]，这些乳制品没有或只是略微加工（即巴氏杀菌或发酵）。在收入和人口增长推动下，印度、巴基斯坦以及非洲的需求强劲，未来10年，新鲜乳制品在世界消费中的份额将增加。在发达国家，人均乳固体消费量预计将从2018—2020年的23.6 kg稳步增长到2030年的25.2 kg，而发展中国家的人均消费量将从2018—2020年的10.7 kg增长到2030年的12.6 kg。发达国家消费偏好倾向于加工的乳制品，而发展中国家新鲜乳制品消费占人均乳固体消费量的75%以上（图7.1）。此外，发展中国家的区域差异性较大，新鲜乳制品在人均消费中所占比例从埃塞俄比亚的99%到菲律宾的5.8%不等。

全球各区域加工乳制品的消费量差别很大。就乳固体而言，第二重要的乳制品

[①] 新鲜乳制品不包括在加工产品中的所有乳制品和牛奶（黄油、奶酪、脱脂奶粉、全脂奶粉、乳清粉以及少数情况下的酪蛋白），数量以牛奶当量计。

（仅次于新鲜乳制品）是奶酪。奶酪消费主要是在欧洲和北美，且这两个区域消费量持续增长。在亚洲，黄油是消费最多的加工乳制品，几乎占所有加工乳制品消费量的一半，黄油消费增长也最为强劲，但与欧洲和北美相比，亚洲黄油的消费基数较低。在非洲，奶酪和全脂奶粉占乳固体中加工乳制品消费的大部分。然而，未来10年脱脂奶粉增长预计最强劲，尽管其消费基数也较低。

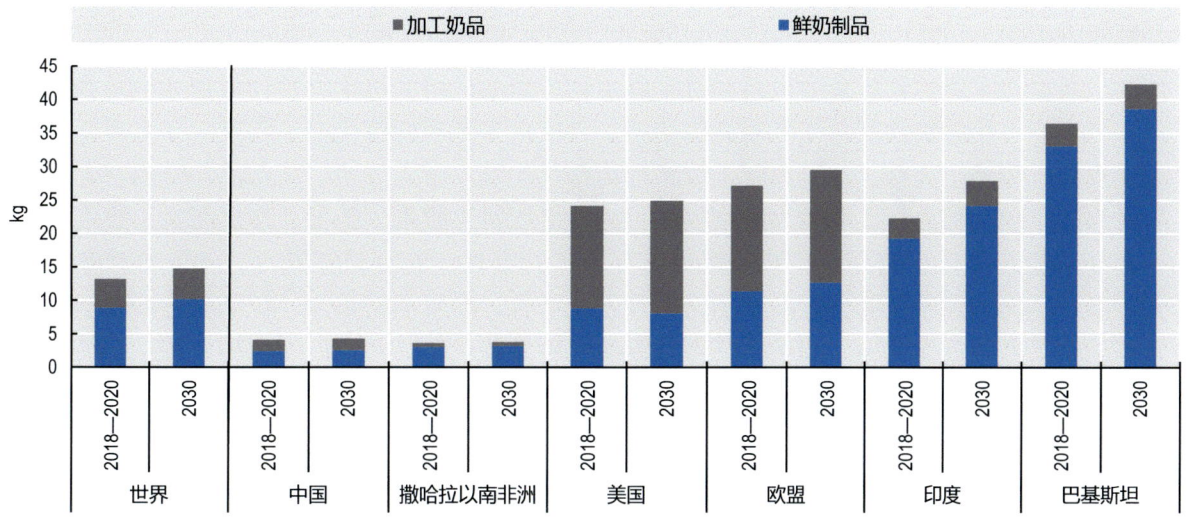

图7.1 以乳固体计的加工和新鲜乳制品的人均消费量

注：乳固体是将每种产品的脂肪和非脂肪固体的数量相加计算得出的；加工乳制品包括黄油、奶酪、脱脂奶粉和全脂奶粉。
资料来源：经合组织／粮农组织（2021）《经合组织－粮农组织农业展望》，经合组织农业统计数据库，http://dx.doi.org/10.1787/agr-outl-data-en。

数据库链接 2：https://stat.link/1ur09l。

奶的国际贸易主要是以加工乳制品的形式进行。与过去10年相比，尽管国内牛奶产量略有增加，但预计中国仍将是最重要的乳制品进口国。日本、东南亚、俄罗斯、墨西哥、地中海东部沿岸地区和北非将继续成为乳制品的其他重要净进口区域。与其他区域相比，亚洲人均乳制品消费量较低，尤其是东南亚，但随着经济、人口增长及人们更多地转向高价值食品和牲畜产品，预计将有更多的亚洲国家进口乳制品。国际贸易协定（如《全面与进步跨太平洋伙伴关系协定》《加拿大－欧盟综合经济与贸易协定》以及日本与欧盟之间的优惠贸易协定）对乳制品（如关税配额）进行了具体规定，为进一步促进贸易增长创造了机会。

贸易政策环境的变化或将极大改变乳制品的贸易流。例如，大量的奶酪和其他乳制品在欧盟和英国之间进行交易，这两个区域之间的贸易可能会受到脱欧后英－欧新关系的影响，目前，运输延误和不断变化的法规已增加了两地之间的贸易摩擦；《美国－墨西哥－加拿大协定》将影响北美的乳制品贸易流，美国将获得更多进入加拿大和墨西哥乳制品市场的机会。尽管目前这些国家和区域在全球贸易中所占的份额相对较小，但是一些南美国家，如阿根廷、智利等可能会分别成为全球全脂奶粉和脱脂奶粉市场上的竞争对手。迄今为止，大型乳制品消费国印度和巴基斯坦因基本上能自给自足，尚未融入国际市场，其更多参与国际贸易则可能对世界市场产生重大影响。

可持续生产政策或消费者明显的关切将改变对乳制品行业的预测。在某些国家中，乳制品生产所排放的温室气体占温室气体总排放量的比重很大，由此引发了如何调整乳制品生产才能有助于减少此类排放的讨论。目前正在考虑许多技术调整，会对产品产生不同的影响。氮和磷的流失在畜牧密度高的区域会造成环境问题。为解决此问题而计划或实施的法规可能会对奶业产生重大影响，尤其是在荷兰、丹麦和德国。另外，为解决这些问题所创新的方案从长期看或将有助于提升奶业竞争力。

消费者对纯素膳食的兴趣和对乳制品生产影响环境的担忧，预计将继续推动饮料市场上植物性饮品替代乳制品的消费。以植物为基础的替代产品年复一年多样化发展，超越了大豆、杏仁和椰子饮料的传统替代品。事实证明，新产品深受消费者欢迎，包括燕麦、大米和大麻饮料，一些坚果饮料（腰果、榛子、澳洲坚果）也很受欢迎，尽管它们还没有被证明更具环境可持续性，特别是在耗水方面。预计东亚、欧洲和北美植物性饮品市场将出现强劲增长，尽管消费量少，但随着这些区域的消费者寻找无乳糖、纯素食或可持续的乳制品替代品，此类产品市场可能会继续扩大。

7.2 市场形势

2019冠状病毒病疫情对乳制品行业的影响相对较小，这与疫情初期对担忧该行业特别脆弱的预估形成鲜明对比。由于酒店业对乳脂的需求减少，与其他乳制品价格相比，疫情对世界黄油价格的影响最大。黄油价格在2020年跌幅最大，而全脂奶粉价格降幅较小，脱脂奶粉和奶酪价格则在上涨。世界出口量和进口量在前几年一直稳步增长，但2020年增速较上年持平，运输速度放缓、价值链中断以及需求下降都导致了进出口增速的变化。但总体来说，乳制品行业迅速适应并且减轻了疫情前期几个月出现的诸多剧烈影响。

2020年，世界奶产量增长1.4%，达到8.61亿t。印度作为全球最大的奶生产国，产量增长了2.1%，达到1.95亿t，但这对世界乳制品市场的影响不大，因为印度只进行少量的奶和乳制品贸易。相对来说，印度奶和乳制品的生产没有受到疫情的影响，任何多余的液态奶都会被加工成奶粉。

新西兰、欧盟和美国是三大乳制品出口区域。2020年，欧盟和美国的奶产量均有所增加，而新西兰的奶产量因受生产季末的干旱影响，略有下降。由于这三个区域的乳制品消费较为稳定，所以可供出口的新鲜乳制品和加工产品的供应并没有受到重大影响。中国是世界上最大的乳制品进口国，乳制品产量增长6.6%，2020年乳制品进口继续保持强劲。

7.3 价格

乳制品国际参考价是指大洋洲和欧洲主要出口商的加工品价格，未加工的奶因不参与交易而不包含在内。乳制品价格的两个重要参考是黄油和脱脂奶粉的价格，其中黄油价格可作为乳脂的参考价格，脱脂奶粉价格可作为其他乳固体的参考价格。乳脂和其他乳固体合计约占奶重量的13%，其余为水。

国际乳制品价格剧烈波动是因为其贸易额偏小（约占世界奶产量的7%）、少数出口商和进口商主导以及贸易政策环境限制等因素。新鲜乳制品是消费主力，只有少部分奶进行发酵或巴氏杀菌等加工程序，大多数国内市场与此价格关联度不高。

2015年以来，黄油价格涨幅远高于脱脂奶粉。对乳脂的需求增加，加上欧盟的脱脂奶粉干预计划（从2015年首次公共干预购买，到2019年最终投放处置），导致两种产品之间出现价差。与国际市场上的其他乳固体相比，对乳脂的需求更加强劲，这将继续支撑黄油价格，但世界对脱脂奶粉的需求将超过对乳脂的需求，从而在展望期内，两种商品之间的价差将有所缩小（图7.2）。

在欧盟完全处置完干预库存后，2019年脱脂奶粉价格有所恢复，并且没有明显受到2020年疫情的影响。在整个展望期内，脱脂奶粉的价格将持续保持稳定。因为膳食偏好变化导致需求增加，黄油价格在2017年达到了历史峰值，之后持续下降，黄油实际价格在2020年大幅下跌，预计后期在略有回升后将继续适度下行。全脂奶粉和奶酪的世界价格预计会受到黄油和脱脂奶粉价格走势的影响，与脂肪和非脂肪固体的情况一致。

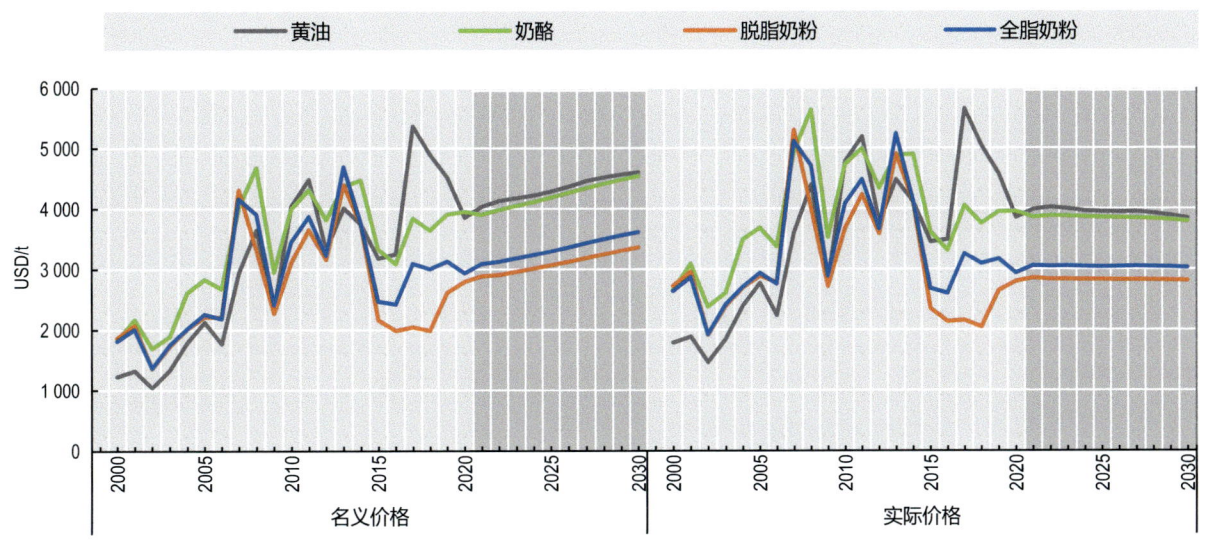

图7.2 2000—2030年乳制品价格

注：黄油，离岸价，出口价，脂肪含量82%，大洋洲。脱脂奶粉，离岸价，出口价，非脂肪干奶，脂肪含量1.25%，大洋洲。全脂奶粉，离岸价，出口价，脂肪含量26%，大洋洲。奶酪，离岸价，出口价，车打芝士，水分含量39%，大洋洲。实际价格是指美国国内生产总值平减指数调减后的世界名义价格（2020年=1）。

资料来源：经合组织/粮农组织（2021）《经合组织－粮农组织农业展望》，经合组织农业统计数据库，http://dx.doi.org/10.1787/agr-outl-data-en。

数据库链接2：https://stat.link/gq74ba。

7.4 生产

未来 10 年，世界奶产量预计年均增长 1.7%（2030 年达到 10.2 亿 t），增速快于大多数其他主要农产品。虽然世界产奶畜群平均增长率（每年 1.1%）高于世界平均奶产量增长率（每年 0.7%），但增长率的变化是由于产量相对较低且畜群由低产动物组成的国家畜群增长较快，几乎世界上所有区域的奶单产增长对产量增长的贡献都要大于畜群数量的贡献（图 7.3）。单产增长主要源于产奶系统的优化、动物健康的改善、喂养效率的提高和遗传基因的改良。

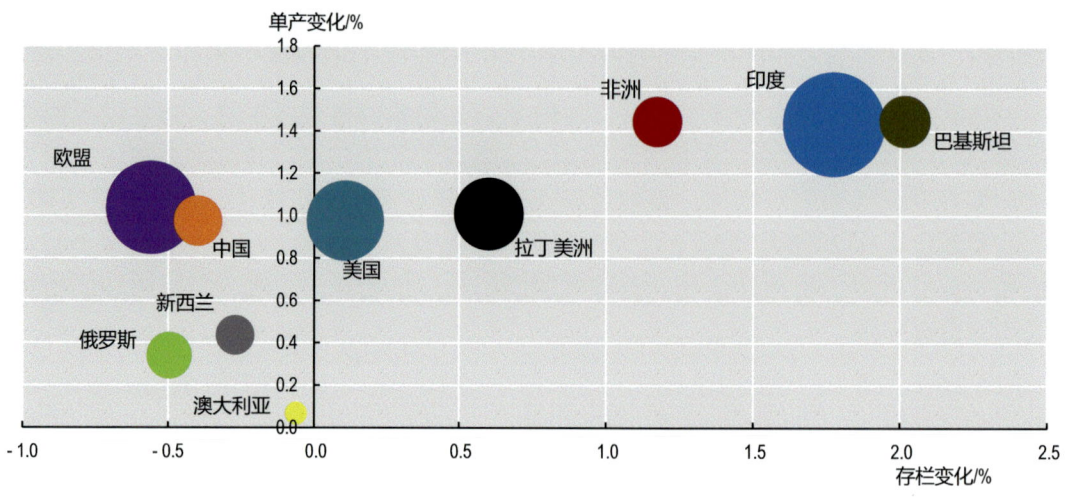

图 7.3　2020—2030 年奶牛存栏量和单产的年度变化

注：气泡的大小代表 2018—2020 年基期内的奶总产量。
资料来源：经合组织/粮农组织（2021）《经合组织－粮农组织农业展望》，经合组织农业统计数据库，http://dx.doi.org/10.1787/agr-outl-data-en。

数据库链接 2：https://stat.link/ug218d。

未来 10 年，预计世界奶产量增量的一半以上将来自印度和巴基斯坦。2030 年，这两个国家的奶产量将占世界奶产量的 30% 以上，未来小部分奶牛或水牛群产量将增加。预计单产快速增长会助推产量增加，但牧群规模的不断扩大和牧场面积的有限增长要求更加集约利用牧场。印度和巴基斯坦的绝大多数产品都在国内消费，很少有新鲜奶产品和加工乳制品在国际上进行交易。

预计欧盟的奶产量增速将低于世界平均水平。未来 10 年里，奶牛数量预计将以年均 0.5% 的速度下降，但奶产量将以年均 1% 的速度增长。欧盟生产是将草场和喂养系统相结合，此外，有机或其他非常规生产系统生产的奶的比例将越来越大。目前有超过 10% 的奶牛生长在奥地利、瑞典、拉脱维亚、希腊和丹麦的有机环境中，德国和法国等国家的有机乳制品产量也有所增加。这些有机农场的产量比传统生产低约 1/4，生产成本较高，但产量占欧盟奶产量的 3% 以上，这表明欧洲奶的价格有相当大的溢价。总体来看，欧盟国内需求（奶酪、黄油、奶油和其他产品）略有增长，大部分产品将出口国外。

预计奶单产最高的是北美，因为草场生产比例低，饲料会带来较高产量（图7.4）。预计美国和加拿大的牛群基本保持不变，产量增长源于单产的进一步增加。随着国内市场饱和，乳脂需求持续增加，美国将主要出口脱脂奶粉，而加拿大脱脂奶粉出口会受到《美国－墨西哥－加拿大协定》的限制。美国还将出口大量奶酪、乳清和乳糖。

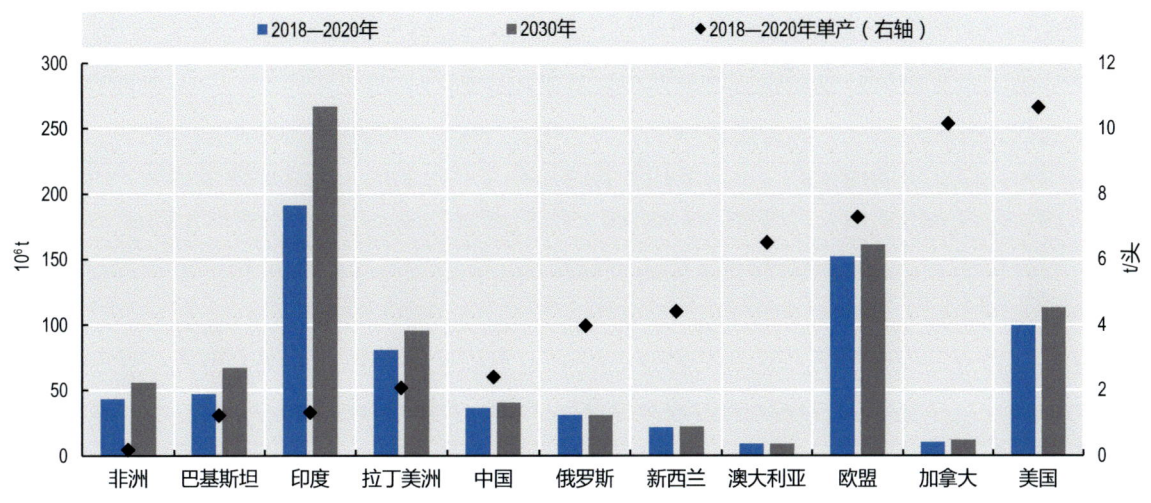

图7.4 部分国家和地区的乳制品产量及单产

注：单产是根据不同产奶动物计算得到的（主要是奶牛，也包括水牛、骆驼、绵羊和山羊）。
资料来源：经合组织／粮农组织（2021）《经合组织－粮农组织农业展望》，经合组织农业统计数据库，http://dx.doi.org/10.1787/agr-outl-data-en。

数据库链接2：https://stat.link/7zem9c。

新西兰是以出口为导向的生产国，近年来奶产量增长缓慢，奶生产以草场为主，产量远低于北美和欧洲，但草场管理效率使新西兰具有竞争力，增长的主要限制因素是土地减少和日益增加的环境制约，但预计不会转向以饲料为基础的生产模式。

非洲产量预计增长强劲，主要来自畜群增加，单产通常较低，较大比例的奶源来自山羊和绵羊，但大多数放养的奶牛、山羊和绵羊都吃草，将被用于其他目的，如肉类生产、农耕等。非洲也面临着过度放牧的情况，主要是在同一区域密集使用牧场、增加额外放牧所致。展望期内，预计世界上1/3的畜群分布在非洲，占世界奶产量的5%。

预计不到40%的奶将进一步加工成黄油、奶酪、脱脂奶粉、全脂奶粉或乳清粉等产品。黄油和奶酪有相当大的直接食用需求，尤其是奶酪，在欧洲和北美的乳固体消费中占比很大。脱脂奶粉和全脂奶粉的交易量很大，主要用于贸易，两者都用于食品加工领域，特别是糖果、婴儿配方和烘焙产品。

相对于整体的奶产量，黄油产量预计将以近似的速度增长，年均增长1.9%，反映出发达国家和中国对黄油的强劲需求。所有其他乳制品预计将以较慢的速度增长，脱脂奶粉和奶酪的年增长率为1.2%，全脂奶粉年增长率为1.4%。全脂奶粉增速放缓反映了中国、泰国和菲律宾需求增长的放缓。奶酪的增速放缓是由于欧洲和北美食品市场增长缓慢。

7.5 消费

大多数乳制品是以新鲜乳制品的形式消费，包括巴氏杀菌和发酵产品。在收入和人口增长推动下，印度和巴基斯坦的需求增长强劲。未来 10 年，全球鲜乳制品消费份额将增加，世界人均鲜乳制品消费量预计每年增长 1.2%，增速快于过去 10 年，并受到更高的人均收入增长的推动。

按人均乳固体计算的奶消费量在世界范围内差别将会很大（图 7.1）。一方面是与人均收入有关，另一方面是受区域偏好的影响。例如，印度和巴基斯坦的人均摄入量会很高，但在中国却很低，各国的加工乳制品（尤其是奶酪）在乳固体总消费中的份额预计与收入密切相关，也会因区域偏好、膳食限制和城市化水平而有所不同。

在过去几年中，欧洲和北美新鲜乳制品的人均需求量正稳步下降，需求构成一直在向乳脂转变。例如全脂饮用牛奶和奶油。与 20 世纪 90 年代和 21 世纪初的信息相反，最近的研究对乳脂消费的健康益处有了更积极的认识，消费者可能会受到影响。此外，这种转变可能反映出消费者更喜欢加工较少或更健康的食品，并可能加大对家庭烘焙的兴趣。

欧洲和北美的奶酪消费量占比最大，预计人均消费量将继续增加。奶酪不是国民膳食的传统部分，但消费量预计将增加，东南亚国家因城市化和收入增加将更多选择外出食用汉堡和比萨等快餐，就是典型的例子。值得注意的是，疫情不仅增加了这些区域的在线购买食物和外卖的频率，而且消费者更关注他们认为更健康或更有益健康的食品。上述消费者消费行为的变化使乳制品行业受益。

虽然一些区域是自给自足的，如印度和巴基斯坦，但是非洲、东南亚以及地中海东部沿岸和北非等区域的消费增长预计快于生产增长，导致乳制品进口量增加。由于液态奶的交易成本较高，增加的需求将通过添加水用于最终消费和进一步加工奶粉来满足。

脱脂奶粉和全脂奶粉主要用于继续加工，特别是加工糖果、婴儿配方奶粉和烘焙产品。小部分乳制品，尤其是脱脂奶粉和乳清粉，被用于动物饲料。中国进口这两种产品用于饲料，但因非洲猪瘟减少了饲用需求，随着期望的复苏（参见第 6 章　肉类），预计未来 10 年中国对脱脂奶粉和乳清粉的饲料需求将增加。

7.6 贸易

由于奶的易腐烂性和高含水量（超过 85%），全球奶产量仅有 7% 在国际上交易。值得注意的例外是相邻乳制品生产区域（如加拿大和美国、欧盟和瑞士）之间存在少量发酵乳制品贸易，而且中国大量进口液态奶。中国进口的液态奶主要由欧盟和新西兰供应，近年来大幅增加。液态奶贸易之所以成为可能，主要是因为超高温奶和奶油产品能够长途运输，在某些情况下中国的运价也很优惠。基期中国新鲜乳制品的净进口量约为 90 万 t，展望期内预计年均增长率为 1.5%，全脂奶粉和脱脂奶粉的贸易份额高达世界产量的 50% 以上，这些产品通常被用于长时间或长距离的储存和贸易。

欧盟、新西兰和美国是展望基期三大乳制品出口国，2030 年这三个国家将共同占世界奶酪出口的 62%、全脂奶粉的 70%、黄油的 76% 以及脱脂奶粉的 83%（图 7.5）。澳大利亚仍然是奶酪和脱脂奶粉的重要出口国，但已经失去了市场份额；阿根廷是全脂奶粉主要出口国，到 2030 年预计占世界出口的 5%；近年来白俄罗斯已成为重要的出口国，由于俄罗斯对几个主要乳制品出口国实施禁运，白俄罗斯出口主要面向俄罗斯市场。

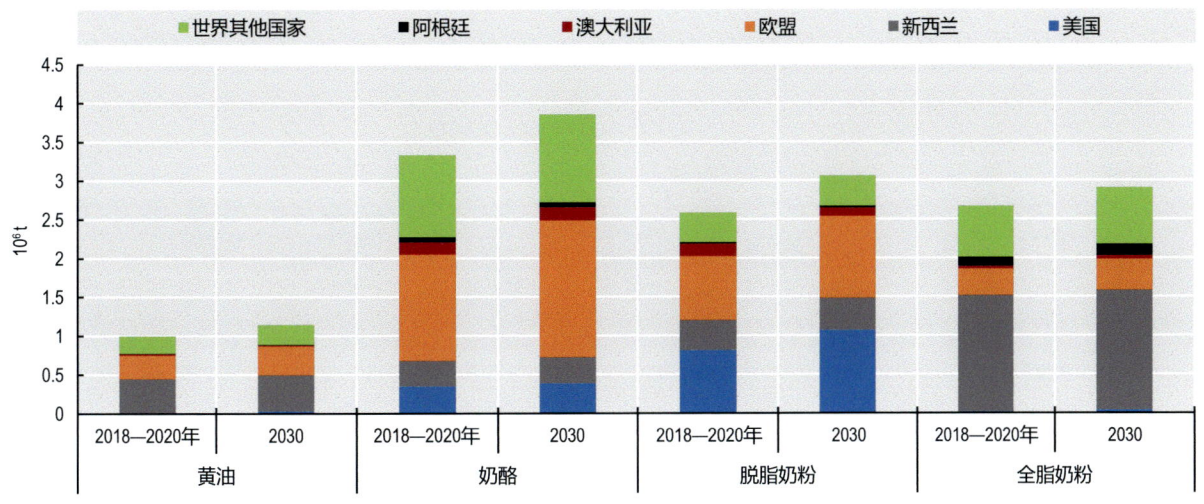

图 7.5　各区域乳制品出口情况

资料来源：经合组织／粮农组织（2021）《经合组织－粮农组织农业展望》，经合组织农业统计数据库，http://dx.doi.org/10.1787/agr-outl-data-en。

数据库链接 2：https://stat.link/v3bjlg。

欧盟将继续成为世界主要的奶酪出口国，其次是美国和新西兰。2030 年欧盟在世界奶酪出口中的份额将在 46% 左右，这得益于《加拿大－欧盟综合经济与贸易协定》和 2019 年欧盟批准双边贸易协定的通过，增加了对加拿大和日本的奶酪出口。英国、俄罗斯、日本、欧盟和沙特阿拉伯将成为 2030 年前五大奶酪进口国，也是奶酪主要出口国，国际贸易将进一步增加消费者对奶酪的选择。

新西兰仍是国际市场上黄油和全脂奶粉的主要来源国，2030 年市场份额将分别达到 40% 和 53% 左右。展望期内，新西兰与中国（全脂奶粉的主要进口国）之间的全脂奶粉贸易将大幅减少，中国奶产量的增长将限制其全脂奶粉的进口增幅，预计新西兰在展望期内将丰富和微增其奶酪生产。

与出口相比，各区域的进口较为分散，乳制品的主要目的地包括地中海东部沿岸、北非、发达国家、东南亚和中国（图 7.6）。预计中国将继续成为世界主要乳制品进口国，特别是全脂奶粉的进口。中国人均乳制品消费量相对较低，但过去 10 年需求显著增加，预计将继续增长。尽管近年来欧盟增加了对中国的黄油和脱脂奶粉的出口，但中国大部分乳制品的进口来自大洋洲。地中海东部沿岸和北非的进口主要来自欧盟，而美国和大洋洲将成为东南亚奶粉的主要供应来源。发达国家进口大量奶酪和黄油，2018—2020 年分别约占世界进口量的 55% 和 42%，预计 2030 年将略有下降。

虽然疫情的影响将会消退，但它将对许多非经合组织国家 GDP 会产生持久影响，这些国家人均收入增长将低于疫情前的预测增长。收入冲击很可能会不成比例地影响较贫困的家庭并降低他们的消费，尤其是在中亚、印度尼西亚和最不发达的非洲国家。由于乳制品特别是黄油和奶酪等加工乳制品需求与收入增长密切相关，预计来自这些国家的黄油进口需求将有所减少。

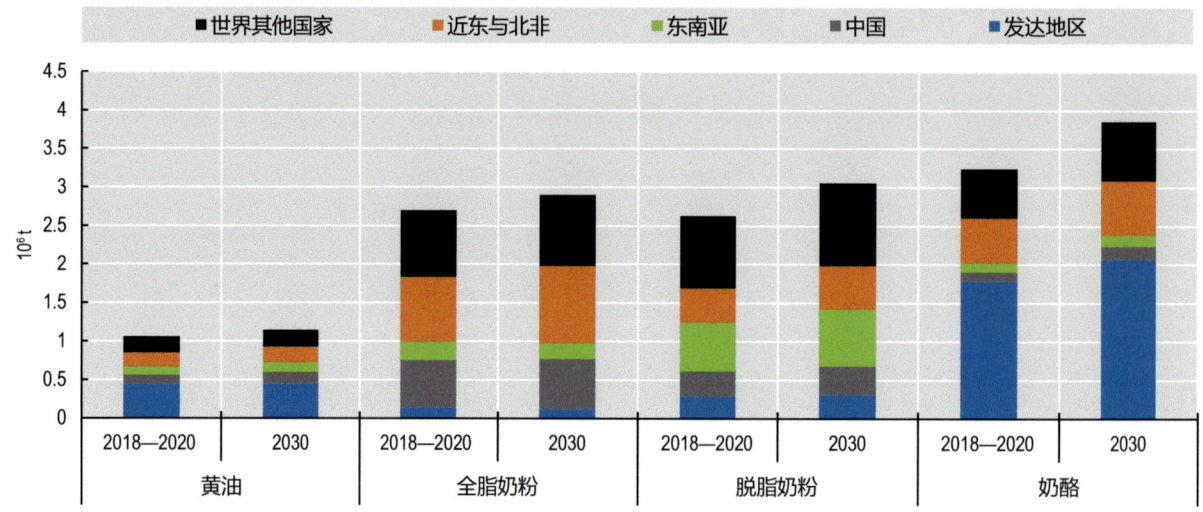

图 7.6　各区域乳制品进口情况

注：东南亚包括印度尼西亚、马来西亚、菲律宾、泰国和越南。
资料来源：经合组织 / 粮农组织（2021）《经合组织 – 粮农组织农业展望》，经合组织农业统计数据库，http://dx.doi.org/10.1787/agr-outl-data-en。

数据库链接 2：https://stat.link/xeogpt。

7.7　主要问题和不确定性

2019 冠状病毒病疫情已影响全世界的日常生活。尽管疫情后乳制品行业相对稳定，但可能会发生结构性变化，从而产生长期影响。疫苗接种率与出行限制的减少和经济复苏有关，不同区域之间差异很大。这将对奶酪等乳制品产生影响，这些乳制品通常在外消费（如汉堡和比萨）。与此同时，人们可能会转向在家烹饪和烘焙，并更多地关注消费者认为有益健康的食品。疫情还降低了许多国家预计的总体 GDP 水平，这对乳制品行业产生了影响，因为乳制品消费的增加与许多区域的人均收入增长息息相关。不稳定的全球复苏带来的影响尚不清晰，这可能对跨区域的供应链产生更持久的影响。

贸易协定的变更或制定对乳制品需求和贸易流产生影响。《美国－墨西哥－加拿大协定》预计将影响北美的乳制品贸易流动，其成员将获得更多进入协议国乳制品市场的机会。英国与欧盟之间的新贸易关系也处于起步阶段，从历史上看，这两个区域之间进行了大量奶酪和其他乳制品的贸易，但随着进出口商在新的和不断变化的贸易环境中交易，贸易摩擦有所增加。俄罗斯对来自主要出口国几种乳制品的禁运在2020年部分解除，暂时取消了专门针对婴儿配方奶粉和专业乳制品中使用的乳清粉禁运，以支撑疫情期间国内乳制品供应。

贸易环境的变化可能会大大改变乳制品贸易流。迄今为止，乳制品消费大国印度和巴基斯坦尚未融入国际乳品市场，其国内产量将迅速扩大以应对日益增长的国内需求，这些区域未来对冷链基础设施的投资将提高其在该领域的自给自足能力。波兰、乌克兰，特别是白俄罗斯等国家也可能成为全球市场的参与者，因为它们拥有更有利的农业生产投入（平坦的土地、理想的气候、有竞争力的劳动力和饲料成本），并且靠近传统的乳制品市场。

国内政策的变化仍然存在不确定性。根据《美国－墨西哥－加拿大协定》，加拿大限制了脱脂奶粉出口，允许增加市场准入，并取消了第7类产品名称，最初引入该名称是为了遵守世界贸易组织关于取消出口补贴的《内罗毕决定》。近年来，欧盟以固定价格干预脱脂奶粉和黄油的购买，这对脱脂奶粉市场产生了相当大的影响。

近年来，多个区域植物性替代品（如大豆、杏仁、大米和燕麦饮料）对液态奶的替代作用不断增强，如北美、欧洲和东亚。可用的替代品不断增加，超越了更传统的选择，扩展到各种坚果、豆类和其他作物。原因包括乳糖不耐症、健康问题以及消费者对乳制品生产对环境影响的担忧。以植物为基础的乳制品替代品的增长率强劲，尽管基数较低，但在其环境影响和有益健康方面存在相悖的观点。随着越来越多的消费者考虑除温室气体排放之外的其他环境问题，如耗水和森林砍伐，杏仁和大豆饮料等流行替代品在环境可持续性方面受到了质疑。弹性素食主义、素食主义和纯素膳食正在增加，但这些消费者的偏好范围对乳制品消费的影响尚不明晰。同样，乳糖不耐症也是一些消费者关注的问题，但是对于那些不喜欢植物性替代品的人来说，一系列无乳糖乳制品正变得越来越普遍。总体而言，植物性替代品对乳制品需求的长期影响存在不确定性。

环境立法可能对乳制品生产的未来走向产生重大影响。某些国家（如新西兰和爱尔兰）乳制品相关活动产生的温室气体在总排放量中占较高比重；相关政策的任何变化都可能影响乳制品生产，如用水和粪污管理等可持续做法将影响乳业发展。但更严格的环境立法也可能产生新的解决办法，从而提高长期竞争力。

由于天气事件不可预见，世界奶产量可能受制约，特别是因为这会影响全球放牧，进而影响奶的生产。气候变化增加了干旱、洪水和疾病威胁的可能性，或以多种方式影响乳制品行业（价格波动、产奶量、奶牛存栏量调整等）。

动物疾病也会对产奶产生很大影响。乳腺炎是全世界奶牛和所有类型农场中最常见的传染病。从经济角度看它也最具破坏性，对奶的产量和质量都有显著影响。

未来对这种疾病的认识、鉴定和治疗的发展或通过减少损失而显著增加奶产量。为控制包括乳腺炎在内的许多疾病，常使用基于抗微生物剂治疗，这引起了对抗菌药物过度使用和抗菌药物耐药性的担忧，将降低现有治疗方法的有效性，并需要研发新的治疗方法。这一过程的演变仍是未来 10 年的一个不确定因素。

8

鱼 类

本章介绍了鱼类市场形势,重点对2021—2030年世界鱼类产品市场进行了中期预测,并讨论了捕捞业及水产养殖鱼类的价格、生产、消费和贸易发展情况,最后探讨未来10年影响世界鱼类市场的重要风险和不确定性。

8.1 市场形势

2020年，鱼类[①]产品在生产、贸易和消费等方面总体萎靡不振，然而不同种类和不同产品的变化趋势各有差异。由于水产养殖产量下降，因此渔业总体生产水平略有下降，但是捕捞业大体保持不变。2020年，某些主要生产国的生产变动对渔产品贸易造成较大影响。尤其值得一提的是，中国作为全世界最大的鱼类生产国和出口国，在2020年上半年实施了严格的禁渔政策，这使该国的渔业生产受到负面影响。此外，2019冠状病毒病疫情影响了中国的进口鱼类加工再出口业务，进而影响了全球鱼类贸易和鱼类市场。

粮农组织的鱼类价格指数[②]显示，2020年的国际鱼价同比平均下降7%。2020年的疫情不仅使酒店、餐厅和餐饮行业普遍遭受重创，渔业也未能幸免，因为人们外出就餐时通常消费鱼类。外出用餐需求减少导致鱼类价格下跌，特别是名贵食用鱼的价格下跌非常明显。总体来说，2020年人均鱼类消费量为20.2 kg，同比减少0.5 kg。

8.2 预测要点

2021—2030年，鱼类名义价格将以每年0.8%~1.6%的速度增长，疫情对市场的负面影响预计在2022年将终止，同时将出现更加强劲的增长趋势，而所有鱼类实际价格预计都呈下降趋势；水产养殖鱼类每年下跌0.3%，捕捞鱼类每年下跌1.1%，贸易鱼类每年下跌0.9%，鱼粉每年下跌0.6%，鱼油每年下跌0.4%。

展望期内，全世界鱼类产量的增速将相对放缓，预计将以每年1.2%的速度增长，而过去10年的年均增长率高达2.1%。从基期（2018—2020年平均水平）到2030年，预计产量将达到2.01亿t，总体增长2 300万t（增幅12.8%）。而发展中国家，特别是亚洲国家将成为鱼类产量增长的主力军。展望期内，水产养殖产量预计将继续增长（到2030年增长23%，年均增幅2.0%），但增速明显低于过去10年（年均增幅4.0%）。导致增速减慢的原因有两个，一个是起点较高，另一个是中国的政策变化影响了产量。而中国的政策变化主要集中于环境保护和生产多样化，包括实施政策来引导生产满足中国消费者偏好的产品种类。到2030年，全球水产养殖产量预计将达到1.03亿t，比捕捞业的产量高出600万t。

尽管水产养殖业占鱼类供应总量的比重越来越大（2030年达到52%，基期为47%），但对于一系列水产品种来说，捕捞渔业预计仍将独占鳌头，对国内和国际粮食安全具有至关重要的影响。捕捞渔业产量将以适当速度稳步增长（到2030年增长

[①] 在《经合组织-粮农组织2021—2030年农业展望》中，词语"鱼类"和"海鲜"用于表示鱼类、甲壳类、软体动物和其他水生动物，但不包括水生哺乳动物、鳄鱼、凯门鳄、短吻鳄和水生植物。除鱼粉和鱼油外，所有其他数量均使用活重当量表示。

[②] 按名义值计算，包括鱼类和鱼类产品。

3.6%），但在厄尔尼诺年（2022年和2027年）预计将出现几次波动，这也将对鱼粉和鱼油产量形成负面影响。在2030年，世界鱼粉产量预计将达到580万t，相对于2018—2020年的平均水平而言，年均增长0.9%；同期的鱼油产量应达到120万t，年均增长0.8%。随着利用鱼废料提取鱼粉和鱼油的比例不断提高，预计这项技术将成为推动产量增长的主要动力。到2030年，鱼废料将贡献29%的鱼粉和42%的鱼油，而基期的这一比例分别为27%和38%。

据估计，鱼类产量的大部分都将作为食品消费掉（2030年的食用鱼消费量为1.81亿t），非食品用途仅占10%（主要是鱼粉和鱼油）。亚洲国家消费的食用鱼约占72%。到2030年，水产养殖鱼类将有57%专供人类消费，而基期的这一比例为53%。但全球食用鱼消费量增速预计将大幅降低，年均增速将跌落到1.3%，而过去10年的增速为2.3%。下一个10年初人们收入水平下降，人口增长速度放缓，全世界肉类价格长期在低位徘徊，特别是禽类价格持续低迷不振，这些因素共同导致需求下降，食用鱼消费量增速放缓。到2030年，世界食用鱼表观消费量[①]预计将达到人均21.2 kg，高于基期的人均20.5 kg。亚洲、欧洲和美洲的人均鱼类消费量将会增加，大洋洲将保持稳定，而非洲将会减少，尽管非洲是人口增长最快的大陆，其人口增长速度将超过食用鱼供应量的增长速度。

食用鱼和非食用鱼产品将继续保持高水平的贸易量，到2030年，出口量预计将占鱼类总产量的35%（如果不包括欧盟内部贸易量，则为31%），相对于基期的37%（如果不包括欧盟内部贸易量，则为32%）略有下降。在经历了2019年（跌幅1.4%）和2020年（跌幅2.5%）的短暂滑坡之后，世界食用鱼的贸易量预计将再次呈增长趋势，未来10年将以每年0.7%的速度增长（图8.1）。该增长率低于过去10年的增长幅度（每年增幅1.0%），这是中国产量增长放缓以及水产养殖多样化的结果（如上文所述），并且受疫情影响，预计在2021年还将出现小幅滑坡。亚洲国家将继续成为食用鱼的主要出口国，但出口量所占份额在2030年将从基期的48%降至47%。到2030年，亚洲和欧洲仍将是主要进口国，分别占总进口量的38%和27%。

世界鱼类市场的演变与动态受到诸多因素影响，因此预测未来趋势时也掺杂着一系列不确定因素。在本次展望预测期间，主要的不确定因素就是疫情，尤其是在未来10年期间的前几年。疫情仍将产生特别明显的影响，影响了鱼产品的供应和需求，封闭禁令使许多船舶闲置在港口不能运输货物，同时增加了水产养殖业获取生产投入（如鱼苗和饲料）的复杂程度，影响了供应；失业率上升、大量餐馆和酒店关门或者长期处于空置状态，影响了需求。由于不知疫情何时结束，市场会规避风险，避免向该行业进行投资。由于需求减少、价格下降，因此，未来用于生产的投资资金可能会减少，最终可能导致该行业进行长期转型。从积极的一面来看，这场疫情也使人们有机会发现新的分销渠道，实现产品创新以及缩短价值链，而这些积极发展态势将来也可能反哺水产养殖业，使该行业享受这些改革创新带来的红利。

---

① 术语"表观"是指可供消费的食物量，它不等于平均食物摄取量。该数量的计算方法是：产量＋进口量－出口量－非食品用途＋/－库存变化，所有各项均使用活重当量表示。

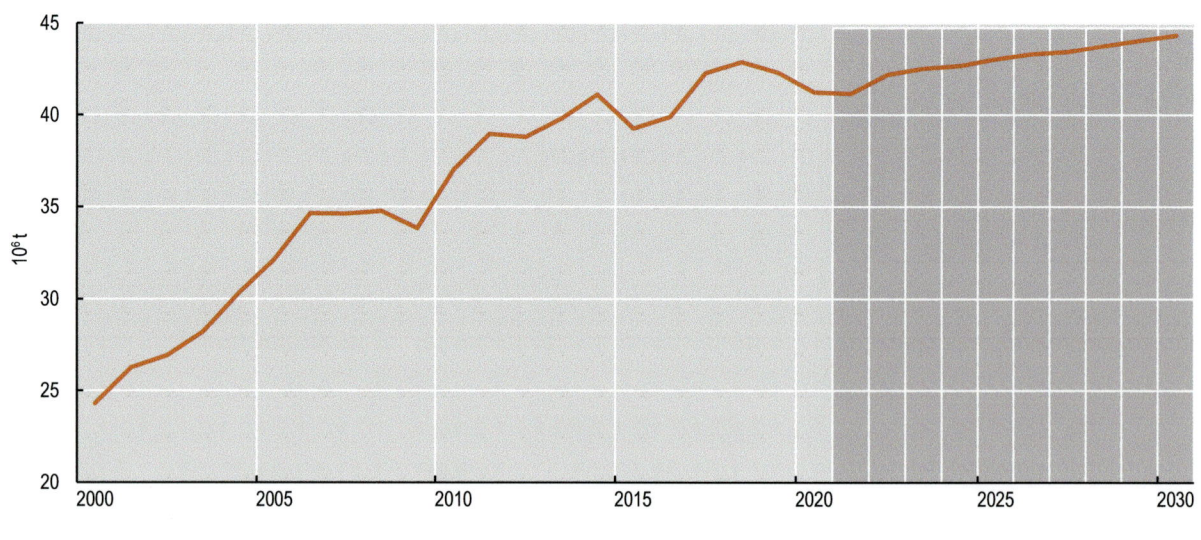

图 8.1　食用鱼类出口量

资料来源：经合组织/粮农组织（2021年），《经合组织－粮农组织农业展望》，经合组织农业统计数据库，http://dx.doi.org/10.1787/agr-outl-data-en。

数据库链接 2：https://stat.link/vrgwz8。

8.3　价格

相对于历史水平，名义鱼价预计还将保持在高位，并将继续上涨。但所有鱼类的实际价格在展望期内预计都将呈现下滑趋势（图 8.2）。从更多细节来看，未来 10 年期初始，受疫情影响，鱼类产品需求下降，预计实际价格会先下跌，之后将出现短暂反弹，从 2023/2024 年开始再次下滑。该展望期后半段的下降趋势主要是受中国政策变化影响。中国是全世界最大的捕捞渔业和水产养殖业生产国，其政策变化预计将导致产量增速减慢，而且将会持续到 2023 年，而在展望期剩余的时间内，产量将加速增长。此外，亚洲生产行业在经历了非洲猪瘟的毁灭性打击之后，现在已经开始逐步恢复元气。在展望期内，其他蛋白质来源（尤其是猪肉）带来的竞争预计将会加剧。

野生捕捞鱼类的价格变化也沿着类似轨迹发展。展望期内的名义价格预计将上涨 8.2%（每年增幅 0.8%），而实际价格将下跌 10.7%（每年跌幅 1.1%）。野生捕捞鱼类实际价格的预测发展趋势表明，在 2022—2023 年，实际价格将恢复到疫情暴发前的水平，但从 2023 年开始，价格将再次出现类似下跌。同样地，这次价格下跌也是由于其他蛋白质来源加剧竞争，以及水产养殖产量持续增长导致的，尤其是在展望期的后半段格外明显。在同一时期，水产养殖产品的名义价格预计将上涨 15.0%（每年增幅 1.6%），但实际价格将小幅下滑 5.1%（每年跌幅 0.3%）。造成该价格下跌的主因有两个：一是产量持续增长；二是饲料价格稳定导致供应量增加。虽然预测结果为价格下跌，但水产养殖产品的实际价格仍将高于 20 世纪 90 年代后半期和 21 世纪的第一个 10 年，但落后于 2010 年之后的峰值水平。造成水产养殖实际价格轻微下滑的一个因素就是鱼类的品种结构发生变化，鲤鱼等低值品种的产量

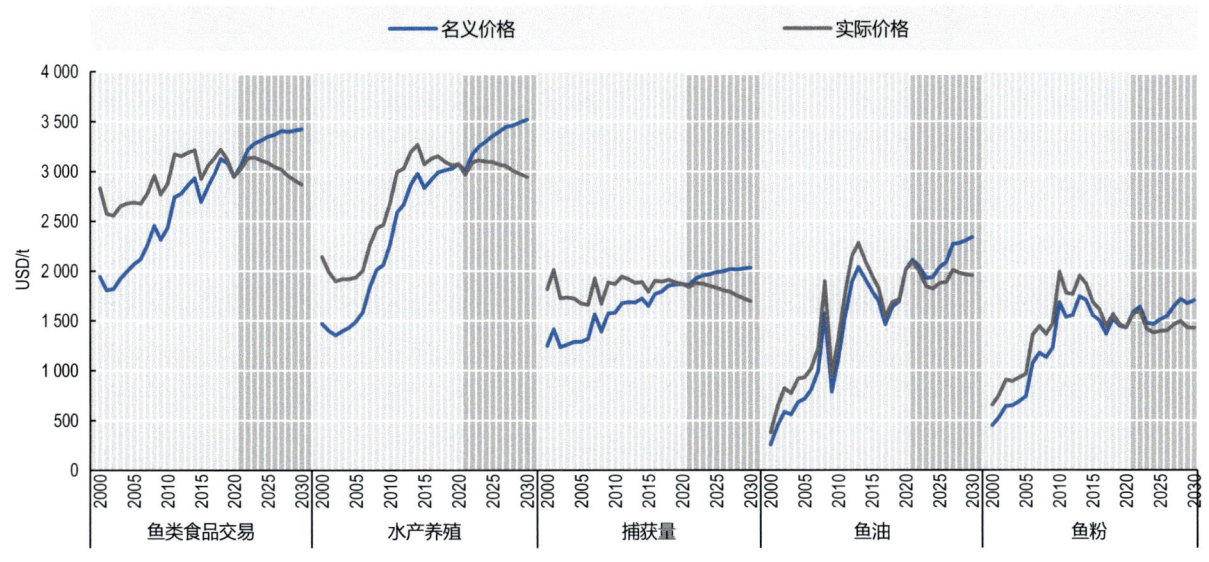

图 8.2 世界鱼类价格

注：鱼类食品交易：供人类消费的鱼品的世界单位贸易额（进出口总额）。水产养殖：粮农组织世界水产养殖鱼品产量单位价值（以活重计）。捕捞量：粮农组织对世界捕捞渔业产量世界渔船外价值的估计值，不包括减除值。鱼粉：64%~65% 蛋白质，汉堡，德国。鱼油：欧洲西北部地区。实际价格是按美国 GDP 平减指数调减后的世界名义价格（2020 年 =1）。

资料来源：经合组织 / 粮农组织（2021 年），《经合组织－粮农组织农业展望》，经合组织农业统计数据库，http://dx.doi.org/10.1787/agr-outl-data-en。

数据库链接 2：https://stat.link/w3cept。

比例预计将继续下降。在展望期内（以实际价格计算），食用鱼贸易价格预计将下跌 8.8%（每年跌幅 0.9%），回落到 2010 年的类似水平。

鱼粉的实际价格将下降 8.7%（每年跌幅 0.6%）。作为饲料市场上的直接竞争对手，油籽的价格降幅将超过鱼粉，导致鱼粉的相对价格较之 2021 年有小幅上涨，但除了假设的厄尔尼诺年不算，鱼粉价格在其余时间仍将远远低于过去 10 年的水平。鱼油的实际价格预计将下降 6.2%（每年跌幅 0.4%），但在过去 10 年间增长了 45.1%，这表明水产养殖产量增长放缓，生产周期鱼油饲料的利用率提高，食品行业对 Omega-3 膳食补充剂（其鱼油含量高）的需求稳定。在水产养殖行业，由于鱼油饲料的价格相对较高，结果导致这类饲料仅用于生产周期中需要高营养饲料的特定阶段（如孵化期和育肥期）。相对于植物油而言，鱼油的价格预计将接近 2012 年以来创的新高位。从总体来看，鱼油和鱼粉的实际价格仍将高于 2005 年以前的水平。

8.4 产量

到 2030 年，全球鱼类产量（捕捞量和水产养殖量）预计将从 1.78 亿 t（2018—2020 年的平均水平）增长到 2.01 亿 t，增长率为 12.8%（年均增幅 1.2%）。虽然展望期内全球鱼类产量将增长 2 300 万 t，但增速相对放缓，仅为过去 10 年增速的 69%（过去 10 年增产 3 300 万 t）。水产养殖产量持续增长是推动鱼类产量增长的主要原因。到 2030 年，水产养殖产量预计将达到 1.03 亿 t。但是，水产养殖产量在展望期间的增长速度将减慢，仅增加 1 900 万 t（增幅 23.0%），每年增长 2.0%；而过去 10 年的产量增加了 2 900 万 t（增幅 52.7%），每年增长 4.0%。水产养殖产量在 2027 年预计将超过捕捞产量，到 2030 年将占鱼类总产量的 52%（图 8.3）。

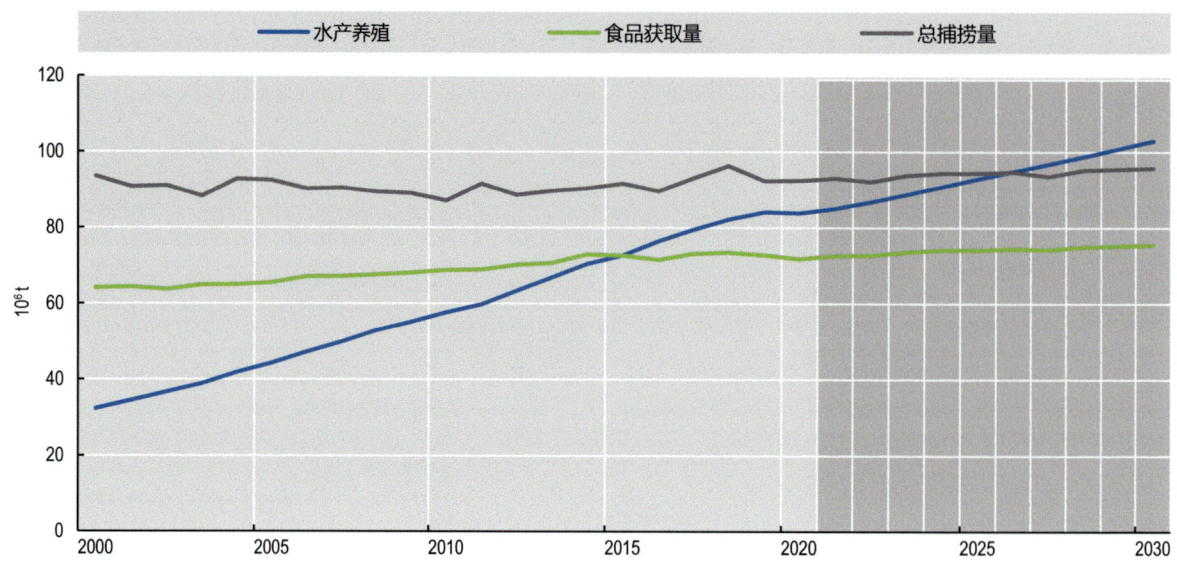

图 8.3　世界水产养殖产量和捕捞渔业产量

资料来源：经合组织／粮农组织（2021 年），《经合组织－粮农组织农业展望》，经合组织农业统计数据库，http://dx.doi.org/10.1787/agr-outl-data-en。

数据库链接 2：https://stat.link/dqtcp4。

　　与过去 10 年相比，诸多因素导致水产养殖产量增长放缓。过去 10 年间，水产养殖产品的价格相对于饲料成本更有利可图。尤其是在 2012—2019 年（2018 年除外），水产养殖产品价格上涨势头十分强劲。但由于全球疫情的阴霾持续不散，加上人们认为 2022 年是厄尔尼诺年，因此，水产养殖产品与饲料的价格比率到 2023 年之前将始终低于 2019 年的水平，并且预计到 2026 年之前仍将在这个水平附近徘徊。但从 2027 年开始，由于肉类价格下跌，饲料价格比率预计也将应声下跌。导致水产养殖产量增长放缓的因素还有许多，包括生产收益减少，世界鱼类产品生产大国（尤其是中国）实施更严格的环境法规，加上土地竞争使新生产设施的选址工作面临各种困难挑战。

　　新实施的法规旨在提高该行业的可持续性，以及通过增加相关品种的产量来满足国内消费需求，这些新法规预计在展望期的前半段将制约中国水产养殖的增产速度。但在展望期的后半段，中国的增产速度将加快。即使如此，中国占全球水产养殖产量的比例预计也将小幅收缩，从 2018—2020 年的 57% 下降至 2030 年的 56%。从区域角度来说，亚洲产量将继续遥遥领先。到 2030 年，亚洲产量将占全球产量的 88%。其他主要亚洲生产国的产量预计也将强劲增长，分别是印度（增幅 24.7%）、印度尼西亚（增幅30.5%）、越南（增幅20.4%）和泰国（增幅30.0%）。

分品种看，罗非鱼（增幅36.9%）以及小虾和大虾（增幅32.0%）的产量预计将呈强劲增长态势（图8.4）。但大部分时间的增产速度仍然明显低于过去10年。鲤鱼预计增产14.0%，主要由中国方面的因素所决定。中国从2021年开始实施"十四五"计划，鲤鱼产量在此期间的变化趋势尚不明朗。

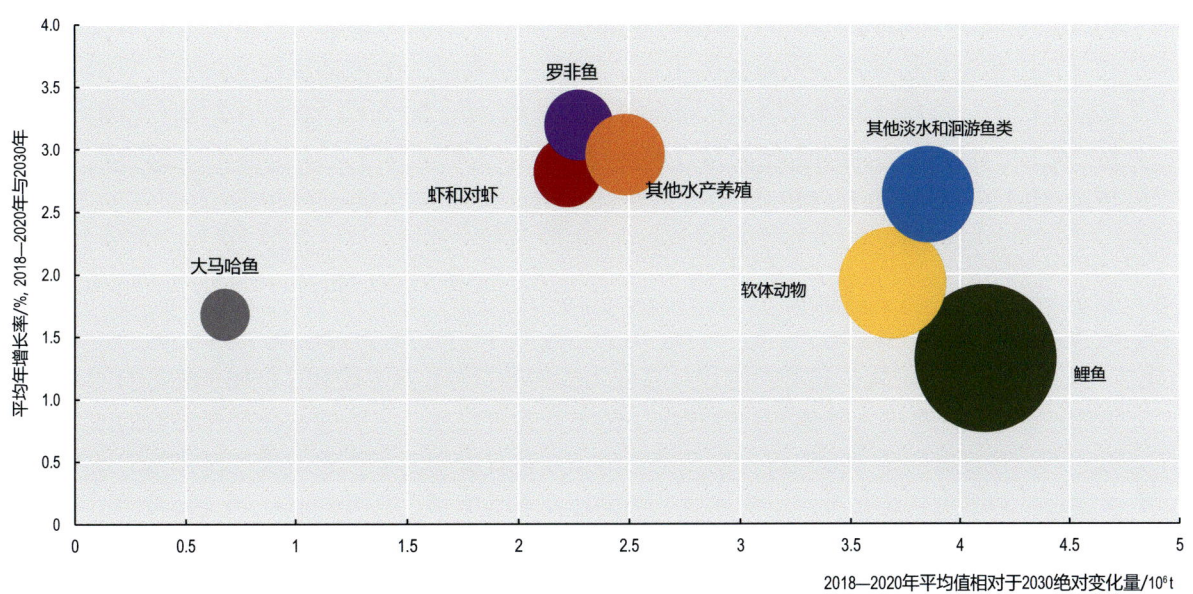

图 8.4　按种类划分的世界水产养殖产量增长情况

注：圆圈大小代表 2018—2020 年全球平均总产量（t）。
资料来源：经合组织／粮农组织（2021年），《经合组织－粮农组织农业展望》，经合组织农业统计数据库，http://dx.doi.org/10.1787/agr-outl-data-en。
数据库链接2：https://stat.link/yj836m。

相比之下，捕捞渔业在展望期内的增长速度相对比较平缓，预计将增产300万t，约增长3.6%（年均增幅0.4%），到2030年达到9 700万t。实现该增产速度的主要动力预计来自以下两个方面：一是改进渔业管理方法，二是改进技术减少丢弃和废料。大多数区域的生产增长率下降，捕捞渔业产量的增长速度预计可能略低于过去10年（总体增长4.1%，年均增幅0.5%）。具体来说，虽然非洲预计仍会延续强势增长，总体增长10.3%，年均增幅0.8%（增产110万t），但增速仍然明显低于过去10年（总体增长38.6%，年均增幅3.1%）。亚洲的捕捞渔业产量预计将增产120万t，但相对增长速度（增幅2.4%）将落后于非洲（增幅10.3%）和欧洲（增幅5.7%）。最终结果是，亚洲占全球捕捞渔业总产量的比例预计将略微下降，从基期的52.2%下降到2030年的51.6%。美国捕捞渔业产量在过去10年持续走低（跌幅9.9%），但在本展望期预计将恢复正向增长，增幅达到1.7%（每年增长0.4%）。从国别来看，本展望期内捕捞产量增幅最大的国家预计是俄罗斯（增长

60万t），随后依次为越南（增长50万t）、印度尼西亚（增长30万t）和印度（增长30万t），而中国作为世界上最大的生产国，其捕捞产量预计将减少40万t（跌幅2.7%）。

与替代品相比，鱼粉和鱼油的价格相对较高，且鱼粉和鱼油开始普遍用于生产动物饲料，这些因素预计将推动鱼粉和鱼油产量增长。在展望期，鱼油和鱼粉的产量预计将分别增长到120万t和580万t，相比之下，基期的产量分别为110万t和550万t。但是，鱼粉的产量增速较之过去10年仍然呈放慢趋势（前者每年增幅0.9%，后者每年增幅1.0%），并将继续低于2005年之前的水平。鱼粉和鱼油不仅可以利用整鱼加工生产，也可以利用鱼加工副产物生产，也就是所谓的鱼粕。利用鱼粕生产的鱼粉和鱼油将分别占鱼粉和鱼油增产的64%和79%。在生产期间，使用鱼粕生产的鱼粉和鱼油所占比例预计将持续增长，鱼粉比例将从基期的27%增长到2030年的29%，鱼油比例将从38%增长到43%。

8.5 消费情况

到2030年，90%的鱼类产量预计将作为食物消费掉，剩下的8%将加工成鱼粉和鱼油，还有2%将进入其他非食物用途。鱼类作为蛋白质、脂肪酸和微量营养素的来源之一，在全球膳食方面仍将占据关键地位，在粮食安全方面仍将发挥关键作用，这在膳食结构高度依赖鱼类的沿海地区和内陆社区尤为明显。鱼类的其他非食物用途包括观赏鱼、养殖、鱼种、鱼苗、饵料、制药，另外，还可以作为水产养殖、牲畜和其他动物的直接饲料。在展望期，水产养殖鱼占食用鱼消费总量的比例将持续增长。到2030年，水产养殖预计将提供57%的食用鱼，高于基期（2018—2020年）的53%。

在全球层面，食用鱼消费量预计将增长14.8%，约2 300万t，到2030年将达到1.81亿t。在各大洲，人类食用鱼数量均呈增长趋势，但从人均消费数量和产品种类来看，各国之间存在显著差异，甚至各国内部也明显不同。这些差异与产品价格、获取渠道、人民收入水平以及消费者的口味偏好等诸多情况的多样性相关。亚洲是人口最多的大陆，也是主要的生产区域，到2030年，亚洲食用鱼消费预计占全球总量的比重最大（72%），消费比重最小的预计是大洋洲（1%）。非洲、美洲和欧洲虽然在人口数量上存在显著差异，但这三个洲在2030年食用鱼消费总量占比相同，都是9%。亚洲将继续成为食用鱼消费的主力军，到2030年将占新增食用鱼消费总量的76%。随着收入水平不断提高、持续城市化、鱼类生产扩大、分销渠道增多、产品创新、肉类价格下降，再加上消费者们越来越认识到鱼类是营养丰富的健康食品，这些都将成为促进食用鱼类消费增长的推动力，并且未来10年消费量预计还将进一步增加。作为世界上最大的鱼类生产国，以及目前世界上最大的鱼类消费国，中国的鱼类消费量到2030年预计将占全球总量的37%。

到2030年，世界人均鱼类表观消费量预计将从2018—2020年的平均20.5 kg增长到21.2 kg（图8.5）。但是，增长速度将低于过去10年（前者每年增幅0.4%，后者每年增幅1.1%）。总体来看，从2018—2020年至2030年的人均鱼类表观消费量将增长3.6%,而过去10年的增幅为10.8%。亚洲、欧洲和美洲的人均鱼类消费量将呈上升态势,大洋洲将保持稳定,而非洲将下降(跌幅2.2%)。撒哈拉以南非洲区域的人均消费量降幅更大(跌幅5.6%),因为这里的人口增长速度将超过鱼类供应速度。更令人堪忧的是,由于该区域的营养不良发病率极高[①],而鱼类又是许多国家重要的营养来源,在动物蛋白质总量中占有重大比例,因此,非洲的人均鱼类表观消费量下降势必引发粮食安全问题。总体来说,鱼类消费量下降还可能打击鱼类营养依赖程度更高援助的国家,使这些国家更难以实现可持续发展目标2(简称SDG 2)(消除饥饿、实现粮食安全、改善营养状况和促进可持续农业发展)的营养目标(2.1和2.2)。

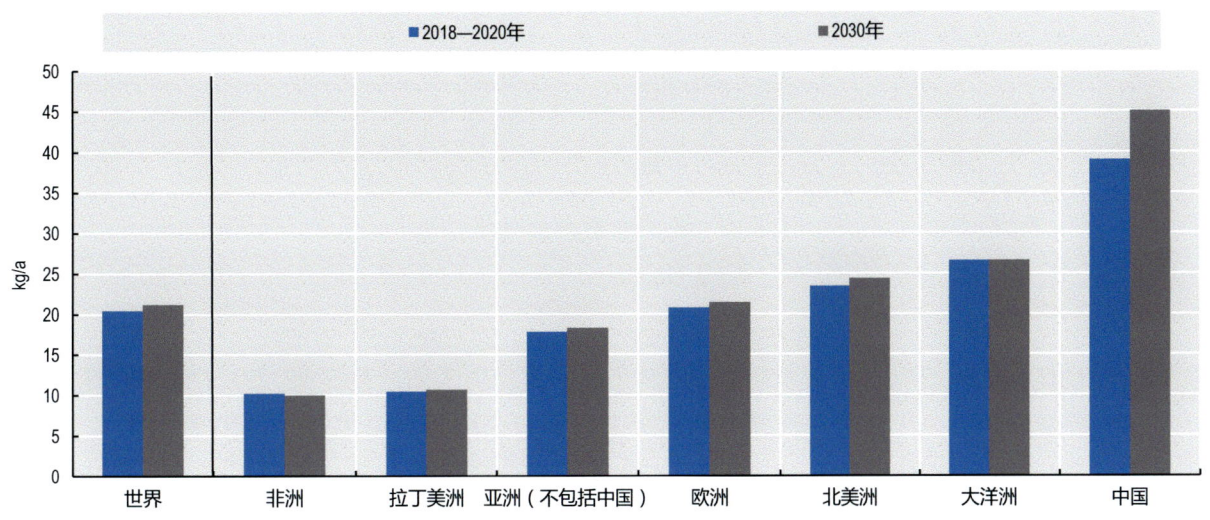

图8.5　2018—2020年与2030年人均鱼类消费量

资料来源：经合组织/粮农组织（2021年）,《经合组织-粮农组织农业展望》,经合组织农业统计数据库, http://dx.doi.org/10.1787/agr-outl-data-en。

数据库链接2：https://stat.link/pjv86h。

养殖动物（尤其是养殖鱼类）的饲料主要成分是鱼粉。到2030年,85%的鱼粉将被水产养殖行业用于生产饲料。中国是世界上最大的水产养殖生产国,也是最大的鱼粉消费国,预计到2030年将占世界鱼粉消费总量的38%。鱼油消费领域的特点是水产养殖与人类膳食补充剂之间的竞争。截至2030年,预计将有66%的鱼油用于养殖鱼类,特别是养殖鲑鱼。到2030年,欧盟和挪威仍将是鱼油消费的主力军,分别占全球鱼油消费总量的16%和14%。

8.6　贸易

食用鱼贸易的特点是参与者范围大,产品种类多不胜数。由于渔业及水产养殖

---

① 粮农组织,国际农业发展基金会,联合国儿童基金会,世界粮食计划署,世界卫生组织,2020. 2020年世界粮食安全和营养状况：实现粮食体系转型,保障经济型健康膳食. 罗马：粮农组织,https://doi.org/10.4060/ca9692en。

生产领域与需求领域不平衡，鱼类和鱼产品贸易水平极高。虽然鱼类贸易在不同国家发挥不同作用，但对许多经济体来说都具有重要意义，因为鱼类贸易不仅是重要的外汇来源，还可以帮助创造就业和促进粮食安全（图8.6）。

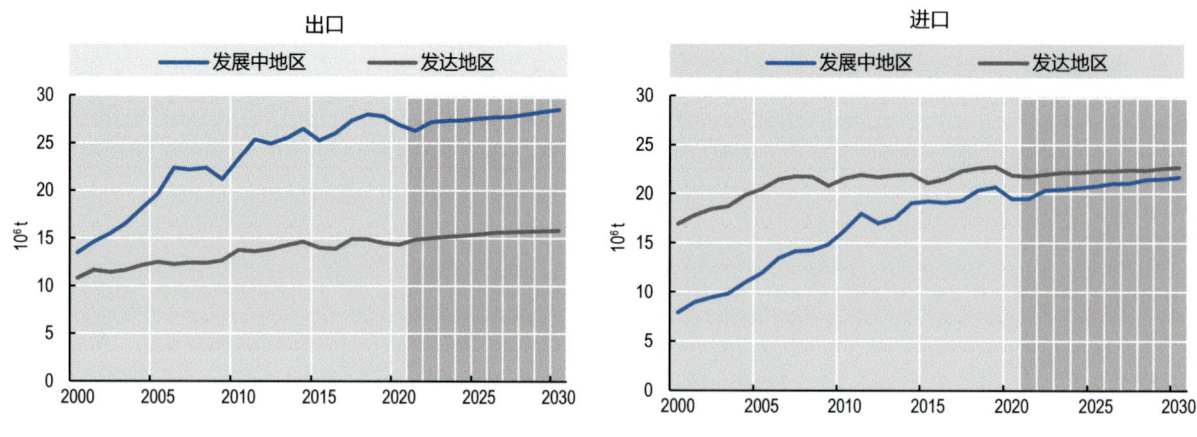

图 8.6　供人类消费的鱼类贸易

资料来源：经合组织／粮农组织（2021年），《经合组织－粮农组织农业展望》，经合组织农业统计数据库，http://dx.doi.org/10.1787/agr-outl-data-en。

数据库链接2：https://stat.link/ktwaxs

由于产量下降，2019年全球鱼类和鱼产品贸易进入低迷萎缩期。2020年，鱼类贸易量连续第二年下降，主要受疫情影响，而鱼类产量仅略微下降。在展望期内，全球贸易预计将开始复苏，但仍低于之前的预测水平。鱼类和鱼产品仍将是全球贸易量最大的大宗粮食商品之一，鱼产品的贸易份额到2030年预计将达到35%（如果不包括欧盟内部贸易，则为31%）。水产养殖将提高国际食用鱼贸易的份额，包括鲑鱼、鲈鱼、尖吻鱼、小虾和大虾等高价值鱼类的，以及罗非鱼、鲶鱼和鲤鱼等低价值鱼类的。

到2030年，世界食用鱼出口量预计将达到4 400万t活重当量（不包括欧盟内部贸易量）。这表示未来10年将增长5.3%，明显低于过去10年17.3%的增长速度。亚洲国家是渔业生产的主力军，到2030年，全世界食用鱼出口量的47%将来自亚洲国家。但是，由于中国食用鱼出口增速放缓（增长率为2.8%，而过去10年高达5.3%），出口增长的主力军预计将不会是亚洲（增长80万t），而是欧洲（增长140万t）。尽管如此，中国仍将是全球食用鱼产品的最大出口国。从数量来看，中国在2030年将占世界食用鱼贸易总量的18%，略低于基期的19%。越南在展望期内预计是贸易增量最大的，占新增出口量的47%。虽然越南的增长势头强劲，但却被印度和印度尼西亚的出口减量拖了后腿。对于亚洲以外的国家，俄罗斯和智利预计将大幅增加出口，出口增幅分别达到33%和40%。

在确保向消费者供应食用鱼方面，国际贸易发挥重要作用。然而，发达国家与发展中国家对食用鱼进口的依赖程度存在天壤之别。为了满足国内的食用鱼消费，发达经济体将一如既往地严重依赖进口食用鱼。到2030年，进口鱼类将占发达经济体食用鱼消费总量的71%，而在发展中国家仅占15%。这个相对较低的比例主要是受亚洲影响，因为亚洲在鱼类生产和出口方面占大头。到 2030 年，食用鱼的主要进口区域仍将是欧盟、美国、中国和日本。在欧盟和美国，由于这些区域的消费水平已经相当高，预计鱼类食品进口量将继续增长，但增速将低于过去 10 年的水平。在中国，由于国内生产越来越以消费者偏好为主导目标，到 2030 年进口量预计将减少 2.1%。在日本，由于人均鱼类消费量下降和人口数量持续减少，预计进口量将继续下跌（跌幅 15.0%）。

鱼粉出口量预计将较 2018—2020 年增长 8.6%，产品重量将在 2030 年达到 340 万 t。发展中国家仍将是鱼粉的主要出口国和进口国，到 2030 年占全球出口量的 71% 和全球进口量的 79%。秘鲁将继续是主要的鱼粉出口区域，其次是欧盟、美国和泰国。为了满足水产养殖和生猪产业的需求，中国在 2030 年仍将是全球最大的鱼粉进口国，占全球鱼粉进口量的 51%。在 2018—2020 年至 2030 年，鱼油出口量预计将增长 5.2%。到 2030 年，秘鲁和欧盟将成为主要的鱼油出口地区，而挪威和欧盟将成为主要进口地区。鱼油主要用于鲑鱼养殖业的补充饲料，以及用于生产人类食品补充剂。

8.7 主要问题及不确定性

本章所做分析预测反映了渔业和水产养殖业未来 10 年的预期情况。这些预测是依据各种假设条件制定的，包括对一系列的经济、政策和环境条件所做的假设。其中包括宏观经济环境、农业政策和已宣布政策改革的持续实施、国际贸易规则和关税、世界贸易组织关于取消危害环境的渔业补贴的谈判、厄尔尼诺现象发生频率及影响、不存在特殊鱼类疾病事件的情况、渔业配额和更长期的生产力发展趋势。如果其中任何一项假设发生变化，对于鱼类市场将产生不同的预测结果。在本《展望》中，由于疫情仍未解除，与此相关的不确定性是迄今为止所做预测的主要风险因素，至少在今后 10 年的前几年是这种情况。

疫情如果持续下去，就可能加剧贫困、饥饿和营养不良的严重性，包括对渔业和水产养殖业产生前所未有的影响。如果全球 GDP 水平继续走低，或者各国之间存在重大差异，则可能导致食用鱼的消费量、贸易量和生产量长期下滑。疫情导致消费者对鱼类产品的消费行为发生重大变化。消费场所从通常的酒店、餐厅和餐饮行业转入消费者的家中，人们对预加工和腌制鱼产品需求强劲增长，而那些高价值新鲜鱼产品的需求遇冷（因为这类产品主要用于外出就餐）。这些变化可能导致鱼类未来消费模式和贸易流向发生结构性变化，尤其考虑到鱼类是一种全球化的产品，它可能在一个国家养殖，在另一个国家加工，最后出口到第三个国家。疫情引发的卫生和食品安全问题也可能导致贸易流动模式发生改变。

由于中国的重大政策变化，捕捞渔业和水产养殖业的生产趋势将产生额外的不确定性。例如，中国"十四五"的修改目标是聚焦生产本土鱼类和减少该行业对环境的影响，但中国的水产养殖业将如何应对这项政策变化仍然是个未知数。在捕捞渔业领域，由于降低直接资助水平，尤其是减少对燃料等投入的资助，这在展望期内可能对中国船队的盈利能力及结构产生重大影响。

从总体来看，渔业和水产养殖业仍将继续面临诸多困难挑战，包括环境变化、资源可用性和无效治理。在对渔业实施适当管理之后，虽然部分国家和区域已经取得一定进展，鱼类种群数量一直高于重建目标水平。但是，仍有许多区域的渔业管理不到位或无效，鱼类种群状况极差甚至仍然在持续恶化。如果不能充分有效地实施各项政策和措施，这种发展不平衡的顽疾就可能无法治愈。因此，为了实现可持续渔业和可持续生态系统，以及为了确保世界各地的渔业都具有可持续性，现在急需制定新机制来帮助有效实施相关政策和管理条例。这将需要打破国家疆域限制，使各国国内水域和国外水域协同努力，除了需要积极采用保护措施之外，还需要执行能力建设和提供资助，特别是向那些小岛屿发展中国家和最不发达国家提供帮助。此外，管理政策不仅需要密切关注气候变化的影响，还需要注意海洋温度上升和海水酸化导致野生种群迁徙的可能性，这一点也至关重要。

水产养殖预计将成为全球鱼类增产的主要推动力，虽然其增长速度比过去10年有所减慢，但仍将高于鱼粉和鱼油的生产增速。鱼粉和鱼油是水产养殖饲料的重要成分（目前占全球水产养殖产量的70%左右）。鱼粉和鱼油始终被视为养殖鱼类最有营养、最易消化的成分，预计将更加有选择性地、更有效地应用于特定生产阶段。要想使水产养殖业保持增长，就需要增加使用其他饲料来源，并且可能需要开发新型多营养饲料，所有这些都表明所做预测包含额外的不确定性。此外，水产养殖业除了存在区域发展不平衡问题，而且还受到多种因素制约，包括公平分配、土地竞争、水权、养殖物种多样性、信贷获取能力、鱼苗和专业知识等。这些制约因素需要积极做出反应，实施有效治理，增加投资，改进技术，执行创新和钻研以及提高生产效率和营利能力才能得到充分解决。确保长期的生物安全性将具有至关重要的意义，另外，有针对性地帮扶建设环保型生产系统也非常重要，如在沿海地区开展多营养层次生态养殖模式以及在内陆地区开展农业-水产复合养殖模式。另外，可能需要给予非洲特别关注，因为非洲的人均表观消费量在今后10年预计将会滑坡。

捕捞渔业和水产养殖业是否有能力满足需求？部分将取决于其是否有能力在尽量减少对海洋和淡水生态系统影响的情况下实现增产或维持产量，同时通过减少粮食损失和浪费来提高粮食的利用率。但是，水产食品生产系统是嵌套在更大的发展框架中。许多"蓝色经济"政策向大型项目倾斜，如石油/天然气、航运/港口甚至旅游业，这些项目在产生经济效益的同时也会导致环境退化，会对海产品和海洋生物多样性产生影响。"蓝色经济"在权衡利弊时需要开展深入调查，充分了解各种风险，合理制定政策，进行理智投资，努力实现弹性和可持续发展。在这些方面，"蓝色转型"预计将成为"粮农组织2021—2030年度战略框架"新确定的优先审议问题，该框架旨在通过改进各项政策和项目计划，实现综合型科学管理、技术创新和私营部门参与，努力促进构建更高效的、更有包容性的、更有弹性的以及更具可持续性的蓝色粮食体系。

9

生物燃料

本章描述了世界生物燃料市场形势，并重点介绍了2021—2030年期间世界生物燃料市场的中期预测，讨论了乙醇和生物柴油的价格、生产、消费和贸易情况，最后探讨了未来10年可能影响世界生物燃料市场的重要风险和不确定性。

9 生物燃料

9.1 预测要点

2019 冠状病毒病疫情的暴发，导致全球人员流动受限以及贸易物流中断，致使 2020 年全球运输燃料使用量比上一年下降了 8.5%，其中，生物燃料的使用量下降了 8.7%。本《展望》预测，未来生物燃料市场发展的主要驱动力依然是国家政策支持和化石燃料需求。全球生物燃料需求预计将在 2021 年和 2022 年复苏，与总燃料需求复苏保持一致。从中期来看，由于发展中国家混合标准提高，全球生物燃料消费预计将进一步增加。但发达国家生物燃料的发展将受限于化石燃料需求的下降以及激励政策的减少。在展望期内，国际生物燃料名义价格预计将上涨，而实际价格基本保持不变。生物燃料价格一般与原料价格、原油价格和分销成本等市场的基本面有关；然而，随着时间的推移，通过成本补贴和强制添加，政策将对价格形成路径产生重要影响。

在展望期内，预计全球生物燃料使用量将增加（图 9.1）。国际能源署（IEA）发布的《世界能源展望》（本《展望》的化石燃料需求预测以该内容为基础）预测，欧盟和美国的总燃料使用量将下降，说明生物燃料消费增长空间较为有限。欧盟《可再生能源指令Ⅱ》（RED）Ⅱ将棕榈油列为"间接土地利用变化（ILUC）"高风险生物燃料原料。因此，欧盟棕榈油基生物柴油的消费量预计将出现下跌。由于美国《可再生燃料标准》（RFS）的实施，其国内生物燃料需求得以保持，但在展望期内 10% 的乙醇混合标准[①]将限制其国内乙醇消费的增长。

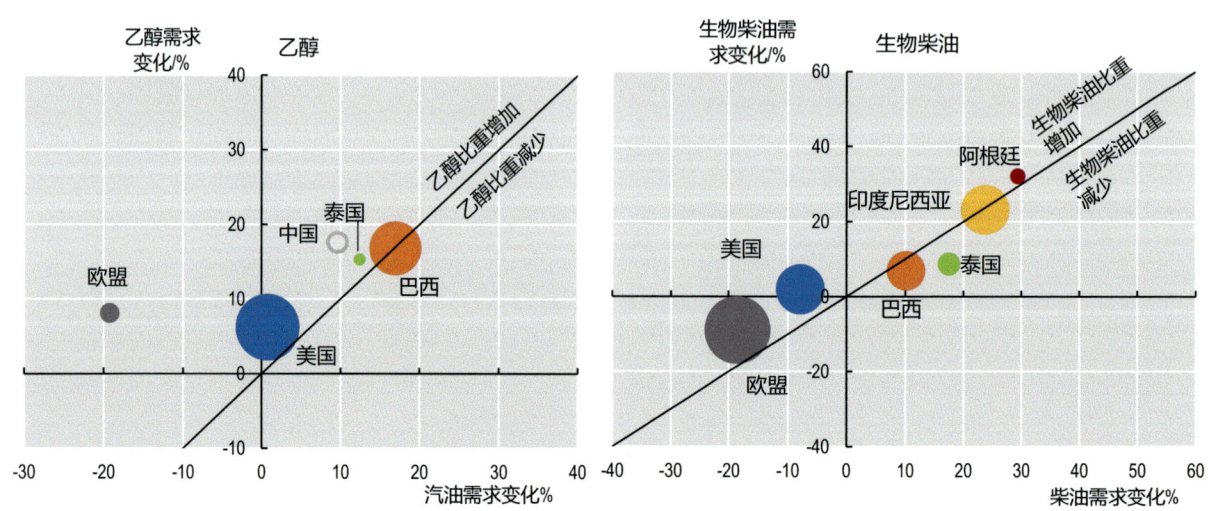

图 9.1 主要地区生物燃料需求变化

注：份额是根据体积计的需求量计算。每个圆圈的大小与 2019 年各自生物燃料的消费量有关。

资料来源：经合组织/粮农组织（2021 年），《经合组织－粮农组织农业展望》，经合组织农业统计数据库，http://dx.doi.org/10.1787/agr-outl-data-en。

数据库链接 2：https://stat.link/w5dcsb。

---

① 鉴于美国大多数乙醇泵仅提供 E10，在这种情况下的混合比是可达到的最大全国平均混合率。

新兴经济体的燃料消费趋势和政策变化将产生重要的影响。展望期内，巴西的燃料总消费量将进一步增加，乙醇和生物柴油消耗量将成比例增加。鉴于 2017 年以来，中国玉米库存持续下降，预计中国政府不会在全国范围内实施乙醇 E10 规定。因此，本《展望》预计到 2030 年，中国将保持 2% 的较低燃料乙醇混合比。

展望期内，预计一些新兴经济体关于生物燃料混合比的规定将有所变化。2020 年，印度尼西亚推出了 B30（30% 混合生物柴油）计划，该计划与不断增加的化石燃料需求共同刺激了生物柴油的使用。预计在展望期内，其柴油和生物柴油的使用量都将增加。本《展望》预计，在展望期内，印度尼西亚生物柴油混合率将保持在 30% 左右，阿根廷为 10%。到 2030 年，印度的燃料乙醇混合比预计将达到 8% 左右，主要源自甘蔗乙醇的贡献。受限于原料供应，该混合比低于印度政府的 E20 目标，因为糖蜜等原料仍将主要用于饲料。

全球生物燃料生产将继续以传统原料为主，包括用于乙醇生产的甘蔗和玉米以及用于生物柴油生产的各种植物油。以二手食用油为原料的生物柴油将继续在欧盟、加拿大、美国和新加坡占据重要地位。在大多数国家，生物燃料政策旨在减少温室气体排放和对化石燃料的依赖。因此，市场主要由国内供应，国际贸易份额相对较低，预计未来 10 年将进一步下降。世界生物柴油贸易预计将比当前水平下降 25%，主要原因是欧盟对棕榈油生物柴油需求下降；乙醇贸易将适度减少。出口方面，由于印度尼西亚国内需求旺盛，其出口量将减少。

本《展望》预计，在展望期结束前，生物燃料生产主要还是以初级农产品为原料，纤维素基乙醇和再回收油基生物柴油等先进生物燃料不会大幅增加。本预测的不确定性源于对运输部门未来发展的预计。不可预见的技术进步和监管框架的潜在变化可能导致对生物燃料当前的市场预测出现重大偏差。

9.2 市场形势

2019 冠状病毒病疫情下的封锁措施和经济衰退，导致 2020 年全球燃料需求下降。全球运输石油需求也随之减少，但工业用化石燃料所受影响较小。美国和巴西的乙醇消费下降幅度最大，拉低了全球需求。由于较高的混合规定，印度尼西亚和泰国增加了生物柴油的使用，减少了柴油的使用。受玉米和植物油价格上涨，以及化石燃料价格下降的双重影响，生物燃料产品利润率不确定性较高；政府支持缓解了部分市场压力。在疫情防控过程中，乙醇被用作消毒剂，因而工业用乙醇的消耗有所增加，进而有助于维持生物燃料的生产。生物柴油在发电方面也发挥了更重要的作用。非运输部门生物燃料的使用所受影响较小。尽管有政府支持，但是随着需求的减少，2020 年全球乙醇产量和生物柴油产量出现了近 10 年来的首次减少，与 2019 年相比，分别减少了 132 亿 L 和 19 亿 L。

当前和新出台的政策，特别是那些通过提供特定补贴和优惠税收来调节国内生物燃料价格的政策，以及混合指令，消除了 2020 年生物燃料行业的一些负面影响。鉴于预期经济复苏以及更高的混合要求和脱碳举措，预计全球生物燃料需求将从

2021 年开始复苏。但总体需求将低于 2019 年。

9.3 价格

受植物油市场发展的影响，预计生物柴油名义价格的增长速度（每年 1.1%）将低于乙醇（每年 1.8%）。2024 年，生物柴油实际价格将下降；而乙醇实际价格将在 2026 年之后出现下降趋势。乙醇名义价格将比生物柴油表现更为强劲，主要是因为乙醇价格目前处于历史低位，预计展望期前几年将出现回升。然而值得注意的是，由于政策因素包括财政优惠或支持价格，国际和国内生物燃料价格往往存在差异。

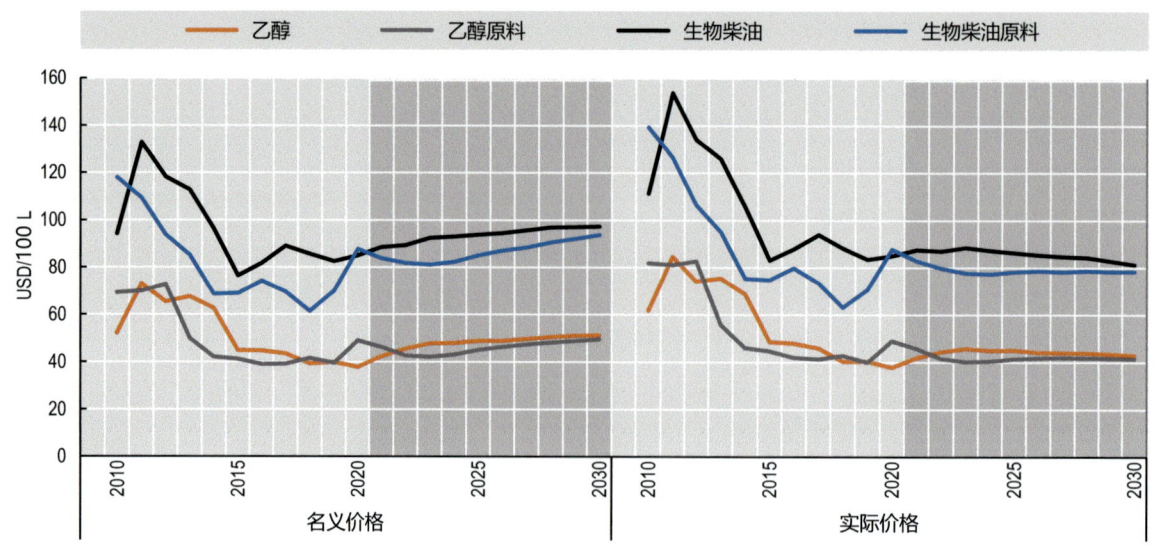

图 9.2 生物燃料和生物燃料原料价格变化

注：乙醇：批发价格，美国，奥马哈；生物柴油：生产者价格，德国，扣除生物柴油关税和能源税。实际价格是根据美国 GDP 平减指数调减后的世界名义价格（2020 年 =1）。作为生物柴油原料价格的替代，采用世界植物油价格，乙醇采用原糖和玉米之间的加权平均值。
资料来源：经合组织/粮农组织（2021 年），《经合组织－粮农组织农业展望》，经合组织农业统计数据库，http://dx.doi.org/10.1787/agr-outl-data-en。

数据库链接 2：https://stat.link/neutxm。

9.4 生产与消费

从全球来看，本《展望》预计生物燃料生产和消费的增长速度将比前几十年慢得多，主要原因是美国和欧盟的政策正在减少对该行业的支持。鉴于发展中国家运输车队的发展，且国内政策会提高混合要求和推动消费者需求，预计主要发展中国家对生物燃料的需求将增长。

到 2030 年，全球乙醇产量预计将增长到 1 320 亿 L，而全球生物柴油产量预计将增长到 500 亿 L，这主要是由于印度尼西亚在展望初期将提高对生物柴油混合的要求。各国生物燃料的生产原料各不相同。尽管许多国家对生物燃料生产的可持续性方面越来越敏感，但全球生物燃料生产将继续以传统原料为主（图 9.3）。

插文 9.1 生物燃料简介

生物燃料（生物乙醇和生物柴油[①]）是由生物质生产的燃料。目前，约60%的乙醇来自玉米，25%来自甘蔗，2%来自糖蜜，3%来自小麦，其余来自其他谷物、木薯或甜菜。约75%的生物柴油生产来自植物油（20%菜籽油、25%大豆油和30%棕榈油）或二手食用油（20%）。基于纤维素原料（如作物残留物、专用能源作物或木材）的先进生物燃料在总产量中所占的份额不大。国际生物燃料行业深受国家政策影响，这些政策包括三个主要目标：农民支持、减少温室气体排放和/或提高能源独立性。

表 9.1 生物燃料产量排名和主要原料

	产量排名（机器）		主要原料	
	乙醇	生物柴油	乙醇	生物柴油
美国	1（48.2%）	2（18.1%）	玉米	豆油、二手食用油
欧盟	5（4.8%）	1（32.3%）	甜菜、小麦、玉米	菜籽油、棕榈油、二手食用油
巴西	2（26.7%）	4（12.2%）	甘蔗、玉米	豆油
中国	3（8.3%）	9（2.3%）	玉米、木薯	二手食用油
印度	5（2.3%）	15（0.5%）	糖蜜	二手食用油
加拿大	6（1.6%）	13（0.7%）	玉米、小麦	菜籽油、二手食用油、豆油
印度尼西亚	20（0.1%）	3（15%）	糖蜜	棕榈油
阿根廷	8（1.0%）	5（5%）	糖蜜、甘蔗、玉米	豆油
泰国	7（1.4%）	7（3.8%）	糖蜜、木薯、甘蔗	棕榈油
哥伦比亚	13（0.44%）	11（1.3%）	甘蔗	棕榈油
巴拉圭	14（0.42%）	19（0.03%）	玉米、甘蔗	麻风树

注：① 数字表示国家在全球产量中的排名；百分比是指基期各国的生产份额。② 在本《展望》中，生物柴油包括可再生柴油（也称为加氢植物油），尽管它们是不同的产品。

资料来源：经合组织/粮农组织（2021年），《经合组织－粮农组织农业展望》，经合组织农业统计数据库，http://dx.doi.org/10.1787/agr-outl-data-en。

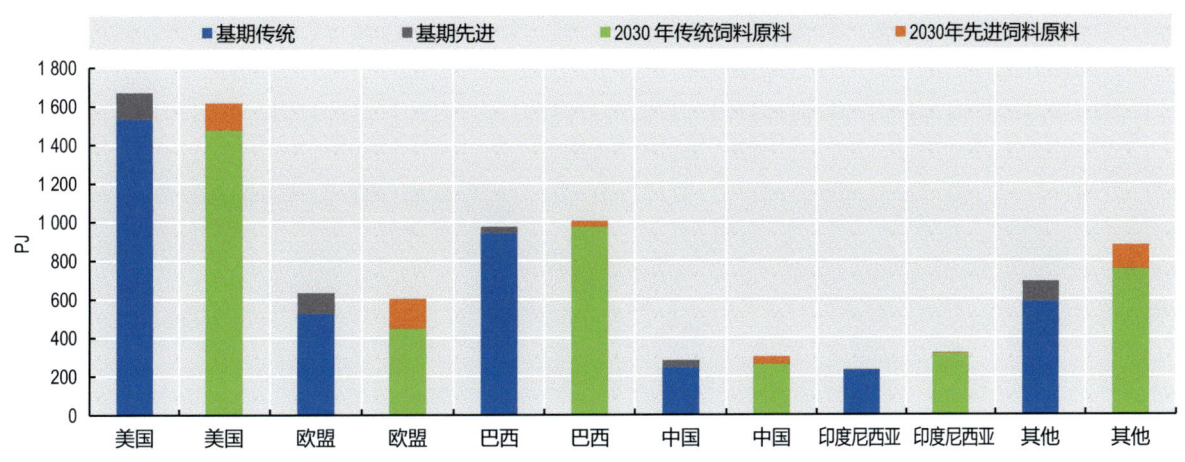

图 9.3 世界传统和先进饲料原料生物燃料产量

注：此处将传统原料定义为基于粮食和饲料作物的生物燃料。PJ = 1 015 J。
资料来源：经合组织/粮农组织（2021年），《经合组织－粮农组织农业展望》，经合组织农业统计数据库，http://dx.doi.org/10.1787/agr-outl-data-en。

数据库链接 2：https://stat.link/am4t28。

通过生物燃料进入运输部门的能源份额仅在巴西超过了10%。然而，许多国家的生物燃料政策的目标，特别是在发展中国家，是减少对化石燃料来源的能源依赖。

9.4.1 美国

本《展望》预计，尽管预计运输燃料的使用量会减少，但美国政府将保持环境保护署（EPA）最近公布的数量水平。乙醇的消费量预计每年减少0.2%（图9.4）。未来10年，10%的乙醇混合阈值将限制国内的乙醇用量，预计到2030年仍将保持10%的水平，因为目前有关E15基础设施的建设仍在讨论之中，尚未在全国推广。

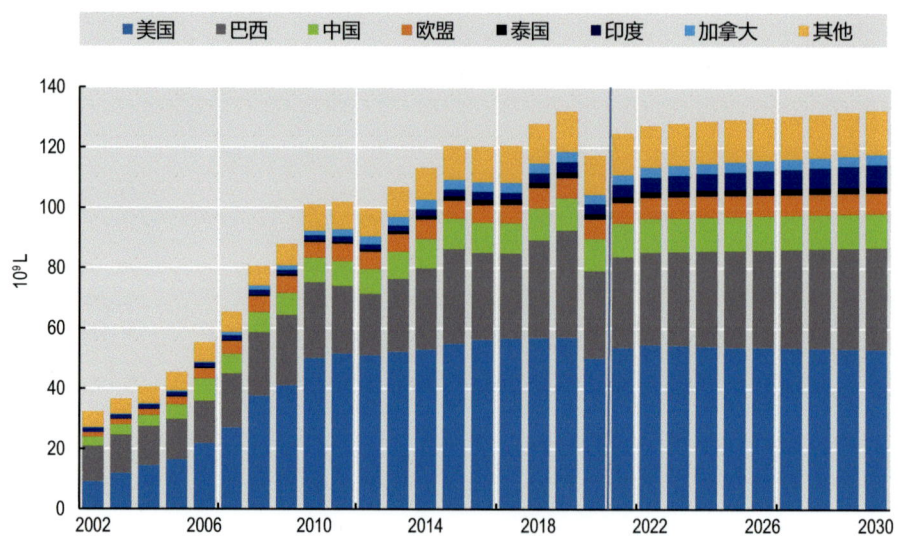

图9.4 世界乙醇消费变化

资料来源：经合组织/粮农组织（2021年），《经合组织－粮农组织农业展望》，经合组织农业统计数据库，http://dx.doi.org/10.1787/agr-outl-data-en。

数据库链接2：https://stat.link/a9jqzc。

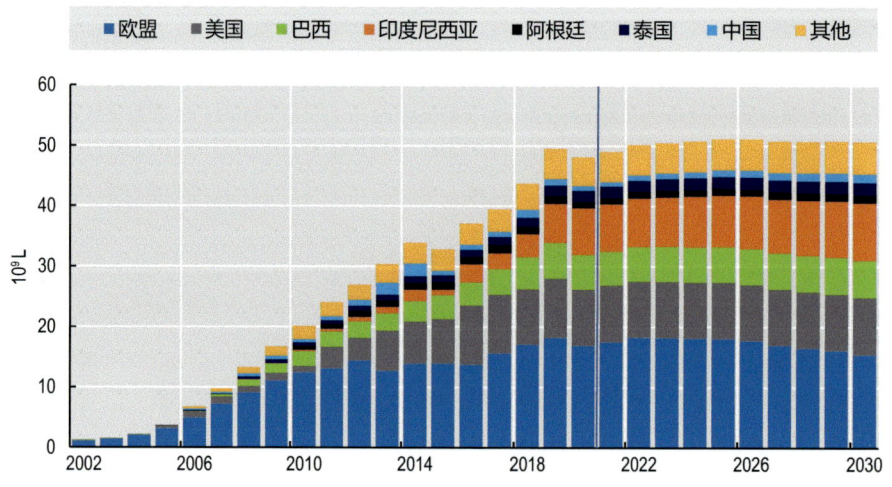

图9.5 世界生物柴油消费变化

资料来源：经合组织/粮农组织（2021年），《经合组织－粮农组织农业展望》，经合组织农业统计数据库，http://dx.doi.org/10.1787/agr-outl-data-en。

数据库链接2：https://stat.link/8svdcy。

乙醇产量的增长预计每年下降 0.4%。玉米将继续作为乙醇生产的主要原料，占 2030 年总产量的 99%。展望期内，纤维素乙醇的生产能力将保持不变。尽管预计美国仍将是世界最大的乙醇生产国，但其产量全球占比预计将从 47% 下降到 44%；生物柴油产量预计每年下降 0.3%（图 9.5），其产量全球占比预计将从 18% 降至 17%。

9.4.2 欧盟

自 2010 年以来，欧盟有关生物燃料支持的立法一直以 2009 年《可再生能源指令》（RED）为基础，该指令要求欧盟成员国到 2020 年至少 10% 的运输能源使用以可再生能源为基础。2018 年 6 月，新协议将生物燃料目标提高到 14%，国家对粮食和饲料作物生物燃料的上限为 2020 年水平以上 1 个百分点，但不超过 7%。第 2018/2001 号指令下的新框架（《可再生能源指令 II》）于 2018 年通过，并将于 2030 年前实施[①]。《可再生能源指令 II》将棕榈油基生物柴油列为"间接土地利用变化（ILUC）"高风险类别，因此其消费量预计将下降。

根据本《展望》采用的国际能源机构（IEA）基准，预计运输部门的柴油和汽油使用量将减少。柴油燃料的下降幅度较大；乙醇消费将增加（+2 亿 L），而生物柴油消费将减少（-20 亿 L）。主要源自棕榈油基生物柴油消费的下降，原因是欧盟对棕榈油生产的可持续性表示担忧。其他植物油生产的生物柴油预计也会减少，但幅度不大，而二手食用油生产的生物柴油预计会增加。鉴于对生物柴油行业的需求预测，尽管其产量全球占比预计将从 32% 降至 28%，但到 2030 年，欧盟仍将是世界上最大的生物柴油生产地区。

欧盟生物燃料消费总量预计每年下降 1.1%，但其先进生物燃料来源的份额将从目前的 17% 增加 2030 年的 26%（图 9.3）。

9.4.3 巴西

巴西拥有大量弹性燃料车辆，既可以使用无水乙醇 – 汽油混合燃料，也可以使用 E100（含水乙醇）。对于汽油醇，政府可以规定乙醇混合率在 18%~27%，具体由国内糖类和乙醇的价格关系决定。目前规定的混合比是 27%。当前，巴西主要州的差异化税收制度更有利于含水乙醇而不是混合汽油。对于生物柴油，在展望期内，政府预计将维持 11% 的生物柴油混合比。

本《展望》预计，归功于"国家生物燃料政策"（RenovaBio 计划）[②]，巴西将是乙醇消费量和产量增长最多的国家（图 9.4）。该计划于 2018 年 1 月正式签署，其目的是根据巴西第二十一届缔约方会议（COP21）所做的承诺，降低巴西运输业的排放强度。为了建立必要的激励机制，该计划将引入碳信用交易体系。巴西的乙醇产量预计将以每年 1.3% 的速度增长。预计到 2030 年，巴西一半以上的乙醇产量将用于高混合弹性燃料汽车，这意味着这类汽车的数量将增加。

---

① https://ec.europa.eu/jrc/en/jec/renewable-energy-recast-2030-red-ii.
② http://www.planalto.gov.br/ccivil_03/_ato2015-2018/2017/lei/L13576.htm.

与美国和欧盟相反，巴西汽油和柴油的总燃料消耗量预计将在未来 10 年内增加，为汽油和柴油中生物燃料的混合提供了增长空间。因此，本《展望》预测巴西的乙醇市场容量和生物柴油消费量将增加。

9.4.4 中国

2017 年，中国发布 E10 规定，旨在消除过剩的玉米库存。2018 年，政府宣布到 2020 年，该计划范围将从 11 个省份扩大到 26 个省份[①]。但自 2017 年以来，玉米库存不断下降，加快乙醇使用的主要动机正在消失。本《展望》预计 2030 年中国乙醇汽油混合比仍为 2%。尽管与过去 10 年相比，中国乙醇消费增长率将有所下降，但消费总量将随着整体燃料使用量的增加而增加，这意味着展望期内每年产量将增长 0.1%。本《展望》推测，基于国内原料生产的乙醇能够满足大部分国内需求，生物柴油将继续主要由增长潜力有限的食用油为原料。

9.4.5 印度尼西亚

B30（30% 混合生物柴油）的实施旨在减少印度尼西亚对进口化石燃料的依赖，并减少温室气体排放。近年来，由毛棕榈油（CPO）基金资助的国家生物柴油计划，为生物柴油生产商提供了支持，进而推动了生物柴油产量增长。鉴于植物油及其出口产品的预计国际参考价，以及 55 USD/t 的出口征税，预计展望期内仍将保持 B30 混合比。对生物柴油生产商的支持缩小了生物柴油和柴油价格之间的差距。生物柴油价格计算为毛棕榈油价格加生产成本（设定为 80 USD/t）、海运费和运输成本。2020 年，由于毛棕榈油价格高、柴油价格低，生物柴油生产的平均补贴增加至约 0.22 USD/L。然而，展望期内，油价有望复苏，进而推动化石燃料价格上涨，因此该补贴预计会减少。根据这些假设，预计 2030 年印度尼西亚的生物柴油产量将增至 97 亿 L。鉴于欧盟的环境法规和发达国家柴油使用量的下降，展望期内，出口预计将保持在较低水平。

9.4.6 阿根廷

预计阿根廷乙醇汽油与生物柴油的混合比保持在当前水平。免税政策将继续推动该国生物柴油行业的发展，该国几乎一半的产量用于出口。然而，美国设置的贸易壁垒和阿根廷出口税将限制其出口，预计每年将减少 0.6%。

9.4.7 泰国

原料供应限制了泰国以糖蜜、木薯和棕榈油为基础的生物燃料生产。如果这些原料产量无法增加，同时又无法补充新的替代原料，则生物燃料产量预计将低于 2036 年设定的目标。与此同时，到 2022 年，政府将逐步减少目前对乙醇的补贴，尽管高掺量（E85）所受影响会低于低掺量（E10）；展望期内，乙醇混合比预计将保持在 14% 左右，2030 年产量将略增至 20 亿 L。生物柴油需求将得到强制性混合比政策的支持，但补贴将有利于 B20 和 B10 而不是 B7。然而，受限于国内棕榈油

---

① 2017 年 11 个省份人口占中国总人口的 46.1%。

供应，预计到 2030 年，需求小幅增加至 21 亿 L。

9.4.8 印度

印度"国家生物燃料政策"于 2018 年 5 月生效，目标是实现 20% 乙醇和 5% 生物柴油混合比，大大高于当前 4% 和 0.1% 的混合水平。展望期内生物燃料产量增长的主要限制因素是原料（主要是糖蜜）的供应，其产量不足以满足生物燃料行业日益增长的需求。最近的发展表明，甘蔗将成为乙醇生产的有关原料。在软贷款的帮助下，糖厂正在投资和发展利用甘蔗汁生产乙醇的能力；报告表明，2021 年甘蔗乙醇可能占乙醇总产量的 15%。尽管如此，食糖出口补贴预计将减缓其向甘蔗乙醇生产过渡。同时，汽油需求将增加。这些将限制乙醇混合比的提高。到 2030 年，平均值预计仅在 E8 左右。2030 年乙醇产量预计接近 70 亿 L，但这仍无法满足日益增长的需求；因此，增加进口将填补这一缺口。

9.4.9 加拿大

加拿大清洁燃料标准（CFS）和省级混合规定维持了加拿大生物燃料的使用。目前正在谈判中的清洁燃料标准政策旨在通过引入碳信用来减少温室气体排放。预计乙醇汽油混合比和生物柴油使用率保持在当前水平。

9.4.10 哥伦比亚

随着汽油需求的恢复，预计乙醇需求将在展望期内增加。2020 年，由于汽油使用量减少，乙醇混合量略高于 E10；对乙醇需求量的反应程度不同。从中期来看，混合率预计将恢复到 E10。本《展望》预计甘蔗将继续作为主要原料；到 2030 年，22% 甘蔗产量将用作乙醇生产，而基期为 17%，从而巩固了乙醇作为维持哥伦比亚甘蔗产业的重要来源。由于柴油需求下降，生物柴油需求在过去 3 年中一直处于低迷状态，尽管混合率稳定在 B10 左右。本《展望》预计这一水平将在中期内持续下去。到 2030 年，生物柴油产量预计将达到 6 亿 L，几乎与 2018 年的历史高位持平。

9.4.11 其他国家

其他相对重要的乙醇生产国包括巴拉圭、菲律宾和秘鲁，到 2030 年，它们的产量可分别达到 8 亿 L、6 亿 L 和 3 亿 L；预计这三个国家的混合率稳定在 10% 左右。

其他主要的生物柴油生产国是马来西亚、菲律宾和秘鲁，到 2030 年，它们的产量可分别达到 16 亿 L、3 亿 L 和 2 亿 L。马来西亚的混合燃料比预计将保持在 10% 左右，而秘鲁和菲律宾分别约为 6% 和 3%。在展望期内，其他亚洲国家，尤其是新加坡，将继续利用食用油生产约 9 亿 L 生物柴油。与绝大多数在国内使用生物燃料以减少温室气体排放和减少国家对进口石油依赖的国家不同，新加坡的生物柴油生产主要用于出口。

9.5 贸易

到 2030 年，全球乙醇贸易在全球产量中所占的份额仍较低，从基期的 9% 降至 8%。美国仍将是玉米乙醇的净出口国。然而，由于生产疲软，展望期内美国乙醇出口将减少。巴西的乙醇生产主要用于满足持续发展的国内需求，展望期内预计其出口将以每年 0.1% 的速度增长。

到 2030 年，全球生物柴油贸易量预计将从 71 亿 L 下降至 53 亿 L。由于印度尼西亚国内生物柴油需求旺盛，其出口将大幅下降。阿根廷仍将是主要的生物柴油出口国（其次是欧盟和美国），但由于国际需求疲软，展望期内阿根廷的出口预计将下降 0.6%。

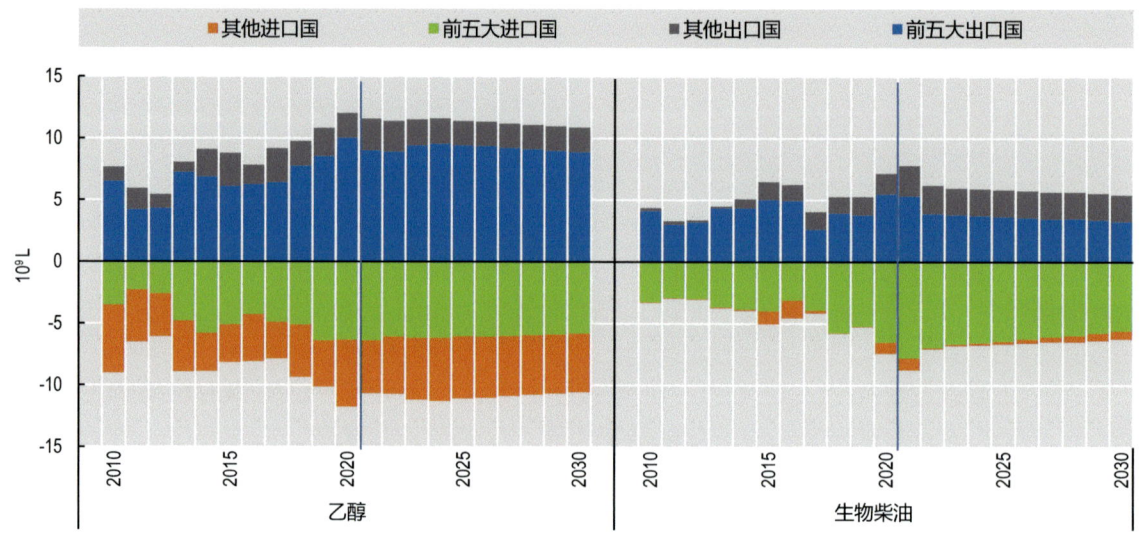

图 9.6　生物燃料贸易由少数全球参与者主导

注：2030 年前五名乙醇出口国为美国、巴西、欧盟、巴基斯坦、英国。2030 年前五名乙醇进口国为巴西、美国、日本、加拿大、英国。2030 年前五名生物柴油出口国为阿根廷、欧盟、美国、印度尼西亚、加拿大。2030 年前五名生物柴油进口国为欧盟、美国、英国、加拿大、秘鲁。按国内政策对生物燃料进行分类或将导致多个国家同时出口和进口生物燃料。

资料来源：经合组织 / 粮农组织（2021 年），《经合组织–粮农组织农业展望》，经合组织农业统计数据库，http://dx.doi.org/10.1787/agr-outl-data-en。

数据库链接 2：https://stat.link/kxhqy1。

9.6 主要问题与不确定性

生物燃料行业未来发展的主要风险和不确定性在于政策环境和油价。政策不确定性包括规定量的变化、执行机制、非传统生物燃料原料的投资、生物燃料和化石燃料的免税和补贴政策，以及电动汽车（EVs）技术及其政策支持的变化。

政策环境仍存在不确定性，其结果取决于农产品价格和石油价格的变化情况。石油市场发展会影响政策，因为化石燃料价格会影响生物燃料的竞争力和对该行业的补贴。另一个不确定性来自饲料供给市场；为保障粮食供应，各国生物燃料生产通常尽量使用本国剩余粮食作为原料。由于生物燃料生产与粮食供应存在竞争并可能对土地使用产生不良影响，因此各国对加快生物燃料生产持谨慎态度。尽管如此，一些新兴经济体的混合指令可能会在展望期内积极推进。

技术进步和运输部门监管框架的潜在变化可能会导致当前生物燃料市场预测的重大偏差。预计各国将采取一系列政策（混合授权、补贴和减税）推动新技术的实施，以减少温室气体排放。这些措施可将能源市场的不确定性转移到农业市场。因此，私营部门对这些措施的反应将影响未来的生物燃料需求。同时，汽车及其他行业目前正在投资电动汽车，这可能会导致未来10年甚至以后生物燃料消费的下降，但这取决于这项技术的采用及政策的支持。

10

棉 花

本章介绍了最近的市场发展,并重点介绍了2021—2030年世界棉花市场的中期预测,讨论了棉花的价格、生产、消费和贸易发展。本章最后讨论了在未来10个销售年度里可能影响世界棉花市场的重要风险和不确定性。

10.1 预测要点

棉花消费和贸易在2020年从2019年的低点恢复。然而，由于美洲的产量低于预期，产量降至2016年以来前所未有的水平，棉花价格上涨，逐渐逼近聚酯纤维价格。在棉花和其他纤维价格在展望期内较近几年更为稳定的假设下，预计全球纺织厂消费增长将略快于世界人口。全球的纺织厂消费分布取决于棉纺厂的位置，通常位于服装行业地区附近。在过去几十年中，棉纺厂的活动已从发达国家和苏联明显转向亚洲，特别是中国。中国的消费在2007年达到顶峰，此后一直在下降，因为更严格的监管和不断上涨的劳动力成本刺激了该行业向其他亚洲国家的转移，特别是越南和孟加拉国。自2016年以来，中国纺织厂消费量的下降似乎已经停止，本《展望》预计未来10年消费量将呈现轻微上升趋势。在另一个主要棉花消费国印度，对该行业的支持预计将带来棉纺厂使用量的持续增长。

世界棉花产量预计每年增长1.5%，到2030年达到2 800万t。这一增长得益于棉花种植面积的扩大（每年0.5%）和全球平均单产的增长（每年1%）。自2004年以来，由于一些国家与虫害问题和缺水做斗争，加上低单产国家的产量份额不断增加，单产一直持平。改进遗传基因和采用更好的农艺措施可促进持续棉花生产，可能会让棉花产量在未来10年有所增长，但单产增长仍可能是一些国家面临的挑战。印度将继续是世界上最大的棉花生产国，产量的增长主要是因为单产的提高，而根据最近的趋势，预计种植面积的扩大将受到限制。总体来说，2030年棉花市场的全球参与者将与基期相同，这意味着撒哈拉以南非洲地区预计到2030年仍将是第三大原棉出口地（图10.1）。

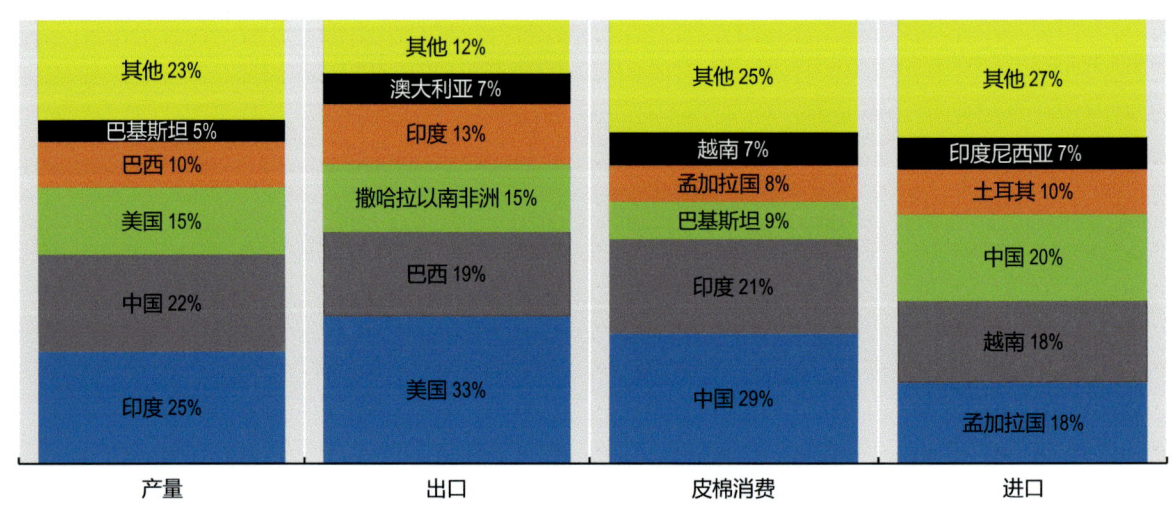

图10.1 2030年棉花市场的全球参与国

注：所列数字指各变量在世界总量中所占份额。
资料来源：经合组织/粮农组织（2021年），《经合组织-粮农组织农业展望》，经合组织农业统计数据库，http://dx.doi.org/10.1787/agr-outl-data-en。

数据库链接2：https://stat.link/mqhou3。

棉花主要以原棉纤维包进行交易。到 2030 年，全球原棉贸易预计将超过 1 100 万 t，比基期高出 25%。此外，鉴于孟加拉国和越南等国内棉花产量不多的国家需求增长以及巴西国内纺织厂棉花使用量停滞，预计全球棉花贸易增长将略快于总消费。

自 2017 年以来，全球棉花价格呈下降趋势，预计在预测期内，名义价格将上涨，而实际价格将略有下降。假设中国重新致力于绿色经济，聚酯纤维生产应该会受到抑制。聚酯纤维产量增长率的下降将导致未来几年棉花名义价格的上涨。

若干不确定因素会影响对展望期的预测。随着收入的增长和城市化进程的继续，发展中国家和新兴经济体的棉纺织品人均消费量将如何演变尚不清楚，特别是考虑到聚酯纤维带来的竞争以及全球经济如何从疫情引起的经济衰退中复苏的不确定性。在生产方面，预测结果很容易受害虫和天气条件影响。因此气候变化及其对干旱和风暴等事件的发生及规模的影响，构成了另一个不确定因素。关于棉花和人造纤维可持续性的考虑将继续影响棉花的未来需求和供应。此外，贸易紧张是棉花市场的另一个不确定因素。

10.2 近期市场发展

在 2019 冠状病毒病疫情暴发以来的第一波封锁中，原棉价格在 2020 年春季大幅下跌。疫情的暴发迫使消费者不去商店线下消费，给服装零售商带来的影响尤为严重，并阻碍了许多国家的纺织生产。然而，这次价格下跌给种植决策带来的影响并没有像几个月前那样严重。尽管如此，2020/2021 销售年度的棉花产量下降是 2016 年以来幅度最大的，原因有两个：一个原因是在疫情冲击之前，玉米和大豆价格在一定程度上逼近棉花价格，给一些国家的棉花面积带来了下行压力。另一个原因是在美国，不尽如人意的天气状况导致收获面积减少。

在第一次需求冲击后，商品需求比最初预期的要强劲，因为政府政策维持了部分劳动力的收入，而服务支出的大幅下降促进了储蓄的增加，从而维持了对棉花的需求。因此，2020/2021 年全球原棉需求增加。

2019/2020 年世界原棉贸易的下降幅度小于消费量，由于 2020/2021 年世界贸易反弹，贸易量达到自 2012 年以来的最高水平。2019 年，国际贸易冲突和疫情对消费的影响阻止了中国进口的反弹，但到 2020 年，中国的进口量达到了 7 年来的最高水平。巴基斯坦主要是为了应对 2020 年产量的短缺，增加了进口。在孟加拉国和印度尼西亚，进口并未从 2019 年的大幅下降中完全恢复，这主要是由于疫情对国内纺织业的持续影响。主要出口国印度的棉花出口较 2019 年增长了 70% 以上，这得益于该国货币贬值以及 2020 年下半年和 2021 年初全球棉花价格上涨。

10.3 价格

由于全球棉花需求仍然受到合成纤维（尤其是聚酯纤维）的压力，预计在整个展望期内，全球棉花实际价格将下降。实际价格的下降相当于名义价格的小幅上涨。从 20 世纪 70 年代初开始，当聚酯纤维与棉花形成价格竞争时，棉花价格往往跟随聚酯纤维的平均价格。例如，1972—2009 年，棉花价格仅比聚酯短纤维价格高 5%。然而，自 2010 年以来，棉花价格平均比聚酯纤维价格高出近 40%。聚酯纤维价格不属于本《展望》预测的一部分；隐含的假设是，这两种纤维之间的相对竞争力没有显著变化，但棉花的价格稍有上涨。

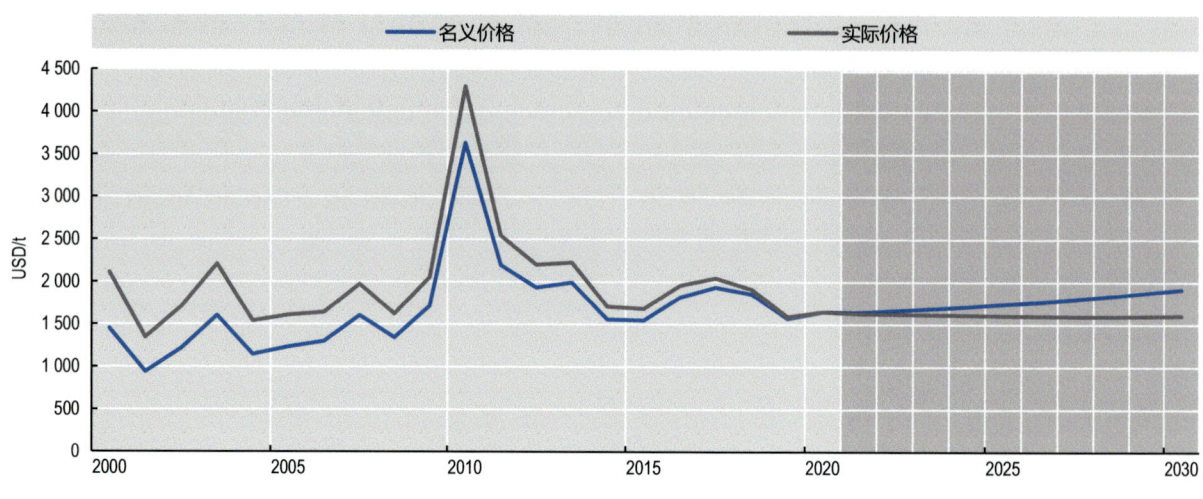

图 10.2　世界棉花价格

注：实际价格为按美国 GDP 平减指数（2020=1）平减的世界名义价格。参考棉花价格为 Cotlook 价格 A 指数，中等 11/8，远东港成本加运费。所示数据代表销售年度平均值（8 月 /7 月）。
资料来源：经合组织 / 粮农组织（2021 年），《经合组织 - 粮农组织农业展望》，经合组织农业统计数据库，http://dx.doi.org/10.1787/agr-outl-data-en。

数据库链接 2：https://stat.link/kl0g2q。

棉花市场历来对导致价格大幅波动的外部冲击十分敏感。2010/2011 年度，由于高油价和高聚酯纤维价格以及意外的高需求，棉花价格翻了一番多。由于来自中国的额外需求和聚酯纤维价格逐渐下降（2014 年之前，中国的库存逐渐减少，2015/2016 年之前，聚酯纤维价格下降），随后棉花价格进行了部分调整。

外部冲击可能造成波动，但鉴于全球库存上涨，2010/2011 年价格峰值似乎不太可能重现。然而，中国去库存的决定可能会影响预测。中国的公共库存水平在 2014 年最低支持价格体系取消后有所下降，在过去 3 年中似乎已经稳定下来。本《展望》假设库存保持在当前水平，符合近期趋势。棉花价格的未来走势显然极易受这一假设的影响。

10.4　生产

棉花种植在南北半球的亚热带和季节性干燥的热带地区，尽管世界上大部分棉花生产在赤道以北。主要生产国是印度、中国、美国、巴西和巴基斯坦。这些国家产量合计占全球产量的 3/4 以上（图 10.1）。

预计未来10年的大部分生产增长将来自这些国家，其中印度占全球增长的40%以上。在全球范围内，棉花种植面积预计将比基期扩大1%，而单产将比基期增加10%。在过去10年中，全球单产停滞不前，反映出美国、巴基斯坦、印度等主要生产国单产停滞不前或下降，中国棉花种植面积下降（单产远高于平均水平），印度棉花种植面积扩大（单产远低于平均水平）。预计这些因素将继续影响未来10年的全球单产趋势，尽管巴西的单产和棉花种植面积都在增长。

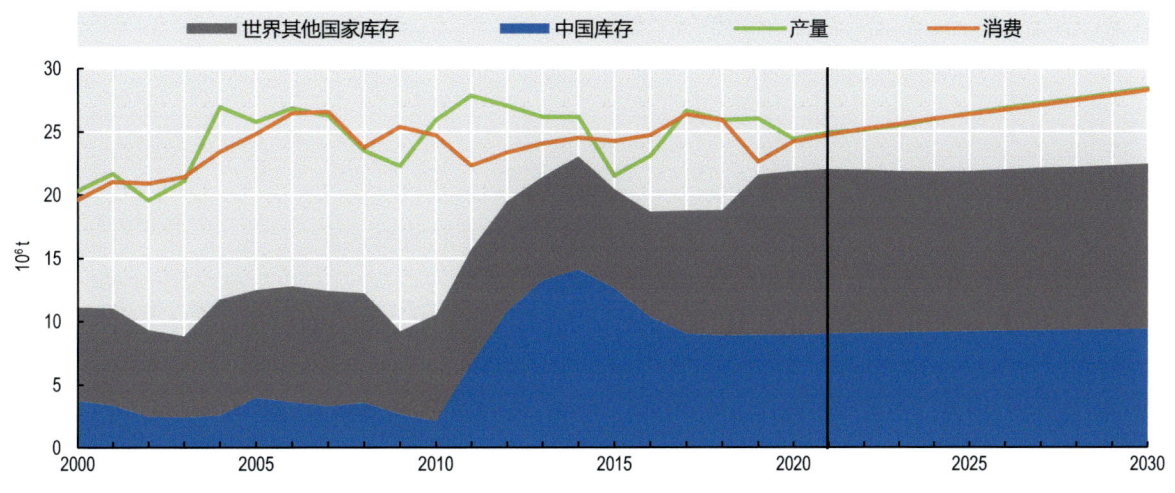

图 10.3　世界棉花生产、消费和库存

注：est 代表估计值。
资料来源：经合组织／粮农组织（2021年），《经合组织－粮农组织农业展望》，经合组织农业统计数据库，http://dx.doi.org/10.1787/agr-outl-data-en。

数据库链接 2：https://stat.link/k1bjar。

在展望期内，印度的产量预计将以每年1.5%左右的速度增长，主要原因是单产提高，而不是种植面积扩大，因为棉花在与其他作物争夺种植面积。近年来，原棉产量一直停滞不前，在全球范围内处于最低水平，因为生产者正在与恶劣天气、虫害和疾病做斗争。然而，国内服装行业不断增长的需求继续刺激该行业的投资，本《展望》假设单产的增长是在智能机械化、品种开发和虫害管理实践增加的前提下。尽管如此，气候变化——大多数棉花在雨养条件下种植——可能会破坏单产增长潜力。

中国棉花生产者目前的单产是世界平均水平的2倍多，尽管单产仍低于该国的潜在水平。由于进一步增长可能变得更加困难，预计单产增长将放缓至每年0.6%。尽管过去10年来，中国棉花种植面积总体上一直在下降，主要是由于政府政策的改变，但这一趋势似乎自2016年以来已停止。本《展望》预计中国棉花种植面积将停滞不前。

在巴西，棉花部分作为第二大作物与大豆或玉米轮作种植，主要种植区（如马托格罗索）的产量最近增长强劲。过去几年，有利的种植条件和现代技术的高采用率推动了棉花单产和种植面积的增加。本《展望》假设这些因素支持进一步的产量增长。

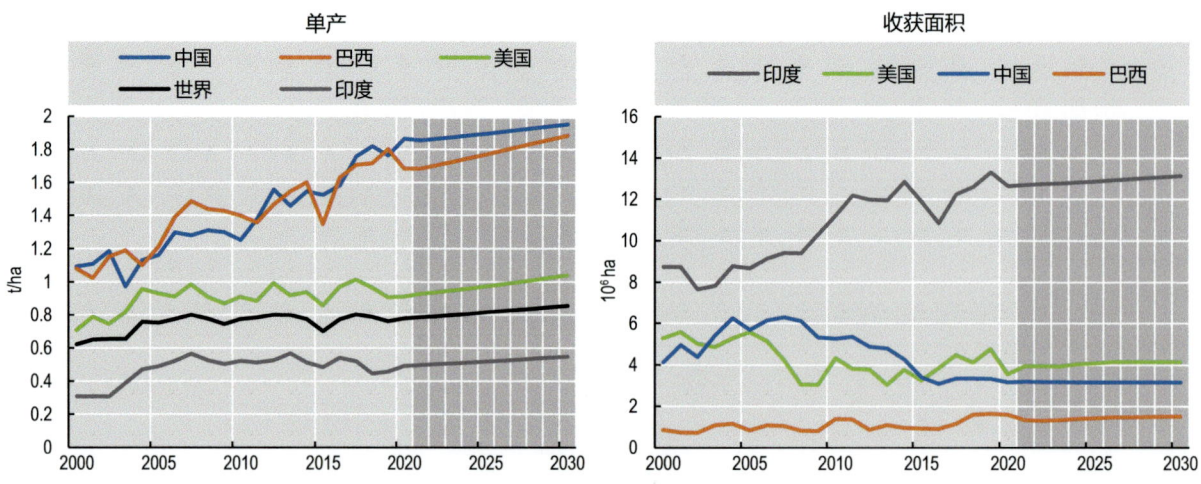

图 10.4　主要生产国的棉花单产和收获面积

资料来源：经合组织/粮农组织（2021年），《经合组织-粮农组织农业展望》，经合组织农业统计数据库，http://dx.doi.org/10.1787/agr-outl-data-en。

数据库链接 2：https://stat.link/zsfmga。

10.5　消费

本《展望》中的棉花消费统计是指纺织厂用于纺织的棉纤维用量。这种纺织厂用途取决于全球对纺织品的需求以及来自替代品（如聚酯纤维和其他合成纤维）的竞争。在过去几十年中，全球对纺织纤维的需求强劲增长，但合成纤维满足了大部分需求（图 10.5）。20 世纪 90 年代初，非棉纤维的人均消费量超过了棉花，并继续强劲增长。相比之下，全球棉花纤维的人均消费量随着时间的推移几乎没有增长，近年来甚至有所下降。因此，全球棉花消费量在 2007 年达到峰值 2 700 万 t，但在 2018—2020 年下降到 2 400 万 t 左右。

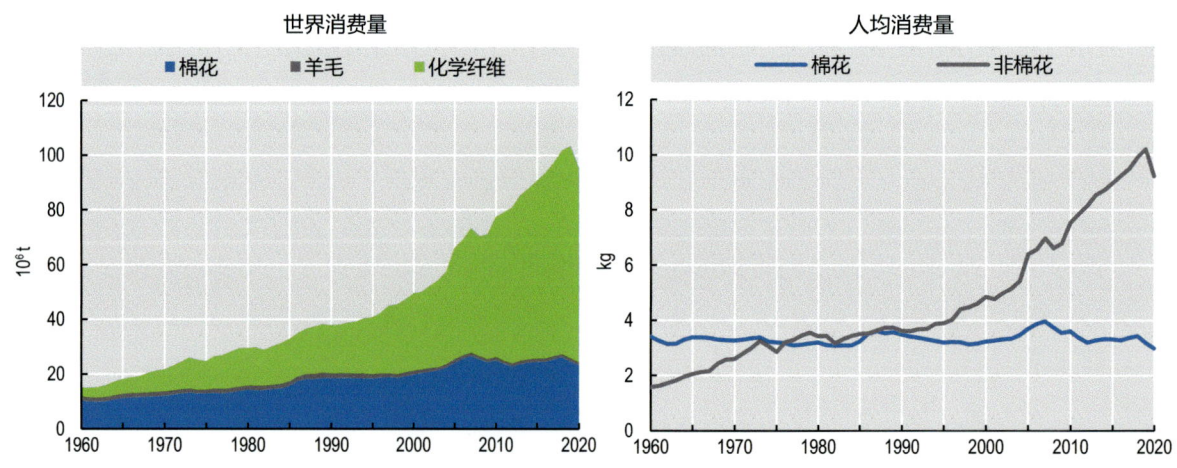

图 10.5　纺织纤维消费的历史趋势

资料来源：国际棉花咨询委员会对世界纺织品需求估计，2021 年。

数据库链接 2：https://stat.link/3yomb4。

全球棉花消费前景取决于发展中国家和新兴经济体的发展。国际棉花咨询委员会（ICAC）收集的数据表明，2007—2012年，全球人均棉花产品需求有所下降，但此后趋于稳定（图10.5）。收入增长的影响应该会导致对棉花产品的需求增加。然而，在人均棉花产品需求低于平均水平的地区，强劲的人口增长会抑制这种影响。随着发展中地区的收入和人口将增加，这类消费绝对水平较低但对收入变化反应较灵敏的地区的需求将使全球需求呈上升趋势。因此，本《展望》预计，未来10年，全球棉花产品消费的增长速度将略高于全球人口增长速度。相应地，在展望期内，全球纺织厂棉花使用量预计将以每年约1.5%的速度增长。

对棉纤维的需求分布取决于纺纱厂的位置，在那里，棉花和合成纤维被纺成纱线。纺纱量最大的国家是下游产业所在的国家，主要是劳动力成本较低的亚洲国家。自20世纪60年代以来，中国一直是世界上最大的棉花消费国。然而，随着纱线生产逐渐从中国转移到其他亚洲国家，重大的转变正在发生。

自2014年取消支持价格体系以来，中国纺织厂棉花消费一直在下降。人为抬高的价格导致需求端从棉花转向合成纤维。棉花需求的下降也反映了结构性变化，因为劳动力成本的上升以及更严格的劳动力和环境法规促使棉花产业转移到其他亚洲国家，尤其是越南和孟加拉国。近年来，中国的纺织厂棉花消费已经恢复了一些失地，部分原因是与聚酯纤维相比，棉花价格变得更具竞争力。由于政府采取措施打击工业污染，聚酯纤维似乎遭受了挫折。因此，假设中国新疆生产的棉织物将重新获得消费者的信任，中国纺织厂棉花的使用量在未来10年将保持略微上升的趋势。

印度对棉花行业的支持预计将带来纺织厂棉花使用量的持续增长。棉花在印度经济中扮演着重要角色，因为该国的纺织业主要以棉花为主。纺织业是该国工业生产的重要组成部分，也是最大的就业来源之一。然而，该行业面临若干挑战，包括

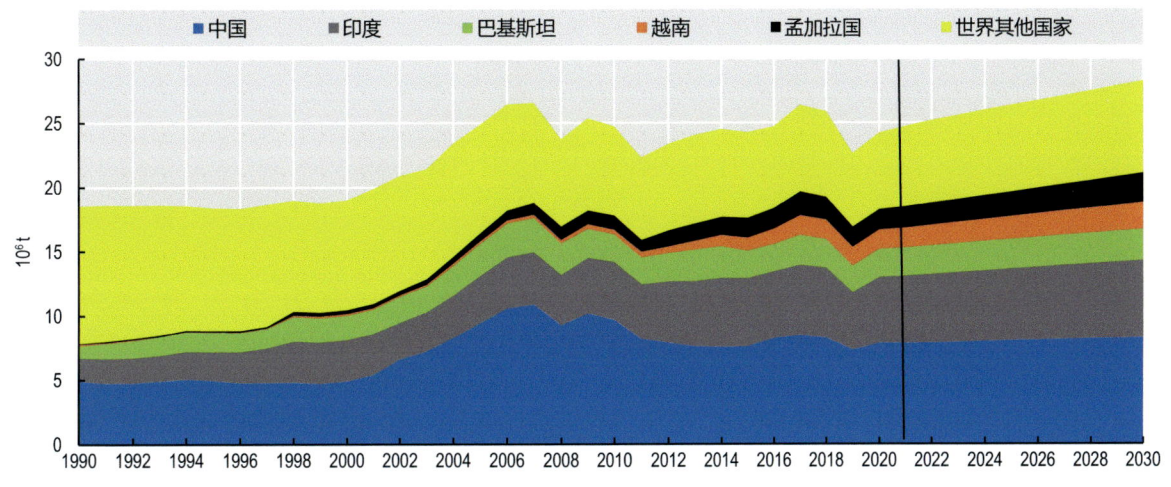

图 10.6　按地区划分的纺织厂棉花消费量

资料来源：经合组织／粮农组织（2021年），《经合组织－粮农组织农业展望》，经合组织农业统计数据库，http://dx.doi.org/10.1787/agr-outl-data-en。

数据库链接 2：https://stat.link/dgulac。

技术过时、高投入成本和难以获得信贷。为了解决这些问题，政府实施了若干补贴计划，目前正在为纺织行业的整体发展制定新的政策。

2005年逐步取消《多种纤维协定》（规定发展中国家纺织品输入欧洲和美国的双边配额），预计将有利于中国纺织品生产商，而代价是亚洲小国。实际上，孟加拉国、越南和印度尼西亚等国在劳动力充足、生产成本低和政府支持措施的基础上实现了纺织业的强劲增长。此外，美中贸易争端的升级刺激了孟加拉国和越南纺织厂棉花的使用。就越南而言，这一增长部分是由其于2007年加入世界贸易组织和中国企业家的外国直接投资（FDI）推动的。预计在展望期内，这些国家的快速增长将持续下去，孟加拉国和越南的纺织厂棉花使用量将比基期增加40%，印度尼西亚增加28%，印度尼西亚纺织业面临着阻碍产量进一步增长的挑战，包括生产成本增加和更低的劳动生产率。预计土耳其和中亚地区的纺织业也将出现进一步增长，部分得益于对欧盟和俄罗斯的出口不断增长。

可持续性考虑将继续影响棉花的未来需求和供应。如表10.1所示，自2010年以来，按照特殊可持续性或有机标准生产的皮棉份额稳步增加。2018年，其份额达到25%。在现有标准中，良好棉花发展协会（Better Cotton Initiative）在全球占据主导地位，占2018年可持续棉花供应的45%以上，其次是负责任的巴西棉花倡议（Responsible Brazilian Cotton），占35%。巴西大约80%的棉花产量通过了这两个协会的认证，在全球可持续棉花生产中发挥着主导作用。可持续有机棉花产量很可能在未来继续增长，这意味着对供应链透明度和可追溯性的需求将会增加。

表10.1 可持续和有机棉花产量

年份	总产量/ 1 000t	可持续和有机棉花产量/ 1 000t	世界总产量/% 份额
2010	25 869	185	1
2011	27 856	578	2
2012	27 079	1 289	5
2013	26 225	1 490	6
2014	26 233	2 465	9
2015	21 640	3 211	15
2016	23 196	3 609	16
2017	26 798	5 375	20
2018	25 972	6 400	25

资料来源：国际棉花咨询委员会（ICAC）。

10.6 贸易

预计未来10年，中国仍将是主要的原棉进口国，其次是越南和孟加拉国。到2030年，中国的进口预计将增长17%，孟加拉国和越南的进口将增长41%，与纺织厂棉花消费增长一致。这三个国家将占全球棉花进口的一半以上（图 10.1）。

在展望期内，美国仍将是世界上最大的原棉出口国。近年来，该国的出口已经稳定下来，从 2016 年的低点开始复苏，预计 2030 年美国在世界贸易中的份额为 33%，而基期为 36%。最近美国和中国之间的贸易紧张给两国之间的棉花运输带来了一些压力。在未来贸易关系改善的假设下，美国应该在中国原棉进口中重新获得一些份额。

随着巴西到 2030 年确立其第二大出口国的地位，巴西的出口预计在未来 10 年将强劲增长，其在全球市场中的份额预计将继续增加。印度将紧随其后，成为第三大出口国，预计到 2030 年，出口量将达到 150 万 t，比基期增长 70%。

棉花是撒哈拉以南非洲的重要出口作物，目前占全球出口的 15%。总的来说，该地区的棉花产量在过去几年中有所增加，主要是由于种植面积扩大，尽管在 2020 年，棉花价格下跌导致种植面积和产量下降，特别是在主要生产国马里。整个撒哈拉以南非洲地区的纺织厂棉花消费仍然有限，许多国家几乎把生产的所有棉花都用于出口。然而，一些国家，特别是埃塞俄比亚的纺织和服装业正在增长，因为该地区为外国直接投资提供了一些有吸引力的条件，近年来外国直接投资一直很可观。从长远来看，这可能会改变撒哈拉以南非洲的净出口状况。撒哈拉以南非洲地区的出口预计在未来 10 年将继续以每年 2.7% 左右的速度增长，该地区的市场份额与基期持平仍保持在 15% 左右；南亚和东南亚是主要的出口目的地。

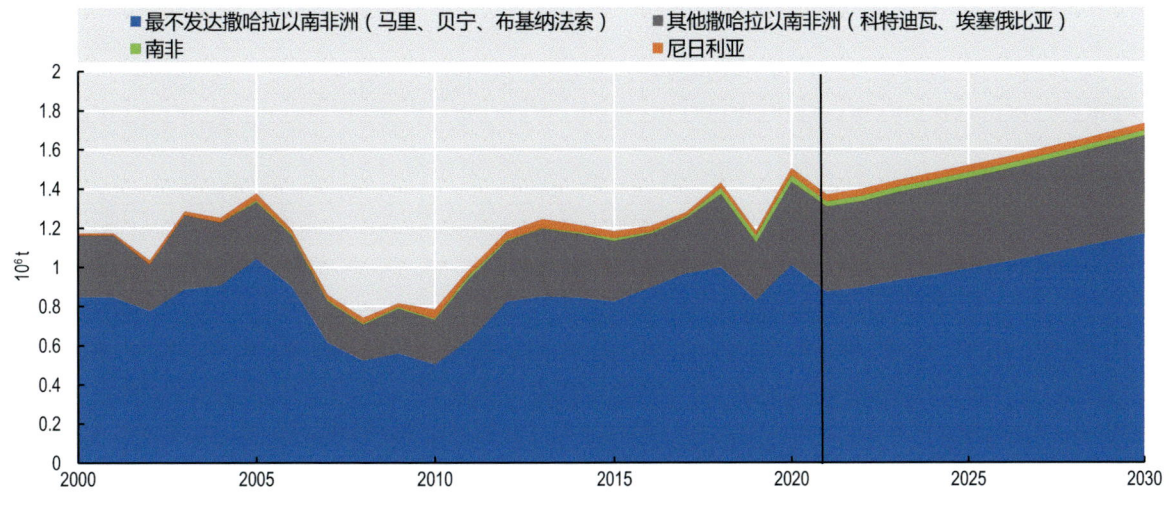

图 10.7　撒哈拉以南非洲的棉花出口

资料来源：经合组织 / 粮农组织（2021 年），《经合组织－粮农组织农业展望》，经合组织农业统计数据库，http://dx.doi.org/10.1787/agr-outl-data-en。

数据库链接 2：https://stat.link/ie3ad1。

10.7　主要问题和不确定性

经济增长和城市化将影响发展中国家和新兴经济体对棉纺织品的人均需求。由于纺织品和服装的消费比食物商品的消费对收入的反应更为敏感,因此偏离为发展中国家设想的经济条件可能导致全球消费、生产和贸易预测发生重大变化。因此,本《展望》中关于经济体将如何从疫情中恢复的普遍不确定性,对原棉而言可能比其他农产品更为重要。

其他需求趋势可能会影响预测。例如,纺织业的回收再利用正在创造一个有竞争力的二级市场,为低质量纺织品和非纺织品的生产商提供原材料。这一趋势可能进一步减少对棉花和其他纤维的需求。然而,在高收入国家,消费者似乎越来越倾向于天然纤维,这可能有利于棉花而不是聚酯纤维。

政策措施可以影响消费趋势。例如,一些东非国家越来越不鼓励二手服装进口,这可能会推动棉花消费,并有利于非洲棉花生产/消费的增值。

与其他作物一样,棉花生产对害虫和天气条件敏感,因此预测会受气候变化影响,气候变化可能导致干旱和其他不利天气条件的频率增加。如上所述,在过去10年中,一些国家的单产增长缓慢。遗传学方面的改进比预期更快(例如,对棉花基因组有更好的理解)和更好的虫害管理有可能使单产增长比本《展望》中预测的水平更高。然而,这些创新需要时间来开发和部署,而且转基因棉花有时会引起争议。在印度,红铃虫似乎已经对Bt棉产生了抗药性,导致了显著的作物损失。在布基纳法索,2008年引进的Bt棉在对抗棉铃虫方面是有效的,但导致纤维长度变短(因此质量溢价较低)。这促使政府在2015年逐步淘汰Bt棉。

政策在全球棉花市场上也发挥着重要作用。中国的库存保持政策尤其如此。其他政策举措,如支持国内纺织业、投入补贴,可能会影响预测。在墨西哥,Bt棉广泛种植,占95%的面积,但农民面临种子短缺的问题。近几个月来,墨西哥农业部拒绝批准使用转基因棉花,限制了农民可用于种植的Bt品种,但没有提供渠道让农民获得当地传统种子来替代这些品种。该部还在2020年12月发布了一项法令,禁止在所有联邦政府项目中使用除草剂草甘膦。这些政策增加了未来几年棉花产量预测的不确定性。

贸易紧张也可能影响原棉市场的发展。近年来,棉花市场受到美中贸易争端的影响。2021年初,美国禁止了部分或全部使用中国新疆棉花生产的所有产品。这一问题日益成为许多国家消费者、行业和政策制定者的重要关注点,这些关注在未来是增加还是减少,可能会极大地改变中国棉织物的出口前景,从而改变其棉纺厂的需求。

11

其他产品

> 本章主要概述了块根和块茎（木薯、马铃薯、山药、甘薯、芋头）、豆类（豌豆、蚕豆、鹰嘴豆、小扁豆）、香蕉和主要热带水果（杧果、山竹、番石榴、菠萝、鳄梨、木瓜）的市场形势，对这些产品的生产、消费、贸易进行中期预测（2021—2030 年），并说明做此预测的主要原因。

11.1 块根和块茎

市场概况

块根和块茎是以根部（如木薯、甘薯、山药等）或茎部（如马铃薯、芋头等）提供淀粉的植物。主要供人类食用（原始形态或加工形态）；和其他大部分主要作物一样，也可用作动物饲料或工业加工，尤其是用来生产淀粉、酒、发酵饮料等。除加工形态外，这些植物在收割后会很快变质，因此，不太适合直接贸易和储存。

在全球范围内，块根和块茎中马铃薯产量是最大的，远远领先于第 2 名木薯。从在全球膳食中的重要性膳食看，马铃薯排在玉米、小麦、水稻之后，居第四位。马铃薯能提供更多的热量，生长的速度更快，占用的土地面积更少，更能适应多种气候。然而，马铃薯产量虽然在发达国家的块根和块茎行业中占据主体地位，但在过去数十年里，一直处于下滑态势，其产量增长也远落后于人口增长速度。

木薯产量正以每年超过 3% 的速度增长，几乎是人口增长速度的 3 倍。木薯主要种植在热带地区以及世界上一些最贫穷的地区。20 多年来，木薯产量翻倍增长。曾经木薯被视作自给作物，而现在被看作商品，并且在增值、农村发展、扶贫、粮食安全、能源安全、重要宏观经济利益方面起着关键作用。这些因素推动该作物实现快速商业化，吸引大量投资提升木薯加工工艺，为木薯全球种植面积的扩大做出了重要贡献。

当前市场形势

在基期内，块根和块茎最主要的生产区域是亚洲（9 800 万 t）和非洲（9 200 万 t）。在撒哈拉以南非洲，块根是一种非常重要的主食作物。在全球范围内，约有 1.25 亿 t 块根用作食物，5 400 万 t 用作饲料，6 100 万 t 做其他用途如生物燃料和淀粉。由于这类作物非常容易变质腐坏，新鲜产品很难进行大规模国际贸易，于是各国一般将其用于自给。当前这类作物的全球贸易量为 1 400 万 t，一般以加工或干燥形式进行贸易。泰国和越南是最大的出口商，主要出口对象为中国。

在基期内（2018—2020 年），块根和块茎的全球产量达到 2.37 亿 t（按干物质计算），过去几年中每年产量新增 500 万 t，多用作食物。2020 年，以泰国曼谷的木薯（粉）批发价格计算，块根和块茎的价格下跌，因为主要生产区的单产有所提升。全球贸易量增加了 50 万 t。

预测主要原因

木薯生产只需要少量投入，收获时间更加灵活，因为在其成熟后可以长时间留在地里，无需即刻收获。木薯对干旱等不稳定气候具有耐受性，因此，在各国应对气候变化策略中占据重要地位。与其他主食作物相比，木薯在价格和多元化用途方面享有优势。非洲政府日益将优质木薯粉作为战略性粮食作物，因为与其他进口谷物相比，它的价格波动不大。将木薯粉与小麦粉强制混合也减少了小麦进口，降低了进口成本，节约了珍贵的外汇。亚洲倡导能源安全并对汽油提出强制掺混的要求，建立以木薯为原料的乙醇蒸馏厂。在贸易方面，经过加工的木薯在世界范围内都具有竞争力，例如，其竞争力高于用作动物饲料的玉米淀粉和谷物。

马铃薯通常用作食物，并且是欧洲和北美等发达区域的重要膳食构成。由于这些区域马铃薯的食用摄入已经非常高，可能已经达到饱和状态，因此，马铃薯消费的增长并不比人口增长快多少。而发展中区域才是全球马铃薯产量增长的动力。

近几年，世界范围内的甘薯种植量出现下滑，这主要是因为世界最大甘薯生产国——中国的种植面积大幅减少（该现象没有减弱的趋势）。甘薯和其他稍微不太重要的块根和块茎作物商业性较差，用途有限，增长潜力很大程度上是由食品需求决定的。因此，消费者偏好和价格对其消费量有着重大影响。

预测亮点

未来 10 年，块根和块茎的全球产量和消费预计将增长 18%。低收入区域的产量增长可能达到每年 2.3%，而高收入国家的供应量每年增速仅为 0.3%。块根和块茎的全球用地面积预计将增加 200 万 ha，达到 6 500 万 ha，但会出现区域性转移。非洲国家预计将扩大种植面积，而欧洲和美国则会缩小种植面积。产量增长主要依赖于非洲和亚洲为提高单产进行的投资，以及这些区域土地使用的集约化程度。

到 2030 年，全球膳食结构中的块根人均摄入量每年将增长 1 kg，这主要是因为非洲消费者块根和块茎人均摄入量每年超过 40 kg。而因为中国生物燃料行业的推动，生物燃料的使用预计将在未来 10 年增长 1/3 以上，虽然当前水平较低（3%）。其饲料和其他工业用途依然扮演着重要角色，但预测期内增长率将下降，分别为 12% 和 18%。

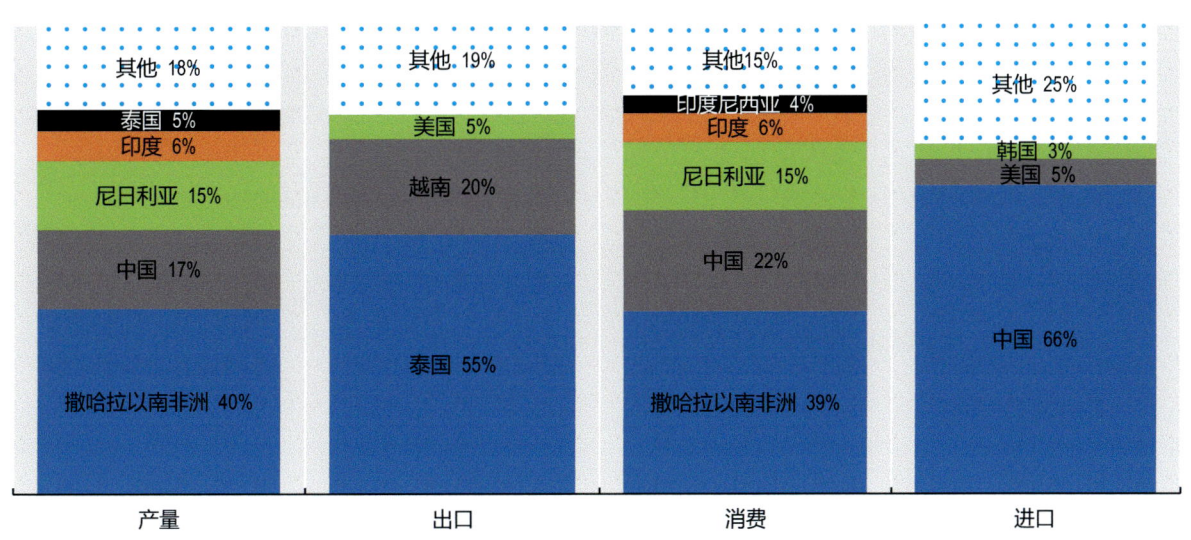

图 11.1 2030 年根茎及块茎全球市场参与者

注：所列数字指各变量在世界总量中所占份额。
资料来源：经合组织／粮农组织（2021年），《经合组织－粮农组织农业展望》，经合组织农业统计数据库，http://dx.doi.org/10.1787/agr-outl-data-en。

数据库链接 2：https://stat.link/v4fbcd。

块根和块茎的国际贸易占全球市场产量的 6% 左右。中期来看，这个比例将保持稳定。泰国和越南的出口量将增加，预计将达到 1 300 万 t，主要供应中国日益发展的生物燃料和淀粉行业。

考虑到在食物和饲料市场中块根、块茎与谷物之间的可替代性，中期块根和块茎的价格变化趋势预计与谷物价格相似，即名义价格升高，实际价格降低。

11.2 豆类

市场概况

豆类是豆科中可食用的植物种子，一般包括 11 种类型[①]。它们供应蛋白质、膳食纤维、维生素、矿物质、植物化学物质和复合碳水化合物。除这些营养价值外，豆类还能促进消化，降低血糖，减少炎症，降低血液胆固醇，并预防糖尿病、心脏病、肥胖症等慢性健康问题。然而，由于不同区域的膳食结构、豆类供应和现行条件不同，豆类的消费情况也各不相同。

几乎世界所有区域都有种植豆类的悠久传统。几个世纪以来，豆科在传统农业系统中占据基础地位。2000 年之前，由于发展中国家小型农场大范围减少，传统耕作系统中的豆类轮作也不断减少，全球的豆类产量陷入停滞。同时，遗传多样性较低导致豆类的疾病防御能力弱，此外，高产品种不足以及对豆类种植商的政策支持缺失，都阻碍了豆类生产。21 世纪初开始，豆类产量逐步回升，全球平均增长率达到每年 3% 左右，亚洲和非洲在豆类生产中处于龙头地位。过去 10 年，豆类产量增加了 1 800 万 t，其中 63% 都来自这两个区域。

从 20 世纪 60 年代开始，由于单产的缓慢增长以及相应的价格上浮，全球人均豆类消费开始下跌（图 11.2）。由于单产的缓慢增长以及相应的价格上浮，全球人均豆类消费开始下跌（图 11.2）。由于收入增长和城市化发展，人们的膳食喜好逐渐从豆类转移至动物蛋白质、糖类和脂肪。尽管如此，豆类依然是发展中国家蛋白质的重要来源，到现在全球人均豆类消费增加到了 8 kg/a。增长的主要动力是以豆类为蛋白质主要来源的国家的收入增长，尤其是素食主义者占全部人口约 30% 的印度。

豆类可以加工成不同形态，例如，整豆、碎豆、豆粉以及某些豆类成分如蛋白质、淀粉、纤维等。豆粉和豆类成分用途多样，可应用于多个行业，如肉类和零食、焙烤和饮料、面糊和面包加工业等。

当前市场形势

印度是当前最大的豆类生产国，其产量在过去 10 年占全球产量的 24%，其次是加拿大（8%）和欧盟（5%）。亚洲市场占了总消费量的一半以上，但产量只占

---

① 豆类类型：干豆、干蚕豆、干豌豆、鹰嘴豆、豇豆、木豆、小扁豆、竹豆、野豌豆、羽扇豆和少数豆类（此处不再详述）。

45%，因此，亚洲是主要的进口市场。全球约 12% 的产量用于国际贸易，加拿大是当前最大的出口商（占全球贸易的38%），印度是最大的进口商（占全球贸易的29%）。在过去 10 年，非洲的产量和消费量都有了进一步提升，基本上依然保持自给自足的状态。

过去 10 年全球豆类市场年度平均增速达到 3%，亚洲和非洲居引领地位，到 2020 年，全球豆类市场总产量达到 9 200 万 t。2019 年与 2020 年，欧盟的增长特别快（+10%）。全球贸易达到 1 800 万 t，比 2019 年高出 50 万 t。由于供应充足，豆类的国际价格，按加拿大豌豆价格计算，100 万 t 下跌至 186 美元，是 2009 年后的最低价格。

预测主要原因

豆类拥有多种健康价值，因此，注重健康的消费者逐渐在他们的日常膳食中加入了豆类，也因此推动了全球豆类市场的发展。由于快速的城市化、不断变化的生活方式和繁忙的工作，健康的零食在工作族中广受欢迎，于是豆类也被更多地加工成即食食品。

基于豆类的健康价值和给环境带来的好处，豆类主产国政府努力为本国农民提供帮助，以推动市场发展。对豆类生产的支持成为欧盟的《蛋白质战略》的重要构成部分。同时，豆类还是肉类替代品等产品的一大原材料。考虑到对这些产品的需求将继续增长，这可能会极大地提升豆类在农产品中的重要性。

预测亮点

根据预测，豆类将在世界许多区域的膳食系统中重拾自己的重要地位。本《展望》预测这种全球趋势将继续下去，到 2030 年全球人均豆类消费量将增长至 9 kg/a。

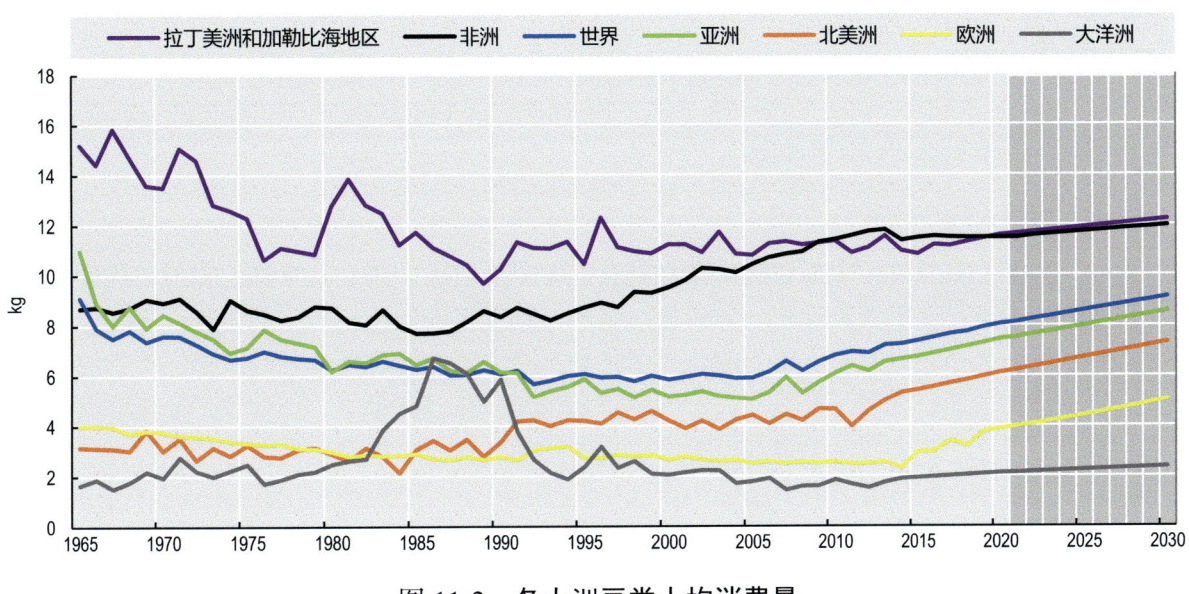

图 11.2　各大洲豆类人均消费量

资料来源：经合组织 / 粮农组织（2021 年），《经合组织－粮农组织农业展望》，经合组织农业统计数据库，http://dx.doi.org/10.1787/agr-outl-data-en。

数据库链接 2：https://stat.link/wma8hc。

未来10年，拉丁美洲和非洲的人均消费预计将趋于稳定，约为12 kg/a，但在很多其他区域预计将呈增长态势（图11.2）。

全球供应预计将增加2 200万t。其中约一半的增量来自亚洲，尤其是印度，即世界最大的豆类生产国。单产水平持续提高，2030年印度国内产量预计会增加660万t。印度现已引入高产杂交种子，支持机械化生产，并采取最低支持价格政策，以确保农民的稳定收入。另外，中央政府与一些州政府将豆类纳入了采购计划，尽管其地域覆盖范围与小麦和水稻不同。

产量增长主要动力是单产提升和集约化土地使用改善了豆类生产系统的集约化。约70%的产量增长是单产提升带来的，而剩下的30%是因为集约化土地使用，主要集中在亚洲、非洲和欧洲。尤其是在非洲，用地面积增长和单产提高为该区域带来每年50万t的增量。

本《展望》预计随着豆类和谷物间作的发展，这种增长趋势将继续维持下去，尤其是在亚洲和非洲。在这两个区域，小型农户占据了较大比例。豆类的单产提升预计会继续落后于谷物和油籽，因为很多国家在开发高产品种、改善灌溉系统、制定农业支持政策时，并没有考虑豆类在内。

过去10年全球豆类贸易从1 300万t提高到1 700万t，并预计于2030年达到1 900万t。印度近期致力于发展成豆类自给自足的国家，这是全球豆类贸易增长放缓的主要因素。印度短期内进口将持续增长，预计2030年时达到500万t，并保持稳定。

加拿大仍然会是豆类的主要出口国，到2030年，其出口量将从当前的670万t增长至2030年的800万t。其次是澳大利亚，到2030年出口量将为240万t。但由于加拿大的主要贸易合作伙伴印度预计将减缓其进口增长速度，其需要发展多元化的出口市场。

未来10年全球豆类的名义价格会升高，而实际价格会小幅下降。

11.3 香蕉和其他主要热带水果

市场概况

香蕉和其他4种主要新鲜热带水果——杧果、菠萝、鳄梨、木瓜，在世界农业生产中占据至关重要的地位，它们提供营养，维系生产国小型农户的生计。近几十年来，新兴市场与高收入市场的收入增长和不断改变的消费者偏好以及运输和供应链管理的改善，促进了这些商品的国际贸易增长。在此背景下，在食物产品国际贸易中，这4种主要新鲜热带水果的出口量平均年度增长率极高，而香蕉的出口量达到了前所未有的高度。

据2019年数据，全球香蕉和其他主要热带水果每年出口收入大约91亿美元和100亿美元。虽然全球仅有15%左右的香蕉产量和5%的其他主要热带水果产量用于国际贸易，但对出口国（多是低收入经济体）而言，其生产和贸易产生的收益在农业 GDP 中占据较大比例。例如，2018 年，厄瓜多尔的香蕉出口收益占整个农业出口收益的 42% 左右，而危地马拉是 17%。在这种情况下，香蕉和其他热带水果贸易有潜力成为生产国的重大出口收益来源。因此，我们需要对这些农业产品的未来市场变化进行评估。

疫情的限制

2019 冠状病毒病疫情暴发以来，受疫情本身以及各国采取的疫情防控措施影响，全球香蕉和主要热带水果的供应不断下跌。这两个因素对 2020 年新鲜香蕉和主要热带水果的生产、运输、分销、销售和消费产生了显著影响，多地出现收缩和中断现象。同时，消费者对富含维生素水果的需求激增，促进了某些市场某些商品的贸易增长。

在供应方面，与大多数其他食品商品（尤其是主食）相比，疫情传播和保持社交距离等措施对相对劳动密集型的水果蔬菜生产和贸易带来更直接更明显的负面影响。由于高度易腐性，新鲜水果和蔬菜需要及时和妥善的收割与收获后处理，并需要完整的冷链。部分主要的热带水果的出口，例如，新鲜杧果，可能还需要空运。在许多生产国，港口和边境的检疫延误、边境关闭、冷藏集装箱和空运容量的极度短缺和不足拖慢了贸易速度，同时市场关闭造成生产商无法获取本地或本国的分销渠道。有许多新闻报道很多水果都因无法售出而被浪费，尤其是木瓜和菠萝等更容易腐烂的品种。随着加工工厂的生产受阻，进口路线中断，关键生产投入不足，生产和分销成本增高，进一步危及产品的顺利供应。在这种情况下，许多农场和种植园的收益大受影响，尤其是中小型生产商，另外，不断取消的订单也让本行业举步维艰。

在需求方面，全球经济活动的迅速减少加剧了全球失业、贫困、不平等和营养不良的现象。鉴于这些高价值商品需求的收入弹性很大，消费者收入锐减造成全球主要热带水果需求下降。除收入影响以外，学校、食堂、餐厅、酒吧、酒店的关闭也严重影响了食品消费模式。虽然当前无法得到精确数字，但热带水果（尤其鳄梨和菠萝）的家庭外消费在主要进口市场的总消费中占据很大份额[①]。该现象在美国和欧盟最为明显，而现在经销商在封锁期间很难出售产品，尤其是菠萝。

到目前为止，由于报告数据处理出现重大延误和差异，疫情的短期影响难以评估。同样，其中期影响也难以估量，因为这取决于疫情过后的恢复情况，而且热带产品的贸易预测会受到不同经济增长假设的影响。不利的天气和气候因素，因其几乎无法预测，也会对《展望》增添不确定性（后文中会继续探讨）。虽然存在各种不确定性，但我们预测香蕉和主要热带水果的全球产量和贸易量将在中期稳定增长。高收入国家因消费者营养意识不断增强出现需求增长，中国、印度等新兴国家

---

① 例如，据报道，欧盟最大的鳄梨消费国法国，鳄梨在外消费占总供应量的 1/3(www.fruitrop.com/en/Articles-by-subject/Direct-from-themarkets/2020/The-impact-of-covid-19-measures-on-fruit-and-vegetablesdistribution-in-France)。

的需求也增多，这将带动香蕉和其他主要热带水果产区的进一步投资和规模扩张。因此，本《展望》预测：在国际贸易方面，香蕉和其他主要热带水果将继续成为增长最快、价值最高的农业产业之一。

香蕉

市场形势

初步估计表明，2020年全球香蕉出口（大蕉除外）预计达到了2 220万t，创历史新纪录，比2019年增长了1.7%。该纪录得以实现主要是因为厄瓜多尔、哥斯达黎加和哥伦比亚（五大出口国之三）强势的供应增长。据报道，这3个国家疫情初期在种植园施行了疫情防控策略，将疫情对其香蕉全球供应能力的影响降至最低。但全球第二大出口国菲律宾的出口面临重大困难。该国香蕉产量受到疫情的严重影响，尤其是小型种植户。初步数据和信息显示2020年菲律宾香蕉出口缩水了14%。

暂时来看，2020年，全球香蕉净进口量约为1 890万t，仅比2019年增加0.2%，这反映了全球供应链和主要进口市场产品需求因疫情承受着巨大压力。报告显示，欧盟的需求依旧强劲，然而初步数据显示紧随欧盟之后的第二大进口国美国，因需求减少进口量下降了0.1%。而中国，全球第三大香蕉进口国，其进口量估计减少了10%，主要原因是菲律宾的供应中断。然而，值得注意的是当前2020年香蕉贸易报告数据中出口和进口出现了较大差异，这可能是数据上报延迟或错误的原因。粮农组织正在持续监测全球香蕉贸易情况，并将在获得更准确数据后及时修正预测内容。

预测亮点

假设天气条件正常，且没有普遍的香蕉植物病害，当前的基线预测认为世界香

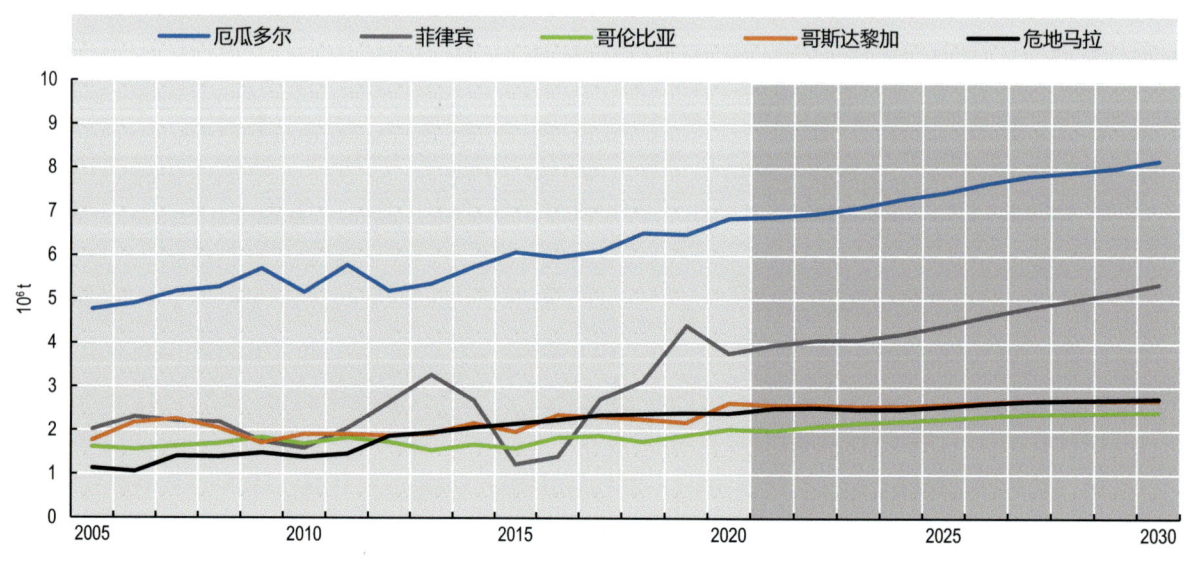

图11.3 香蕉贸易的世界发展形势：五大出口国的出口量

资料来源：粮农组织（2021）。FAOSTAT贸易指数数据库，http://www.fao.org/faostat/en/#data/TI；《经合组织－粮农组织农业展望》，经合组织农业统计数据库，http://dx.doi.org/10.1787/agr-outl-data-en。

数据库链接2：https://stat.link/b5gwyi。

蕉产量将每年增长1.4%，于2030年达到1.38亿t。与之前预测相同，大部分区域的香蕉需求已日益饱和，所以需求增长主要依靠人口增长。然而在一些快速发展的新兴经济体，尤其是印度和中国，快速的收入增长预计将改变消费者的健康和营养观念，从而使香蕉需求增长的速度超过人口增长的速度。亚洲将继续保持其全球最大生产商的地位，占世界产量的53%。2030年，印度预计将实现3 600万t的香蕉产量，人均消费达到24 kg。因为主要进口市场，尤其是欧盟、美国、中国和俄罗斯，需求量继续上涨，所以主要出口区域拉丁美洲及加勒比区域的产量预计将达到3 600万t。假设拉丁美洲及加勒比区域的最大出口商（厄瓜多尔、危地马拉、哥伦比亚、哥斯达黎加）能避免天气和疾病的负面影响，也会从进口需求的增长中获益。同样，进口需求的不断增长会让一些加勒比区域出口商获益，尤其是多米尼加共和国和伯利兹。进口需求的增长也有利于非洲的出口，预计该区域展望期内香蕉出口每年增长1%（科特迪瓦增长最快），2030年总出口量预计将达到75万t左右。

杧果、山竹、番石榴

市场形势

初步数据显示，2020年新鲜杧果、山竹、番石榴[①]的全球出口量预计将增长至230万t，与去年相比增长了5.1%。因此，这组产品成为了2020年所有主要热带水果中增长第二快的一组，仅次于木瓜。其主要驱动因素是南美供应商出口量增长了约12%，于2020年达到53万t。巴西和秘鲁拥有卓越的生产条件，因而成为了强劲的供应商，出口分别增长了12.8%和11.4%。墨西哥是全球领先的杧果供应商，其2020年出口增长了3%。上述三大出口国都受益于美国的大量进口需求，2020年美国进口量估计增长了10.7%。同时，泰国的出口量下降了18%，主要是因为疫情造成供应链中断，影响向中国（泰国山竹出口最重要的目的地）输送产品。2020年泰国向中国出口水果的平均单价为1 700 USD/t，比2019年高出约30%，山竹是全球价值最高的热带水果之一。欧盟的进口也同样受到疫情带来的供应链中断的影响，估计比2019年下降10.6%。初步数据显示，2020年全球新鲜杧果、山竹、番石榴的进口量为210万t。在获得更多数据后，我们会对初步估算进行修订。

预测亮点

到2030年，杧果、山竹、番石榴的全球产量预计将达到8 400万t，每年增加3.3%。亚洲是杧果和山竹的原产地，2030年其产量将占全球产量的75%，而基期比例为73%。这主要是因为印度，作为全球杧果主要生产国和消费国，国内需求的强劲增长，而印度收入的增长及其带来的膳食偏好的变化是需求增长的主要动力。2030年，印度杧果产量主要供应当地非正规市场，预计将达到4 300万t，占全球产量的51%。这样，展望期内印度的人均消费将每年增长3%，于2030年达到28.4 kg，而

[①] 根据国际生产贸易商品分类法，各国不需要单独报告该组中的任一水果，因此，官方数据比较少。我们预测，杧果平均约占总产量的75%，番石榴约占15%，山竹约占10%。

11 其他产品

亚洲的人均消费预计于2030年达到14.6 kg（基期为10.4 kg）。到2030年，由于成熟和新兴进口市场进口需求的不断增长，全球杧果、山竹、番石榴出口预计达到300万t左右，基期为210万t。中国国内杧果产量较低，2030年预计为220万t，其进口预计每年增长4.9%，主要因为中国收入增长刺激了对山竹的强劲需求，而进口需求主要由世界最大山竹出口国泰国来满足。墨西哥是世界领先的杧果供应商，而其主要市场美国的进口需求进一步增长，因此墨西哥在展望期内的出口预计每年增长4%，2030年出口量占世界总出口量的22%。泰国和巴西是第二大和第三大出口国，2030年出口份额预计将达到12%左右，但是会被秘鲁的出口增长追平。

菠萝

市场形势

2020年，疫情给全球菠萝出口造成了显著的负面影响。初步数据显示2020年菠萝总出口量为290万t，较2019年下降13.4%。世界两大菠萝出口国，哥斯达黎加和菲律宾，出口货运量急剧下降，分别下降17%和8%。哥斯达黎加的出口主要受到欧盟和英国需求减少的影响。欧盟和英国的进口量相较2019年分别下降25%和15%。餐饮行业大面积关闭严重阻碍了菠萝的分销。而菲律宾菠萝的两大主要进口国——中国和韩国在年初实施了严格的封锁措施，阻碍了进口路线，港口和仓库的容量也大幅减少，进口需求大幅减少，菲律宾的出口大受影响。在这种困难的情况下，2020年全球菠萝进口量估计下降至280万t，较2019年下跌约9%。

预测亮点

由于收获面积增长1.8%，全球菠萝产量预计于2030年达到3 700万t，每年增长2%。亚洲将继续成为最大生产区，占全球产量的40%；菲律宾、泰国、印度、印度尼西亚、中国的菠萝产量都相当可观。亚洲国家的菠萝主要用于供应本国需求，且因为人口变化和收入增长等，产量预计将会增加。只有菲律宾，仅次于哥斯达黎加的世界第二大菠萝出口国，将其菠萝产量的20%左右用于出口。类似地，拉丁美洲及加勒比区域是世界第二大菠萝生产区，预计2030年其产量将占世界的38%，主要是因为该区域人口和收入增长带来的消费需求变化。由于美国进口需求增长，全球菠萝出口预计将于2030年增长至350万t，年均增长率为1.4%。预计到2030年，美国的进口量将达到130万t，约为全球的37%。美国仍旧会是世界最大的进口市场，欧盟紧随其后，预计占全球进口量的22%。在这两个主要进口市场，菠萝单价较低，并且引入了更多优质新品种，进一步促进菠萝需求。

鳄梨

市场形势

初步数据显示，2020年全球鳄梨出口略微下降，为230万t左右，较2019年下跌0.8%。鳄梨市场已快速持续发展超过10年，之前一直是较为活跃的市场；但疫情对全球供应链造成负面影响，且世界最大鳄梨供应商墨西哥收成不好，阻碍了该市场的进一步发展。2020年，墨西哥出口量估计减少了8.1%，跌至130万t。同时，秘鲁、哥伦比亚和肯尼亚因良好的气候条件和成功的扩产投资，供应量显著增加，成为了三大新兴鳄梨出口国。这3个国家在2020年出口增长速度均在两位数以上，合计约占全球出口量的25%。2020年，全球最大鳄梨进口国美国的进口量预计下降了14.3%，主要原因是餐饮业需求降低和来自墨西哥的供应量下降。同样，欧盟的鳄梨消费主要为户外消费，因疫情影响，其进口量于2020年下降2.5%。临时数据显示2020年全球进口缩水0.6%，降低至210万t。在获得更多数据后，我们会对此初步估算进行修订。

预测亮点

在主要热带水果中，鳄梨的产量最低，但在近几年里其产量增长速度最快。在整个展望期内，鳄梨预计仍是主要热带水果中增速最快的商品。2030年，鳄梨的产量预计将达1 200万t，是2010年的3倍。鳄梨增长的主要驱动因素是全球充足的需求和较高的出口单价，这刺激了主要产区和新兴产区积极投资扩张种植面积。鳄梨生产主要集中在少数地区和国家，其最主要的十大生产国占到全球产量的80%以上，但新产区也在迅速崛起。然而目前约74%的鳄梨仍由拉丁美洲及加勒比区域生产，该区域鳄梨种植条件十分有利。由于国际需求快速增长，2030年鳄梨预计将成为贸易量最高的主要热带水果，出口量达到390万t，在数量上超过菠萝和杧果。考虑到鳄梨平均单价高，届时全球鳄梨出口总价值预计可达83亿美元（按2014—2016年不变价值计算），而鳄梨将成为价值最高的水果商品之一。墨西哥作为世界最大的生产国和出口国，其产量在未来10年可能以每年5.2%的速度增长，这主要得益于美国-墨西哥鳄梨的主要进口国的进口需求不断增长。虽然会有更多的新兴出口国加入竞争，但墨西哥在2030年的出口占比预计将继续增加至63%。由于鳄梨的健康价值，美国和欧盟消费者都非常喜欢，因此，美国和欧盟都将继续成为主要进口国（地区），2030年分别占全球进口的40%和31%。不过许多其他国家的鳄梨进口也在快速增加，如中国和中东的一些国家。根据所有进口国的赫芬达尔-赫希曼指数，我们发现进口的集中程度在逐渐降低。

木瓜

市场形势

初步数据显示2020年木瓜全球出口增长至40万t左右，增速为17.5%。这一迅猛发展的主要原因是巴西供应大幅增加，以及墨西哥从2017年和2018年恶劣天气造成的产量下跌中恢复过来。巴西，作为不断发展的出口国，2020年在全球木瓜供应量中排名第二，总出口量为9.6万t，较2019年增长超过115%。作为世界最大的木瓜出口国，墨西哥2020年的出口量达到17万t，增长4.6%，其中99%的木瓜出口至美国。美国是全球最大的木瓜进口国，2020年进口量估计达到18万t，较2019年增加1.1%。然而，欧盟的进口量2020年预计下跌4%至3.5万t，这主要是因为疫情造成国际空运中断，这对高度易腐的木瓜的长途运输来说是尤其致命的。

预测亮点

2030年，全球木瓜产量预计将增长至1 800万t，增长速度达到每年2.5%。其中增长势头最强劲的是亚洲。亚洲是世界主要生产区域，其产量的世界占比预计2030年将上升至60%。印度作为世界最大的生产国，其木瓜产量预计将以每年3%的速度增长，到2030年其产量将占到世界总产量的49%。印度木瓜产量快速增长的原因在于其收入和人口增长。印度人均木瓜消费将从基期的4.5 kg上升至2030年的5.9 kg。墨西哥（世界最大木瓜出口国）的产量增长以及主要进口市场——美国和欧盟的需求增长，将重塑全球木瓜出口版图。然而，国际贸易大幅增长的主要障碍在于水果的易腐性和运输中的易损性，因为这类产品很难供应给较远的区域。但冷供应链、包装、运输技术的创新能够将木瓜运送至更多的地方，以满足进口市场对热带水果高涨的需求。

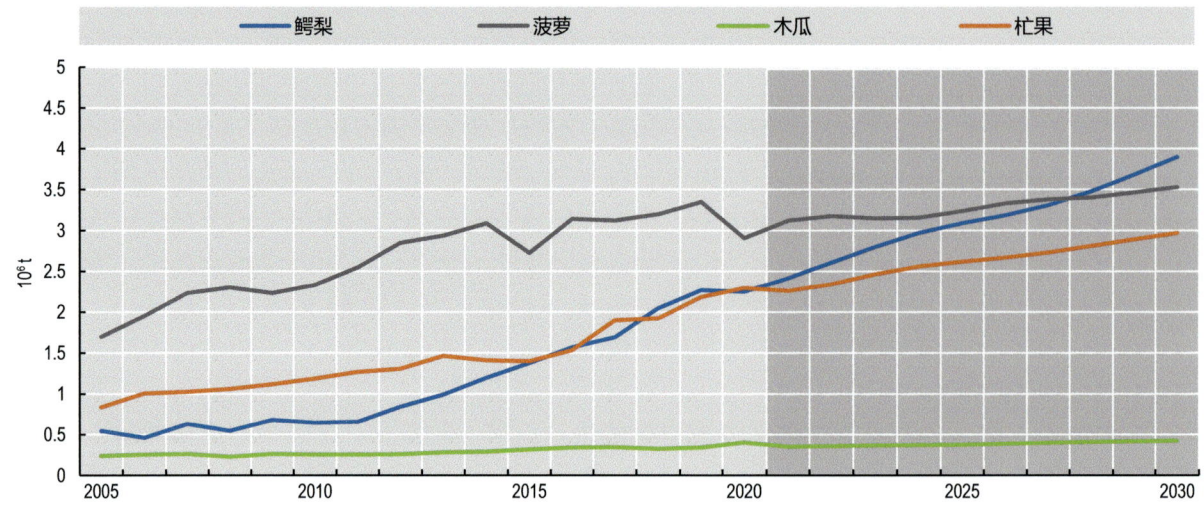

图 11.4　主要热带水果贸易的世界发展形势：全球出口

资料来源：粮农组织（2021）。FAOSTAT贸易指数数据库，http://www.fao.org/faostat/en/#data/TI；《经合组织－粮农组织农业展望》，经合组织农业统计数据库，http://dx.doi.org/10.1787/agr-outl-data-en。

数据库链接2：https://stat.link/54jsrd。

不确定性

除疫情的影响之外，当前香蕉和主要热带水果的全球生产、贸易和消费还面临其他重大威胁。全球变暖导致干旱、洪水、飓风和其他自然灾害频发，增加了香蕉和主要热带水果生产的难度及成本。由于热带水果在生产、贸易、配送过程中容易腐坏，环境条件以及不完备的基础设施都将继续影响国际市场的生产和供应。这是一个特别严峻的挑战，因为绝大多数热带水果都是在偏远的、非规划土地上生产，其种植高度依赖降雨，容易受到越来越不稳定的天气事件的不利影响，并且这些生产区不在主要运输路线上。

随着气候变暖，植物病虫害的传播更快、更严重，如植物真菌香蕉枯萎病。当前该疾病的流行菌株，被称为"黄叶病热带第4型"（TR4）病毒，比起香蕉枯萎病的其他菌株，这种病毒能够传染更多品种的香蕉和芭蕉，因此，对全球香蕉供应而言是非常大的风险。另外，虽然我们近期在抗病品种工程中取得了一些突破，但依然没有有效的杀菌剂或其他根除方法。根据官方资料，已在 23 个国家发现了 TR4 病毒，主要是在南亚和东南亚，但中东和拉丁美洲也有出现。哥伦比亚在 2019 年 8 月发现了首例感染，秘鲁在 2021 年 4 月发现首例感染。根据对 TR4 型灾害对全球香蕉生产贸易的潜在经济影响的最新评估报告，病灾继续蔓延会对受灾国家香蕉产业造成重大收入损失，并影响其民众就业；同时，它也会导致进口国家的消费成本明显增高，但各国会因疾病的蔓延情况而有所不同[①]。我们可以对该模型进行适当调整，用以研究气候变化对全球热带水果的影响、实际单产和可达到单产的变化以及极端天气事件发生频率增加对生产和贸易的影响。

---

① 2019 年进行了一项替代模拟，评估香蕉枯萎病的"黄叶病热带 4 号病毒"对全球香蕉生产和贸易的潜在经济影响。该情景模拟结果发表在 2019 年 11 月粮农组织一年两度出版物《粮食展望》上 (http://www.fao.org/3/CA6911EN/CA6911EN.pdf)。

术 语 表

水产养殖	养殖的水生生物，包括鱼类、软体动物、甲壳类和水生植物等。养殖是指为提高产量而在饲养过程中进行某种形式的干预，如定期放养、喂养和预防天敌。养殖也意味着个人（或公司）拥有对养殖对象的所有权。为了统计方便，个人或法人团体养殖进而捕获的水生生物均应统计在内，而由公众共同开发的水生生物，不管有没有许可证，都应统计为捕捞渔业收成。应注意的是，本《展望》不包含与水生植物相关的数据。
非洲猪瘟（ASF）	非洲猪瘟是一种对猪、疣猪、欧洲野猪和美国野猪具有高度致病性的出血性疾病。对人类的健康不构成威胁。导致非洲猪瘟的有机体是病毒科的 DNA 病毒（有关此主题的更多信息请点击链接下载阅览：http://www.oie.int/doc/ged/d13953.pdf）。
大西洋牛肉/猪肉市场	大西洋市场由家畜、牛和猪的生产及贸易国组成。这些国家主要是环大西洋国家，可免费接种口蹄疫（FMD）疫苗或无口蹄疫，采用的是传统饲养方式，即草饲牛、谷饲猪。该市场的主要国家/地区包括：南美、欧盟、俄罗斯、北非、伊朗、以色列、哈萨克斯坦、马来西亚、秘鲁、菲律宾、沙特阿拉伯、土耳其、乌克兰、乌拉圭、越南、南非。
禽流感（AI）	禽流感是一种具有高度传染性的病毒性感染，可以影响到所有鸟类物种，并以不同方式表现出来，主要取决于病毒引起受感染动物的疾病（致病性）的能力（有关此主题的更多信息请点击链接下载阅览：http://www.oie.int/doc/ged/D13947.PDF）。

生物燃料	广义而言，生物燃料是指所有以生物质为原料的固体、液体或气体燃料。狭义而言，是指取代石油为基础的公路运输燃料，如以糖料、谷类等淀粉类作物为生产原料的生物乙醇，可混合使用，或可直接替代基于石油的柴油。
生物质	生物质是指可以直接作为燃料使用或者燃料前可转换为其他形式的一切植物有机体。包括木材、植物废弃物（包括用于能源生产的木材废料和农作物）、动物材料/废物及工业和城市垃圾作为原料，用于生产生物质产品。本《展望》中，生物质不包含用于生物燃料生产的农产品（如植物油、糖或谷物）。
混合墙	混合墙是指阻碍在运输燃料中增加生物燃料使用的短期技术限制。
金砖国家	指巴西、俄罗斯联邦、印度、中华人民共和国、南非这5个新兴经济体。
捕捞渔业	广义而言，生物燃料是指所有以生物质为原料的固体、液体或气体燃料。狭义而言，是指取代石油为基础的公路运输燃料，如以糖料、谷类等淀粉类作物为生产原料的生物乙醇，可混合使用，或可直接替代基于石油的柴油。
Bt 棉	一种转基因棉花品种，含有一个或多个源自苏云金芽孢杆菌的外源基因。Bt 棉对一些害虫有抗性，但 Bt 棉植株的纤维比传统品种短。
捕捞渔业	捕捞渔业指通过徒手或（更通常的是）用渔网、渔线和静置陷阱等各类渔具，捕捞、收集来自海洋、沿海或内陆水域的活的野生水生生物（主要是鱼类、软体动物和甲壳类动物，也包括植物），以供人类食用和用于其他用途。捕捞渔业的产量是以鱼类、甲壳类动物、软体动物及其他水生动物和植物的名义捕获量（活量为基础）来衡量的，包含一切以商业、工业、娱乐和生活为目的的猎杀、抓捕或收集所获量。
谷物	小麦、玉米、其他粗粮和大米。
共同农业政策（CAP）	1957 年签署的《罗马条约》第 39 条首次定义了欧盟的农业政策。

《全面与进步跨太平洋伙伴关系协定》（CPTPP）	该协定是澳大利亚、文莱、加拿大、智利、日本、马来西亚、墨西哥、新西兰、秘鲁、新加坡和越南之间的贸易协定，于2018年3月签署，并于2018年12月在前6个国家生效。
2019冠状病毒病（COVID-19）	该疾病是由最近发现的冠状病毒引起的传染病。现在是一种全球大流行病，影响了全球许多国家。
脱钩补贴	对受助者的预计补贴数额，与当期特定产品产量、畜产品数目或者特定生产要素的使用无关。
发达国家和发展中国家	见"国家分组一览表"。
直接补贴	政府向生产者直接支付的补贴。
国内支持	指每年为农业生产提供的货币形式的支持。国内支持是《乌拉圭回合农业协定》的三项减免对象之一。
厄尔尼诺－南方涛动	厄尔尼诺－南方涛动是指热带东太平洋中风和海面温度的周期性但不规则的变化。厄尔尼诺－南方涛动由一个称为厄尔尼诺的升温阶段和一个称为拉尼娜的冷却阶段组成，通常每隔2~7年发生一次。在厄尔尼诺现象异常温暖的海洋气候条件下，当地降雨和洪水泛滥，鱼类及其掠食者（包括鸟类）大量死亡。
《能源独立与安全法》2007	美国于2007年12月通过的该项立法，旨在通过减少对进口石油的依赖，提高能源节约和能源效率，扩大可再生燃料的生产，来增加美国的能源安全，同时，为美国子孙后代提供净化的空气。
燃料乙醇	一种生物燃料，可与石油混合用作燃料替代品（含水乙醇）或燃料增量剂（无水乙醇），并由诸如甘蔗和玉米等农业原料生产。无水酒精不含水，纯度至少为99%。含水酒精含有水，纯度通常为96%。在巴西，这种乙醇被用作弹性燃料汽车的汽油替代品。
《非军火贸易自由化》	《非军火贸易自由化》倡议自2009/2010年度起取消了欧盟从最不发达国家进口的包括农产品在内的许多商品的关税。

术语表

出口补贴	向贸易商提供的补贴，用以弥补国内市场价格与世界市场价格的差异，如欧盟出口补贴。农产品取消出口补贴是在 2015 年 12 月世界贸易组织的第十届部长级会议通过的内罗毕计划的一部分。
《农业法案》	在美国，《农业法案》是联邦政府的主要农业和粮食政策工具。
混合燃料汽车	一种可以使用汽油或含水燃料乙醇的汽车。
新鲜乳制品	新鲜乳制品包含加工产品中不包括的所有乳制品和牛奶（黄油、奶酪、脱脂奶粉、全脂奶粉，在某些情况下还包括酪蛋白和乳清）。数量以牛奶当量计。
20 国集团（G20）	20 国集团是由 19 个国家和欧盟组成的国际论坛，代表世界主要的发达经济体和新兴经济体。20 国集团成员国合在一起占全球 GDP 的 85%，国际贸易的 75% 和世界 2/3 的人口。20 国集团最初是把财政部部长和中央银行行长召集在一起，现已发展成为应对更广泛的全球挑战的论坛。
汽油醇	是汽油和无水乙醇混合物的燃料。
高果糖玉米糖浆	从玉米中提取的异葡萄糖甜味剂。
干预库存	欧盟国家干预机构所持有的库存是在市场支持价格下购买特定商品的结果。在内部市场价格高于干预价格时，会向市场投放干预库存，否则，干预库存会在出口补贴的帮助下，行销世界市场。
异葡萄糖	异葡萄糖是一种基于淀粉的果糖甜味剂，通过葡萄糖异构酶对葡萄糖的作用而产生。该异构化过程可用于生产包含高达 42% 果糖的葡萄糖/果糖混合物。应用进一步的方法可以将果糖含量提高到 55%。果糖含量为 42% 时，异葡萄糖的甜度与糖相当。
最小二乘增长率	最小二乘增长率（r）通过拟合相关时期变量年均值对数后的线性回归趋势估计获得，如下：$Ln(x_t)=a+r \times t$，最小二乘增长率计算公式为 $[\exp(r)-1]$。

活体重量	肉类、鱼类和贝类在捕获或收获时的重量。在出生到标称重量转换因子和国内每种类型加工产业的现行转换率的基础上，计算得出活重。
市场准入	市场准入受《乌拉圭回合农业协议》条款限定，包含在国家计划中的消减关税和其他最低进口承诺。
销售年度	通常会比较"销售年度"中的作物产量，"销售年度"的定义：一个季节的收获不会人为地分配到不同的日历年。在本《展望》中，国际市场年度主要从其在主要供应地区的收获开始定义，如下。 • 小麦：6月1日 • 棉花：8月1日 • 玉米和其他粗粮：9月1日 • 糖、大豆、其他油料种子、蛋白粉、植物油：10月1日 • 新西兰肉类：截至9月 • 澳大利亚肉类：截至6月 例如，每当文本提及2020销售年度时，上述商品就表示2020/2021年度。对于所有其他商品，销售年度等于日历年。
《北美自由贸易协定》（NAFTA）	该协定是加拿大、墨西哥和美国签署的关于包括农产品贸易在内的贸易三方协议，协议规定在未来15年三国间将逐步取消关税和修改三国间其他贸易规定。该协议已于1992年12月签署并于1994年1月1日起生效。2018年，美国、墨西哥和加拿大之间签署了新协议。它计划于2020年7月1日生效，取代《北美自由贸易协定》。
其他粗粮	在除澳大利亚以外的所有国家/地区中，均定义为大麦、燕麦、高粱和其他粗粮，在澳大利亚则包含黑小麦和黑麦，而在欧盟中，其包含黑麦和其他混合谷物。
其他油籽	定义为油菜籽（低芥酸菜籽）、向日葵种子和花生。
太平洋牛肉/猪肉市场	太平洋肉类市场由生产和交易没有口蹄疫（FMD）的牲畜而无需接种疫苗的国家（或国家内的区域）组成。口蹄疫状态严格执行国际兽疫局（OIE）准则确定（www.oie.int/en/animal-health-in-the-world/official-disease-status/fmd/），其中包括澳大利亚、新西兰、日本、韩国、北美和绝大多数西欧国家。"太平洋"指它们中的大多数都位于环太平洋地区。另见大西洋牛肉/猪肉市场。

生产者支持估值（PSE）	生产者支持估值是由经合组织制定和汇编的指标，用以显示从消费者和纳税者向农业生产者转移的年度货币价值总额，这些转移按农场计量，源于政策措施（不考虑这些措施的性质、目标、对农业生产或收入的影响）。生产者支持估值衡量农业政策提供的支持，并对比没有此类政策的情况，如当生产者只遵循一国的一般政策（包括经济、社会、环境和税收政策）时的情况。生产者支持估值包括含蓄的和明确的支付。生产者支持估值百分比是生产者支持估值占农场总收入的比例，按总产值（按农场价格计）加上预算支持计算（请参阅：http://www.oecd.org/agriculture/topics/agricultural-policy-monitoring-and-evaluation/）。
蛋白质餐	定义为大豆粉、花生粉、油菜籽粉、向日葵粉、椰子粉、棉籽粉和棕榈仁粉。
购买力平价（PPP）	购买力平价是国家间货币兑换时消除不同价格水平的比率，即1美元能兑换的本国货币量。
《可再生能源指令》（RED）	欧盟指令立法规定，到2020年，将可再生能源在所有成员国能源结构中所占的比例强制性地提高到20%，而具体目标是将可再生能源在运输燃料中所占的比例提高到10%。
《可再生燃料标准》（RFS 和 RFS2）	美国《能源法》规定的在交通运输领域使用可再生燃料的标准。可《再生燃料标准2》是2010年及以后可再生燃料标准计划的修订版。
块根和块茎	植物中提供淀粉的部分，来自作物的根（如木薯、红薯和山药）或作物的茎（如马铃薯和芋头）。它们大多用来作为人类食物（如加工形成的产品）。与其他大宗农作物产品类似，它们也可以用来作为饲料或加工淀粉、燃料乙醇和发酵饮料。除非被加工，一旦收获极易腐烂，这一特性也限制了它们用来贸易和储存。块根和块茎含有大量的水分，本报告中所有的重量是指干重，以增加可比性。
情景	由模型生成的一组市场预测，其依据是基准以外的其他假设。用于提供有关假设变化对前景的影响的定量信息。

库存消费比率	谷类的库存消费比率定义为谷类库存占国内消费总量的比率。
库存需求比率	存量与需求量之比定义为主要出口国持有的存量与其消失量之比（即国内利用量加出口量）。对于小麦，考虑了8个主要出口市场，即美国、阿根廷、欧盟、加拿大、澳大利亚、俄罗斯、乌克兰和哈萨克斯坦。对于粗粮，考虑了美国、阿根廷、欧盟、加拿大、澳大利亚、俄罗斯、乌克兰和巴西。对于越南大米，请输入此比率计算。
支持价格	支持价格是由政府决策者确定，以直接或间接地决定本国市场或生产者价格。所有经管控的价格方案都为商品设定一个最低保证支撑价格或者目标价格，由相关政策措施控制，如对生产和进口的数量限制；税收、征费和进口关税；出口补贴和/或公共储备计划。
关税配额（TRQ）	关税配额是自《乌拉圭回合农业协议》的结果。一些国家同意提供以前受非关税壁垒保护的产品最小进口机会。这种进口制度为受影响的商品确定了一个配额和双重关税制度。配额内的进口适用较低（配额内）的关税税率，而超出特许配额水平的进口使用较高（配额外）的关税税率。
基于 Tel quel	糖的重量，无论其蔗糖含量如何（通过极化测量）。
贸易平衡	按净贸易计算：出口－进口。
《乌拉圭回合农业协定》（URAA）	作为《关税和贸易总协定》乌拉圭回合的一部分，谈判达成了一项国际协定。该协定在1995年世界贸易组织成立的同时开始生效。它承诺改善市场准入，减少扭曲的国内支持并减少出口补贴。其中有单独的协议涵盖卫生和植物卫生措施，称为《实施卫生与植物卫生措施协定》。
植物油	包括菜籽油、大豆油、葵花籽油、椰子油、棉籽油、棕榈仁油、花生油和棕榈油。
世界贸易组织	政府间组织，负责规范国际贸易，提供谈判贸易协定的框架，并充当争端解决程序。世界贸易组织是由《乌拉圭回合协议》创建的，于1995年正式开始。

方　法

本节介绍《展望》中预测的生成方法。首先对农业基线预测和《展望》报告进行概述，接着详细阐述一整套连贯一致的宏观经济预测假设，第三部分介绍 Aglink-Cosimo 基础模型，最后解释如何使用 Aglink-Cosimo 模型进行部分随机分析。

《经合组织－粮农组织 2021—2030 年农业展望》的生成过程

《展望》所做预测是通过汇集大量来源的信息生成。这些预测依赖于国别和商品专家的建议以及经合组织－粮农组织全球农业市场 Aglink-Cosimo 模型的结果。该经济模型也用于确保基线预测的一致性。然而，《展望》进程各阶段也运用了大量专家判断。《展望》做出一致评估，经合组织和粮农组织秘书处基于基本假设及编写本报告时可获得的信息认为评估合理且可信。

起点：创建初始基线

历史数值的系列数据来自经合组织和粮农组织数据库。这些数据库中的信息大多来自各国的统计。经合组织为其成员国和一些非成员国单独制定了农业市场未来可能走向的起始值，粮农组织为所有其余国家单独制定了农业市场未来可能走向的起始值。

- 在经合组织方面，11 月向各国政府分发了年度问卷。通过这些问卷，经合组织秘书处获得了关于各国期望其农业部门对本《展望》所涵盖的各种商品未来发展预期的信息，以及农业政策演变信息。

- 在粮农组织方面，国家模块的起始预测是通过基于模型的预测和与粮农组织商品专家的协商制定。

国际货币基金组织、世界银行和联合国等外部来源也用来补充对决定市场发展的主要经济驱动力的看法。

该过程的这一部分旨在对可能的市场发展形成初步认识，并建立影响《展望》的关键假设。对主要的经济和政策假设在概述章节和具体商品表格中进行总结。假设的来源将在下文进一步详细讨论。

下一步，即利用经合组织－粮农组织 Aglink-Cosimo 模型框架，推动初始数据的一致整合，并得出全球市场预测的初始基线。模型框架确保在全球层面不同商品预测的消费水平与预测的生产水平相匹配。该模型将在下文中讨论。

除产量、消费量和贸易量外，基准还包括对有关商品名义价格（以当地货币单位计）的预测[①]。

然后，对初始基线结果进行梳理。

- 对于经合组织秘书处负责的国家，将初步基线结果与问卷调查答复进行比较。所有问题都在与这些国家的专家的双边交流中讨论。
- 对于粮农组织秘书处开发的国家和区域模块，初步基线结果由更广泛的组织内部的专家和国际专家审查。

最终基线

在这一阶段，全球预测图开始出现，并根据秘书处和外部顾问的共识加以完善。根据这些讨论和更新信息，形成了第二个基线。生成的信息用于编制展望期内谷物、油籽、食糖、肉类、乳制品、鱼类、生物燃料和棉花的市场评估。

这些结果随后在经合组织农业委员会商品市场小组年度会议上讨论，该小组成员是经合组织国家的政府专家以及商品机构的专家。根据该小组的意见和数据修订，最终确定基线预测。

《展望》进程意味着本报告提出的基线预测是预测和专家知识的结合。正式建模框架的使用调和了个别国家预测之间的不一致，并达到了所有商品市场的全球均衡。审查过程确保国家专家的判断对预测和相关分析产生影响。然而，预测及其解释的最终责任在于经合组织和粮农组织秘书处。

经修订的预测构成了《展望》编制工作的基础，粮农组织经济及社会发展部高级管理委员会、经合组织农业委员会农业政策和市场工作组在 5 月讨论了该《展望》并于随后发布。此外，本《展望》将作为向粮农组织商品问题委员会及其各政府间商品小组提交分析的依据。

宏观经济预测的来源和假设

《联合国人口展望》数据库 2019 年修订版的人口估计提供了《展望》中所有国家和区域汇总中使用的人口数据。预测期内，从 4 个备选预测变量（低、中、高和

[①] 各区域贸易数据，如欧盟或发展中国家区域总量，仅指区域外贸易。这种方法产生的总体贸易数字比国家统计数字累计要小。关于特定系列的进一步详情，可询问经合组织和粮农组织秘书处。

不变生育率）中选择了中变量估计数集。之所以选择《联合国人口展望》数据库，是因为它代表了可靠估计的综合来源，包括非经合组织发展中国家的数据。出于一致性考虑，历史人口估计和预测数据都使用相同的数据来源。

Aglink-Cosimo 模型中使用的其他宏观经济序列包括：实际国内生产总值、国内生产总值平减指数、个人消费支出（PCE）平减指数、布伦特原油价格（以美元/桶计）和以 1 美元折合当地货币价值表示的汇率。经合组织国家以及巴西、阿根廷、中华人民共和国和俄罗斯联邦的这些系列的历史数据与经合组织《经济展望》第 108 期（2020 年 12 月）中公布的数据一致。其他经济体的历史宏观经济数据来自国际货币基金组织的《世界经济展望》（2020 年 10 月）。2021—2030 年的假设是基于经合组织经济部的最近中期宏观经济预测、经合组织《经济展望》第 108 期的预测和国际货币基金组织的预测。

该模型使用实际国内生产总值、消费价格（个人消费支出平减指数）和生产者价格（国内生产总值平减指数）指数，这些指数是以 2010 基准年的值等于 1 为基础构建。实际汇率不变的假设意味着，通货膨胀率高于（低于）美国（以美国国内生产总值平减指数衡量）的国家，其预测期内货币将贬值（升值），因此，汇率将上升（下降），因为汇率是以 1 美元货币折合成当地货币的金额衡量。名义汇率的计算使用"国家－国内生产总值平减指数/美国国内生产总值平减指数"比率的百分比增长率。

用于生成 2019 年以前《展望》的油价取自经合组织《经济展望》第 108 期（2020 年 12 月）的短期更新。2020 年则使用年平均日现货价格，而预测中使用的参考油价是假设遵循世界银行平均油价的增长率。

Aglink-Cosimo 基础模型

Aglink-Cosimo 是一个分析世界农业供给和需求情况的经济模型。该模型由经合组织秘书处和粮农组织秘书处管理，用于生成《展望》和政策情景分析。

Aglink-Cosimo 是一个递归动态部分均衡模型，用于模拟全球主要农产品生产、消费及贸易的年度市场平衡和价格走势。Aglink-Cosimo 国家和区域模块覆盖全球，预测由经合组织和粮农组织秘书处与国家专家和国家行政部门共同开发和维护。关键特征如下。

- Aglink-Cosimo 是主要农产品以及生物柴油和生物乙醇的"部分均衡"模型。对其他非农业市场没有建模，而是在模型外加以处理。由于非农业市场是外源的，关于关键宏观经济变量路径的假设预先确定，没有考虑农业市场发展对整个经济的反馈。
- 认为世界农产品市场具有竞争性，买方和卖方是价格的接受者。市场价格通过全球或区域供需平衡决定。国内生产和交易的商品被买卖双方视为同质商品，因此，是完美的替代品。特别是，进口商不按原产国区分商品，因为 Aglink-Cosimo 不是一个空间模型。尽管如此，进口和出口是分开确定的。这一假设将影响以贸易为主要驱动力的分析结果。

- Aglink-Cosimo 是递归动态模型，一年的结果会影响下一年的结果（如通过群体规模）。Aglink-Cosimo 模型针对未来 10 年进行建模。

Aglink-Cosimo 的详细文档于 2015 年制作完成，参见 www.agri-outlook.org。

用于生成鱼类预测的模型作为 Aglink Cosimo 的卫星模型。外部假设加以共享，且相互作用的变量（如交叉价格反应的价格）加以交换。鱼类模型在 2016 年经历了重大修订。模型 32 个组成部分的水产养殖总供给函数被 117 个具有特定弹性、饲料日粮和特定物种时滞供给函数所取代。涵盖的主要物种包括鲑鱼、鳟鱼、虾、罗非鱼、鲤鱼、鲶鱼（包括鲶属）、海鸟和软体动物。此外，还包括一些次要物种，如虱目鱼。构建该模型是为了确保饲料日粮与鱼粉和鱼油市场之间的一致性。根据品种不同，饲料日粮最多可包含 5 种类型的饲料：鱼粉、鱼油、油籽粉（或替代品）、植物油和低蛋白饲料（如谷物和米糠）。

Aglink-Cosimo 随机模拟方法

部分随机分析通过随机处理一些变量来强调替代情景如何偏离基线。选择变量旨在确定农业市场不确定性的主要来源。特别是，部分随机框架将特定国家的宏观经济变量、原油价格以及特定国家和特定产品的单产视为不确定。除国际石油价格外，所有国家都考虑了 4 个宏观经济变量：消费价格指数（CPI）、国内生产总值指数（GDPI）、国内生产总值平减指数（GDPD）和美元汇率（XR）。考虑的单产变量包含所有模型区域的作物和牛奶单产。

用于确定这些变量的随机抽取方法基于一个简单的过程，而且仍然能够捕捉每个单个变量的历史变化。

下文简要说明部分随机过程的 3 个主要步骤。

（1）分别对每个宏观经济变量和单产变量的过去趋势变化进行量化

第一步是确定随机变量的历史趋势。线性趋势通常不能充分代表观察到的动态。因此，通过应用 Hodrick-Prescott 滤波估计非线性趋势，该滤波试图将短期波动与长期波动分开。[①] 该滤波直接应用于单产时间序列，并应用于宏观变量的年度变化。

---

① 该滤波于 20 世纪 90 年代在经济领域中得到普及，Robert Hodrick 和 Edward C. Prescott（1997 年），《战后美国商业周期：实证调查》载于《货币、信贷和银行杂志》，第 29 卷，第 1 期，第 1-16 页。JSTOR 2953682。

（2）生成随机变量的 1 000 组可能值

第二步为随机变量生成 1 000 组可能值。针对 2021—2030 年预测期的每一年，画出历史时期 1995—2020 年中的一年。然后，将该年的实际变量值与第一步中估计的相应趋势值之间的相对偏差应用于实际预测年份的变量值。因此，所有变量都获得同一历史年份的数值。然而，该过程处理的是与单产分离的宏观变量，因为两者之间没有很强的相关性。

（3）对这 1 000 组可能的替代值（不确定性情景）中的每一组运行 Aglink-Cosimo 模型

第三步是针对第二步中生成的 1 000 个备选"不确定性"情景中的每一个情景运行 Agink-Cosimo 模型。当宏观经济和单产不确定性都包括在内时，这个过程产生了 98% 成功的模拟。该模型通常无法解决所有随机模拟问题，因为复杂的方程和政策系统在一个或多个随机变量受到极端冲击时可能会导致不可行。